Adolf Beer

Die erste Teilung Polens

Dokumente (dritter Band)

Adolf Beer

Die erste Teilung Polens
Dokumente (dritter Band)

ISBN/EAN: 9783742870735

Hergestellt in Europa, USA, Kanada, Australien, Japan

Cover: Foto ©ninafisch / pixelio.de

Manufactured and distributed by brebook publishing software (www.brebook.com)

Adolf Beer

Die erste Teilung Polens

DIE ERSTE THEILUNG POLENS.

DOCUMENTE

HERAUSGEGEBEN

VON

ADOLF BEER.

WIEN.
DRUCK UND VERLAG VON CARL GEROLD'S SOHN.
1873.

Vorrede.

Seit Goertz aus dem preussischen Archive, in der bekannten Sammlung „Memoires et actes autentiques relatifs aux negotiations qui ont précédées le partage de la Pologne" (1810), eine Anzahl Actenstücke veröffentlicht hat, sind einige neue Documente ans Licht getreten, welche die erste Theilung Polens aufhellen. Die Publication Smitt's liefert uns durch Veröffentlichung der Depeschen Friedrich's ein werthvolles Material zur Beurtheilung der preussischen Politik. Leider sind es nur Bruchstücke aus der Correspondenz des Königs mit seinem Gesandten, sei es, weil Solms die anderen Depeschen dem russischen Minister nicht mittheilte, oder dass Smitt die Zusammenstellung mit Rücksicht auf seine eigene Auffassung der Thatsachen machte.

Ueber die Stellung Oesterreichs herrschte bisher nur Unklarheit. Man war auf Depeschen der Gesandten angewiesen, und zwar solcher, die an der ganzen Verhandlung keinen Antheil nahmen. Auf Gerüchte beschränkt, meldeten sie getreulich nach Hause, was sie in den Vorzimmern der Minister und aus dem Munde der leitenden Staatsmänner andeutungsweise und lückenhaft erfuhren. Der von Arneth herausgegebene Briefwechsel Maria Theresia's und Josef's ist gerade für die entscheidungsvollen Jahre 1770 bis 1772 dürftig und gewährt keinen vollständigen Einblick in die in den Wiener Kreisen herrschenden Strömungen.

Die hier der Oeffentlichkeit übergebenen Documente sollen diese Lücke ausfüllen. In der ersten Abtheilung

*

habe ich alle nur irgendwie belangreichen Denkschriften von Kaunitz und Josef zusammengestellt, die zur Beurtheilung der mannigfachen Schwankungen der Wiener Politik und der oft entgegengesetzten Standpunkte des Kaisers und des Staatskanzlers von Wichtigkeit sind. Die kleinern hieher gehörigen Stücke haben in den Analecten ihren Platz gefunden. Die Briefe enthalten die gesammte Correspondenz Maria Theresia's mit Catharina und Stanislaus August, soweit sie nicht schon anderweitig abgedruckt ist. In dem dritten Abschnitte findet sich der Schriftwechsel zwischen den Ministerien in Wien und Petersburg, schon desshalb von Bedeutung, weil wir bisher wenig Documente besitzen, welche die russische Politik in's helle Licht setzen. Von den Depeschen an van Swieten, Lobkowitz und Reviczky habe ich nur eine Auslese zum Abdrucke bringen können. Die ausserordentlich wichtigen und höchst interessanten Depeschen van Swietens sollen demnächst selbstständig veröffentlicht werden.

Die meisten Schriftstücke sind dem Wiener Archive entnommen, wo dies nicht der Fall, ist es speciell bemerkt worden.

Wien, 15. November 1872.

Adolf Beer.

INHALTS-VERZEICHNISS.

Denkschriften.

Seite
I. Considérations sur l'État présent des affaires en Pologne le 4. Janvier 1768. Denkschrift des Fürsten Kaunitz . 1–5
II. Memoire du Duc de Choiseul au Comte de Mercy 1769. 5–7
III. Reponse du Prince Kaunitz au mémoire rémis pour lui à l'Ambassadeur Comte Mercy par Mr. le Duc de Choiseul 7–11
IV. Tableau de la Situation actuelle de la guerre Russe comparée avec les deux Campagnes passées etc. Denkschrift Kaiser Josefs 11–23
V. Kurze Anmerkungen über die gegenwärtigen Weltumstände in Beziehung auf die Sicherheit und Aufrechthaltung des Durchlaucht. Erzhauses, von Kaunitz . . 23–26
VI. Denkschrift Kaiser Josefs 26–32
VII. Wesentlicher Inhalt meiner den 24. Oktober 1771 mit dem Ruszisch-Kaiserlichen Minister Herrn Fürsten Galitzin gepflogenen Unterredung 32–38
VIII. Denkschrift Josefs vom 19. Januar 1772 . . 39–42
IX. Denkschrift des Fürsten Kaunitz vom 20. Januar 1772 42–48
X. Gradations-Vorschläge zu dem zu treffenden Concert über den uusz zufallenden Antheil von Pohlen . . 49–50
XI. Denkschrift des Kaisers vom 21. Februar 1773 . . 51–55
XII. Denkschrift des Kaisers vom 29. Mai 1773 . . . 55–57
XIII. Note de l'Empereur dto Zamosc 26. Aout 1773 . 57–64
XIV. Vortrag des Fürsten Kaunitz vom 25. Nov. 1773 . 64–68
XV. Denkschrift des Kaisers vom 29. Nov. 1773 . . 69–72
XVI. Denkschrift des Kaisers vom 16. Nov. 1775 . . 73–74
XVII. Note de l'Empereur de 2. Janvier 1776 . 74–75

Briefe.

A) Briefe Maria Theresia's und Catharina's.

I. Catharina an Maria Theresia vom 2. Aug. 1762 . 79
II. Catharina an Maria Theresia vom 6. Okt. 1763 . 79
III. Maria Theresia an Catharina vom 9. Nov. 1763 . 80

	Seite
IV. Catharina an Maria Theresia, 15. Sept. 1772	82
V. Maria Theresia an Catharina, October 1772	83
VI. Josef an Catharina	83
VII. Maria Theresia an Catharina, 17. April 1774	84
VIII. Catharina an Maria Theresia, 26. Mai 1774	86

B) Briefe Maria Theresia's und Stanislaus August's.

I. Maria Theresia an Stanislaus August, 26. Jan. 1771	86
II. Stanislaus August an Maria Theresia, 6. Nov. 1771	87
Beilage zu diesem Brief	88
III. Stanislaus August an Josef, 6. Nov. 1771	91
IV. Stanislaus August an Maria Theresia, 20. Jän. 1772	91
V. Stanislaus August an Maria Theresia, 26. Juni 1773	92
VI. Maria Theresia an Stanislaus August, 5. Juli	95
VII. Stanislaus August an Maria Theresia, 2. März 1777	95
VIII. Stanislaus August an Maria Theresia, 8. Nov. 1777	96

Aus der Wiener und Petersburger Staatskanzlei.

I. Insinuation verbale au Chancelier de Cour et d'État Pce. de Kaunitz-Rittberg par le Pce. de Galitzin, Ministre Plénipotre. de Russie à la Cour de Vienne, le 11. May 1769	101
II. Reponse verbale du Prince de Kaunitz-Rittberg au Prince de Galitzin à Vienne de 14. May 1769 etc.	102
III. Note remise par le Ministère de S. M. I. de toutes les Russies à Mr. le Comte de Solms Ministre Plenip. de S. M. le Roi de Prusse. Petersbourg le 29. Sept. 1770	104
IV. Precis des sentimens du Comte de Panin, qu'il a eu l'honneur de faire connoitre à Son A. R. Monseigneur le Prince Henri de Prusse, dans un Entretien sur la pacification de la Pologne	109
V. Plan de Pacification	112
VI. Observations fondées sur l'amitié et la bonne foi par lesquelles on cherche à convenir de la part des possessions de la République de Pologne, qui devra appartenir à la Cour Imperiale et Royale	115
VII. Sentiment du Comte Panin au sujet de l'entrée des trouppes Autrichiennes en Pologne	119
VIII. Evaluation, aussi precise qu'il est possible de la faire, de la valeur intrinseque des parts de trois Cours	121
IX. Considerations amicales sur le Mémoire intitulé: Observations fondées sur l'amitié et la bonne foi etc.	127
X. Reponse au Sentiment de Mr. le Comte de Panin, au sujet de l'Entrée des Trouppes Autrichiennes en Pologne	132

Seite

XI. Sentiment du comte Panin sur 4 points capitaux que Mr. le prince Lobkowitz lui a communiqué de la part de Mr. le prince Kaunitz relativement à la pacification de la Pologne 133
XII. Reponse amicale du Prince de Kaunitz-Rittberg au sentiment du comte de Panin sur quatre points capitaux . 136
XIII. Réponse au Memoire de la Cour Impériale et Royale . 139
XIV. Mémoire en réponse à celui qui a été remis au Prince du Lobkowitz le . . . Dec. 1772 etc. 142
XV. Projet d'un plan pour la conduite des trois Ministres en Pologne 143
XVI. Note pour Monsieur le Prince de Lobkowitz etc. . . 155
XVII. Remarques verbales sur l'ouverture faites par Mr. le Prince de Lobkowitz etc. 157
XVIII. Reponse à la Note qui a été remise au Prince de Lobkowitz le 17 Octobre 1773 162
XIX. Reponse confidentielle aux Remarques verbales qui ont été communiquées au Pce. de Lobkowitz etc.. . . . 163
XX. Lettres du Comte de Panin au Prince de Galitzin . . 166
XXI. Reponse verbale du Prince de Kaunitz-Rittberg aux Insinuations verbales qui Lui ont été faites etc. le Juin 1774 169
XXII. Insinuation verbale 171
XXIII. Rescripte an van Swieten in Berlin . . 173 — 210
    25. Januar 1772 173
    19. Februar 1772 177
    11. April 1772 180
    5. Juli 1772 181
    16. Juli 1772 184
    Instruction secrète 21. Jan. 1773 . . 186
    22. Februar 1774 190
    9. April 1774 193
    3. Mai 1774 196
    8. Sept. 1774 198
    9. Januar 1775 200
    10. Januar 1775 203
    18. Januar 1775 205
    20. März 1775 206
XXIV. Rescripte an den Fürsten von Lobkowitz in Petersburg . . . . 211—232
    11. April 1772 211
    30. Mai 1772 217
    5. Juli 1772 219
    16. Nov. 1772 224
    15. Sept. 1773 229

		Seite
XXV. Rescripte an Baron Reviczky in Warschau		232—261
Aus der Instruction	.	. 232
Geheime Anweisung		238
22. März 1773	. . . .	. 240
18. April 1773	. . . .	. 246
9. Aug. 1773	. . .	252
15. Sept 1773	. .	256
9. Oktober 1773	. .	259

Nachtrag zu den Denkschriften.

Denkschrift des Fürsten Kaunitz	.	. 262
Note de l'Empereur . . .	.	. 272
Resolution Maria Theresia's .	.	. 275
Josef an Kaunitz	.	. 275

DENKSCHRIFTEN.

I.

Considérations sur l'État présent des affaires en Pologne le 4. Janvier 1768.

Denkschrift des Fürsten Kaunitz.

La Cour de Vienne n'a jamais perdu de vuë tout ce qui est arrivé relativement à la Pologne depuis la derniere Vacance du Throne de ce Royaume, et si Elle a jugé ne pas devoir s'en mêler jusqu'à cette heure, et aussi longtems que les évenements ne porteroient que sur des objets qui lui seroient purement domestiques, Elle n'en a pas moins été determinée depuis le premier instant, à se livrer au parti, même le plus fort, s'il arrivoit jamais que les choses y prissent une tournure qui interessat essentiellement, ou le Systeme Politique de l'Europe en général, ou celui de ses Royaumes et Etats en particularier en tant que voisins de ceux de la Republique.

C'est ce qui paroit être imminent.

On est à la veille de l'ouverture d'une diéte, qui ne doit avoir que le droit de confirmer tous les arrangements qui ont deja été ou pourront encore être dictés par la force ou la séduction, on doit y mettre le sceau au moyen d'un Traité à signer et à garantir par la Russie, à l'exclusion de toutes autres Puissances, et la Russie par consequent est sur le point d'acquerir par ce moyen, si non le droit, au moins le pretexte, de pouvoir disposer d'orenavant privativement de toutes les affaires de la Pologne et d'en faire en effet, ainsi qu'Elle a deja fait de la Courlande, une Province de la Russie.

Il n'est personne qui puisse ne pas sentir toute l'etendue et toute l'importance des consequences d'un aussi vaste projet, et s'il importe comme il n'est pas douteux, à l'equilibre de l'Europe en général, qu'il n'ait pas lieu, les puissances voisines sur tout ne sauroient le voir avec indifférence.

La conduite de la Cour de Vienne seroit donc aussi sage aussi consequente et aussi digne d'Elle, qu'Elle l'a été jusqu'ici, de l'aveu de toute l'Europe raisonnable et impartiale, si, l'état des circonstances qui Lui a fait adopter le systeme qu'Elle a suivi jusqu'à present, étant sur le point de changer, Elle se determinoit à en changer et à en adopter un nouveau et analogue, à la nouvelle face que l'on paroit être sur le point de voir prendre aux affaires de la Pologne. Il n'est que le danger de rallumer le feu d'une guerre dans laquelle Elle pourroit etre entrainée, ou au moins celui de commettre sa dignité par la demarche qu'Elle feroit, qui sembleroit pouvoir ou devoir l'en empecher; Et il paroit par consequent que s'il étoit un parti à prendre propre à deconcerter les dangereus projets de la Russie, qui ne se trouvat sujet ni à l'un ni à l'autre de ces deux inconveniens, la saine Politique devroit l'engager à ne pas hesiter de le prendre.

On seroit sûr de n'avoir ni l'un ni l'autre à apprehender, si l'on etoit assuré du Roi de Prusse.

On paroit être en droit de pouvoir se promettre des notions très récentes que l'on a de la façon dont ce Prince envisage l'état présent des affaires en Pologne ainsi que les suites des vuës qu'annonce de plus en plus la conduite de la Russie dans ce pais là et meme dans les autres états du Nord, que non seulement il ne s'opposera pas à ce que l'on pourra entreprendre pour en arreter les progrès, mais qu'il verra même avec plaisir que d'autres fassent ce que ses circonstances actuelles ne lui permettent pas de faire, et l'on croit par consequent, dans cette supposition ne pas devoir dissimuler à Leurs Majestés Imperiales une idée qu'elle a fait naitre, et qui paroit meriter d'autant plus d'attention, qu'en faisant beaucoup d'honneur et le plus grand effet dans le moment, elle inspireroit en meme tems de la confiance au Roi de Prusse et frayeroit le chemin à des ouvertures amicales sur la succession à venir dans la Maison de Brandenbourg, dont on pourroit peut-être tirer un très grand parti sans blesser la France à laquelle tout ce qui peut s'opposer aux vuës et aux interets de la Russie ne sauroit déplaire.

Voicy ce que c'est:

Il faudroit faire exposer au Roy de Prusse, sans perdre un moment de tems, ou par le canal de Mr. de Rhod, ou par celui du General Nugent: „Que la façon dont s'étoient conduites jusqu'ici „L. L. M. M. Imp. relativement aux affaires de la Pologne, mettoit „hors de doute, que cette Republique en général et les Dissidents en „particulier n'avoient rien à apprehender de leur part. Qu'Elles per„severoient dans les sentiments qui les avoient guidées jusqu'icy, et „ne desiroient que le maintien de la tranquillité générale et l'éloigne„ment de tout ce qui pourroit tot ou tard la troubler; Et que c'étoit „par cette raison qu'Elles souhaitoient que les troubles de la Pologne „puissent finir au plûtot, et que les intentions de la Russie puissent „être à cet égard aussi simples et aussi moderées que les Leurs.

„Mais qu'Elles croyoient en même tems ne pas devoir dissimu„ler au Roi, que le traité, que la Russie pretend signer avec la Re„publique de Pologne à la diète qui doit s'ouvrir au mois de Fevrier „prochain et dont elle se propose d'être la seule et unique garante, „Leurs paroit un objet digne de la plus grande attention, attendu que

„l'un et l'autre mettroit la Russie dans le cas de pouvoir disposer „dorenavant et pour toujours privativement des affaires de la Pologne, „tandis qu'il importe neanmoins essentiellement à ses voisins de ne „pas les lui abandonner.

„Que la penetration du Roi ne permettoit pas de douter qu'Il „ne vit l'état des choses du meme oeil qu'Elles les voyoient, malgré „les raisons qu'Il pouvoit avoir pour ne pas le temoigner de meme."

„Que moyennant cela, en se mettant à sa place, bien loin de „vouloir lui rien proposer qui put le compromettre non obstant tou- „tes les raisons qui devoient lui faire desirer au moins autant qu'à „Elles tout ce, qui pouvoit être propre à prevenir tous les évenements „à venir possibles, Elles s'offroient a se mettre en avant par une de- „marche publique, et se determinoient à Lui confier comme à un bon „voisin dont les interets Leurs etoient communs dans cette occur- „rence, qu'Elles se proposoient à faire offrir à la Republique de Pologne, „à l'exemple de la Russie, pour l'ouverture de la prochaine diéte un „traité d'amitié et la garantie de ses libertés. Qu'ainsi qu'à toute „autre Puissance il Leurs etoit libre de faire une pareille offre à la „Republique, et que par consequent il n'y avoit en cela rien dont ni „la Russie, ni qui que ce soit fut en droit de se plaindre, qu'en meme „tems cette demarche pourroit neanmoins produire l'utile effet d'en- „gager la Russie à mettre plus de mesure à sa conduite, qu'elle rassu- „reroit les Polonois, qu'Elle redonneroit à leurs voisins des droits que „s'arroge aujourd'hui la Russie privativement, et que par consequent „elle paroissoit à Leurs Majestés être analogue aux circonstances."

„Mais que ce non obstant la determination de Leurs Majestés „n'etant fondée, que sur des considerations de saine politique qui „Leurs paroissoient Leurs être communes avec le Roi dans cette occu- „rence, et que comme au pis aller Elles n'avoient pas plus de raison, „que d'autres pour apprehender les suites de l'extension de la puissance „de la Russie, Elles avoient jugés, devoir avant tout lui en faire la „confidence, mais en même tems cependant ne pas lui dissimuler, „qu'Elles etoient determinées a se tenir tranquilles, et à abandonner „les choses à leur cours naturel, si Elles n'etoient pas prealablement „assurées que non seulement le Roy ne mettroit aucun obstacle quel- „conque à l'execution et au succès de leur demarche, mais que même „il suivroit leur exemple et offriroit à la Republique rassamblée à la „diéte, ainsi qu'Elles se proposoient de le faire un traité d'amitié et „de garantie, de ses libertés et de son indépendence: ou au moins, „si à ce defaut Elles n'etoient assurées d'avance, que le Roi engageroit „ou obligeroit la Russie à abandonner le projet du traité et de la „garantie exclusive qu'Elle pretendoit s'arroger.

„Que si le Roi Leurs en faisoit donner sa parole, le B[on]. van „Swieten se rendroit incessamment à Varsovie muni des lettres de

„créance necessaires, et y feroit publiquement à l'ouverture de la diete „la proposition en question; que pour ne point l'exposer à y arriver „trop tard et cependant rester en mesure de pouvoir se regler d'après „la resolution du Roi sans attendre sa reponse on le feroit partir in„cessamment en secret et sous un autre nom pour Breslau; qu'il y „attendroit les passeports que le Roi lui enverroit pour sa personne „et ses equipages. Que si le Roi les lui envoyoit, il se rendroit tout „de suite à Varsovie, et qu'en echange, si au lieu de les lui envoyer „il lui faisoit dire qu'il n'en avoit pas besoin, il reviendroit ici tout „de suite.

„Que l'on regarderoit cette reponse, comme un marque, que le „Roy n'avoit pas jugé devoir entrer dans les vues de Leurs Majestés. „Qu'en ce cas il ne seroit plus question de rien, et que toute la „chose seroit regardée comme non avenuë; mais qu'en meme tems, „quoi qu'il put en être, on lui demandoit le secret à perpetuité sur „cette ouverture confidentielle, et lui promettoit en echange qu'il sera „de notre part à jamais très religieusement gardé."

Si comme il est incontestable, il est de la plus grande importance d'arreter s'il se peut, les progrès des vastes projets de la Russie qui nous presentent tout le Nord dans le danger le plus imminent de son asservissement ou au moins de son entiere dependance des volontés de la Russie, et par une suite naturelle de l'extension de sa puissance et de son influence la perspective, moins eloignée peut-être qu'on ne pense, du sort que par la suite pourront epreuver à leur tour les puissances du Midi; il semble qu'un moyen propre à faire cet effet, ou au moins à arreter un torrent aussi impetueux, dans le mouvement qu'il prend, peut être regardé comme un de ces grands coups d'Etat dont les avantages sont incalculables, et qui fait autant d'honneur que de profit politique à la puissance qui l'employe, surtout lorsqu'il est d'espéce à ne mettre qui que ce soit en droit de s'en plaindre, et lorsqu'il ne compromet en rien celui qui en fait usage.

Or le parti qu'on propose, paroit être dans ce cas.

La Circonstance de traités et garanties avec une puissance étrangere, dont il doit être question à l'ouverture de la prochaine diéte, fournit la premiere occasion que l'on ait euë jusqu'ici de pouvoir se mêler legitimement des affaires de la Pologne. En bornant le traité a un traité d'amitié, et la garantie à l'objet des libertés et de l'independance de la Pologne, on à l'avantage de pouvoir se dispenser de prendre aucune part à ce, qui aura été arrangé relativement aux Dissidents ainsi qu'à d'autres objets purement domestiques de la Pologne. La proposition que l'on fera, ne sera donc sujette à aucune inconvenient, et si elle est acceptée, non seulement elle enlevera à la Russie l'avantage de pouvoir être d'orenavant elle seule l'arbitre des affaires de la Pologne, mais elle nous donnera en même tems ainsi qu'au Roi de Prusse le droit de pouvoir en prendre connoissance, et nous en mêler tout et autant que la Russie. Attendu le changement susmentionné des circonstances, il est donc très consequent de saisir l'occasion, et supposé que le Roi de Prusse consente à la demarche que nous proposons de faire, le succès en paroit assuré; attendu qu'il n'est pas vraisemblable, que la Republique rassemblée en diéte n'accepte avec plaisir l'offre d'un traité et d'une garantie qui lui presente un moyen irreprochable de se soustraire au despotisme privatif de la Russie, et qu'au pis aller quand meme contre tout attente elle auroit la foiblesse de ne pas oser y donner le mains, on auroit fait neanmoins, lorsque toute l'Europe s'y attendois le moins, une demonstration, qui, en temoignant publiquement l'attention que l'on fait aux interêts du Royaume de Pologne, feroit honneur, et engageroit pour le moins la Russie à en user à l'avenir avec plus de menagement. La façon dont pense, comme il est notoire, la plus grande partie de Polonois, doit faire supposer que l'offre sera acceptée et meme avec empressement. Et il y a tout lieu de croire, que l'Imperatrice de Russie est si eloignée d'etre sans inquietude sur la Porte, ainsi qu'au sujet de la Cour de Vienne, qu'il est très apparent, qu'une demarche, aussi vigoureuse, qu'inattendue lui en imposera, et fera moyennant cela l'effet que l'on doit desirer. D'ailleurs il y aura tant de consequences utiles à tirer sur l'avenir du refus ou du consentement du Roi de Prusse, que quand ce ne seroit que pour voir un peu clair au fond de son coeur, et se mettre par là en état de pouvoir prendre des mesures en consequence, il semble qu'une politique eclairée et prevoyante devroit faire vis à vis de lui la demarche que l'on propose.

C'est neanmoins aux lumières superieures de leurs M. M. Imp. à decider ce qu'Elles jugeront être à cet égard de Leur service et de Leur interêt, et on se conformera moyennant cela à tout ce qu'Elles jugeront a propos d'ordonner, avec la plus profonde soumission.

II.

Memoire du Duc de Choiseul au Comte de Mercy. 1769.

Je saisis l'occasion du voyage de Mr. l'Ambassadeur pour lui mettre sous les yeux ainsi qu'il a desiré, quelques objets interessans les deux Cours, sur les quels il conferera à Vienne avec Mr. le Prince de Kaunitz seul. Il est bon entre Alliés, et entre Alliés intimes surtout, de recapituler son systeme politique afin de l'eclairer reciproquement, d'ailleurs la bonne foi est le bien le plus sûr de toute alliance. Le tableau de la politique de la France depuis la paix et court.

Le premier objet du Roi a été de menager, conserver et consolider les Alliances, il n'en a que deux, Vienne et Madrid; S. M^{té} croit, que ces deux Alliances sont de première necessité à la France, et qu'elles sont suffisantes. Le second objet a été de prolonger la paix autant qu'il sera possible, et de nuire aux projets ennemis, qui pourroient la troubler, ou qui pourroient être dangereux lorsque la guerre surviendra. Ce n'est pas par fantaisie, que la France se trouve en position avec la Russie; la Princesse qui regne à Petersbourg, a decelé dès les premiers mois de son regne son sisteme ambitieux, il n'etoit pas possible de se dissimuler le projet, qu'Elle avoit d'armer le Nord contre le Midi, et en même tems de sentir le danger d'un tel projet; une des bases de notre sisteme avec Vienne consiste à éviter autant qu'il sera possible, la guerre de terre à la France, or si la ligue du Nord avoit eu lieu, conduite par l'Imperatrice de Russie et le Roi de Prusse, et payée par les Anglois, la Cour de Vienne et la France auroient eu des embarras necessairement, et une guerre de terre considerable; il a donc fallu chercher tous les moyens d'arreter cette ligue dangereuse, nous avons pensé en France, qu'il falloit pour l'arreter susciter plutôt des affaires à la Russie, qu'à l'Angleterre, cette dernière surtout se tenant tranquille, l'Imperatrice de Russie nous a servis à souhait par les Entreprises plus étendues, que ses forces ne peuvent le comporter. La Suède n'entrera pas dans une ligue contre la France, et la Cour de Vienne, et cette Couronne sera desormais en état de contenir le Danemark, qui, tout foible qu'il est, voudroit bien jouer un rôle. La malheureuse Pologne s'entre-dechire elle-même, les Russes sont assez occupés de la Porte, et de la Pologne, il ne pourront qu'être à charge à leurs Alliés; le Roi de Prusse qui veut certainement la guerre pour pecher en eau trouble, n'osera pas remuer, quand la Cour de Vienne le contiendra; l'Angleterre reste donc avec son armée d'Hannovre, qui ne peut inquieter personne, si l'on empêche le Roi de Prusse de s'y joindre, et qui ne s'assemblera pas même, si la France, comme je le pense, ne va pas la chercher. Ainsi ce qu'il y a de mieux selon la France pour notre Alliance c'est que la guerre de la Porte se continue encore quelques années avec des succés egaux des deux partis, de manière que chacun s'affoiblisse reciproquement, et si nous avons le benefice du tems, tous les hazards sont pour nous; l'on ignore en France ce, que pense la Cour de Vienne sur la Pologne et la guerre Turque, mais on lui confie avec la plus grande franchise et la plus grande simplicité, quelle est l'opinion du Roi, à qui d'ailleurs il importe fort peu qui sera Roi de Pologne, pourvu que la Pologne soit en mouvement, et que la Russie soit occupée encore quelques années par elle et par la Porte. L'Angleterre est dans un état de troubles et de divisions, que l'on ne peut pas calculer, car il est très possible, que cette puissance fasse la guerre par la seule raison de la foiblesse de son administration, nous faisons l'impossible pour l'eviter cette guerre, mais comme les plus grandes determinations de la Cour de Londres dependent des interêts particuliers des differentes factions, et que ces interêts changent tous les mois selon les craintes, et quelques fois les fantaisies de ceux, qui gouvernent, l'on ne peut repondre de rien; voila pourquoi nous avons fait l'expedition de la Corse, parcequ'en supposant que nous eussions la seule guerre de mer, il faloit avoir une seule mer, où nous puissions primer, et conserver un commerce interessant. Il n'y a que la Mediterrannée, où nous puissions avoir cet avantage, et nous ne pouvions l'avoir sans posseder la Corse, qui empeche par sa situation, que le port de Toulon ne soit bloqué, et nous donne une grande facilité pour notre commerce d'Italie et du Levant; tel est le veritable motif de l'occupation de la Corse; il n'est pas à craindre desormais, que les Anglois unis au Roi de Sardaigne osent faire une entreprise sur cette isle.

Le renouvellement de correspondance entre la France et le Roi de Prusse nous a eloigné de ce Prince plus que nous ne l'etions; nous avons besoin d'un traité avec lui pour des bois, et il a été impossible de convenir d'un seul article, de sorte que sous pretexte d'affaires nous avons envoyé un congé à notre Ministre à Berlin, et je ne doute pas, que celui de Prusse ne nous quitte incessamment; Il n'y aura aucune perte de part et d'autre; mais je suis obligé de repeter et d'avertir, que quelque chose que le Roi de Prusse ait dit à l'Empereur, ou fasse insinuer à Vienne, il est certain, que ce Prince veut la guerre, s'ignore au reste le motif de cette volonté.

III.

Réponse du Prince Kaunitz au mémoire rémis pour lui à l'Ambassadeur Comte Mercy par M^r le Duc de Choiseul.

Intimement persuadé, que l'Alliance, qui se trouve heureusement établie entre les Cours de Vienne et de Versailles, est de toutes les possibles la plus conforme à leur intérêt commun et particulier: j'ai vu avec la plus grande satisfaction par la façon, dont s'en est expliqué Mr. le Duc de Choiseul dans le papier, qu'il a bien voulu confier à Mr. l'Ambassadeur, Comte de Mercy, qu'il continue à l'envisager du même oeil, et qu'en même temps il me conserve encore la confiance, dont il m'a toujours honoré. Je repondrai à cette nouvelle preuve de la perseverance de ses sentimens sur le sisteme entre les deux Cours, ainsi qu'à la franchise, avec la quelle il s'est expliqué sur quelques-uns des objets, qui les interessent plus particulierement dans ce moment-ci, avec la franchise reciproque, qui est due à des pareils sentimens et je me flatte, que Mr. le Duc, qui me connoit, y a compté d'avance, chargeant Mr. l'Ambassadeur d'en conferer avec moi seul.

Le tableau de la politique de ma Cour depuis la paix est très simple aussi de son coté, ainsi que pendant la dernière guerre. Depuis la paix une conduite constamment consequente a prouvé trop evidemment, que l'intention de conserver non seulement, mais de resserrer de plus en plus le liens de son Alliance avec la France, a toujours été le premier et le principal objet de sa politique, pourqu'il puisse y avoir le moindre doute à ce sujet. Leurs Majestés Imperiales n'ont que le Roi très-chretien pour allié depuis la paix, et comme Elles sont d'avis, qu'il est difficile, que l'on puisse en avoir plusieurs sans inconvenient, leur politique a été jusqu'ici analogue à cette façon de penser; Mais en échange Elles se sont faites une loi d'être honnetement avec toutes les Cours, de ne donner des sujets fondés de plaintes à aucune, et Elles ont jugé devoir pour cet effet, se mêler des affaires d'autrui aussi peu, que possible. Nous sommes bien determinés à eviter la guerre tant que nous le pourrons, à concourir même par tous les moyens, que peuvent être en notre puissance, au maintien de la tranquillité genérale; Mais comme avec de pareilles intentions rien n'est plus propre à faire durer la paix, que les moyens de pouvoir faire la guerre, s'il le faut d'un moment à l'autre; entre les mains de celui, qui de bonne foi ne les destine qu'à la faire durer, nos armées sont de tout point dans le meilleur état possible, et pourvues de tout ce, qu'il faut, pour pouvoir être employées à tout instant. Les reflexions de Mr. le Duc sur les dangers de l'aggrandissement de la Puissance Russe sont assurement très-fondées, et les insinuations, que Mr. l'ambassadeur a été chargé de faire en France, il y a déjà quelques années, à l'occasion des mouvemens, que l'on a vû se donner alors à plusieurs Puissances pour établir une ligue dans le Nord, prouvent assés, que l'on en a senti ici toute l'importance.

Jusqu'ici nous croyons cependant, que, vû l'état des circonstances, le meilleur des partis, que nous eussions pû prendre, a été celui de l'exacte neutralité, que nous avons adoptée à l'égard des troubles de la Pologne. Nous avons compté, comme de raison, que dans l'execution des projets ambitieux de la Russie, la Porte et le Roi de Prusse conjointement, ou separement, verroient enfin, un peu plutôt, ou un peu plus tard, un danger bien plus prochain pour eux, que pour Nous, et qu'on pouvoit par consequent s'en raporter à eux deux du soin d'y mettre le hola! lorsqu'ils jugeroient, que le moment en seroit venu: et c'est effectivement ce, qui est arrivé en partie au moyen de la guerre, que la Porte a declarée à la Russie; Mais elle a malheureusement si mal tourné, et il est si peu dans la categorie des vraisemblables de pouvoir espérer mieux pour l'avenir, que le remede bien loin d'avoir diminué, a considerablement augmenté le mal et le danger, attendu que selon toutes les apparences il n'est rien, qui puisse faire espérer que la Campagne prochaine sera plus favorable aux Turcs, que ne l'a été la precendente, qu'en ce cas ils se verront forcés à faire la paix avec précipitation, ne l'obtiendront peut-être, que par le sacrifice d'Azof, Taganrog, et peut-être même d'Oczakof, et de la Crimée, et que si cela arrive, la puissance de la Porte deviendra non seulement nulle, mais même precaire vis-à-vis de la Russie pour la suite de tems, pendant que celle-ci s'elevera au contraire en même tems sans contredit au degrés d'une des puissances du Continent les plus formidables de proche en proche à toutes les autres de l'Europe; dans cet état des choses, que l'on ne sauroit se dissimuler, sans vouloir se faire illusion, il semble donc, que tout au moins il y a le plus grand risque du monde à recourir à la prolongation de la guerre entre la Porte et la Russie: que c'est moyennant cela un objet, qui merite la plus serieuse attention de Mr. le Duc de Choiseul, et que par consequent bien loin de travailler à faire durer la guerre, on devroit employer tous les moyens imaginables, propres à accelerer la Paix entre ces deux Puissance, sur le pied de l'état, où etoient les choses avant la guerre; il est constant, qui, si elle pouvoit se faire sur ce pied, la Russie se trouveroit avoir fait une guerre tres facheuse pour elle, telle enfin, qu'il etoit desirable, qu'elle la fît; Elle se seroit épuisée et affaiblie, et ne se verroit moyennant cela de longtems dans le cas de pouvoir reprendre l'idée de sa ligue, et de ses projets ambitieux dans le Nord, au lieu que d'une pareille paix il ne faut plus s'en flatter, s'il arrive, comme il arrivera, que des nouveaux succès augmentent son inflexibilité. Mr. l'Ambassadeur voudra donc bien conférer sur cet important objet avec Mr. le Duc de Choiseul, qui est trop éclairé, pour ne pas en sentir l'importance, et il le priera de lui communiquer amicablement sa façon de penser à cet égard. Quant à nous il est certain, que la continuation de cette guerre ne nous convient pas, vû les risques attachés à sa durée: nous devons par consequent travailler à la faire finir plutôt, que plus tard, et nous nous y employerons pour autant, que cela pourra se faire sans donner occasion à une nouvelle rupture entre le Roi de Prusse et nous, qui deviendroit inevitable, si l'un de nous prenoit ouvertement part aux troubles de la Pologne, attendu qu'ainsi que nous ne pourrions pas souffrir, qu'il s'en melât directement, il est tout simple, qu'il ne souffriroit aussi de son coté, que nous nous en melassions; Nous ne lui avons pas caché notre façon de penser à cet egard, et comme nous ne nous sommes pas dissimulés en même tems, quelle devoit être reciproquement la sienne, sans negliger aucune des mésures, qui nous ont paru necessaires pour être preparés à tout evenement, avec de l'honnêteté dans nos propos, et les menagements dans nos mesures et nos dispositions, qui nous ont parû les plus propres à ne point l'allarmer. nous croyons n'avoir pas peu contribué au sage parti, qu'il a pris, de ne se mêler directement jusqu'ici ni des troubles de la Pologne, ni de la guerre des Russes contre la Porte; Nous nous sommes épargnés par là la necessité de devoir nous en mêler, et moyennant cela heureusement l'embrasement n'a pas gagné jusqu'ici. Je ne doute pas cependant d'ailleurs que le Roi de Prusse ne vit avec plaisir la guerre se rallumer entre la France et l'Angleterre, parcequ'il y retrouveroit l'avantage de se faire valoir, et rechercher; Mais se pense en même tems que l'on peut être presque certain, qu'il ne veut plus de guerre avec la Maison d'Autriche, la dernière, dont il se ressent encore, lui ayant trop fait éprouver, qu'il n'a plus rien à gagner à se mésurer avec les Trouppes Autrichiennes, pourqu'il soit vraisemblable, qu'il veuille encore une fois tenter sa fortune vis à vis de Nous. Son Entrevûe de l'année dernière avec l'Empereur a d'ailleurs déjà beaucoup diminué sa méfiance, et elle pourra vraisemblablement se detruire encore d'avantage, et assurer moyennant cela de plus en plus la durée de la paix entre lui et Nous dans la seconde Entrevue, que lui procurera avec l'Empereur la Contre-visite, qu'il veut lui faire au Camp de Moravie du mois de Septembre de cette année, où peut-être je ne pourrois pas me dispenser d'accompagner l'Empereur, pour repondre à l'envie, que le Roi lui a temoigné, de faire ma connaissance, et à plusieurs invitations repetées, qu'il a eu la bonté de me faire faire directement du depuis; cela n'est cependant pas bien positivement decidé encore, mais en tout cas j'ose me flatter, que je n'y gaterai rien, et que l'on sera persuadé en France; qu'en cette occasion, comme en toute autre, les interêts de l'Alliance seront toujours mon guide, et ma boussolle; Mais si l'esprit soupçonneux et méfiant de ce Prince nous paroit exiger des ménagemens, l'âme ambitieuse au contraire de l'Imperatrice de Russie ne paroit exiger une conduite un peu differente; des pareils Esprits ne peuvent gueres être contenus, que par la crainte du danger, au quel il s'exposeroient en ne mettant point de bornes à leurs vastes projets; Nous l'entretenons pour cet effet par nos propos, par nos mesures et nos demarches dans le doute de nos veritables intentions, et du point, jusqu'où nous pourrions aller selon les circonstances du tems, et de sa conduite: Nous avons rassemblé à cette fin en Hongrie et en Transilvanie differents corps de trouppes, qui d'abord n'ont pas été assez considerables, pour ne pas pouvoir passer pour mesures purement defensives et de precaution; Mais nous les avons assez augmentés du depuis, pour pouvoir donner à penser à la Russie, et être employés même au besoin d'une façon plus serieuse.

Le tems, et les circonstances decideront des mesures, que nous jugeront prendre par la suite: quoiqu'il puisse arriver cependant, nous croyons, que les differents partis, qui continueut à diviser la Pologne, feroient la chose du monde la plus analogue à tous les evenemens possibles, s'ils commençoient par se reunir pour devenir enfin une fois un corps representant legalement toute la Nation, et si pour cet effet il se determinoient avant tout à renoncer au projet de detroner le Roi Regnant, au quel ne consentira jamais ni la Russie, ni le Roi de Prusse, et qui moyennant cela devient une chimère, qui est inutile par elle même, en même tems qu'elle rend impossible le consentement de la Russie à tout autre arrangement, ou condescendance.

Pour ce qui est de l'Angleterre, il est vrai que l'Etat actuel des troubles, et des divisions, qui y regnent, peut faire espérer la durée de la paix de ce coté-là; Mais je ne saurois cacher, que je regarde comme plus vrai encore, ainsi que très-bien l'observe Mr. le Duc, que vis-à-vis d'une nation, et d'une constitution, dans laquelle souvent les partis les plus extremes et les plus contradictoires dependent d'une circonstance momeutanée, et quelque fois même du moindre changement parmi les gens en place, on ne peut réellement compter sur rien, et que par consequent de fait et de propos, il paroit convenir d'être constamment aussi attentif, que circonspect vis-à-vis d'un si singulier gouvernement.

IV.

Tableau de la Situation actuelle de la guerre Russe comparée avec leur deux Campagnes passées pour pouvoir juger de celles avenir, de leur issuë, et de moiens à employer contre leur aggrandissement.

Denkschrift Kaiser Josefs.

Ils ont conquis:

1. La Moldavie entière:
2. une grande partie de la Valachie hors quelques petites possessions vers Crajova, que les Turcs ont encore.
3. un morceau de la Bessarabie.

Quand l'ont ils conquis?

Dans la premiere campagne la bataille ou plutôt déroute sur le Niester près de Chotzim leur a donné tout ce pais-là, car les Turcs ont tout de suite repassé le Danube, et faute de subsistances et affoiblis les Russes n'ont pu ni voulu les garder pendant l'hiver passé que foiblement.

Qu'ont-ils fait cette Campagne?

Cette Campagne aussi brillante, qu'elle a parue, ne leur a pas donné plus de pais, mais ils l'ont toute employé a s'emparer des Places, qui existoient dans le Pais conquis pour pouvoir y séjourner l'hiver, et n'être pas obligés à retourner en Pologne; ainsi Bender, Ismailow, Braila, Bukarest, Kilia, Akermant ont été pris dans cet objet, et les voilà donc sur un pied assuré pour pouvoir agir plus en avant, les voilà solidement établis en pais ennemi, et depuis Braila jusqu'à l'embouchure du Danube la Rive gauche de ce fleuve est à eux.

Avantages actuelles de cette position:

Cette position: le fleuve devant eux, leur donne d'abord le moien d'en difficulter le passage à l'ennemi, avec un bien moins forte Armée, qu'il ne leur en falloit pour y arriver; ils ont la facilité d'assiéger Oczakow, d'agir en Crimée, d'assiéger Perecop, et en emportant ces deux Places, de se rendre maitres de l'embouchure du Nieper par Oczakow, et de l'Isthme et pour ainsi dire de toute la Crimée en prenant la seule forteresse, qui y est, de Perecop. Cette Conquete sera d'autant plus aisée, que par la Situation actuelle, ces forteresses et la Crimée sont déja coupées par terre des Armées du Sultan, et que les Russes les ont derrière eux, par mer la flotte Russe, qui continuellement menace les Dardanelles, tient toujours celle des Turcs en échec, et l'empeche d'agir dans la Mer noire, ainsi dans la Campagne prochaine, les Turcs qui ont fait une si mauvaise defense se trouvent obligés, s'ils veulent sauver Oczakow et la Crimée, ou au moins en faire semblant, de changer de scene, et de faire une Guerre offensive aux Russes, qui derrière le Danube et appuiés aux forteresses, qu'ils ont pris, deviendra très difficile et n'est pas même à attendre des Turcs.

Quel peut être le Projet de Campagne des Russes pour l'année 1771.

Double, savoir: sont-ils derangés dans leurs moiens pecuniaires, et leurs Armées sont-elles mal composées, ou desirent-ils la paix, sont-ils sages enfin, ils se boneront à masquer avec un petit corps le Danube, garniront bien les Places prises, et agiront en force sur Oczakow et la Crimée, puisque ce qu'ils prendront, ils pourront le garder et finir la guerre, en conservant ces morceaux pour eux si importants, et dont personne s'ils y sont une fois nichés, ne pourra les chasser, outre cela chaque pas leur sert de Conquete dans ces pais, et ils n'y ont rien à craindre; qu'elle ressistance feront ces Places, qui se savent abandonnées et coupées de tout secours.

Mais si l'ambition seule guide leurs démarches, s'ils ont encore des moiens et des ressources, s'ils se trouvent enfin en état de faire encore quelques Campagnes, s'ils comptent beaucoup sur leurs flottes, si les Dardanelles leur paroissent forçables, enfin si l'Imperatrice en veut absolument à Constantinople, il se peut, qu'ils passent le Danube, et qu'ils agissent vers Adrianople.

Quel moien pour empecher le premier Plan, c'est à dire la prise de la Crimée?

Aucun autre, à mon avis, qu'une conduite mesurée et vigoureuse de la part des Turcs, des diversions des Polonois, mais soutenuës en Ukraine, Podolie, et Moldavie dans leur dos, enfin une attaque directe des Provinces Russes par quelque Puissance respectable. Combien peu la première est à esperer, les secondes possibles, et la troisieme à conseiller pour nous, je le laisse juger. Ainsi si les Russes veulent, ils auront cette Campagne la Crimée et Oczakow, sans qu'on les puisse empecher.

Quel moien pour empecher le second, qui est la guerre de terre poussée vers Constantinople?

D'abord celui-là, s'ils veulent l'executer exige de grands préparatifs; il leur faut deux Armées, l'une, qui leur assure les Communications avec le Danube et qui les couvre en dos, et dans le flanc droit des Bosniaques, et de toute la partie de la Servie et Bosnie, qu'ils laisseroient à coté et derriére eux; l'autre qui agiroit en avant, ses operations ne pourroient être que très lentes, tant pour les subsistantes, que pour pouvoir se soutenir. Ils auroient alors à combattre tous les Turcs existans en Europe, et par consequent s'agissant d'attaquer les Turcs dans leur coeur, il faudroit bien de la circonspection, car le moindre échec deviendroit irreparable. Cette operation doit être longue, ainsi à peine une Campagne pourra-t-elle donner aux Russes, quelque heureuse qu'elle puisse être, le moien de s'établir solidement en Bulgarie, d'y pouvoir hiverner, et agir ensuite plus en avant. Cette Campagne donc il est impossible, qu'ils parviennent même vers Constantinople seulement, moins encore qu'ils l'assiégent. La flotte, si elle pouvoit percer par les Dardanelles, pourroit y exciter de la Confusion, peut-être une revolte, mais sans jamais s'en emparer.

Les remedes contre sont d'abord, la difficulté de l'entreprise en elle-même, la juste mefiance, qu'ils doivent avoir en nous, que nous ne le souffririons pas, la longueur de leur retraite, l'éloignement de toutes leurs Communications; enfin les Russes une fois passés le Danube, ce seroit alors l'Epoque à tous les voisins et sur tout à nous à leur tomber dessus, et à leur couper leur communication et retraite, de même qu'à reprendre dans peu les vastes pais qu'ils ont conquis et qu'ils ne pourroient laisser garnis d'assés de Trouppes pour les soutenir.

Voila à peu près, en peu de mots, l'idée des operations par terre, que les Russes peuvent avoir en but pour la Campagne prochaine. Leur plus ou moins de réussite dependra de la vigueur, qu'ils y mettront, du plus ou moins d'ineptie des Turcs, du hazard, et du plus ou moins, qu'ils auront à craindre de l'influence des autres Puissances voisines. Pour la flotte, je crois qu'ils ont renoncé à des diversions ou à des établissemens solides en Morée, ou dans l'Archipel, et que tout leur objet est et sera toujours, de forcer les Dardanelles, de tenir les Turcs et leur flotte en echec, et de couper les Vivres autant qu'ils pourront à la Capitale.

Pour cela faire peut-être que quelque Porte de ce coté là leur sera necessaire, mais jamais ils le prendront dans une autre vuë, que pour trouver la facilité d'executer cette idée.

Les choses mises au pis, voions ce que nous avons à faire :

Je fais abstraction de toutes les pertes réelles et derangemens necessaires, qu'une Guerre occasionneroit dans notre interne : Je laisse là la Depopulation, le derangement de culture, la perte en hommes, en Officiers, en Soldats : Je suppose pour un moment, que la Guerre ne nous coute pas un sou ; supposons même, que nous la fassions avec des Trouppes étrangères, et de l'argent d'autrui, regardons-la uniquement du coté de la Politique, et de la Probabilité d'y reussir.

Je ne puis nier, qu'il seroit très avantageux de faire finir au plutot cette guerre, et cela de façon, qu'aucune des deux parties belligerantes n'acquierre des avantages, qui la mettent fort au-dessus de l'état, dans lequel elle étoit avant la guerre. Il seroit à la verité grand et glorieux, et digne d'un des premières Puissances de l'Europe, comme nous, d'imposer les Loix de moderation à la Russie, la faire enrayer au milieu de ses prosperités, et de decider en arbitre ce que chacune des deux parties ait à ceder, ou à garder des conquêtes faites, et cela en se servant du ton de menace, et en faisant entrevoir les moiens tout prets de les executer. Pour cela faire il faut vouloir et pouvoir ; le premier peut dependre de nous, mais il est si fort lié au second, qui depend des circonstances et des calculs de probabilité, qu'il est entierement affoibli par la raison, qui dicte souvent le contraire.

Voions donc ce que nous pourrions faire :

Il n'est pas douteux, qu'une déclaration formelle de guerre aux Russes, avec la marche des Trouppes necessaires, et la formation d'une Armée de cent mille hommes, pour agir offensivement contr'eux, les mettroit dans un grand embarras. Il arriveroit de deux choses l'une, ou qu'ils accepteroient, convaincus de n'y pouvoir resister, les conditions de Paix, que, les Armes à la main, nous leur proposerions, ou qu'il se croiroient en état de nous resister, et qu'ils laisceroient venir les choses à l'extremité et accepteroient le défi.

Examinons un peu les raisons, qui peuvent determiner les Russes à l'une ou à l'autre de ces deux demarches:

Par la paix, que nous leur proposerions, les Russes perdroient, si pas toutes, au moins les plus réelles et avantageuses de leurs conquetes. En acceptant la guerre et en la supposant aussi malheureuse pour eux, que possible, que peuvent-ils perdre d'avantage, que ces mêmes pais, qu'on veut leur faire ceder, et certainement rien de plus, car de leurs Provinces adjacentes il n'y auroit pas moien de penser à une conquête, étant tous composés de Cosaques et Calmonques. Les depenses de cette nouvelle guerre n' excederient pas de beaucoup celles, qu'ils sont actuellement obligés de faire, en agissant contre les Turcs, et comme les hazards resteroient toujours encore pour eux, il leur feroit économiquement plus avantageux de risquer encore quelques Campagnes, que de faire la paix, en rendant tout-ce, qu'ils ont conquis, et en aiant par consequent fait toutes les depenses antecedentes à pure perte, et sans aucun fruit. La Gloire de l'Imperatrice, qui paroit lui etre si fort à coeur, et sa reputation politique souffriroit infinement de la demarche pour la paix, et il n'est pas douteux, que si effraiée par nos seules déclarations elle se resolvoit à accepter toutes les conditions, qu'on lui proposeroit, et à ceder toutes ces places et conquetes, elle montreroit une telle foiblesse, et perdroit si fort la Consideration, qu'elle s'est acquise, que même la guerre la plus malheureuse ne pourroit jamais lui procurer plus d'humiliation.

Qu'on juge de là, si elle prendra ce parti, et des moiens, qu'elle emploiera pour soutenir celui de la guerre, qui seul lui reste. Une Princesse ambitieuse, despote, qui ose et peut tout, à la tête d'une telle Monarchie, dont les ressources sont incalculables, trouvera bien des moiens de nous resister. D'abord elle a de grands avantages sur nous; elle est établie solidement dans un païs ennemi, elle y a des forteresses, des Provinces devastées et infectées des maladies nous separent, elle peut facilement y faire une guerre defensive, connoissant en plein les avantages du pais, et nous les ignorant; son armée est accoutumée au Climat du pais, la notre aura bien de la peine à s'y faire, tout le peu d'habitans, qui y existent, par le fanatisme de la Religion sont attachés aux Russes, et nous seroient contraires; nous jouerions un jeu bien inégal avec les Russes. Si le malheur leur en veut, ils ne peuvent qu'être reduits à moins gagner, et nous, quelques heureux, que nous puissions être, nous n'y pouvons jamais rien gagner de réel, et infinement perdre de notre consideration, si avec tous nos efforts nous venions à ne rien effectuer, qu'a nous affoiblir d'hommes et de ressources, ce qui pourroit très bien nous arriver, les hazards étant incalculables, et les Russes aïant sour nous un très grand degré de probabilité, et d'avantage réel, vû leur situation à faire la guerre de ce coté-là. Mais je ne viens de parler que des ressources, que l'Imperatrice peut nous opposer directement. Quels ne seront pas les moïens dans l'étranger, qu'elle emploiera, et qu'elle se croira permis et necessaires pour sauver sa gloire et conserver ses avantages. Nos propres sujets Grecs, sommes-nous bien assurés d'eux, quand les trouppes seront hors de nos païs, et quelques miserables fanatiques leur peuvent representer leurs Religionnaires en danger? sommes nous surs, qu'elle ne trouve moïen de s'accommoder avec la Porte, et de lui persuader de nous laisser seuls, dans un Païs eloigné, deméler la fuseé? sommes nous sûrs, qu'en promettant monts et merveilles aux miserables Polonnais, elle n'en obtienne une Pacification et ne trouve moïen, aidée secretement du Roi de Prusse, d'en faire agir une partie, en diversion, directement contre nous? sommes-nous sûrs aussi de ce que le Dannemark et les Protestans d'Allemagne, suscités par elle, et secrettement appuïés du Roi de Prusse, et de l'Electeur d'Hannover pourroient tenter pendant le tems, qu'ils nous verroient entrainés et naturellement affoiblis dans une guerre conteuse et ruineuse? enfin le Roi de Prusse, quels appas, quelles promesses ne lui fera-t-elle pas? ne lui sacrifiera-t-elle pas volontiers, dans ce moment de detresse, Danzic, la Prusse Polonaise, enfin tout ce qu'il pourra seulement desirer, pour l'engager à agir? peut-on compter sur sa droiture, sur ses Promesses, sur sa Politique? la première n'a jamais été dans son caractere, le secondes, il les a toujours reglé au gré de ses desirs, et de la convenience du moment. Sur sa Politique, que peut-on compter sur un homme, qui n'a d'autre sisteme, que de profiter d'un jour à l'autre des circonstances, auquel il ne coute rien de se contre dire, et qui ne considere jamais le bien de son Etat, pour les tems à venir, mais reduit tout au court terme, que la vie physique lui fait entrevoir à son age? Mais supposé même, que, malgré tous les appas, qu'elle pourroit lui presenter, il n'agisse point contre nous. cette idée seule, qu'il le pourroit, n'est-ce pas, le plus grand inconvenient? et est-ce que cela ne nous empechera pas continuellement, tant dans les moïens à employer pour pousser la guerre avec vigueur, que dans les operations mêmes. puisqu'il dependra absolument de lui, de regler le point, jusqu'ou il voudra, bien laisser abaisser l'Imperatrice de Russie, et devenant arbitre de la guerre et de la paix, pour ainsi dire, il nous fera arreter au milieu de nos prosperités, ou il pourra attendre tranquilement, que nous nous sôions épuisés, pour executer alors tous le coups fourrés, qui dans ce moment-là lui paroitront utiles. Quel avantage et quelle perspective flatteuse ne seroit-ce pas pour lui, de conserver toutes ses forces, entières et intactes, tandis que deux voisins puissants et également redoutables pour lui, broüillés sans retour, et acharnés l'un contre l'autre, s'affoibliroient et se ruineroint mutuellement, en se reduisant à la fin à un tel degré d'épuisement, qu'avec son Armée conservée, et ses ressources menagées, il se trouveroit sur eux une superiorité decidée, capable de leur dicter la loi, et d'entreprendre tout ce qui lui plairoit avantage, qui ne lui auroit couté aucun effort, et qui seroit dans sa situation d'un prix infini, quand-même il n'y gagneroit, que cela seul.

Mais cela est d'autant moins probable, qu'il ne tache de jouer quelque coup sûr, qu'il est incroiable, que la Russie ne lui ait fait quelque promesse de partage ou d'avantages, auxquels elle doit seule cet inviolable attachement, qu'il paroit lui avoir voué, sans s'en laisser prevenir par son propre interet.

Mais voions donc la situation du moment, et concluons en ce, qui nous convient de faire.

Les Russes, selon les dernières nouvelles, paroissent enflés de gloire et tout prets, quant à leurs arrangemens internes et propos, à la prochaine Campagne, les flottes se radoubent, la troisième division d'Arf est arrivé dans la mediterranée, on a donné à commander à Dolgorucki la seconde Armée, les Recrües sont commandés, les armées restent en Moldavie et Valachie, enfin jusqu'aux conditions si excessives, qu'ils demandent, tout denote la possibilité et la volonté, que les Russes ont, de faire encore une Campagne.

Le Roi de Prusse de son coté a une conduite si douteuse, reconnoit, mais foiblement les dangers, n'ose point parler, craint les Russes moins, qu'il ne se méfie de nous, enfin cherche toute sorte de prétextes pour nous mettre en jeu, et pouvoir rester spectateur, quoiqu'il ne se soit jamais laché bien clairement la-dessus, disant toujours, qu'il etoit Allié des Russes, et que cela regardoit essentiellement le Roi de Pologne, et sa conservation. D'un autre coté il anime les Turcs à se disposer à la Campagne prochaine.

Les Turcs, quelque miserable, qu'ait été leur conduite, ils en paroissent sentir eux-mêmes les défauts, et promettent du changement, leur confiance en nous paroit vraie, de l'argent ils en ont, des hommes aussi, leur courage se soutient encore, et je ne crois pas, qu'ils se preteront facilement à une paix honteuse, surtout le Sultan. Ainsi qu'y a-t-il à repondre aux Turcs, au Roi de Prusse, et quelles dispositions avons-nous à faire dans notre interne? trois questions importantes, et dont voici, à mon foible avis, le Resultat:

Quant aux Turcs, notre Resident seroit à instruire de leur representer, que, tenus en echec par l'indecision de notre ennnemi naturel et puissant, le Roi de Prusse, et croiant de notre interet, de faire cause commune, dans cette occasion, avec lui, et de ne risquer aucune démarche quelconque sans lui, pour l'avantage de la Porte même, nous

Beer. Documente zur ersten Theilung Polens. 2

ne pourrions pas donner des Secours à la Porte, que notre amitié pour elle, et le desir sincere, que nous aurions, de lui voir terminer cette guerre avec le moins de désavantage, que possible, nous dicteroit, pour preuve de quoi nous nous étions déjà voulu charger du désagreable rôle de mediateur, et que même, en dernier lieu, nous avions offert au Roi de Prusse de faire même la guerre, mais conjointement avec lui, à la Russie, et que nous sommes prêts encore à embrasser tous les partics, quelques violents, qu'ils puissent être, auxquels la Porte pourra engager le Roi de Prusse à concourir avec nous. Cette declaration ne peut qu'inspirer aux Turcs beaucoup de confiance, et fera de deux choses l'une, dont chacune, à mon avis, nous est de la plus grande importance. Les Turcs presseront certainement fortement le Roi de Prusse à se porter à des démarches vigoureuses contre la Russie, comme nous le souhaitons, et lui aura à opter, ou à se brouiller avec la Russie, ou à se devoiler vis-à-vis des Turcs, et à y perdre par consequent à jamais tout credit et influence. Quelconque que soit le parti qu'il prenne, tous deux sont à notre avantage, et je ne crois pas petit celui de faire connoitre aux Turcs, dans cette occasion à eux si sensible, tout le cas, qu'ils doivent faire pour à présent, et à l'avenir de ses belles promesses, et demonstrations d'amitié, et d'obliger la Porte à se jetter absolument entre nos bras. Quelque chose qui arrive, nous en tirerons toujours le grand avantage, ou à n'être pas les seuls à tirer les marons du feu, ou au moins à acquerir de ce coté là des assurances, pour le present, et à l'avenir, contre toutes les fausses insinuations, que ces soi-disants amis de la Porte lui ont fait et feront encore contre nous. Servons-nous en outre vis-à-vis de la Porte du même argument futile, dont le Roi de Prusse se fait tant de merite vis-à-vis de la Russie, qui est, que la Porte nous doit avoir assés d'obligation, que nous retenions le Roi de Prusse d'agir, conjointement aux Russes contre la Porte, en le tenant en echec, lui qui par son alliance y est positivement engagé. Faisons lui sentir en même tems, qu'il n'attend peut-etre, que le moment, que nous nous declarions, et agisions pour la Porte, pour emplover toutes ses forces au secours des Russes, ce qui mettroit encore la Porte en de plus grands embarras, enfin en peignant bien vivement à la Porte le peu de veracité, qu'on peut mettre dans les propos du Roi, le peu de confiance, que ses plus belles promesses, de bouche et par ecrit, meritent, les cas faciles à alleguer, qui ont toujours montré des actions contraires à ses promesses, que la Porte n'avoit rien à craindre certainement des menaces, dont le Roi de Prusse pourroit se servir dans cette occasion, puisque nous ne lui laisserions surement pas faire la moindre démarche contr'elle impunement. En peu de mots, mon idée est de forcer le Roi de Prusse par les Turcs à des démarches, que nous ne pouvons obtenir de lui, ou de ruiner entièrement son credit et influence, ce qui à mon avis, vaut bien politiquement une bonne Bataille, que nous gagnerions sur les Russes. Les Turcs seroient reduits à se jetter entièrement entre nos bras, et nous serions les maitres de les conseiller ou aider de quelconque façon, plus ou moins vigoureuse, que nous voudrions, et laissant même faire les Russes, nous pourrions toujours nous faire le même merite à la Porte, que le Roi de Prusse se fait à Petersbourg, c'est à dire d'empecher un ennemi à se declarer.

Vis-a-vis du Roi de Prusse notre reponse peut etre aussi claire et nette, que simple. Je croirois qu'il faudroit lui declarer, qu'après mure reflexion faite, et aiant combiné tous les objets, nous avions trouvé, qu'il importoit à lui, encore plus qu'à nous, d'empecher l'enorme agrandissement, que la Russie projette, que cette verité nous paroissoit si frappante, et que notre confiance dans sa clairvoiance et penetration etoit si grande, que nous avions pris le parti ferme et invariable, de ne nous point separer de lui, et de faire, dans cette occasion, toutes les démarches, tant violentes que douces, qu'il pourra nous proposer; que nous laisserons même faire la Russie, s'il pouvoit le croire de sa convenance; que son agrandissement ne nous effraioit pas tant, puisqu'heuresement nous nous sentions des ressources internes, capables de lui resister, si elle nous manquoit; que plus, que la Russie augmenteroit, plus nos liaisons devroient naturellement se resserrer avec lui, ce que, dans notre façon de penser politique, nous avions toujours regardé comme l'époque la plus heureuse pour les deux monarchies, qu'enfin, s'il ne vouloit, ou croioit ne pouvoir empecher l'agrandissement prochain et immense de la Russie, qu'il n'étoit pas possible, qu'un reste de méfiance, j'ose dire, puerile lui fasse seul méconnoitre, qu'il faudroit de notre coté, à mesure, que la Russie augmentera, penser à nous y niveller. Nous ne lui cacherions pas non plus, que nous allions faire les mêmes declarations à la Porte, et que nous l'assurions, qu'il ne dependoit, que du Roi, à regler nos demarches pour venir à son secours.

Cette démarche doit embarrasser le Roi de Prusse, et peut le porter peut-être à parler plus vigoureusement à la Russie, et en même tems, (en nous laissant la faculté de faire, si les choses alloient encore pis, la guerre tous seuls, quoique je ne le conseillerois jamais) cela feroit tomber toute l'odiosité des démarches, tant en Russie; s'il nous propose quelque chose de réel, que vis-à-vis des Turcs, s'il veut les abandonner, sur le Roi de Prusse, et nous en sauveroit vis-à-vis de tous deux le désagrement. Ce que je ne crois pas un petit objet de convenience.

Ces deux partis resolus vis-à-vis des Turcs, et du Roi de Prusse, je dois dire ici les möiens, que dans notre propre interne, je croirois qu'on devroit prendre pour les rendre plus efficaces, et en même temps se trouver pret à tout evenement.

Les dispositions sourdes, qu'on a pris jusqu'à present pour mettre nos Armées en état, je croirois qu'on pourroit leur donner un air de plus de publicité, sans pourtant montrer trop de jactance; de ce nombre d'arrangemens seroit:

1º un contract pour 3 ou 4000 chevaux de Remonte, dont notre Cavallerie à réellement besoin, même sans guerre.

2do de presser la fabrication des Armes tant interieurement, que de faire quelques contrats pour quelque peu de chose à Liége, et ailleurs dans l'étranger, seulement pour en repandre le bruit.

3º dans la revüe, que, pendant deux ans, un Capitaine d'Artillerie a fait dans nos Places, il a trouvé une quantité de Canons à refondre, leur refonte, chose, qui doit toujours se faire un jour, seroit à presser dans ce moment.

4º il faudroit demander des Etats six au huit mille Recrües; cela feroit une d'autant moindre difference pour les Pais, qu'il existe un nombre assés considerable de soldats enrollés, qui sont ou fils uniques, ou necessaires dans la maison paternelle, et auxquels on pourroit donner leur congé, et envoyer plusieurs autres en semestre, ce qui déchargeroit la caisse militaire de l'entretien d'un plus grand nombre d'hommes, et en même tems feroit du bien aux Pais, qui recevroient pour toujours les gens, dont la présence manque à la culture, en les trocquant contre d'autres, de la Categorie de ceux, dont l'absence lui est moins nuisible.

5º Je croirois, qu'on devroit faire venir trois Regimens d'Italie et trois des Pais-bas, parmi lesquels deux de Cavallerie; les premiers seroient disloqués dans les Pais de l'Autriche Interieure, les autres en Autriche, et quelque chose en Boheme. Cela fera à la verité une depense, mais quand je pense à l'effet, que cela peut et doit faire, outre que si cela en venoit néanmoins à une guerre, ce seroit autant de gagné, ces trouppes et encore les autres restantes devant toujours venir ici, je serois toujours d'avis, que cela devroit se faire actuellement.

6º il faudroit assembler une certaine quantité de vivres en Hongrie, au Danube, (comptant que jamais corps ne devroit agir offensivement, que le long de ce fleuve) et en Transilvanie (pour un corps de defense du pais) et en faire remonter une partie sur le Danube et le conserver, tant ici, que vers Mathausen. Il est à remarquer, que ces Provisions et ces Amagazinages couteront à la verité quelque chose, mais que, vû le grand objet politique, la necessité, où on pourroit se trouver de néanmoins devoir rassembler encore un corps, enfin le besoin interne de nos Provinces, par le manque de grain, dans lequel elles se trouvent, qu'on devra peut-etre soulager, la Consommation et le besoin du corps, qui existe actuellement en Transilvanie, une vente même avantageuse, si nous voions n'en avoir pas bésoin, dans l'étranger, tout cela pourroit encore en diminuer les fraix.

7º Il faudroit amasser et faire construire tant ici, qu'à Ratisbonne, plusieurs bateaux de transport.

8º Il y auroit du changement à faire dans la dislocation interne de nos Trouppes, et je me fais fort de faire proposer un Plan par le Conseil de Guerre, qui facilitera et accelerera de beaucoup l'assemblage de 40 à 50.000 homes, le long du Danube, sur les confins des Turcs.

9º une defense generale de toute sortie et vente des cheveaux dans l'etranger.

10. de presser le deblai des terres encore existantes à Königgratz, et de demander pour cela des Etats de Boheme des voitures pour une juste retribution, pour l'achever dans peu de mois; cela doit sans cela se faire, et ne coutera pas davantage, qu'en le trainant encore deux ou trois ans.

11. un ordre à tous les Generaux commandants d'insinuer, avec une espece d'air de mistére, à tous les Regimens, Generaux et officiers sous leurs ordres, de se tenir prets à pouvoir marcher, les avertissant pourtant, que pour le mois de Gage, qu'on donne aux Officiers ils aient encore à attendre d'ulterieurs ordres, puisqu'il ne convenoit point encore de faire éclater ce qu'on feroit.

12. du Royaume d'Hongrie il faudroit tacher d'obtenir des Recrües. Les regimens hongrois, pour être completés sur le pied même de paix, en aiant un besoin extreme.

13º L'on pourroit faire des Contrats avec toutes sortes de Livranciers, pour les chevaux du train d'Artillerie, mulets et pour la Boulangerie, bien entendu, qu'on y stipuleroit le tems, dans lequel ils s'offriroient de les ramasser, de deux façons, ou en Boheme, ou en Hongrie, les avertissant positivement de ne point faire des achats encore, mais de tout arranger pour etre prets au premier ordre.

Par ces dispositions et plusieurs autres, dont je pourrois ici encore faire étalage, je compte d'obtenir à peu de fraix ces grands objets, qui sont de conserver la Russie dans l'incertitude d'etre attaquée, au Roi de Prusse le doute d'etre forcé, les armes à la main, de se declarer pour ou contre, et à la Porte l'esperance d'etre solidement soutenüe, et tout cela par des (?) peut-etre seulement, puisque nos dispositions ci-dessus alleguées, propres à agir des deux cotés, et confirmées par des depenses réelles, laisseroient entrevoir à toute l'Europe un parti pris de faire quelque chose, sans qu'on pût deviner le quoi, ni le comment, ni le quand, ni le pour, ni le contre qui? et si le bésoin l'exigeoit, nous y serions néanmoins déja preparés au moins en partie.

Notre propos doit etre ferme et inébranlable, au moins j'en suis convaincu après mûre reflexion faite, de ne jamais faire la guerre seuls et directement aux Russes, sans le concours efficace du Roi de Prusse. Quelque chose qui arrive, et si la destruction de la Puissance Ottomanne paroissoit même prochaine, je n'agirois point directement contr'eux, mais je serois à même, moiennant les dispositions, que je viens de dire, d'assembler au plutot un corps, et de nous mettre en possession, ou de prendre en attendant en depôt les Provinces adjacentes, et de proposer alors une paix convenable aux Russes et à nous. Cette operation seroit d'autant plus facile, que nous ne degarnirions presque point la Boheme et la Moravie, puisque pour nous mettre en Possession des Provinces Turques sans grande resistance, nous pourrions fort bien nous servir de nos Croates, qui sont à la main.

Vis-à-vis du Roi de Prusse, aucun parti violent, à mon avis, doit avoir lieu, que dans le cas, qu'il se brouillat avec l'Imperatrice de Russie, et que néanmoins il voulut finasser, et nous faire des intrigues ou à la Porte, ou en France ; car je suis persuadé, que l'abaissement ou l'affoiblissement du Roi de Prusse nous est infiniment plus important encore, que tous les progrés des Russes en pourroient nous etre nuisibles. Enfin soions attentifs, dans un état de promtitude, à pouvoir agir de tous les cotés que peut il arriver, que nous ne puissions faire tourner à notre profit? le renversement de la Puissance Ottomane doit nous procurer necessairement l'accroissement de belles et bonnes Provinces, non, à la verité, si considerables, que celles, que les Russes auront, mais moins devastées. Une paix honteuse pour les Turcs, avec le demembrement de la Crimée, car je crois toujours, qu'on pourra obtenir, que la Valachie et Moldavie leur soient rendues, ou au moins il faudroit alors s'emparer toute de suite de cette parti de la Valachie, que nous avons cedée aux Turcs, et que nous ne laisserions jamais aux Russes, ce morceau seul ne nous fera pas declarer la guerre par la Russie, et en nous procourant un avantage réel, pourra être même coloré vis à vis des Turcs, comme aiant voulu le garder peur leur procurer dans d'autres occasion plus favorables, la facilité de passer le Danube, et de reprendre les possessions qu'ils venoient de perdre.

Ne s'agit-il du Commerce de la Mer noire et de la Crimée, quelqu'avantageux, que cela seroit aux Russes, je ne compte pas pour peu de chose pour nous, de ruiner entièrement le credit du Roi de Prusse auprès des Turcs, sur lequel toute la faute de la paix, en embrassant les demarches, que je propose, retomberoit. Nous laissons en outre les moiens ouverts et la crainte au Roi de Prusse ; vrai et seul moyen de mener cet-homme là, de pouvoir nous raccrocher avec la Russie et de pouvoir trouver moien de convertir toute notre Jalousie mutuelle d'agrandissement en des communes avantages et arrondissement, que nous nous procurerions ; ce qui certainement ne peut lui convenir, et le meneroit à tout ce qu'on voudroit.

Voila mon très humble sentiment, que je ne donne point à la legere, mais qui est le fruit de maintes reflexions, dans lequelles j'ai taché de me depouiller de tout préjugé, n'aiant en vuë, que le bienêtre de l'Etat momentané et à venir.

Ce 14 Janvier 1771.

Joseph m. p.

V.

Kurze Anmerkungen über die gegenwärtigen Weltumstände in Beziehung auf die Sicherheit und Aufrechthaltung des Durchlaucht. Erzhauses.

Diese Denkschrift bildet eine Beilage zum Vertrage vom 23. Jänner 1771.

1. Die Sicherheit und Aufrechthaltung des Durchlauchtigsten Erzhauses soll unser erster Endzweck und Gegenstand seyn, welchem alle andere, wenn sie auch gut und vortheilhaft wären, weichen müssen.

2. Insoweit es der erwähnten Sicherheit nicht zu viel Gefahr zuziehet, ist aller thunlicher Vortheil und Vergrösserung des Durchlauchtigsten Erzhauses nicht ausser Acht zu lassen, sondern dieser zweyte subordinirte Satz mit dem Ersten zu vereinbaren.

3. Wenn aber hierzu wenige oder keine Hoffnung anscheinete oder die Gefahr zu gross wäre, so müsste man sich mit deme begnügen, wenn die erste Absicht auch ohne Vortheil und mit einigen Kosten erreichet würde.

4. Sollte jedoch die Sicherheit allzuviel Gefahr laufen, so müsste man sich zu kostbaren Hülfs-Mitteln, auch ohne Hofnung einigen Vortheils entschliessen.

5. Nach dieser Gradation sind meine ohnmassgebigste Vorschläge ausgemessen, und Vortheile, die nicht mit unserer Sicherheit vereinbarlich oder mit der Vergrösserung anderer Mächten nicht proportionirt wären, könnten nicht als Vortheile, sondern als ein wahrer Schaden und Verlust des Durchlauchtigsten Erzhauses betrachtet werden.

6. Eben so sehr stünde das andere Extremum zu vermeiden, dass man Vortheile, die nebst der eigenen Sicherheit erhalten werden können, vernachlässige und verscherze.

7. Dass die Russische Vergrösserung, wenn nicht die diesseitige in gleicher Proportion erfolgte, der Sicherheit und Erhaltung des Durchlauchtigsten Erzhauses grad zuwiderlaufe, scheinet keinem gegründeten Zweifel unterworfen zu sein. Ist schon dermalen so schwer und bedenklich, denen weit aussehenden Unternehmungen dieses Hofes sich entgegen zu setzen, was würden alsdann nicht für viele und grosse Bedenken vorwalten, wenn Er die Hände wieder frey, seine Macht so sehr vergrössert, und seinen bisherigen gefährlichen Nachbarn, die Pforte, entweder gar zernichtet, oder doch für ein saeculum gedemüthiget hätte. Um so viel als die Russische Macht und Ansehen sich vergrössert, um so vieles muss sich jene des Durchlauchtigsten Erzhauses vermindern.

Die Aussicht in das künftige wäre also sehr traurig, und man würde bey jeder Unternehmung von einiger Wichtigkeit erst zu Petersburg um Erlaubniss anfragen müssen.

8. Gleichwohlen würde dieses Uebel, menschlichem Ansehen nach, ohnfehlbar erfolgen, wenn die Pforte sich und ihrem Schicksal überlassen bliebe. Denn Sie befindet sich in solchen misslichen Umständen, dass entweder ein höchst nachtheiliger Frieden oder ihr Umsturz zu besorgen, und sodann gar keine Hülfe mehr zu finden, auch blosserdings von der Russischen Willkühr abhangen würde, dem Durchlauchtigsten Erzhauss einen, in Betracht des ganzen sehr mässigen, und wenig bedeutenden Theil der Türkischen Depouillen zuzuwenden.

9. So lang aber der Krieg mit den Türken und Pohlen noch fortdauret könnte dem Uebel wohl gar noch mit einigem Vortheil abgeholfen werden. Welches auch alsdann ganz sicher und ohne alle Gefahr zu hoffen stünde, wenn der König in Preussen vermöget werden könnte, mit Ihro Mayestät gemeinschaftliche Sache zu machen, oder wenigstens eine geheime Declaration wegen seines Stillsitzens von sich zu stellen; als welcher um so eherder Glauben beygemessen werden könnte, da Sie mit seinem eigenen Interesse übereinkommt, und der König Uns allenfalls nicht ohnbewafnet finden würde.

10. Da die Pforte bey keiner andern Macht als bey Ihro Mayestät Rettung finden kann, So müsste Sie Sich auch zu solchen billigen Gegenbedingnissen einverstehen, dass man 1. diesseits keine Kosten zu tragen hätte 2. mit Sicherheit vorrücken könne und 3. vor dem geleisteten Dienst einen wesentlichen Vortheil erhielte.

11. Hiebey kann meines wenigen Ermessens kein Gewissens-Scrupel statt finden. Dann was die Selbst-Erhaltung erfordert, ist von solcher Beschaffenheit dass auf den Unterschied der Religion nicht zurückgesehen werden kann. Vielmehr scheinet das Gewissen zu erfordern, dass man alles dasjenige abzuwenden suche, was sich selbsten, der Nachkommenschaft und den Unterthanen zum grössten Nachtheil gereichen könnte.

12. So viel auch den König von Preussen betrifft, so ist man bis hiehin beflissen gewesen, Ihn in der Beysorge zu erhalten, dass wenn Er sich in die Türkische oder Pohlnische Unruhen mischte, Wir solches so wenig geschehen lassen könnten, als wenig Er gleichgültig ansehen würde, wenn Wir dergleichen unternehmen wollten. Da nun der Satz in der Billigkeit gegründet, so ist er auch von keiner widrigen Würkung gewesen.

13. Gleichwohlen würde es nicht schwer fallen, den König in Misstrauen und Beysorge gegen Ihro Majetäten zu setzen. Hierzu wären keine wesentlichen Anstalten, sondern nur einige bedenkliche Aeusserungen erforderlich; Da hingegen es nicht so leicht seyn wird, ihn in seinem Vertrauen und guten Gesinnungen zu erhalten.

Es wäre aber nach meinem schwachen Begriff ganz zur Unzeit und sehr bedenklich, dem König vor dermalen Misstrauen und Verlegenheit zu verursachen.

Kein Vortheil dürfte hieraus zu erwarten sein; hingegen wären die schädliche Folgen ganz sicher vorzusehen, dass der König Sich desto enger mit Russland verbinden, die Höfe, so über das Durchlauchtigste Erzhauss eifersüchtig zu werden anfangen, an Sich ziehen, und alle seine politische und militärische Bearbeitungen wiederum eintzig und allein gegen Uns richten würde.

Eine solche Situation wäre in meinen Augen die ärgste, so sich ergeben könnte. Freunde und Feinde erhielten die gewünschte Gelegenheit sich an das Durchlauchtigste Erzhauss zu reiben, und selbiges in einer beständigen Verlegenheit zu erhalten. Da Wir hingegen keine Macht zu besorgen haben, sondern unsern Einfluss und Ansehen immer mehrers befestigen würden, so lang Wir mit dem König in Preussen nicht um seines, sondern um unsers eigenen Interesse Willen in gutem Vernehmen leben.

Mehrere Beweissgründe dieses Satzes beyzubringen, und den grossen Unterschied der angeführten zwey Fällen näher zu erläutern, würde allzu weitläuftig ausfallen

14. Noch weniger scheint die Pforte in ihren dermaligen elenden Umständen vermögend zu seyn, dem König in Preussen eine wahre Verlegenheit und Beysorge zu verursachen. Ihr ist ja ohnedem schon bekannt, dass der König mit Russland in Allianz stehe, und Subsidien zahle, Nichts bedenklicheres könnte der Pforten wider ihn beygebracht werden; Und dannoch siehet sie sich in der Nothwendigkeit, ihre Unzufriedenheit zu verbergen, und dem König gute Worte zu geben.

15. Aus allen diesen Betrachtungen sind meines wenigen Ermessens, die sichere Folgen zu ziehen, dass ohne des Königs in Preussen Mitwürkung, oder wenigstens passiven Betrag weder den Russischen gefährlichen Absichten Einhalt gethan, noch bey dem gänzlichen Zerfall der Pforten ein wesentlicher und proportionirter Vortheil

erhalten werden könne, da man in allen Fällen den ernannten König und seine Vergrösserungs Begierde zu besorgen haben, und in seinem Weeg finden würde.

16. Nur ein einziger Fall ist meines ohnmassgeblichsten Ermessens vorhanden, wo das Durchlauchtigste Erzhauss in Ansehung der Russen seinen Haupt-Entzweck ohne alle Kosten und sonderliche Gefahr erreichen, und zugleich Vortheile von Wichtigkeit, ohne solche mit dem König zu theilen, erhalten könnte.

Das Mittel wäre mein ohnzielsetzlicher Vorschlag, dem König zum geheimen Neutralitäts Versprechen zu vermögen, und mit der Pforten ein Einverständniss bald möglichst zu Stande zu bringen.

Ich habe bei diesem Vorschlag den Ausspruch des Taciti vor Augen: Medium sequi inter duo, quorum utrumque anceps est, deterrimum est, quia media via est, quae nec amicum parit, nec inimicum tollet.

Jedoch muss mir genug sein, meine wenige Meinung pflichtmässig eröfnet zu haben, und demnächst blosserdings die allerhöchste Befehle in das Werk zu stellen.

VI.
Denkschrift Kaiser Josefs.

Um pflichtmässig meine Meynung über die von dem Fürsten von Kaunitz heraufgegebene, und mir zur Durchlesung von Euer Maytt. zugestelte Anfrags-Puncten zu eröfnen, muss Ich vor allen, der Klarheit wegen, die drey mir allein möglich scheinende Fälle, wie aus diesem Krieg durch die erfolgende Pacification, zu kommen seye, voraussetzen; nemlich:

Erstens: Beyde Krieg führende Theile endigen selben ohne wirklichen noch wesentlichen Vortheil, welches zwar ein angenehmer, aber nicht leicht vorzuschender, ja, besser zu sagen, nach allen Umständen unmöglicher Fall ist, da die Entkräftung Ruszlands noch nicht so weit gekommen, dasz es alle erhaltene, und ihm, so zu sagen, nicht zu entreissende Vortheile aus den Händen lassen und freywillig der bevorstehenden Gefahr, immer zur Unzeit von denen Türken angegriffen zu werden, gegen Verlust aller ihrer Siege und ausgegebenen Gelds sich von neuem bloszstellen solten. Also ohne einen generalen Krieg, und ohne dasz selber für Russland und Preuszen sehr misslich ausschlage, oder dasz man leztere von seiner Allianz gäntzlich zu trennen Mittel finde, ist wohl nicht zu hoffen, dasz Ruszland seine Vortheile alle fahren lassen werde. Dann wenn auch eine Erschöpfung ihrer Finanzen, ein Abgang an Menschen, einige kleine

Unglücksfälle hier und da sich ereigneten, so würden selbe, meines
Erachtens, höchstens nur hinlänglich seyn, sie von weitern Conqueten
zu verhindern, nie aber würden sich selbe so weit erstrecken, dasz
sie die schon gemachten, und in selben erhaltene feste Plätze und
Gemächlichkeiten verlassen müsten.

Der andere Fall wäre dann, und welcher mir der natürlichste
scheinet, wann Ruszland nur einige mäszige Vortheile, gegen ihre
glückliche Unternehmungen, erhielte, die Türken, so von ihrem Untergang allein von uns gerettet würden, und über dies, ihren umständen nach, leidentliche Friedens-Bedingnissen erhielten, zu haltung
ihrer getroffenen Convention mit unsz, so billig alsz gerechtest, gehalten würden, in Pohlen alles bey dem alten verbliebe, und Ruszland
vielleicht selbst, durch Abtrettung aller unserer Rechten auf die incorporirten neuen Pohlnischen Districte (die 13 Zipser Städte, und die
Herrschaft Lublow, so ex notorietate publica einlösungs-fähig sind,
ausgenommen) auf Verhinderung aller Zerglicerung Pohlens mit unsz
causam communem machete, und also, durch diesen Frieden, Ruszland
einige Vortheile erlangte, die Türken gäntzlich in unsere Hände geworfen, und von Preuszen auf ewig getrennet, bey uns das Politische
Ansehen vermehret, das Stück der Wallachey samt allen andern in
der Convention ausgedruckten Vortheilen erhalten, die 13 Zipser
Städte ausgelöszt, Pohlen in seine vorige Anarchie anwider zurückversetzet, und der König in Preuszen von allen acquisitionen, durch
Ruszland selbst, verhindert würde, und er also allein leer ausgienge.
Dieses wäre also mit einer directen Einverständnisz mit Ruszland,
ohne durch den König in Preuszen zu gehen, vielleicht zu erhalten.

Das dritte endlich wäre: wenn man sich erklärete, dasz wenigstens die Vortheile, so aus diesem Krieg ein- oder dem andern Theil
zuzukommen hätten, in einer möglichen Gleichheit, auch denen übrigen Mit-Interessirten oder Nachbarn, zuzuwenden wären. Bekäme also
Ruszland ausehnliche Vortheile, so müsten wir und Preuszen dergleichen unsz zu erfreuen haben, und da entstünde nur die Frage: was
unsz mehr à conto tournirete: oder selber von dem Türkischen Reich,
oder von dem Königreich Pohlen theilhaft zu werden? ob nicht, statt
der Moldau und Wallachey, Bosnien und ein Theil der adriatischen
Meer-Küsten unsz vortheilhafter wäre? ob nicht der Cron Pohlen
Cracau, und diese Palatinate, so unsz zufielen, zu behalten anständiger,
alsz die Moldau und Wallachey, und unsz wieder Bosnien und Dalmatien wegen ihrer Laage, und Nachbarschaft, viel convenabler, auch
denen Türken dieser Verlust weniger empfindlich als jener wäre?
Zu Erhaltung dieses Ausweegs ist kein anderes Mittel, als klar und
standhaft mit Ruszland und Preuszen zu reden, mit ihnen den ganzen
Partage-Tractat auszumachen, und gemeinschaftlich nachhero denen
Türken und Pohlen selbigen zur Einwilligung vorzulegen.

Nach vorausgesezten diesen dreyen mir allein möglich scheinenden Auswcegen (nachdeme ein vierter, nemlich: dasz die Türken geschwächet würden, Ruszland und Preuszen ansehnliche Vortheile zieheten, und wir allein leer ausgiengen, mir so absurd, als unmöglich scheinet, da unsere Selbsterhaltung ehender das äuszerste zu wagen riethe, und alle immer mögliche Generosität, in diesem Augenblick nicht verantwortlich und sehr zur Unzeit angebracht wäre), schreite Ich also zur Beantwortung deren vom Fürst Kaunitz entworffenen 13 Puncten, welche, nach denen hier vorausgesezten drey Pacifications-Weegen (deren der erste mir chimärisch, der andere am leichtesten und erwünschlichsten, der dritte am grösten, al er auch am beschwerlichsten vorkommt) betrachte; ohne also von dem ersten eine Meldung zu machen, rede Ich nur von denen zwey anderen.

Ad 1um. Ob dem allerhöchsten Dienst am gemäszesten seye, in dem eingeschlagenen Sistemate fortzufahren oder solches abzuändern? mithin ob bey der mit der Pforten geschlossenen geheimen Convention zu beharren, oder von selbiger abzugeben seye?

Nach dem zweyten Ausweeg:

Kann allerdings in unserm Sistem noch, wie der Fürst Kaunitz einrathet, fortgefahren werden, ja, da, nach Ausspruch des Fürst Kaunitz, uns z die Convention mit denen Türken freye Hände läszt, die diensam scheinende unterhandlungen selbst mit Ruszland zu pflegen, so könte eine klare und directe Verwendung an Ruszland, zu Beschleunigung des Friedens, und Erhaltung der bestmöglichsten Conditionen vor die Pforten, derselben nicht unangenehm seyn.

Im dritten Ausweeg:

Da directe mit Ruszland und Preuszen der Friede und dessen Bedingnissen gäntzlichen ausgemacht, und der Pforten nur zur nöthigen Einwilligung vorgelegt würde, so müszte freylich von dem jetzigen Verbindungs-Sistem mit der Pforten in vielen abgewichen werden.

Ad 2^{dum}. Ob mit unseren bisherigen Kriegs Veranstaltungen und Demonstrationen fortzufahren?

Seynd so wohl zu dem ersten als anderten Ausweeg unsere Kriegs Anstalten beyderseits zu continuiren, und vom Fürst Kaunitz die versprochenen Vorschläge zu begehren, welche ohne Geld Versplitterung mehrer Aufsehen macheten.

Ad 3um. Wie sich nach Beschaffenheit der dermaligen umständen gegen den König in Preuszen zu benehmen seye?

Nach dem zweyten Ausweeg:

Wäre Ich vollkommen mit denen hier vom Fürsten von Kaunitz eingerathenen antworten und betrachtungen verstanden. Nur wäre an Ruszland immediate wenigstens die nemliche, wo nicht eine etwas willfährige, und zu dem Friedensgeschäft näher leitende Sprache zu führen, da der König in Preuszen gewisz schon von denen übel ausgedeuteten Reden Ihro Majestät, in Ruszland gebrauch gemacht hat.

Nach dem dritten Ausweeg:

Wäre Ich mit denen lezteren Ausdrüken der Fürst Kaunitzischen Meynung verstanden, à verbis: „dasz wir zwar den Krieg verabscheueten" bis zu Ende dieses §. Nur allein, wenn man diesen Weeg erwählete, könte man zur Abkürtzung, von hier aus den Plan entwerffen, statt dasz Fürst Kaunitz selben dem König zu entwerfen, überlassen will.

Ad 4tum. Ob und welchergestalten die leztere Russische Erklärung zu beantworten seye? auch ob es mit dem allerhöchsten Dienst übereinkomme, sich schon dermalen dem Ruszischen Hofe zu näheren, und Anleitung zu weiterer Einverständnisz zu geben seye?

Wählet man den andern Ausweeg:

So ist, von nun an, in Zergliederung deren Conditionen noch einmal schriftlich mit Ruszland einzugehen, diesem Hof von unsz eine gemäszigte aber doch standhafte Sprache zu führen, welche mit Meiner vorhergeäusserten Meynung übereinskommete, und also in eine directe Negociation über den Frieden sich mit demselben einzulaszen wäre. Dahero ich mit dem Fürst Kaunitz nicht verstanden bin, dasz die lezte Ruszische Schrift keine formelle antwort bedürfe, und dasz, weil wir den Winter vor unsz haben, genugsame Zeit übrig wäre, mit unsern Anstalten; wenn doch was ernsthaftes vorgehen solte, bis in das Fruhjahr zuzuwarten, da es höchstens an der Zeit ist für unsere künftige Maaszuehmungen in diesem Werk klar zu sehen.

Wählet man den dritten Ausweeg aus:

So wäre hier der ganze Pacifications-Plan zu entwerfen, an Ruszland und Preuszen zugleich zu schicken, in Negociation über selbigen sich einzulaszen, und nach übereinkommung mit unsz dieser zwey Mächten, wäre selber denen Türken und Pohlen, zur Einwilligung, oder besser zu sagen, Befolgung vorzulegen.

Ad 5tum. wie sich auf den neuerlichen Ruszischen Antrag, dasz der König in Preuszen die Stadt Posen, und Ihro Maytt. die Stadt Cracau in ihren Cordon einschlieszen mögten, in Antwort zu äuszern seye?

In beyden Fällen wäre Ich von nun an mit der dilatorischen Antwort einverstanden, so Fürst Kaunitz vorschlägt.

Ad 6tum. ob der Ruszische Anwurf: dasz der hiesige Hof die Moldau und Wallachey vor sich behalten soll, für annehmlich und vortheilhaft anzusehen seye, oder ob die leztere Ruszische Schrift nicht dahin abziele, den Grafen Orlow, oder auch den gewesten Hospodar Ghika die ernanten Lande als independent zuzuwenden?

In dem anderten Vorschlag:

Wird es, wenn man über die Friedens Bedingnissen mit Ruszland näher zur Sprache kommen wird, als eine deren Haupt-Bedingnissen angesehen werden müszen, dasz die Moldau und Wallachey denen Türken zurückgestellet werden, und die Türken diese ansehnliche Zurükgabe unsz allein zu verdanken, und dagegen unsere convention genau zu erfüllen haben würden.

In dem dritten Ausweeg:

Da der Pacifications-Plan von hier klar entworffen, und allerseitige Vortheile ausgemachet würden, so würde die Zurückgabe der Moldau und Wallachey gegen die übergabe eines Stücks Pohlen, oder Bosnien, oder anderer Vortheile, klar ausbedungen werden.

Ad 7um. ob der in der Convention stipulirte Zahlungs Termin zu betreiben, und inzwischen die wirklich in der Contumaz hinterlegte 52 Kisten geldes anhero kommen zu laszen? oder aber uneröfnet in Semlin zu verwahren seyen?

Wählet man den andern Vorschlag:

So wären die Kisten geldes anhero kommen zu lassen, zur nöthigen Ausgabe zu verwenden, und die weiteren Zahlungs-Termine in Constantinopel zu betreiben.

Wählet man aber den dritten Ausweeg:

So könte das geld in deposito, bis zu Ausgang der ganzen Sache, verbleiben, und die Zahlungen auch nicht betrieben werden.

Ad 8vum. ob es vortheilhafter den Frieden bey der Pforten zu befördern, und ihr zu dem Ende durch lebhafte Vorstellungen der gefährlichen Folgen des Krieges, nach und nach, eine Neigung zum baldigen Frieden beyzubringen? oder ob auf die Verlängerung des Krieges zu arbeiten, und die Pforte zu wagung des äuszersten anzufrischen seye? Was also dem Kaimakam auf sein leztes an mich erlassenes Schreiben für eine Antwort zu ertheilen, auch was auf die leztern Anfragen des Türkischen Ministers, durch den von Thugut zu erwidern seye?

Wäre in beyden Fällen aller frühzeitige Friedens Schlusz, in welchen wir keinen directen Einflusz hätten, sorgfältigst bey der Pforten zu vermeiden, dahero selber, bis wir mit Ruszland und Preuszen, oder mit ersterm allein über die Bedingniszen einverstanden wären, eine standhafte Sprache zu führen, immer einzurathen wäre. Wannenhero Ich vollkommen mit denen Betrachtungen des Fürsten von Kaunitz, welche zugleich den Preuszischen credit bey der Pforten gänzlich stützen, einverstanden bin.

Ad 9num. ob überhaupt dem allerhöchsten Dienst gemäsz, sich in die Friedens negociation wieder einzuflechten, und weiters mit keinen bonis officiis zu beladen?

Wann man den anderten ausweeg wählet:

So könte Ich nicht mit dem Fürsten von Kaunitz verstanden seyn, dasz man sich nicht mehr als mediateur darstelle, oder seine bona officia anbiete, da dieses allein musz den gewiszesten Einflusz verschaffete, mit Ruszland die conditionen ehender auszumachen, und nachhero der Pforten selbige zur Bewilligung vorzulegen.

Wählete man den dritten Ausweeg aus:

So ist das ein guter Titel, um einen Pacifications Plan allen Theilen vorlegen zu können.

Ad 10um. Wie sich in anschung der Pohlnischen Angelegenheiten zu benehmen, und ob den confoederirten mehr oder weniger Unterstützung angedeihen zu laszen?

Wäre Ich, in beyden Fällen, mit dem Antrag des Fürsten von Kaunitz verstanden, und werden verhoffentlich durch willfährige bezeigung an Ruszland, dasz wir zur Pacification von Pohlen mit ihr gemeinschaftlich zu Werk gehen wollen, welche Pacifications-art man immer auswähle, nutzbar befördert werden.

Ad 11um. Ob in dem Fall, dasz keine Möglichkeit anscheine den dermaligen Ruszischen Vergrösserungs-Plan, und die Schwächung der Pforten zu hintertreiben, für das Gleichgewicht, und die allgemeine Sicherheit, vorträglicher seye das künftige Schicksal der Pforten in Gefahr zu laszen, oder aber dem türkischen Reich in Europa völlig ein Ende zu machen?

Bin Ich mit denen Betrachtungen des Fürsten von Kaunitz durchaus verstanden, und sehe diese Epoque, ohne gantz besonderen Zufall, noch weit entfernt an.

Ad 12um. Ob es an der Zeit seye, den Thugut, ohne längern Verschub, zum Internuntio zu ernennen?

Finde Ich, in beyden Fällen, dem Vorschlag des Fürsten in Ernennung des Thugut zum Internuntio beyzutretten.

Ad 13um. Wie sich, in Anschung der gegenwärtigen Kriegs- und Friedensumstände, nicht nur gegen den französischen und Spanischen, sondern auch gegen den englischen Hof zu äuszern, und wie weit sich gegen dieselbige zu öfnen seye?

Wäre Ich, in beyden Fällen, mit des Fürst Kaunitz Vorschlägen vollkommen verstanden, da, in keinem Fall, von der französischen Mitwirkung, zu Verschaffung unserer werkthätigen Vortheile sich vieles zu schmeichlen seyn wird, besonders wenn es Pohlen beträfe.

Dieses ist, was in beyden Fällen, Ich unterthänigst einzurathen vor nöthig finde. Euer Maytt. mögten einen oder den andern Weeg auswählen, so kan es, wie Ich schon gesagt hab', glücklich und nutzbar ausfallen. Nur allein könte Ich schlieszlich mit der Meynung des Fürsten von Kaunitz nicht verstanden seyn, dasz nach mehrere Evenements zu erwarten, und nicht, von nun an, zu ausführung des einen oder andern dieser Pacifications-Plans werkthätig fürzuschreiten seye, da Ich in der Zukunft nichts besseres erwarte, und höchst an der Zeit ist, dasz wir wissen, was wir auf zukünftige Campagne machen werden, die Anstalten sind nicht so leicht, noch so geschwind zu treffen möglich, seye es in einem oder dem andern ort.

Den 26. September 1771.

Joseph, Corregent.[1])

VII.

Wesentlicher Inhalt meiner den 24. Oktober 1771 mit dem Ruszisch Kaiserlichen Minister Herrn Fürsten Galitzin gepflogenen Unterredung.

Wir besitzen über diese Unterredung eine Mittheilung in den Berichten Galitzins an Panin, abgedruckt bei (Goerz) Memoires et Actes relatifs a la Partage de la Pologne. 1810. p. 75 fg.; ein Vergleich mit dem Kaunitzischen Elaborate ist vielfach von Interesse.

Als es an der Zeit zu seyn schiene, auf das letztere Ruszisch Kais. Précis eine schriftliche Antwort zu ertheilen; so veranlaszte ich

---

¹) Nur Datum und Unterschrift von Josephs Hand.

fordersamst eine geheime Unterredung mit Herrn Fürsten Galliczin und eröffnete solche mit der näheren Erläuterung: dasz, nachdeme auf unsere Reponse verbale von Seiten seines Hofes keine ministerial-Antwort erfolget, sondern nur ein so genanntes Précis mitgetheilt worden wäre, welches allein der Russischen Kaiserin Gesinnung und die Gründe ihrer bisherigen Friedens-Bedingniszen, aber keine neue Anerbieten enthielte; so wäre auch keine weitere dieszeitige Replique erforderlich gewesen.

Um jedoch Ihro Mayt. alle Achtung und Aufmerksamkeit zu bezeigen, hätte man dieszeits für das anständigste befunden, zwar auf das erwehnte Précis eine schriftliche, aber solche Antwort zu ertheilen, welche sich in keinen weiteren Wort-Streit und Widerlegung der in dem Précis enthaltenen Betrachtung noch sonsten in etwas Verfängliches einlasze, sondern blosz und allein die dieszeitige fortwährende Gesinnung kürzlich bestättige.

Damit aber gleichwohlen sich vollständig und ohne allen Ruckhalt gegen den Rusz. Kais. Hof geäusseret würde, hätten Ihro Kais. König. Majestäten meinen gehorsamsten Vorschlag allergnädigst begnehmet, dasz ihm Herrn Fürsten Galliczin aus wahrem Vertrauen auf seine erprobte Vorsicht und kluge Verschwiegenheit nicht nur das diessseitige so genannte Exposé vor deszen Absendung an Herrn Fürsten Lobkowitz vorgelesen, sondern deszen Inhalt durch nähere ganz geheime Oeffnungen vollständig erläuteret werden sollte.

Allein dieser Schritt gründe sich auf die ganz zuverläszige Erwartung, dasz sein Hof alles dasjenige, was ich ihm Herrn Fürsten anzuvertrauen hätte, ohne Ausnahm in engester Geheim halten, und weder seinen Feinden, noch Alliyrten, Freunden oder anderen Höfen, welche sie immer seyen, das mindeste davon eröffnen würde; wie man dann auch diesseits die Verschwiegenheit so weit triebe, dasz nicht einstens unser Minister zu Petersburg Herr Fürst Lobkowitz, viel weniger sonsten Jemand hiervon Nachricht erhielte. Sollte jedoch sein Hof gegen alles beszeres Vermuthen nicht reinen Mund halten, so müszte ich ihm zum Voraus erklären, dasz ich alles als eine Erdichtung in Abrede stellen und ihm Herrn Fürsten ein förmliches Dementi geben würde.

Dieses vorausgesetzt, liesze ich bey Vorlesung des dieszeitigen Exposé des mehrern mit einflieszen: Der Rusz. Kais. Hof könne Sich gänzlich versichert halten, dasz der Unserige den Frieden bald hergestellt zu sehen, und Sich der Rusz. Kaiserin May. gefällig zu bezeigen, ein aufrichtiges Verlangen trage. Kein Neid, heimliche Abneigung oder Miszgunst über den glücklichen Fortgang der Rusz. Kaiserl. Waffen fänden bey Ihro Kais. Königl. Mayetäten statt, sondern die eigene Wohlfahrt, Selbsterhaltung und das Gleichgewicht hätten die eintzige Triebfeder unsers ganzen Betrags abgegeben; die Wahrheit dessen falle von selbsten in die Augen, wenn man unsere bisherige Thaten mit den Worten in unpartheyische Vergleichung ziehen, und zugleich ohne Vorurtheil erwegen wollte, wie sehr sich die dermalige Welt-Umstände von den vorhinigen veränderet hätten; desfalls eine mehrere Zergliederung so bedenklich, als überflüszig seyn würde.

Ob Wir nun zwar in dem wesentlichen auf den Sätzen und deutlichen Aeuszerungen unserer Reponse verbale ohnabänderlich verharreten, so seyen doch Ihro Kais. Königl. Maytten weit davon entfernet, die Gerechtigkeit der Ruszisch-Kaiserlichen Waffen in Zweifel zu ziehen, und darauf anzutragen, dasz diesem Hofe gar keine Vortheile durch den künftigen Frieden zu Theil werden sollten. Vielmehr erkenneten Wir in voller Maasz, dasz solches gegen die Billigkeit lauffen und der Ruszischen Kaiserin Maytt. nicht einstens mit Anständigkeit zuzumuthen seyn würde; wie Wir dann auch bereit und erbötig wären, Uns zu Erwirkung annehmlicher Friedens-Bedingniszen bey der Pforten aufrichtig und eifrig zu verwenden, wenn nur die hieraus für Ruszland entspringende Vortheile in sich so beschaffen wären, dasz sie keine allzu beträchtliche Veränderung in dem bisherigen Gleichgewicht verursachten, und sowohl von der Pforten angenommen, als von unserem Hof in Vortrag gebracht und betrieben werden könnten.

In der Hauptsache komme es also darauf an, ob der Ruszischen Kaiserin May. auf einen baldigen Frieden mit Ernst fürdenke oder nicht? In dem lezteren Fall wären ohnedem alle Friedens-Unterhandlungen vergeblich, und man müszte den Ausschlag der Waffen noch eine oder auch mehrere Campagnen mit standhafter Gelaszenheit abwarten. Ganz anders verhielte es sich im zweyten Fall, welcher auch mit Ihro May. groszmüthigsten Denkens-Art und gegebenen Versicherung gänzlich übereinstimme, und dahero am wahrscheinlichsten sey; wie Wir dann auch auf diese Hofnung unsere bisherige Vorstellung hauptsächlich begründet hätten und annoch begründeten.

Wollte man aber die Sache, so müste man sich auch die darzu nöthige Mittel gefallen laszen; und diese bestünden sonder Zweifel darinnen, dasz der Ruszische Hof auf seinen bisherigen Friedens-Bedingnissen nicht weiter bestünde, sondern sich zu solchen entschliessete, bey welchen genugsame Wahrscheinlichkeit vor Handen wäre, dasz sie von der Pforten bewilliget und von unserem Hofe als seinem wesentlichen Staats-Interesse für ohnschädlich angesehen werden könnten.

Dann wann sich das Gegentheil ereignete, so wäre sich ganz sicher darauf zu versehen, dasz Wir einen solchen Frieden zu verhindern gewiszlich nicht unterlassen würden. Es könnten auch unserem Hof die hierzu erforderliche Mittel keineswegs ermanglen, da die Pforte bei dem Ansuchen um unsere Mediation und nachhero um unsere bona officia sich feyerlich anheischig gemacht habe, keinen Friedens-Unterhandlungen ohne Zuziehung unsers Hofes statt zu geben; und wäre sich dieszeits auf die erwehnte Zusage um so sicherer zu verlaszen, da der Pforten eigenes Interesse hierunter mit dem dieszeitigen ganz gleichförmig sey, und sie über das für einen Nachbarn alle Rücksicht tragen müste, welcher sich im Stande befände, die Verletzung des ihm gegebenen Worts mit Nachdruck empfinden zu machen.

Wenn aber auch alle andere Mittel zu Hintertreibung eines, unserem Staats-Interesse zuwider lauffenden Friedens ermangleten, so bleibe doch zulezt, und in dem ärgsten Fall die Veranlaszung eines allgemeinen Kriegs übrig, als welcher allezeit dem Umsturtz des bisherigen Gleichgewichts vorzuziehen wäre; und stünde dahero ganz zuverläszig vorzusehen, dasz in so lang, als unser Hof dagegen zu arbeiten sich veranlaszet sehe, kein Frieden zwischen Ruszland und der Pforte zu Stande gebracht werden könnte.

Dieszeits gedenke man zwar, sich über die Frage: ob die bisherige Ruszische Friedens-Conditionen mit der Billigkeit übereinstimmeten, in keinen Widerspruch einzulaszen; es wolle aber nicht blosz und allein darauf ankommen, wie der ernannte Hof die Sache ansehe und beurtheile, sondern man müsze zugleich die Gesinnung der Pforte hiermit vereinigen und die Betrachtung nicht auszer Acht laszen, dasz wenn der Grosz-Sultan einem Frieden die Hände bietete, welcher die Crim, Moldau und Wallachey seiner Bothmäszigkeit entrisze, er seinen Thron ja sein Leben der augenscheinlichsten Gefahr aussetzen, folglichen hiebey weit mehr, als bey dem zweifelhaften Ausschlag eines Kriegs wagen würde; zumalen es ihm zu längerer Fortsetzung des Kriegs weder an Menschen noch an Geld ermangle.

Wenn auch unser Hof denen Friedens-Unterhandlungen nicht alle mögliche Hindernisze in Weeg legen, sondern sich zu deren Beförderung mit Nachdruck verwenden sollte; so müszten die Bedingnisse so beschaffen seyn, dasz selbige nach der von Seiten der Ruszischen Kaiserin Maytt. bereits von selbsten ertheilten Declaration dem hiesigen Staats-Interesse keinen Abbruch verursachten, noch das bisherige Gleichgewicht im Norden zum Nachtheil der Puissancen, welchen an deszen Aufrechthaltung so Vieles gelegen sei, verrückten oder gar zerrütteten.

Nachdem aber diese Eigenschaften den bisherigen von Ruszland eröffneten Friedens-Bedingnissen gänzlich ermangleten; so verbleibe es auch eine offenbare Wahrheit, dasz man sich von selbigen keine andere Würkung als die Verlängerung eines der Menschlichkeit so sehr zuwiderlauffenden Kriegs versprechen könne; und dasz dahero zu Stiftung eines baldigen Friedens vor allem erforderlich sey, von der abverlangten Freyheit der Crim, Moldau und Wallachey gänzlich abzustehen.

Dieses vorausgesetzt, zeigten sich zweyerley Mittel und Wege zur baldigen Pacification zu gelangen; und zwar bestünde das erste Mittel darinnen, dasz, nachdem Rusz. Kais. Seits zum Voraus allen Conqueten entsagt und nur allein auf Sicherheit und Entschädigung angetragen worden, der ernannte Hof Sich mit solchen Bedingnissen befriedige, welche von dem Grosz-Sultan wahrscheinlicher Weise angenommen, und dieszeits in Vorschlag gebracht werden könnten.

Ob Wir nun zwar weder der Pforten vorzugreiffen, noch vor ihre Einwilligung gut zu stehen gedächten, so könnte man doch diesseits sich so weit äuszern, dasz Ihro Kais. Königl. Mayten. einem solchen Frieden nichts in Weeg legen, sondern bey der Pforten in Vortrag bringen würden, welcher dem Ruszischen Reich die Stadt Asof mit ihrem Gebieth, die beyden Cabarden, die Freyheit des Commercii und der Schiffahrt auf dem Schwarzen Meer mit Kauffardey-Schiffen von einer zu bestimmenden Grösze, die willkührliche Anlegung der Festungen und Schantzen auf den Gräntzen, und im Fall nicht zugleich auf den vorerwehnten Bedingniszen bestanden würde, eine proportionirte Summe baaren Geldes, mithin eine solche Entschädigung verschafte, welche weder das Gleichgewicht verrücke, noch unserem Interesse allzu sehr zuwiderlauffe. Wobey noch weiters zu bedingen wäre, dasz in Pohlen bald möglichst die Ruhe hergestellt, und dieses Reich bey seiner vorhinigen Verfaszung und allen Besitzungen, wie sie vor dem Krieg gewesen, ohne Dismembration belassen, auch der König auf seinem Thron geschützt werden sollte.

Wenn nun Ruszland so geartete Friedens-Bedingnisze an Unseren Hof gelangen liesze, so würde selbiger seine bona officia mit allem Eifer und Nachdruck bey der Pforten verwenden, auch sich darzu anheischig machen, dasz er zur Pohlnischen Pacification das seinige mitbeytragen, den König auf dem Thron vertheidigen helffen, und sobald die von den Rusz. Kais. und Königl. Preuszischen Truppen besetzte Pohlnische Lande gänzlich geräumet und in ihre vorige Freyheit gesetzet würden, die dieszeits in Besitz genommene Pohlnische Striche Landes mit der einzigen Ausnahm der Zipser-Städte, ebenfalls und zu gleichen Schritten verlaszen, und unsere Truppen zurückgezogen werden sollten.

Das zweyte Pacifications-Mittel dörfte darinnen zu finden seyn, wenn Ruszland nicht nur für sich, sondern auch für seinen Aliyrten auf anderweitige Vergröszerungen bestehen wollte, jedoch zugleich eine solche Abrede und Einrichtung getroffen würde, welche unserem Hofe in der nämlichen Maasz Vortheile an Land und Leuten zuwendete, und solcher Gestalten das Gleichgewicht nicht zerrüttet, sondern aufrecht erhalten würde.

Ob nun zwar dieses Pacifications-Mittel nicht für ohnmöglich noch unstatthaft anzusehen sey, und dahero auch unser Hof Sich der

Ausführung eines so gearteten gemeinschaftlich zu verabredenden Partage-Tractats nicht widersetzen würde; so müszte ich doch ganz offenherzig bekennen, dasz Wir solchen für ungemein schwer und als ein Werk betrachteten, welches wegen seiner Folgen sehr groszen Hindernissen und Bedenken unterworfen wäre, und bei uns die Ueberzeugung würke, dasz sowohl dem Rusz. Kaiserlichen, als unserm wahren Staats-Interesse am gemäszesten seyn würde, wenn das vorerwehnte erste Pacifications-Mittel vorzüglich erwählet werden sollte.

Ansonsten hat sich in dem Lauf der Unterredung die natürliche Gelegenheit ergeben, dem Herrn Fürsten Galliczin noch zwey Umstände zu eröffnen, welche seinem Hofe vielen Eindruck verursachen dörften.

Der erste bestunde in der Versicherung, dasz es nur von unserem Hofe abgehangen hätte und noch abhinge, die Pforte zu einer sehr beträchtlichen Geld-Abgabe für die Confoederirten zu vermögen, und diese andurch in Stande zu setzen, dasz sie mit weit gröszerem Nachdruck, als bishero geschehen, den Krieg fortsezen, und ganz Pohlen in Harnisch bringen könnten; allein Wir gedächten Uns dieses Mittels und mehr anderer in so lang nicht zu bedienen, als noch eine wahrscheinliche Hoffnung zu einem baldigen allerseits anständigen Frieden übrig verbliebe.

Der zweyte vertraulich eröfnete Umstand hat die Vermuthung und den allgemeinen Ruff betroffen: als ob man dieszeits alles, was bey der Pforten abgehandelt und in Pohlen unternommen würde, mit der Krone Frankreich in dem engesten Einverständnisz verabredete; da ich aber den Fürsten Galliczin von dem geraden Gegentheil und so viel versicherte, dasz Wir zwar für die ernannte Krone, als unseren Alliyrten alle billige Rücksicht und Achtung trügen, aber solches so wenig bis zu einem Concert wegen der Pohlnischen und türkischen Kriegs-Unruhen erstreckten, dasz Wir selbiger bis diese Stunde nicht einstens die zwischen Unserem und dem Ruszisch-Kaiserl. Hof gewechselte schriftliche Aeusserungen mitgetheilet hätten; so hat zwar der besagte Ruszische Minister hierüber nicht geringe Verwunderung, jedoch zugleich so Vieles zu erkennen gegeben, dasz Er meiner Versicherung vollkommenen Glauben beymesze.

Uebrigens bezeigte sich Fürst Galliczin über das ihm zugewendete ausnehmende Vertrauen sehr gerührt, und versicherte zu wiederholten Malen, seinem Hof einen getreuen Bericht von meinem Vortrag erstatten zu wollen. Nur ist er währender dieser Unterredung auf die zwei Einwürffe verfallen, dasz 1. sein Hof sich zur Zurückgabe der Crim sehr schwer entschlieszen würde, weilen sodann seine Gränzen gegen die Einfälle und Verwüstungen der Tartarn niemalen gesichert wären; ich brachte ihm aber dagegen des mehrern in Vorstellung, dasz die Freyheit der Tartarn zu keiner Zeit diese Sicherheit verschaffen könnte; da man von diesen barbarischen Völkern, wenn sie sich selbsten überlassen wären, weit mehrers, als unter ihrer Dependenz von der Pforten, zu besorgen hätte, und sie allezeit Anhänger ihrer Glaubensgenossen der Türken verbleiben würden.

Nachdem nun nicht zu vermuthen stünde, dasz sein Hof einer Seits auf alle Conqueten verzichten, und nur auf der Freyheit der Tartarn bestehen, aber dannoch ihre Städte und Haven in seiner Gewalt behalten, und solche mit seinen Truppen besetzen wolle; so wäre nicht wohl abzusehen, warum der Ruszisch-Kaiserl. Hof nur um einen Tag das Friedens-Geschäft wegen der Freiheit der Tartarn aufhalten, und nicht vielmehr darauf bedacht seyn sollte, seine Gräntzen durch Anlegung kleiner Festungen und Schanzen, dann durch die feyerliche Stipulation der Pforte und die Garantie-Leistung anderer Höfe sicher zu stellen.

Da jedoch Fürst Galliczin in weitere Vorstellung brachte, dasz, weilen das dieszeitige Staats-Interesse nicht so sehr mit der Crim als mit der Moldau und Wallachey verflochten wäre, Ihro Kais. Königl. Maytten. wenigstens das Rusz. Kais. Verlangen wegen der Crim an die Pforte zu bringen, übernehmen, und dieser überlaszen mögte: ob und in wie weit Sie Sich desfalls fügen wolle; so führte ihm dagegen zu Gemüthe, dasz man diesseits allzusehr von einer abschlägigen Antwort der Pforte überzeugt wäre, als dasz man sich derselben aussetzen könnte, zumalen es gegen unsere vorhinige Aeuszerungen laufen, und einer solchen wankelmüthigen und unüberlegten Gesinnung gleich sehen würde, welche bey Ihro Kais. Königl. Maytten. niemalen stattfände. Jedoch könnten und würden Allerhöchst Dieselbe geschehen lassen und mit Gleichgültigkeit ansehen, wenn der Ruszischen Kaiserin Mayt. den Antrag wegen der Crim durch den König in Preussen oder durch andere Wege an die Pforte bringen laszen wollten.

Der zweyte Einwurf des Fürsten Galliczin bestunde in dem Vorgeben, dasz die Ausnahme der Zipser-Städte von denen an Pohlen wieder abzutrettenden Landen vieles Aufsehen und Bedenken alsdann verursachen dörfte, wenn das vorerwehnte erste Mittel zur baldigen Pacification allerseits begnehmt und eingeschlagen, folglichen der vorhinige Status Possessionis in Pohlen zum Grunde geleget werden wollte. Ich führte ihm aber dagegen zu Gemüthe, dasz die Zipser-Städte mit dem übrigen, in Besitz genommenen Pohlnischen Striche Landes keineswegs zu vermischen, und nicht als Pohlnische, sondern als solche Hungarische Zugehörungen zu betrachten seyen, welche Pfand-Weisz in den Pohlnischen Besitz gerathen, und dem ausdrücklich vorbehaltenen Juri Reluitionis fortan unterworffen wären, solches aber als ein Jus privatum zu jeder Zeit ausgeübet werden könnte.

Dieses ist also der wesentliche Inhalt meiner mit dem Fürsten Galliczin den 24ten Octobris 1771 gepflogenen Unterredung.

(Kaunitz Rittberg.)

VIII.
J. Denkschrift Josefs.

Um E. M. meine wenige Meinung über diesen wichtigen Gegenstand so viel möglich klar und entscheidend, vorzulegen, so sey es mir erlaubt folgende Fragen voraus zu setzen:

1. Ist noch eine Hoffnung übrig, dasz sich das Glück der Waffen auf die türkische Seiten wende, und die Russen von ihren Eroberungen vertrieben würden? Diese Frage, obwolen man das Glück der Waffen nie im Voraus sagen kann, beantworte, nach aller möglichen Wahrscheinlichkeit, mit Nein, also

2. Ist es vorzusehen, dasz die Ruszen in einer noch zukünftigen Campagne ihre Progressen extendiren und dem türkischen Reich noch weit empfindlichere Stösze, bis in sein innerstes Hertze zufügen werden? Diese beantworte wieder mit Nein; weilen

a. Um über die Donau mit ihrer ganzen Gewalt zu setzen, ihre Armeen von Krankheit zu sehr geschwächt,

b. sie von allen ihren Communicationen zu weit entfernt,

c. von uns im Rücken nicht sicher,

d. der Nachschub ihrer Lebensmittel, sobald als sie von Pohlen und der Moldau zu weit entfernt seyend, allzu beschwerlich,

e. in Bulgarien und Romanien, wo wirklich die türk. Armee nicht subsistiren kann, alles devastiret, und also zu Herbeischaffung der ihrigen Subsistenz nichts zu hoffen ist,

f. kein solides Etabliszement über der Donau also nicht zu vermuthen,

g. von der Flotte, deren übler Zustand bekannt ist, kann die Haltung des Meeres auf zukünftiges Jahr, viel weniger einige grosze Unternehmungen zu vermuthen stehen.

Was kann also geschehen, als einige nichts bedeutende Streifereien und höchstens die Belagerung und Einnahme von Oczakow und Kinburn.

3. Haben wir also bei Anwendung aller Mittel zur Fortsetzung des Krieges etwas zu verlieren? Ich antworte nein, weil

a. beide unsere Feinde, wenn wir einmal wider den einen oder den andern Theil nehmeten, noch immer geschwächt werden.

b. Ohne unsere Mitwirkung die Russen nicht viel ansehnlicheres ausrichten

c. die Türken sich allein nicht aushelfen

d. der König in Preuszen, wenn wir uns nicht voraus zu einem Theil entschieden haben, gewisz werkthätig sich nicht an den Laden legen, noch seine Truppen den ruszischen Unternehmungen beygesellen wird.

4. ist denn bei Fortsetzung des Krieges etwas zu gewinnen? Ich antworte Ja und vieles.

a. Alle Zufälle, deren in der Welt nur gar zu viele seynd, da wir noch unentschlossen stehen, können zu unserem Nutzen verwendet werden,

b. bei Schwächung Ruszlands und zugleich der Pforten, werden beide Theile mehr, als wie jetzo noch, vortheilhafte Bedingnisse Uns, so sie beyde noch zu befürchten hätten, darbieten,

c. der König in Preuszen seine Subsidien fortzahlen und durch seine gekünstelte Benehmung zwischen Ruszland und Uns, allerseits anstossen, sich mit Ruszland, so werkthätig nicht viele Hilfe von ihm [zu erwarten siehet, abwerffen, oder sich in unsere Hände mehreres begeben, hoffend in selben desto leichter seine Absichten und Gedanken ausführen zu können.

Zufolge dieser Fragen, und deren von mir darauf gebenden ganz natürlichen Solutionen, scheinet mir, dasz die Erhaltung eines solchen Friedens, der für uns vortheilhaft wäre, nicht anderst zu suchen seye, alsz in Fortdauer des Krieges.

Anjetzo sind gewisz die Umstände, dasz man auf eine andere Art, und in gegenwärtiger Laage einen solchen hoffen könnte.

Was können dann die ursachen seyn, welche zu freyer Einwilligung in einen Partage-Traktat, in welchem wir eine ansehnliche Vergröszerung erhielten, die Pforten, Ruszland und den König in Preuszen vermögen können, da ihr Ansehen und Selbsterhaltung in unserer Schwäche bestehet?

Furcht und Noth können sie allein darzu bewegen. Zu beyden muszten sie vergewissert seyn, in nicht-Einwilligungs-Fall kriegerisch von unsz bezogen zu werden, wodurch sie unsere übermacht befürchteten, oder, um nicht die Unsicherheit eines Krieges zu lauffen, uns in etwas zu vergnügen trachteten, um etwas ansehnlicheres vor sich selbst zu erhalten.

Je schwächer die kriegerischen Theile werden, je mehrers wird die vorausgesetzte Furcht und Noth bei ihnen wirken. Ueberdies sind unsere innerliche Umstände anjetzo allen Kriegerischen Massnehmungen gar nicht angemessen, und wäre also ein unendliches gewonnen, wenn das 1772igste Jahr der Krieg noch fortgeführt, und mit dem 73igsten, wo ich, mit der Gnade Gottes, gesegnetere Umstände verhoffe, mit freyer Brust, und mehreren Nachdruck, gegen die Schwächern, und mehrer des Friedens benöthigte Theile gehandelt und geredet werden könnte.

Dann unter dieser Zeit wird die Pforten entweder ihren mit uns geschlossenen Traktat zuhalten, oder selbem entgegen handeln; geschieht das erstere, so sind wir vor die unkosten, so uns die einigen Anstalten in dieser Campagne noch kosten werden, reichlich bezahlt.

Thut sie das andere, so haben wir vollkommen freye Hände gegen selbe zu Werk zu gehen, und ihr das uns am mehrsten anständige Land hinweg zu raffen.

Aus diesem folget, dasz alle diejenigen Maszuehmungen aller Orten zu ergreifen seynd, die zur Fortsetzung des Krieges die gedeylichsten seynd, und diejenigen, welche Ruszland und Preuszen in einige Besorgung, alle drei aber in Hoffnung erhielten, durch unsere Beywirkung am sichersten zu ihren unterschiedlichen Absichten einzig und allein gelangen zu können.

Dann ennhero durch einen Curier nacher Constantinopel der Thugut zu instruiren wäre, alles mögliche anzuwenden, um der Pforten die Bedenklichkeit der ruszischen Friedensvorschläge recht vorzumahlen, und sie mit allen nur ersinnlichen Mitteln zu Fortsetzung des Kriegs anzueiffern.

Der vorgeschlagene Waffenstillstand, so die gänzliche Vernichtung ihrer Armee nach sich zöge, auszuschlagen, und ihr unverholen anzudeuten, dasz, wenn Ruszland sich so ansehnlich vergröszerte, Preuszen desgleichen, wir leicht Mittel finden würden, sich mit ihnen zu setzen, und da die Pforten unserer und ihrer Verbindung gerade entgegen handlen würde, sie selbst alsogleich mit Krieg zu überziehen, und mit ihren Schaden das Gleichgewicht herzustellen.

An Ruszland wäre, in der vorgeschlagenen Reponse personelle, nur so vieles zu ändern, dasz wir auch den Waffenstillstand, unter solchen Bedingniszen von der Pforte für unmöglich hielten, und zugleich ihr von unseren Maszuehmungen in Pohlen, die Nachricht und den wahren Sinn erklären.

An den König von Preuszen sehete Ich zwar den vorgeschlagenen ostensiblen brief an van Swieten vor gantz wohl verfasset an, um den König zur Sprache zu bringen, welches nie schaden würde.

Diesem müszte aber noch beygefüget werden, dasz wir von nun an fest entschlossen seyen, alles dasjenige in Pohlen nach Maasz zu thun, was der König anjetzo und künftighin noch ferners darinnen thun wird, und dasz wir, schon angetragener Massen, Cracau, Sandomir, Lemberg, und auf der andern Seiten Czestochow besetzen würden, allzeit sich öffentlich für die Conservation des Königs auf seinen Thron erklärend, und bereitwillig alle selbige Theile zu verlassen, und unsere Truppen wieder herauszuziehen, sobald von allen andern fremden Truppen, nämlich denen Russischen und Preuszischen, ein gleiches geschehen werde, wo wir inzwischen in beziehung derer Einkünften von denen occupirten Theilen, uns ebenfalls genau nach ihnen richten, und uns nichts mehr noch weniger zueignen würden, alsz von ihnen bezogen werde.

Hierdurch gewinneten wir, in pessimum casum, falls nemlich die Türken zu weiterer Fortsetzung des Krieges durchaus nicht zu vermögen seyn, sondern einen überschnellen Frieden machen sollten, doch wenigstens so viel, dasz wir schon ein gutes unterpfand in Händen hätten, und nach proportion des Antheils, den Ruszland und Preuszen sich von Polen zueigneten, uns sogleich in dem Besitz eines nicht minder beträchtlichen Anwachses von Länderei befinden und erhalten könnten. Von denen übrigen Vorschlägen kommt es ohnedies ab, und wurden selbe nach dieser meiner Meinung auf andere Zeiten verschoben, der Befehl aber zu Besetzung dieser Orten in Pohlen müszte, von nun an, an den Hofkriegsrath ergehen und vollzogen werden, die Conföderirten aber über diese unsere Besitzungen hinausgewiesen werden, und zu Vermeidung alles Misverstands durch Particularschreiben zwischen unsern dazu commandirten Generalen und denen russischen und Preuszischen in Polen befindlichen die Nachricht gegeben werden.

Den 19. January 1772.

Joseph Corr.

IX.

Denkschrift des Fürsten Kaunitz.

Die dermalen zu faszende Entschliessungen schlagen allzu tief in die Wohlfahrt des Durchlauchtigsten Erzhauses ein, als dasz ich unterlaszen könnte, nach Erfordernisz der obhabenden Amts-Pflichten mein weniges Dafürhalten mit ehrerbietigster Freymüthigkeit zu eröfnen.

So viel also die erlauchtest aufgeworfene Fragen anbetrifft; so finde ich mich

ad 1^{mum} ebenfalls überzeugt, dasz die Pforte keine Abwechselung des Glücks für sich zu hoffen habe; aber eben deswegen wird sie sich zu einem baldigen Frieden vermöget sehen.

ad 2^{dum} hat die bisherige Erfahrung nur allzu viele Proben gegeben, dasz die Ruszen gröszere Progreszen gemacht haben, als man mit Wahrscheinlichkeit vermuthen können; und da es gar wohl möglich zu seyn scheinet, dasz die Ruszische Armée längst dem Schwartzen Meer und der Donau ihre Magazinen und deren Transport den Winter hindurch veranstalte; so würde es im Fruhjahr nur noch auf eine glückliche Schlacht ankommen, um das gantze Türkische Reich in die äuszerste Verwirrung zu setzen.

Jedoch den Fall gesetzt, dasz es die Ruszen in der künftigen Campagne bei Eroberung von Oczakow und Kinburn bewenden laszen müszen; so würde es doch allezeit auf die Entscheidung der dritten Frage ankommen.

ad 3^tium Bey dieser musz ich nun nach meiner schwachen Einsicht in aller Unterthänigkeit bekennen, dasz Wir nach Beschaffenheit der gegenwärtigen Umständen durch die Fortsetzung des Krieges zwischen den Ruszen und Türken, ohne auf eine oder die andere Art ein Systema gefasst zu haben, gar vieles verliehren können, und nach aller Wahrscheinlichkeit verliehren würden. Dann

a. will es nicht bloszerdings auf das dieszeitige Gutbefinden ankommen: ob die Fortsetzung des Kriegs verträglich sey; und ob man den Frieden noch länger entfernt halten wolle, sondern das Hauptwerk beruhet darauf, in was für Umständen sich die kriegende Mächten befinden, und ob Sie zur Beförderung des Friedens ein wahres Verlangen tragen oder nicht?

b. Es ist aber eine bekannte Sache, dasz Ruszland bereits alles mögliche versucht habe und weiters versuchen werde, nicht nur einen Frieden bald zu Stande zu bringen, sondern auch den hiesigen Hof davon gänzlich auszuschlieszen.

c. Preuszen hat sich hierzu eifrig gebrauchen laszen, und das Betragen beyder Höfe hat sowohl eine Abneigung als ein Staats-Interesse zu Grunde.

d. Dasz die Pforte, besonders aber der neue Grosz-Vezier und sein Freund Osman Effendi dem Frieden mit grösztem Verlangen entgegensehen, ist keinem Zweifel unterworffen; und die bisher bezeigte türkische Standhaftigkeit ist allein aus dem dieszeitigen Zureden, und aus der Hofnung entsprungen, dasz Ruszland durch unsere eifrige Bearbeitungen zu gelinderen Friedens-Bedingnissen zu vermögen seyn dürfte. Sobald aber die Pforte überzeugt seyn wird, dasz diese Hofnung vergeblich sey, so dürften auch alle unsere noch so eifrigen Vorstellungen sie nicht abhalten können, sich mit Ruszland auch ohne dieszeitige Theilnehmung in Friedens-Unterhandlungen einzulaszen.

e. Nachdem man nun auf allen Seiten die Beförderung des Friedens wünschet, so würden Wir durch unsere Gegenarbeitungen nichts anderes als Misztrauen, Abneigung und Verschloszenheit auf allen Seiten Uns zuziehen, und in allen Stücken unseren Entzweck verfehlen; da es auch wider unseren Willen und mit unserer gänzlichen Ausschliessung zum Frieden kommen dürfte.

f. Will es in wichtigen Staats-Entschlieszungen hauptsächlich darauf ankommen, den rechten Zeit-Punkt zu treffen. Wie die dieszeitige Reponse verbale erlaszen worden, wäre es der rechte Augenblick, einen Versuch zu machen, wie weit es allein mit blossen Demonstrationen und einer standhaften Sprache zu bringen sey. Man hatte Uns noch nicht so tief, wie jetzund in die Karten gesehen, Unsere Kriegs-Anstalten wurden mit einem Vergröszerungs-Glasz betrachtet, und die Türken waren noch nicht so weit, wie es beym

Schlusz der Campagne geschehen ist, in die Enge getrieben. Dennoch ist alles dieses nicht vermögend gewesen, Ruszland und Preuszen so weit zu schröcken, dasz in der Hauptsache eine Abänderung in den Friedens-Bedingnissen erfolgt wäre; und der wahre Vortheil bestunde nur darinn, dasz die ernannte Höfe mehrere Rücksicht für den hiesigen und eine Neigung äuszerten, ihm ebenfalls an den Vortheilen mit Theil nehmen zu laszen. Was hätte man also vor dermalen, da auf die Pforte fast nicht mehr zu rechnen ist, und Ruszland mit Preuszen bereits sein Concert genommen hat, von allen unseren ferneren Demonstrationen anzuhoffen.

g. Dürfte das Dilemma nicht leicht gründlich aufzulösen seyn: Entweder machen Wir solche Kriegs-Anstalten, welche eine ernstliche Entschlieszung anzeigen, oder Wir laszen es bei den bisherigen bewenden. In dem ersten Fall müszen Wir Uns vor allen Dingen und ohne weiteren Zeit-Verlust zu etlichen Millionen neuer Ausgaben entschlieszen, ohne davon den geringsten Nutzen, wohl aber den groszen Schaden sicher vorzusehen, indem dergleichen Maasznehmungen nur darzu dienen würden, denen Türken und Preuszen auf unsere Kosten ein beszeres Spiel, und Uns leer ausgehen zu machen. Denen Türken ein beszeres Spiel, weilen die Ruszen sich willfährigerer in den Friedens-Bedingnissen erfinden laszen würden, um nur dem hiesigen Hof durch den Sinn zu fahren. Dem König in Preuszen, weilen Ruszland auch wider Willen gezwungen würde, sich immer mehrers in des Königs Hände zu werffen, und Ihm vergröszerte Vortheile zu bewilligen. Hierhin zielet sein dermaliges ganz wohl ausgedachtes Manegio, und dürften Wir ihm keine geringe Freude verursachen, wenn Wir zur Unzeit mit der standhaften Sprache und Demonstrationen ohne alles vorgängige Concert mit dem einem oder dem anderen Theil fortfahren wolten.

In dem zweiten Falle aber würden unsere fernere Demonstrationen gar nichts Vortheilhaftes, sondern nur Verachtung bey Freunden und Feinden, und einen Frieden ohne allen unseren Einflusz oder Vortheil nach sich ziehen.

h. Ist zwar überhaupt die mehrere Schwächung unserer Feinde ein wahrer politischer Vortheil, aber in dem gegenwärtigen Fall kann ich solchen nicht finden. Dann was die Pforte anbetrifft, so wird entweder auf ihre gäntzliche Vertreibung oder auf ihre Aufrechthaltung fürgedacht; in dem ersten Fall ist sie schon genug geschwächt, und wäre keine Zeit bey dem zutreffenden Concert zu verliehren; in dem zweiten Fall aber hätte man Ursach zu wünschen, dasz sie sich weniger entkräftet befände, um das Gleichgewicht gegen Ruszland aufrecht erhalten zu helffen.

Was dieses Reich anbetrifft, so wird eine Campagne mehr oder weniger bey selbigem keine wesentliche Veränderung verursachen, wohl aber nach der Eroberung von Oczakow der Bogen höher gespannt werden.

Seitdem auch der König in Preuszen sein Systema gefaszt, und ein Corps d'Armée nach Polen gezogen hat; so würde die Verzögerung des Friedens ihm nicht zum Schaden, sondern zum Vortheil gereichen.

i. Hat Ruszland ohne alle unsere Mitwirkung, ja mit unseren Gegen-Demonstrationen allschon so vieles ausgerichtet; was kann es nicht weiter unternehmen, seitdem es am schwartzen Meer und an der Donau festen Fusz gefaszet hat?

k. Menschlichem Ansehen nach ist nicht die mindeste Hofnung vorhanden, denen Türken auch mit Unserem werkthätigen Beystande wieder aufzuhelffen.

l. Wenn aber der hiesige Hof zu gar keinen werkthätigen Unternehmungen schreitet; so ist zwar alle Vermuthung vorhanden, dasz der König in Preuszen weder etwas feindliches gegen die Erblanden unternehmen, noch auch seine Truppen denen Ruszischen beygesellen werde. Er hätte auch zu Beidem keine erhebliche Ursache, und könnte sich gar wohl damit begnügen, in Pohlen völlig den Meister zu spielen, und statt der Ruszen, die Confoederirten im Zaum zu halten. Eine andere Frage aber wäre es, wenn man diesseits sich in etwas wesentliches einlaszen sollte.

ad 4^{tum} Wenn die vorerwelnten Betrachtungen auch nur zum Theil gegründet sind, so dürfte nach meiner schwachen Einsicht, die vierte Frage weit eheuder mit Nein, als mit Ja zu beantworten seyn.

Dann es ist die grosse Wahrheit niemalen aus den Augen zu verliehren, dasz Ihro May. nicht allein ihre Kräften geschont haben, und der Sachen den Ausschlag geben können, sondern dasz der König in Preuszen sich schon wirklich in völliger Bereitschaft finde, seine gantze Macht der diesseitigen entgegen zu setzen. Wahr ist es, dasz Er nach allen Anzeigen einen Krieg mit Ihro May. zu vermeiden, und auf andere Art seine Absichten zu erhalten wünsche; man dürfte sich aber gar sehr irren, wenn man auf diesen Satz zu viel gewaget, und auch alsdann darauf gebauet würde, im Fall man diesseits gegen die Ruszen feindlich verfahren, oder in Pohlen ohne vorgängiges Concert mit einem Corps d'Armée einrücken wollte; Maszen meines wenigen Ermeszens in beyden Fällen der König kein weiteres Bedenken tragen würde, die Waffen gegen Ihro May. zu ergreiffen.

Er hat auch solches nicht nur der Pforten und Krone Frankreich, sondern Uns Selbsten allschon ganz deutlich durch den Freyherrn von Swieten erklären laszen; und dasz Er sein Wort nicht halten würde, ist umso weniger zu vermuthen, da an seinem mit Ruszland neuerlich genommenen Arrangement gar nicht gezweifelt werden kann, und da Er eine so reiche Belohnung seiner Efforts auch so viele Wahrscheinlichkeit vor Sich siehet, aus einem solchen Krieg, wo zugleich Ruszland mit verflochten wäre, ohne sonderliche Gefahr und mit Vortheil zu scheiden.

Wird nun diese Betrachtung als richtig vorausgesetzt; so sind

a. nicht wohl vortheilhafte Zufälle voraus zu sehen, vermög welcher die Ruszische oder türkische mehrere Schwächung Uns zum Vortheil gereichen würden; da Wir allezeit den König in Preuszen in unserem Weg finden würden.

b. Ist schon vor dermalen die Gelegenheit vorhanden, dasz man auf eine oder die andere Art wesentliche Vortheile finden könnte; warum sollte man dann erst auf neue Gelegenheiten warten, und die gegenwärtige verschertzen; zumalen eben so gewisz als mathematice zu demonstriren ist, dasz sich vor dermalen gar keine weitere Hofnung zu einem solchen Ausschlag des Kriegs zu machen sey, vermög welchen Preuszen und Ruszland von proportionirten Vortheilen ausgeschloszen werden könnten.

c. Der König in Preuszen hat einmal Ruszland dahin gebracht, dasz Ihm wesentliche Vortheile stipuliret worden; Er hat also keine gekünstelte Benehmungen weiter nöthig, und wird Sich wohl hüten, es bey Ruszland zu verderben, oder die Gelegenheit zu Erstreckung seiner Vortheile aus Handen zu laszen, wenn man dieszeits Sich neuerdingen an Laden legen, und ein näheres Concert wegen der allerseitigen proportionirten Vortheile ausschlagen wollte.

Indeszen kann der König wegen Zahlung seines an Ruszland versprochenen Subside um so weniger verlegen seyn, da Er weit mehreres an Geld und Geldes-Werth aus Pohlen erpreszen wird.

Unter den zur Allerhöchsten Auswahl vorgelegten sieben Vorschlägen findet sich keiner, wo nicht das dieszeitige Interesse mit dem Ruszischen und Preuszischen in einer gewiszen Maasz und Proportion verbunden wäre. Dieses wechselweise Interesse scheinet also eine zureichende Bewegursache zu einem billigen Partage-Tractat abzugeben; worzu ohnedem die Pforte nicht zu concurriren hätte, wohl aber durch ihren Nothstand und obschwebende gröszere Gefahr zur Begnehmigung der Ruszischen Friedens-Bedingnisze gezwungen seyn würde; da hingegen Ruszland und Preuszen Sich von einem solchen Nothstande noch weit entfernt befinden.

So sehr es auch zu wünschen ist, dasz mit dem 73sten Jahr unsere innerliche Umstände geseegneter als die dermaligen seyn mögen; eben so sehr dürfte darauf zurückzusehen seyn, dasz diese leztere sich allen kriegerischen Maasznehmungen gar nicht angemeszen befinden, und dasz gleichwohlen entweder die Pforte sich zu einem einseitigen Frieden entschlieszen, oder durch die dieszeitige Entschlieszungen Anlasz zu einem Krieg gegeben werden dürfte.

Dasz die Pforte zur Einhaltung der stipulirten Zahlungs-Terminen alsdann auf keine Weise zu vermögen seyn werde, wenn nicht dieszeits zur werkthätigen Hülfe geschritten, und, wie dem Thugut bereits das Ansinnen geschehen ist, ein gemeinschaftlicher offensiver Operations-Plan nicht nur verabredet, sondern auch in das Werk gestellt wird, ist von nun an aus den bereits bey anderen Gelegenheiten angemerkten Beweg-Ursachen mit Zuverläszigkeit vorzusehen, und dürften also auch hiernach unsere Entschlieszungen schon dermalen auszumeszen seyn, ohne dasz auf künftige Begebenheiten zugewartet würde.

Nachdem nun mein weniges Dafürhalten Sich hauptsächlich auf die Sätze gründet, dasz nunmehro Ruszland und die Pforte entweder durch ihre commandirenden Generalen, oder durch den preuszischen Minister zu ohnmittelbaren Friedens-Unterhandlungen gelangen können; dasz Sie allerseits hierzu grosze Neigung tragen; dasz Wir Uns bishiehin hauptsächlich durch die Pforte bey Ruszland und Preuszen geltend gemacht haben; dasz aber dieses Mittel nunmehro aufhören, und dasz Wir von unseren künftigen Anfrischungen zu Fortsetzung des Krieges um so weniger eine vortheilhafte Wirkung bei der Pforten anhoffen können; da unser Zuspruch wie bishero nur in Worten und Vertröstungen, aber in keiner wesentlichen Hülfe bestehen würde; so kann ich in aller Unterthänigkeit nicht bergen, dasz ich die Abschickung eines Couriers an Thugut mit dem gemeszenen Auftrag, auf die Verlängerung des Krieges anzutragen, und hingegen einen Waffen-Stillstand und Congresz zu miszrathen, als das höchst schädliche Mittel ansehe, die einseitige Negotiationen zu befördern, Uns davon gäntzlich auszuschlieszen, von allen Seiten den Hasz zuzuziehen, und zum bloszen Zuschauer zu machen, wenn Preuszen und Ruszland von ihrer Einverständnisz zur Zeit allen Vortheil ziehen, als der hiesige Hof Sich gar ohne alles Concert und Unterstützung befände, folglichen auch nicht sonderlich gefürchtet werden dürfte.

Wollte man auch die Pforte durch Bedrohungen von einseitigen Schritten abzuhalten versuchen, so dürften solche nur zum Antrieb dienen, dasz Sie ihren Frieden mit Ruszland zu beschleunigen, und sich solchergestalt auszer aller Gefahr vor einer dieszeitigen Ahndung zu setzen suche.

Wird hingegen dieszeits ein Waffen-Stillstand nicht erschweret, so kann man mit vieler Wahrscheinlichkeit hoffen, dasz Wir die Hand im Friedens-Geschäft behalten, und bey einem Congresz vielleicht am ersten Mittel finden werden, die Unterhandlungen nach unseren Absichten einzuleiten, und ausschlagen zu machen.

Hiebey musz ich ehrerbietigst bemerken, dasz sowohl bey meinem gegenwärtigen, als allen vorhergehenden ohnmaaszgeblichsten Anrathen mein sorgfältigstes und fast einziges Augenmerk dahin gerichtet habe, sowohl einem Krieg mit dem König in Preuszen, als einem solchen Frieden auszuweichen, welcher nur zu Ruszlands und des Königs in Preuszen Vergröszerung gereichen würde.

Sobald man aber die ernsthafte Entschlieszung faszet, es auf Beydes ankommen zu laszen; so begreiffe ich gar wohl, dasz es von groszer und vielleicht sehr ersprieszlicher Würkung seyn könnte, wenn man nicht nur die allergnädigst vorgeschlagene Erklärung an Ruszland und Preuszen erliesze, sondern auch solche bald darauf in das Werk stelte, dem zufolge ein diesseitiges Corps d'Armée in Pohlen einrucken, und Cracau, Sendomir, Lemberg und Czestochau in Beschlag nehmen liesze.

Allein als ein getreuer Diener könnte ich einen so gewagten Schritt ohne vorgängige Einverständnisz mit Preuszen und Ruszland nimmermehr, und um so weniger einrathen, da bereits erwehnter maszen alle Wahrscheinlichkeit vorhanden ist, dasz der König in Preuszen solchen zufolg seiner mit Ruszland genommener Engagements und seines eigenen Staats-Interesse nicht gleichgültig ansehen, sondern mit Gewalt der Waffen zu hintertreiben sich entschlieszen würde.

Ein solcher Krieg, zumalen in unseren gegenwärtigen miszlichen Umständen, wäre in meinen Augen das gröszte Uebel, so dem Durchlauchtigsten Erzhause wiederfahren könnte; und ob mich zwar gar wohl in meiner Vermuthung von des Königs in Preuszen ernsthaften Entschlieszung irren dörfte, auch zu irren wünschte; so scheinet doch die blosze Wahrscheinlichkeit, oder auch nur die nicht zu widersprechende Möglichkeit eines solchen Uebels mehr als zureichend zu seyn, dasjenige, was hierzu die nächste Veranlaszung geben könnte, gänzlich zu verwerffen und zu vermeiden; wie dann auch nur allein der Souverain Selbsten die Gefahr des Ausschlags über Sich nehmen könnte; und dahero auch meines wenigen Orts alles der eigenen allerhöchsten Verordnung gänzlich überlaszen musz. Sobald ich aber sowohl desfalls als über alle meine Vorschläge die entscheidende allergnädigste Verordnung erhalte; so werde ich nach äuszersten Kräften befliszen seyn, solche auf das Beste zu bewerkstelligen.

WIEN 20. Januar 1772.

Kaunitz Rittberg.

X.

Gradations-Vorschläge zu dem zu treffenden Concert über den unsz zufallenden Antheil von Pohlen.[1]

Ich setze voraus, dasz die Communication mit unsern Antheil Schlesien über Biala unentbehrlich nothwendig sey, und dasz, nebst unseren ziemlich klaren Ansprüchen auf die Herzogthümer Oswiezim und Zator, auch der König in Preussen, dessen Gränzen wir nicht in einem einzigen Ort mehrers berühren alsz vormals wohl dargegen keinen Anstand machen könne.

Die Saltzbergwerke sind das ansehnlichste und sicherste Revenu, was in diesem ganzen District unsz zu Theil werden wird, selbe liegen eingefaster in diesem Territorio, und konte unmöglich von selber possession abgewichen werden, da dieser eigene District von da her gesalzet werden kann, und gegen die Einschwärzungen, wann unsz die Saltzwerke nicht zugehörten, alle Vorsichten unnütz wären. Was die Hindangebung des Salzes anlangte, konte man bey dem allgemein zu haltenden pacifications-Landtag in der Maasz sich verstehen, alsz der König in Preussen, es mit demselben auf der Weichsel zu thun verheisset.

Die Stadt Lemberg ist die einzige etwas ansehnliche Stadt, so in unserm Theil unsz zufiele; alle angeführten ursachen scheinen mir nicht hinlänglich, um derselben Nicht-Beybehaltung nothwendig zu machen. Die Contracten und Transactionen, so die Pohlen in diesem Ort zu machen pflegten, werden sich wohl nur zu verstehen haben von denenjenigen Innwohnern und Besitzern, so ringsherum wohnten; da ein grosser Theil derselben unsz anheim fällt, und ihre Verfassung eine andere Gestalt kriegt, so wird wohl diese Stadt, wann sie auch ausgenommen wurde, nicht mehr zu dem nemlichen Gebrauch nothwendig seyn.

Aus allem diesen schliesse Ich die folgende Gradation, nemlich: dasz man alsz eine besondere Gefälligkeit gelten machte, den Abtritt aller Forderungen, so man auf Chelm, Lublin und Wlodzimir machen könte; dasz man der Weichsel nicht weiter abwärts folgen wurde, als bis über den San-Flusz; dasz also das ganze grosse stuck bis an die Wieperz vollkommen ausbliebe; dasz man für unsz dem Vortheil entsaget, durch die weitere Vorrückung in das Hertz von Pohlen, denjenigen grossen Einflusz zu erlangen, so Ruszland selbst erkennet, dasz wir dadurch in denen innerlichen Regierungs-Sachen des Landes unsz zuziehen thäten; dasz dadurch die schönsten Ländereyen, und

---

[1] Dem Vortrag vom 3. Juli 1772 beiliegend.

fruchtbarsten populirtesten Gegenden unsz entgiengen; dasz wir endlich alle diejenigen Vortheile mit dem Rucken ansähen, so aus dem Transito und anderen Gemächlichkeiten unsz zuwuchsen, und so wir durch Absönderung deren ansehnlichsten Provinzen, nemlich: Volhynien, Podolien und mehr andern von der Communication mit dem überrest von Pohlen, ja der Haupt-Stadt selbst, aufopferten.

Also wäre der erste Vorschlag.

1° dem rechten Ufer der Weichsel nach. Von Schlesien aus, bis über Sendomir hinaus, über den Einflusz der San; von da wurde eine gerade Linie gezogen über Fronepol nacher Zamose, und von da nacher Rubieszow an den Bug-Flusz und über selben an die gewöhnlichen Gränzen von Roth-Reussen, welchen Gränzen (so zugleich die Gränzen von Volhynien und Podolien machen) bis gegen Zbaraz gefolget wurde. Von da das kleine Stuck von Podolien, so durch das kleine Flüssel Podorcze, so bey Grudeko in den Niester fliesset abgeschnitten wird, gegen Trembowla herunter, und von da in einer geraden Linie an den Niester und an diejenigen Gränzen von Bokutien, so bey Zaleszcyk an den Niester stossen.

2° Solte, wider besseres Vermuthen, dieses nicht angehen, so wäre das angetragene stuck von Podolien fahren zu lassen.

3° wäre dieses noch nicht genug, so könnte, von Sendomir aus, den San-Flusz herunter nacher Krzeszow, von da nacher Nimirow, und so über Mosty, übern Bug-Flusz nach Kristianpol an die Gränzen von Reussen, und selben wiederum, samt dem Einschlusz von dem kleinen Stuck von Podolien, nachgefolget werden, wie vorher gesagt worden. Dadurch würden wir einen Theil vom Lubliner und einen Theil vom Belczer Palatinat, ja die Besitzung der Strasse, so aus Volhynien und Kiowien nacher Warschau geht, und einen groszen Theil des Landes verlieren.

Solte dieses aber auch nicht angehen, so wäre

4° pro ultimato anzusehen: Von Sendomir an, den San-Flusz herunter bis gegen Jaroslav, von da auf Gaworow, Janow und die Stadt Lemberg herum (welche also an der äussersten Gränze alsz ausgeschlossen bliebe) der allgemeinen strassen nach, nach Brody an die Gränzen von Reussen, an selben herunter, mit Einschlusz des kleinen Theils von Podolien. Wie verkürzet und wie gering, in Gleichhaltung aller anderen Vortheilen, dieser Antheil seye, wird sich leicht bey Ansehung der Charte urtheilen lassen, und wäre also nur in pessimum casum dessen Eingestehung möglich; man könnte höchstens diesen, vor abbrechung aller andern, noch vorschlagen, jedoch auch selben noch zusetzen, dasz, wann man den erstern begnehmigte, man die Stadt Lemberg, mit einem auszumachenden Territorio, so wie der König in Preussen die Stadt Danzic, enclavirter ansehen würde.

Joseph.

XI.

Denkschrift des Kaisers.

Um über diesen wichtigen Vortrag und die darinnen enthaltene Entschliessungen Meine wenige Gedanken zu eröfnen, so werde in der möglichen Kürze alles anführen, so Mir zur aufklärung der Sache vor allem nöthig scheinet.

Die Frage ist, was conveniret unsz mehr, die österreichische Wallachey herüber des Altflusses oder die Ersparung von 5 bis 6 Millionen Gulden.

Unter dem Wort Convenientz verstehe sowohl die Numeraire, die militarische, die Commercialische, ja die Politische; überwägen wir also, was in einer jeden diesen, dessen Hablaftmachung vor Vortheile oder vor Anstände nach sich ziehet.

Vor allem aber musz ich bekennen, dasz mir die umstände dieses stück Landes so unbekant sind, dasz ich von dessen wahren Werth in keinem fach gründlich urtheilen kan, wohl aber die alsogleiche aufnahm in der Fremde von 5 oder 6 Millionen vor höchst beschwerlich, unserem übrigen Credit, durch vielleicht Eingestehung gröszerer Vortheile nachtheilig, und unseren Staats-Erfordernisz-Aufsatz, dem es mit wenigstens 300.000 fl. beschweret, unerschwinglich, da ich keine ansehnliche Vermehrung in der Einnahm, und keine in der Ersparung der Ausgabe, welche sich so weit erstrecken könnte, vorsehe, ausgenommen, dasz diese neue Provintz dieses reichlich und verläszlich einträge.

Die Convenientzien also:

Primo die Numeraire

dessen mögliche Ertragnusz sehe ich vor sehr wenig an da
a) das Land wenig populirt,
b) sehr ungesund.
c) mehrestens in Vieh-weyde bestehet,
d) durch einen in das vierte Jahr dauernden Krieg von Russen und Türken, gänzlichen erschöpfet, und von menschen und Vieh noch mehr entblösset ist.

Diese meine Meynung gebe vor keine Sicherheit aus, ich kenne die umstände nur sehr obenhin. Dasz aber niemals ansehnliche corps sich darinnen aufgehalten noch soutenirt haben, giebt mir den Argwohn der beschwerlichen subsistenz und der ungesundheit, die zwar vor dem Belgrader Frieden von noch denkenden Greisen von unsz selbst ist erprobet worden.

Secundo die militarische.

Zur Vermehrung der Armée und zur defensive so wie zur offensive sehe ich nicht viel vortheilhaftes ein, weilen

a) das land wenig bevölkert, also keine Recrouten oder sehr wenig wird stellen können,

b) weilen Gränitzer von der vagabunden Wallachischen Nation nicht viel gutes thun, wie wir es in dem Bannat sehen.

c) weilen zur offensive dieses Land nicht der wahre Platz ist, weil von Wäszern oder hohen Gebürgen umgeben, es eine allzukleine Insul vor eine Armée und ihre Subsistenz ausmachet.

d) weil die Donau breiter und aldorten beschwerlicher alsz heroben zu passiren.

e) weil es kein point d'appui vor eine solide operation vor sich läszt, und vor allen die herobigen beeden Ufern sicher und frey seyn müssen.

f) weilen im defensionsfall das Stuck land wegen seiner Laage abandonniret werden musz, im Rücken die groszen Gebürge von Bannat und Siebenbürgen werden viel leichter zu defendiren seyn, alsz dieses ebene Land in welchem ein corps

g) keine Zufuhr, alsz auf der Donau zu erwarten hätte, welche durch den Besitz der Türken von Belgrad, und besonders von Orsowa unmöglich wurde.

h) keine Communication über die steilen Gebürge mit dem Bannat, also wäre selbes entweder zu abandonniren, oder wäre ein corps, so darinnen wäre, sehr exponiert, und denen Krankheiten ohnendlich unterworfen; Diese nemliche machen in Friedenszeiten

i) dass die nothwendige Sicherheit dieses landes sehr vielen beschwerlichkeiten seye es mit teutschen, oder anderen national Truppen unterlieget. Die Krankheiten sollen alda gantz auszerordentlich tödlich vor fremde seyn. Die Sanitätsumstände besonders bey einer Waszergränze erfordern viele Mannschaft, und Genauigkeit, also viele Truppen; die Rauber-Anfälle das nemliche, also einen groszen abgang von der Armée durch Krankheiten, da Gränitzer alda zu errichten, wegen oben angeführten umständen wenigstens durch mehrere Jahre noch nicht räthlich ja nicht möglich ist.

Mehreres anzuführen, dasz nemlich keine Vestung, kein point d'appui vorhanden ist, nirgends Magazinen in Sicherheit, die Weege impracticable etc. finde nicht thunlich, da mir die Gegend nur sehr obenhin bekant ist. Die Communication aber aus dem Bannat ist, wie ich es selbst gesehen, vor alles Fuhrwesen unwandelbar, wie auch vor Canonen.

Tertio die Commercialische.

Diese kann seyn, theils durch überkommung solcher productorum, die unsz abgehen, theils durch Erleichterung des Absatzes der unsrigen, in beyden Fällen glaube nicht viele Vortheile zu ersehen, weilen *a)* ich allda von keinem besonderen productis weis, alsz Weine, so in Siebenbürgen vielleicht abgehen, aber auch nicht in denen Gegenden, die an die Wallachey anstossen.

b) weilen von artefactis und Manufacturen wohl in keinem so exponirten und ungesunden land was existiret, noch zu errichten ist.

c) weil der Landman nichts brauchet, und dem Türken gantz besondere Feilschaften lüsten, so alda nicht herzustellen wären.

d) der Absatz unserer, mittelst der Donau, so die Erblande und gantz Hungarn durchstreichet, wann einmal ein rechtes Commerce mit denen Türken existiren wird, viel leichter und hauptsächlichst wird bestritten werden können, da auf der Aluta nur das Siebenbürgische

e) wo noch sehr wenig fabriciret wird, und das Land sich selbsten noch nicht versiehet.

f) endlich der Altflusz noch wirklich nicht navigabl aus Siebenbürgen ist, wohl aber, wie man sagt, könte zugerichtet werden,

g) welches ohnsicher, da wir nur ein Ufer besitzeten, und kostbar herzustellen wäre, was wurde man

h) dann endlich darauf ausführen? ich weis es nicht. Daraus schliesse, dasz Meinen Begrif nach, dieses wenig vortheilhaftes in sich enthielte, in linea Commerciali.

Quarto die Politische.

Diese theilet sich in die innerliche Stärke, die sie einem Staat giebt, in das äuszerliche ansehen und in die Verbindungen, so ein oder die andere Handlung dem Staat mit denen übrigen Höfen verschafet, samt deren vorzusehende Folgen.

Dieser Kauf macht unsz

a) wie oben angeführt nicht reicher, nicht mächtiger, nicht mehrere Einkünften, nicht sicherer, nicht handlender.

b) wohl aber macht es vieles Aufsehen bey allen Fremden,

c) weil es doch ein grosser strich landes.

d) weil es also eine Vergrösserung wenigstens der Oberfläche ist,

e) weil nicht alle unsere und des Lands umstände kennen. Ob dieses Aufsehen vortheilhaft ist, lasze ich entscheiden.

f) es erfordert aber die Einwilligung der Pforten, was kann ihr dieses vor ein Aufsehen machen? wie wird es Russland nehmen? können nicht beede glauben, dasz um dieses zu erkaufen, wir beede alsz scheinbare vermittlerer hintergangen haben? dasz beede, ohne unsz vortheilhaftere Bedingniszen von einander erhalten hätten. Was vor Folgen.

g) was wird der König in Preuszen davon meynen? wohin wird sich seine Lüste wenden? er wird Thorn und Danzig wenigstens erkaufen wollen, und das um was vor eine Müntze? oder wohl gar noch andere Vortheile an der Baltischen See zur Erhaltung der so oft versprochenen güntzlichen Gleichheit, zwischen unseren allseitigen Vortheilen sich verschaffen wollen? mit was vor Farben wird er dieses bey den Türken, in Ruszland, ja allerseits abschildern? Man kauft ja nicht Provinzen wie Herrschaften, wie leicht

h) wird dem rohen Begrif der Türken in zukünftigen Zeiten dadurch zur Kriegslust gegen unsz ehender Gelegenheit gegeben werden, werden wir alszdann von anderen Seiten sicher seyn, was wird es nutzen im Frieden, wann es in denen umständen ist, wie oben gesagt worden, was in Krieg, wann es zur Führung desselben so wenig gelegen ist?

i) wie werden die übrigen Mächte darüber nicht aufsichtig werden? werden nicht die heimlichen Einblaszungen und Anzettlungen Frankreichs in Ruszland, aber besonders bey der Pforten häufiger und werkthätiger werden? werden sie beeden nicht können begreifen machen, dasz ihre so oft angetragene Mediation wenigstens keinen wesentlichen Vortheil vor sich selbst, wie die unsere, ja vor beede viel vortheilhafter gewesen wäre? wird ihre vorgeschlagene Allianz und Verbindung mit den Türken nicht dadurch güntzlichen berichtiget werden, und welche ich meines begrifs für unsz allzeit nachtheilig halte.

k) ist es endlich auch nicht darum zu bedenklich, weilen bei jedem zu entstehenden Krieg zwischen Ruszen und Türken dieses stuck land schier ohnmöglich von ein- oder dem anderen Theil gäntzlichen frey bleiben kan und also man die Sachen auf ein- oder die andere Art eingezogen und verflochten werde, die man doch alle ursach zu vermeiden gehabt hätte.

Dieses sind mit wenigen die Betrachtungen, deren eine jede einen besondern Ausweisz und discussion verlangete, und welche in der Eile, und da ich nur einige Augenblicke dieselben zu meditiren die Zeit habe, Euer Maylt, so ungestaltet vorlege.

Diese meine Anstände können aber alle mit einem Wort gehoben werden, nämlich wenn Leute von deren Einsicht und wissen ich keinem Zweiffel trage, nach eingeholter Erkundigung mit Gewissheit versichern, dasz diese acquisition auf die vorgeschlagene Art probabl (woran ich noch sehr zweifle und unangenehm wäre mit etwas dergleichen hervorgetretten zu seyn ohne auszulangen) und convenabl seye, nemlich, dasz deszen laage in allen Betrachtungen eine nutzbare Vergrösserung und arrondissement ausmache, und dessen Revenues und Vortheile allen beschwerlichkeiten und Ausgaaben, sowohl in Ankauf alsz nachherigen Unterhaltung und Beschützung desselben, wie auch Regierung weit überwiegen. Ich kenne keinen Menschen, der davon einige Auskunft geben könnte, welche wohl ohne zweifel schon wird seyn eingeholet worden, alsz den Baron Brukenthal, der die möglichen Einkünften, Population, Cultur und Umstände dieses Landes, sammt dessen Verbindung mit Siebenbürgen, da es mit dem Banat gar keine hat, wurde in etwas erläutern können. Dieser so wie der Kriegs-Präsident, was die militar-Betrachtungen anlanget, wäre unmaszgebigst darüber zu befragen, und in einer so wichtigen Sach komt es nicht auf ein paar Täge an, da ein Courier allen zeit Verlust ersetzen wird, wurde aber nicht vor die proposition und also acquisition dieses theils angetragen, so musz ich aufrichtig gestehen, dasz die so nachdrücklichen Anweisungen an Thugut zu Betreibung und herstellung des Friedens, mir nicht einleuchten, da wir bey selben unsz der Pforten gewisz nicht gefällig, wann wir nur nichts dagegen thun, Lat sich Ruszland auch nicht zu beschweren; bey Frankreich machen wir unsz auch sehr gefällig, wann wir selten nicht zu sehr betreiben, da sie bey Schliessung des Friedens mit der Pforten Ruszlands Absichten gegen Schweden höchstens beförchten, endlichen so lang, als die ungewiszheit des Friedens für Ruszland, bestehet, und die Sicherheit ver dem König in Preuszen alljährlich Subsidien zu zahlen, so werden wir in allen sowohl Pohlnischen Geschäften alsz anderen Gelegenheiten, die Zeit und umstände hervorbringen können, viel gefälliger und unseren Absichten genässer sie antreffen.

Diese flüchtigen Gedanken werden Euer Mayestät meinem Eifer verzeihen, und von selben keinen andern Gebrauch machen, als der Ihrem Dienst, so mein einziges Bestreben ist, gemäsz ist.

Den 21. February 1773.

Joseph, Corregent.

XII.

Denkschrift des Kaisers.

Wann bey der Theilung Pohlen noch weitere Auslegungen und Erstreckungen Platz greifen, so sehe folgende Gränzen, so viel ich, ohne Kentnis des Landes, von nun an sagen kan, alsz die nutzbaresten und natürlichsten für unsz an, dasz wir selbe also klar im Renunciations-Act der Republick ausdrucken liessen, nemlich:

1º beede Ufer der Weichsel auf zwey Meilen breite, selbe auf dessen linken Ufer genommen, also zwar, dàsz die Stadt Cracau und Sendomir mit eingezogen werden.

2º dieses folgete bis über den Einflusz der Wieperts, hernach

3º beede Ufer der Wieperts wiederum auf eine Meile breit über ihren rechten Ufer, bis Kock, von da

4º müszte eine gerade Linie an den Bugflusz gezogen werden, über selben

5º an die Gränzen des Chelmischen Palatinats längst und an denen Volhynischen Gränzen hinauf bis gegen Bohost,

6º an dem Flüssel Stirizk aufwerts bis gegen Kock, von da

7º die Landstrassen auf Ullika hernach auf Dubno und von Dubno an die Podolischen Gränzen, von da zoge man

8º eine gerade Linie nacher Kalusz an Niester, also zwar, dasz die Stadt und Vestung Kaminiec mit eingeschlossen wurde, und endlich den Dniester hinauf, und an den allgemeinen Pokutischen Gränzen würde an die Moldau und Hungarn geschlossen.

Diese neue Gränze enthielt folgende Vortheile, so meines Erachtens nicht klein sind:

1º beede Ufer der Weichsel wären nicht allein zu aller Handlung und Schiffart unendlich vortheilhaft, aber durch selbe wurde auch nicht allein die Stadt Cracau und Sendomir, aber alle grosze Getraid-Kästen so mehresteus am linken Ufer derselben sind, unsz zufallen.

2do die Wieperts auf die Art, wie ich sie hier vorschlage, einzuschlieszen, enthält nicht allein ihre beyde Ufers so wieder zur Handlung auf der Weichsel samt ihrem Einflusz, so vielleicht zu einer Vestung einen tüchtigen Platz abgebete, nutzbar wären, aber schliesset

3tio beede Palatinate von Chelm und Lublin mit ein.

4to der Fortgang unserer Gränzen an den Volhynischen Gränzen, so an den Brzesc und Polessia Palatinat anstossen, bis Pohost, giebt unsz den Vortheil, eine Hauptstrasse mit einzuschlieszen, und so zu sagen, wann man über Ullika und Dubno hernach die Gränzen zieht, alle Communication des Ueberrests Pohlens mit der Moldau, und alle Handlung mit der Türkey, sammt der Hauptstrassen, die nacher Kiow gehet, sich zuzueignen, und also den Transito erleichtern oder erschweren können.

5to das stuk Podolien bis über Kaminiec giebt unsz eine zwar schlechte aber doch in etwas schon fertige Gränitz-Vestung, und einen point d'appui gegen die Moldau, samt dasz es unsz den Vortheil giebt, zu beeden, sowohl offensiv- als defensiv Krieg, unsz einen sichern überzug oder Rückzug über den Dniester allzeit zu verschaffen, wie es auch denen Ruszen in folgenden Zeiten ihren Einzug durch diesen Ort in die Moldau benimt.

Solte man zu allem diesen nicht gelangen können, so wären doch wenigstens beede Ufers der Weichsel auf eine Meile breit, mit der alleinigen Ausnahm der Stadt Cracau und ihres Territorii vorzubehalten, samt den beeden Ufern des Sanfluszes, mit Einsclusz der Stadt Dubienka am Bugflusz und in Podolien der Stadt Kamieniec.

Dieses wäre meines wenigen Erachtens, was das Ultimatum ausdrücken sollte, und in pessimum Casum, wann es nicht anderst seyn könnte, anzunehmen wäre, da der König in Preuszen sich so weit extendiret.

den 29. May 1773.

Joseph, Corregent.

XIII.

Note.

Comme je viens de terminer la moitié à peu-près de la Tournée des nouvelles frontières ou la plupart des lieux sujets à litige y sont compris, et que le moment paroit pressant, dans lequel on devra, d'une façon ou de l'autre tacher à les fixer et soutenir, je crois de mon devoir d'en dire en peu de mots ici mon sentiment, et dans cette langue, qui dans ces affaires paroit etre communément adoptée par les trois Cours, afin que l'on puisse prendre le parti, que l'on trouvera et le meilleur et le plus sortable pour le bien de la Monarchie.

Les Confins, en commençant selon que j'en ai fait le tour, consistent dans une étendue de pais, dans des Montagnes trés considerables, qui font un coin entre la Moldavie et la Marmaross, et qui ensuite vont aboutir vers des Montagnes arides, inhabitées et presqu' impratticables qui s'approchent du passage de Borsta dans la Marmaross. Il y a, à la verité de ce coté là quelques disputes de Confins entre les Moldaves et les nouveaux Polonois, mais qui ne tirent leur origine, que de paturages sur des montagnes inhabitées, ils ont été facilement vuidés en avançant les Aigles, et en soutenant et enclavant la Czeramos, surnommée Alba, pour qu'elle fasse nos frontiéres. Delà la Czeramos, qui sort des Montagnes à Kutty, après s'etre jointe avec la Czeramos nigra, commence à former, dans la Plaine de Pokutie, les frontières entre les deux Provinces, c'est à dire, la Moldavie et la Pokutie, elle continue ainsi son cours sans la moindre difficulté jusqu'à ce qu'elle tombe dans le Pruth, pas loin de Sniatyn vers Sarvana, le Pruth fait pendant peu de tems les frontières ensuite un petit ruisseau de rien nommé la Kollazin, qui s'éteint peu après en le remontant de lui même à sa fin. Les frontières sont marquées uniquement par des poteaux, qu'on a rangés selon des rapports, qu'on avoit, des anciens limites à travers champs et près, mais qui sont si confondus les uns dans les autres, que la Convenience seule des lieux et personnes respectifs devra ensuite regler la chose, puisqu'il n'y aura ni à gagner ni à perdre d'un peu de plus ou de moins de terrain dans un päis entièrement plat, et dans lequel on ne voit pas même un arbre, ainsi les frontières continuent assés longtems jusques près de Horodniza, ou elles vont toucher au Niester, ce fleuve les fait ensuite et les indique indisputablement jusqu'au Szereth, ou au Sbruts, deux petites riviéres qu'on peut toutes deux interpreter pour etre entendues dans la Convention sous le nom de Podorze. Nos frontières donc avec la Moldavie ne sont sujettés à aucune différence interessante ou essentielle, mais en revanche pour bien evaluer le prix des frontières, que nous aurions en Podolie, ou le long du Szereth, ou le long du Sbruts, ou elles sont actuellement, et qui sont de la plus grande importance, je dois commencer par dire un mot de la différence de leur valeur. Il n'y a pas de doute, et je ne m'en suis convaincu que trop par mes yeux, que la plus belle, la plus fertile partie de toute la Pologne et je dirois presque, de la plus grande partie des pais hereditaires de la Maison d'Autriche, est certainement cette partie contenüe entre ces deux riviéres, le sol y est excellent, le bétail trés grand et beau, ce pais, dans lequel on voit encore les traces les plus douloureuses du ravage, qu'y firent les Turcs, les Tartares, les Russes, et les confederés, est neanmoins bien cultivé, à beaucoup de bétail et contient plus de 200 villages, avec une étendüe de prés de 20 lieües de haut sur 4 à 5 lieües de large, outre cela le Sbruts marque et fait une frontière excellente, son passage est presque partout trés difficile, pas par sa largeur ei profondeur, mais par les bords elevés, dans lesquels il coule, et par les marais et Etangs copieux qu'il forme. Okopy lieu auprés duquel le Sbruts tombe dans le Niester a par la nature une position aussi avantageuse, qu'avec peu de chose et en augmentant ce qu'il y a deja, on en feroit un poste assés avantageux, et qui pourroit contenir des provisions en sureté pour un corps qui agiroit le long du Niester, vers Choczim ou Kaminiec, le première n'en est qu'à une demie lieüe et l'autre n'en est qu'à deux, outre cela joint au Niester, qui a de même pour la plupart des bord strès hauts, mais à la verité plus hautes pour la plupart du coté de la Moldavie que du notre. Le Päis est outre cela coupé de marais et est un päis de chicane, c'est un päis de grain et de bétail, qui feroit le Grenier de nos Provinces plus reculées et sabloneuses vers Lemberg, qui sont bien eloignées d'etre aussi fertiles, et qui ne seroient pas même en état de fournir les Vivres pour le nombre des Trouppes, qui s'y trouvent actuellement. Je regarde donc, à mon foible jugement, la Conversation de limites au Sbruts, comme la Partie la plus essentielle et la meilleure au moins de tout ce que j'ai vu encore de toute la Gallicie. Au-dessus de Orzichowce les limites quittent les Sbruts, et suivent des frontières dans ce moment presque encore arbitraires et qui depassent par quelques Villages les frontières de la Volhynie, et surtout du district de Trembowla, et on ne l'a fait, que pour que la terre de Sbarras et de Zalescyke aient tout leur Terrain enclavé entre le cordon. Cette partie et les environs de Sbarras sont encore les plus fertiles de tout ce päis deja renommé d'abondance, si on suivoit le Szereth pour limite, mais on perdroit tout cela, ainsi sa denomination je la regarderois comme la plus grande perte, que Votre Majesté parroit faire, je la regarde même pour si considerable, que même d'autres sacrifices, j'oserois prendre la liberté de les lui proposer plutot, s'il étoit necessaire pour conserver cette partie.

Mais voici encore des Argumens, qui me paroissent en sa faveur, et dont on pourra se servir:

1mo. d'abord aprés avoir moi-même demandé et seigneurs et officiers et paisans, je n'ai jamais pû trouver quelqu'un, qui voulut me faire voir, ou connoitre la riviére nommée la Podorze, ainsi comme c'est elle, dont il est fait mention dans notre Traité, on pourra se borner à exiger, q'on nous la fit voir, ce qui sera impossible. Aux environs de Sbarras, comme dit la convention, il existe en verité, à ce qu'on dit, un petit ruisseau appellé Podorze, qui a son cours en Volhynie, et par consequent ne peut etre d'aucune consideration ici.

2do Sbarras et le mot aux environs peut etre facilement interpreté comme au delà et non en deça de Sbarras, ergo: comme au de là de Sbarras le Sbruts est la premiere riviere, on pourrait bien la faire regarder comme celle qu'on a voulu entendu sous le nom de Podorze, outre que reellement des Paisans l'appellent Podorze.

3tio Sbarras etant positivement nommé dans la Convention, et sous entendu par consequent d'y etre compris avec son territoire, or, si on a celui-là, on s'approche vers le Sbruts, et l'on se trouve fort au de-là du Szereth.

4to Si on restoit à la riviére du Szereth pour les limites le District de Trembowla, avec le lieu de Trembowla, qui fait et a toujours fait une partie unie et non separée de la Terre de Hallitz, dont nous deduisons en grande parti toutes nos Pretensions et dont on peut certainement s'imaginer facilement, que nous n'avons pas entendu qu'elle soit demembré, mais sur laquelle nous avons voulu étendre tous nos droits et les faire valoir. Or! ce district de Trembowla touche au Sbruts et en fait même une Partie assés considerable, ce ne peut donc etre, que sur le restant du district de Czerwenogrod, que peut encore subsister la question, or! quant à la Convention on nomme positivement Sbarras, et q'on ne dit pas la Ville, mais que les mots disent: vers et aux environs, que cette ville et ses environs sont au de-la du Szeret que le District de Trembowla, faisant une partie essentielle de la Hallizie, sur laquelle nous fondons la plupart de nos droits, et qui donne le nom à tout ce nouveau Royaume, et que ce

District touche au Sbruths, peut on supposer, même en se trompant de nom, surtout quand le nom qu'on a nommé n'existe point physiquement, peut-on en nommant le mot d'une petite riviére, qui tombe en droite ligne dans le Niester, supposer autre chose que d'avoir sousentendu le Sbruths, et non le Szereth qu'on auroit du d'ecrire tout autrement et à la definition duquel Sbarras n'auroit jamais eté dans le cas d'etre nommé, ni qu'il tombe en ligne droite.

Voici des raisons dont on pourra se servir dès à present vis-à-vis de la Cour de Petersbourg, et vis-à-vis des commissaires à nommer par la Republique de Pologne, c'est un pais trop interessant, et dont le maintien de possession est trop interessant dans tous les sens, pour qu'on n'employe pas tous les moyens pour en conserver la possession.

Apres Sbarras les frontières continuent à garder les anciennes limites de la Volhynie jusques passe Brody, elles sont pour la plupart dans des bois et dans des champs, dans les premiers on les a marquées en coupant un chemin large de trois toises qui en marque avec les aigles placés de distance en distance les frontières, dans les seconds ce n'est que des poteaux avec les aigles. Apres Brody on a été dans le cas de s'étendre un peu en Volhynie et d'en inserer Leschnow, avec trois villages de sa dependance; ce Leschnow est essentiel pour notre Communication avec Sczurowicze et Strzemilcze, que de grands marais joints à la petite riviere du Styr, forment un empechement presqu'insurmontable sans passer sur terrain étranger; or cette communication est essentielle, joint que c'est le grand chemin aussi, qui mene à Brody, et qui doit etre absolument à nous, vû que toutes nos marchaudises et denrées passeroient et traverseroient pour aller à Tartakow un Pais étranger.

De-là les frontières continuent derechef, selon les anciennes limites, jusqu'à Bilhany et Kriholow, ou il a falu inserer derechef ces deux endroits et celui de Krziszow, vû la Communication essentielle et necessaire avec Stojanow, qui par une grande étendüe de marais et ensuite de bois se trouveroit, sans un tres grand detour, interrompue, et que la Volhynie faisoit un rentrant très considerable, dans set endroit sur notre Territoire. De-là les frontières prennant leur ancienne forme jusqu'à Knisze, Koszmo avec deux autres villages, qui par le rentrant, qu'elles formoient sur notre Territoire, et derechef par la communication necessaire avec le reste de nos frontières a de nouveaux dû etre enclavée. Ces trois morceaux sont plus necessaires qu'ils ne sont improtants, et ni leur fertilité, ni d'autres considerations les rendent extremement interessants, hors les communications. De-la les frontières continuent selon leur ancien cours jusques vers Wolhubec, où elles touchent au Bug, qui continüe à les faire jusques vers Bisoczna; de-là elles depassent le Bug, et cette riviére auprès de

Krilow se trouve entierement enclavée, pendant un assez grand espace dans notre territoire, de même que plusieurs villages, qui sont à l'autre bord y sont enclavés, mais cela toujours selon les frontières anciennes de la Volhynie; ensuite le Bug fait derechef les frontières, peu apres dans' un autre endroit les frontières le depassent derechef de peu de chose, mais aupres de Krzizow dans des prairies de peu de valeur on avoit reculé nos poteaux, et on avoit laissé à la Republique jusques vers Roszampol, la possession du Bug en entier, ayant vu les consequences, qui s'en pourroient suivre, si on laissoit à la Republique la possession du Bug en entier, même dans un seul endroit, le long de nos frontières, j'ai tout de suite fait avancer les aigles et les poteaux à la rive du Bug, qui à peine faisoit un objet. De Salusze le Bug rentre à gauche, et nos frontières remontent à droite le long des marais, et à travers de grands bois marecageux, jusqu'à la source de la petite riviére de Moredwa, qui ensuite fait les limites avec la terre de Chelm, jusqu' à l'endroit ou elle tombe dans le Bug, ce terrain entre le Bug et ces nouvelles frontières demarquées contient bien un pourtout de huit lieûes, et plus de 17 villages, mais surtout une quantité de bois et de marais, ces bois sont dans un très triste état, et les grands arbres sont tous presqu' entierement abbattus, la recrute entierement negligée, et partie brulés, partie broulés par le bétail, de façon que de longtems on ne pourra esperer d'en tirer beaucoup de fruit, qu'à la longue ces bois la plupart sapins, et qui sont employés pour la construction de batteaux et espece des radeaux, par lequels l'on defluite les grains sur la riviére du Bug, pouvoient être employés à cet usage. Kladniow situé sur la rive droite du Bug est en partie le chantier, sur lequel se construisent la plupart de ces batimens, de même que Dubienka, ville très peu considerable au reste, or! pour apprecier au juste la valeur plus ou moins réelle et intrinseque, qui existe pour la Conservation de Dubienka et de son territoire, je dirai qu'après des informations les plus detaillées, que j'ai pu acquerir, pendant le sejour que j'y ai fait, Dubienka n'est rien quant à la valeur intrinseque, puisque son territoire est peu fertile, sabloneux, contient beaucoup de bois et de marais, ceux-là ruinés et vû la grandeur de son territoire asséz peu peuplé, mais la grande consideration du Commerce, qu'on disoit y regner, parceque c'etoit le port, duquel tous les grains et autres marchandises se defluitoient dans la Vistule par le Bug, et de-là à Danzic, de même qu'on en recevoit en retour les marchandises necessaires de l'étranger, cela m'a fait regarder cet endroit et son territoire, qui vû ses bois pour la Battisse de batteaux paroit essentiel, comme un point très important, et que je devois examiner de mon mieux; mais comme l'on ne trouve point en ce pais-ci d'hommes vraiments instruits, qui voyent les choses dans le grand ou qui veuillent les dire, j'etois obligé de recueillir le peu, que je sai, du militaire, de juifs, de mes yeux et du bon sens. Kladniow et Dubienka peu eloignés l'un de l'autre, sont les endroits, ou indubitablement l'on construit les plus de batteaux, etant situés au milieu des bois, et parceque c'est une Starostie, dont le Possesseur usufruitier du moment ne menage point les bois, pour en tirer seulement sa vie durante le plus de rentes que possible. Or! la vente de ces batteaux et l'usufruit des bois en grande partie donnés en ferme aux juifs, a fait la devastation des ces bois, et a attiré le plus de vendeurs par le troc d'autres marchandises, que les juifs leur rendoient, de porter leurs grains pour les embarquer à Dubienka. Or! le Bug au dessus de Dubienka vers Roszampol est aussi bon, qu'à Dubienka, et même jusqu'à Sokal il est deja navigable, le bois seul manque dans les environs de Rubiessow, mais non plus haut, au moyen du flottage on pourroit certainement s'en procurer. Or! quels sont les grains et d'où sont ils en grand partie qui s'amenent à Dubienka? ce sont selon les rapports que j'en ai eu, la plupart du froment, et ils sont de la Volhynie d'une partie de la Podolie et même de l'Ukraine, qu'on y amène de nos pais enclavés, qui ne sont d'abord pas si fertiles, que ceux-là, dans les quels les Troupes font une Consommation actuellement, presque plus grande surtout en seigle, que leur produit et qui diminueroit encore, parceque l'on ne semeroit, que du froment pour l'exporter, si le Seigle restoit defendu. L'objet de l'exportation ne peut donc gueres etre considerable de chez Nous, et si il y en a, ce ne sera jamais le Päis à l'entour de Dubienka qui est le moins cultivé, mais bien le plus reculé, ou le territoit est plus propre à l'agriculture et qui également est traversé par le Bug que les embarquemens se feront. Qu'elle est donc l'avantage? qu'on tirera du grain etranger en possedant Dubienka, qu'on y embarquera est ce de la Douane? mais si l'Imposition est grande ce même grain devoyera nos frontières et s'embarquera plus bas au Bug ou les possesseurs ne trouveront pas les mêmes Impositions à payer, l'Imposition sera-t-elle modique pour ne les point degouter, elle importera peu de chose, voudra-t-on menager les bois, ce qui sera essentiellement necessaire, si on veut faire vie qui dure, on ne pourroit donc point laisser hacher aux juifs, les bois à bon plaisir et par là leur procurer l'aisance de construire des batteaux à meilleur marché, qu'autre part, ni en même quantité, si ces batteaux diminuent, si leur prix rencherit, les mêmes vendeurs des grains iront mener les leurs au-de-là de nos frontières ou existent et des bois, et des juifs qui auront l'aisance de les leur fournir de la même façon qu'auparavant, ainsi j'avouë que je ne vois point, quel est l'objet si grand et si interessant de Dubienka, mais je ne dis pas pour cela, qu'il ne soit d'aucune valeur, au contraire surtout s'il y a moyen de joindre le partie encore restante de la Terre de Chelm avec et qu'on put alors s'etendre jusqu'aux grands marais, qui touchent à la Lithuanie, alors ce deviendra un vrai objet, puisque tout le Commerce des Palatinats de Volhynie, Podolie, Ukraine et Braclaw se trouvera dans la necessité absoluë de passer par notre Territoire pour aller en grande Pologne, ou à la Mer et surtout le bétail copieux que la Silesie et une partie des Etats du Roi de Prusse d'Allemagne tirent uniquement de ces Pais, se trouvera dans le Cas de devoir tout passer chez nous, et par consequent d'etre plus ou moins chargé, selon qu'on le voudra, puisque le detour qu'il devroit faire a travers de la Lithuanie, seroit de beaucoup trop grand pour leur tourner à compte. Du Bug les frontières continuent le long d'un marrais asséz long tems jusques vers Kumow et jusqu'au grand chemin qui mene à Chelm, de deux Cotés se trouvent de grands bois, et ils continuent ainsi de-là au travers pour la plupart des bois et en faisant quelques fois des rentrants selon les possessions et suivant les limites anciennes des Terres, des differens particuliers, enclavés, tant sur des champs, que dans des bois jusqu'au grand chemin, qui de vieux Zamosc mene à Varsovie; la distance entre la ligne droite, qui fût tirée premierement de Visenski jusqu'a Macze au Bug, est à la verité asséz large, contient plusieurs villages, mais pour la plupart des bois et des Marais, et sa fertilité et le vallon de Zamosc excepté, et qui n'a jamais eté exclu de notre Cordon, n'est pas considerable. c'est jusqu'où dans ma tournée je suis parvenú jusqu' asteur, mais comme je sais d'avance que d'ici jusqu'à l'embuchure du San, les differends, qui pourroient naitres, sont de peu de valeur, et que de-là la Vistule forme des frontières incontestables, je crû devoir soumettre ces reflexions dans ces moments à Votre Majesté. si l'on ne prend un Parti serieux et ferme, si Votre Majesté ne declare que hors qu'on ne lui fasse voir une autre riviére nommée Podorze, Elle a toujours regardé le Sbruts, pour portant ce nom, et que sans avoir les limites à celui-là, elle ne regardoit point son équivalent ni proportionné à ses droits, ni à la valeur de celui des autres Cours. si Elle tient ce langage, qui dans ce moment-ci paroit essentiel et à la Cour de Petersbourg et aux Polonois et que pour les autres differends Elle en differe la decision, jusqu'à la Commission mixte des limites, Elle court le risque de perdre cette belle Parti, que je regarde valoir certainement intrinsequement un tiers de toute la Gallicie, et etre essentielle à son bonheur, vu qu'elle en sera le grenier; s'il faudroit ceder quelque chose pour celle, je crois que l'on pourroit donner, à la Republique de Pologne tout ce, qui est au-delà du Bug, et que cette riviére depuis Wolhubec, jusqu'à Hussinic, ou il sort de nos Frontières, fasse doresnavant avec elle nos frontières par là, ce qui ne seroit néanmoins que dans la derniere extremité à proposer, nous perdrions à la verité des terrains asséz considerables, plusieurs villages, et surtout beaucop de bois auprés de Dubienka, qui sont à la rive droite du Bug, et la Republique acquereroit de grands avantages par la possession de la rive droite, mais qui néanmoins ne seroient point à mettre en comparaison avec ceux que le Sbruths nous procurera; on n'a qu'à parler ferme, et vû les circonstances de la Russie, qui certainement dans ce moment-ci n'est pas dans son brillant, l'on obtiendra ce qu'on voudra, ou est donc le Podorze, et V. Maj^{té} l'a nommé et Elle le nomme encore y avoir sous entendu, le Sbruts et que là dessus il n'y ait pas même question avec les Commissaires de la Republique, lors de la demarcation des limites.

Voicy mon tres humble sentiment que je soumets à la décission supreme de Votre Majesté.

Zamosc le 26. Août 1773.

Joseph, Corregent.

XIV.

Vortrag des Fürsten Kaunitz.

Allergnädigste Kaiserin, Apostolische Königin und Frau!

Euer Majt. ist allergnädigst erinnerlich, was für Instructionen in Betref unserer bis an den Flusz Sbruze erweiterten Galizischen Gränzen mit Euer Majt. und Sr. Majt. des Kaisers allerhöchsten Beangnehmigung, sowohl an den Baron Reviczky als den Fürsten von Lobkowitz erlaszen worden, welche zur etwa gefälligen allergnädigsten Einsicht abermal hier beygeschloszen werden.

Hierauf ist nun laut des beyliegenden Schreibens des letztgedachten Fürstens, die Antwort des Ruszischen Hofes, den man insonderheit in das dieszeitige Interesse zu ziehen gesuchet hat, und zwar abschlägig erfolget.

Dieser Hof steifet sich insonderheit auf die der dreifachen Convention zum Grunde gelegte Gleichheit des von jeder der drey Mächte zu erhaltenden Antheils, und die daraus mit Gewiszheit vorauszusehende Folge, dasz bey der anverlangten Erweiterung unserer Gränzen, der König von Preuszen gleichfalls nicht nur mit seinen bereits geäuszerten Prætensionen, wovon Er schon abgestanden, alsogleich wieder hervortreten, sondern noch ein mehreres begehren, und endlich Ruszland, wenn die beyden anderen Höfe mehr erhielten, gleichfalls eine proportionirte Vergröszerung zu verlangen berechtiget seyn würde. Dieses würde eine neue dreyfache Convention nothwendig machen, welche nicht nur an sich selbst sehr schwer zu Stande zu bringen seyn, sondern auch wegen der hiezu erforderlichen Zeit die

Gefahr mit sich führen würde, durch unvorgesehene Conjuncturen das ganze bisher mit der grösten Einigkeit so weit gebrachte Werk in die misslichsten Umstände versetzt zu sehen.

Bei dieser Lage der Sachen ergeben sich folgende drey Fragen, welche die reifeste Ueberlegung Verdienen, und welche ich Eurer Majt. erleuchtesten Beurtheilung und allerhöchsten Entscheidung in tiefester Ehrfurcht und möglichster Kürze unterziehe.

Erste Frage.

Ob ungeachtet der eben gedachten Ruszischen Erklärung bey anverlangten Gränzen zu beharren, und unsere darauf behauptete Rechte gelten zu machen seyen.

Die Rationes pro affirmativa bestehen theils in der Wichtigkeit des quæstionirten Strich Landes selbst, deszen Grösze, deszen Fruchtbarkeit, deszen vortheilhafter militar-position; theils in denen für deszen Beybehaltung das Wort redenden, dem Ruszischen Hofe bereits vorstellig gemachten, so standhaften Rechts-Gründen, welche, wenn sie Uns nicht ein unstreitiges, wenigstens ein so scheinbares Recht geben, um auf diese Anforderungen jederzeit bestehen zu können.

Die Rationes pro negativa hingegen sind folgende:

Die von dem Ruszischen Hofe gemachte Anmerkungen scheinen die gröszte Rüksicht zu verdienen; dann so Vieles ist gewisz, dasz die beyden anderen Höfe Uns einseitige Vortheile nie eingestehen werden. Preuszen ist von seinen Anforderungen nur blos in der Rücksicht, dasz Wir ein Gleiches thun würden, abgestanden. Ruszland hat sich bereits erkläret, sich stricte an die dreyfache Convention zu halten, oder gleichfalls mehr begehren zu wollen. Es würde folglich eine neue Convention mit allen ihren angeführten, nachtheiligen, nicht zu übersehenden Folgen nothwendig. Ruszland würde dieser Convention, bey seiner bereits bezeigten Abneigung, sehr schwer die Hände bieten. Mit dem Könige von Preuszen sich besonders einzulaszen, dürfte bedenklich seyn. Solcher hat bisher in dieser Sache mit Uns de concert zu gehen wenig Neigung spühren lassen. Er dürfte seinem Beytritte übermäszige Bedingungen setzen, Sich mit seinen bereits geäuszerten Ansprüchen nicht begnügen und vielleicht, wie Baron Reviczky besorget, diese Gelegenheit ergreiffen, um mit voller Beybehaltung seiner bisherigen Forderungen, noch überdem für seinen Salz-Verschleisz Uns nachtheilige Begünstigungen zu erhalten. Die Republik Pohlen endlich, welche sich Von Ruszland unterstützet sähe, und eine Uneinigkeit zwischen den dreyen Mächten hoffen könnte, würde bey nunmehro aufgehörter Gefahr ihren Widerstand verdoppeln. Die neue Einverständnisz würde demnach die gröszten Schwierigkeiten antreffen, und entweder, wenn sie zu Stande kömme den Beyden anderen Mächten gleiche Vortheile, uns aber alle Gehäszigkeit in den Augen von ganz Europa allein überlaszen, oder wenn sie sich zerschlüge oder verzögerte, die unangenehmsten, nachtheiligsten, vielleicht Alles auf die Spitze setzenden Folgen mit sich führen. Ich übergehe hiebey sowohl die Nachricht, dasz neue gefährliche Anschläge von einem Theil der Confœderirten würklich geschmiedet werden, als auch die Beysorge, dasz der König in Preuszen was widriges im Schilde führe, mit gänzlichem Stillschweigen, da beydes zwar unter die mögliche, aber nicht unter die wahrscheinliche Begebenheiten zu rechnen ist.

Zweyte Frage.

Ob in dem Falle, da die erste Frage negative entschieden würde, bey der Republik Pohlen der Versuch einer anzustoszenden besondern Negociation zu machen sey, vermittelst welcher Wir den quæstionirten Strich Landes in Podolien beybehielten, und dagegen andere Stücke unseres Antheils, als die kleinen Strecken über den Bug, Dubienka mit seiner Zugehör, und endlich allenfalls die Vorstadt Casimir, als ein Acquivalent zur Austauschung zurücklieszen.

Rationes pro affirmativa.

Diese Austauschung würde Uns jederzeit zum Vortheile gereichen, weil derjenige Strich Landes, den Wir hierdurch beybehielten, nach denen von Sr. Majt. dem Kaiser in allerhöchster Person eingenommenen Local-Kentnıszen von gröszerer Wichtigkeit als dasjenige, was Wir zurücklieszen, anzusehen ist. Zudem wäre gedachte Austauschung der Ruszischen Erklärung nicht zuwider, und könnte auch bey Preussen keinen Vorwand zu neuen Vergröszerungen abgeben. Der Republik Pohlen dürfte Dubienka wegen der Schiffarth auf dem Bug, insonderheit aber Casimir, als die Vorstadt der Krönungsstadt Cracau, von Wichtigkeit zu seyn scheinen, da hingegen diese Vorstadt für Uns von der nämlichen Erheblichkeit ist, weil die davon in Ansehung der Handlung zwar allerdings anzuhoffende Vortheile durch die Pohlnischen Gegenanstalten sich vereiteln laszen. Es dürften also beyde Theile diese Austauschung ihrem Interesse gemäsz zu achten Ursache haben.

Rationes pro negativa.

Wenn auch die Republik Pohlen bey dieser Austauschung würklich ihren Vortheil fände; so wird gleichwohl die natürliche Begierde so wenig als möglich zu verlichren, dieselbe auf alle Mittel die nemlichen Vortheile ohne ein so groszes Sacrifice zu erhalten, bedacht seyn laszen. Zudem wird das privat-Interesse derjenigen Magnaten und Edelleute, welche hierdurch unter unsere Bottmäszigkeit gerathen sollen, auf dem Reichstage das gröszte Geschrey erwecken, und andere in ihre Parthei einzuziehen suchen. Man wird den Satz für bekannt annehmen, dasz der quæstionirte Strich Landes in Podolien Uns nicht gebühre, und sodann über das angebotene Æquivalent, ob solches zu unserem Antheil gehöre? die Frage aufwerfen, und sowohl wegen Dubienka, als insonderheit wegen Casimir, welches jenseits des Haupt-Stroms der Weichsel gelegen ist, nicht leicht zu widerlegende Zweifel stellen. Preuszen und Ruszland könnten diese Bewegungen unter der Hand unterstützen, die Negociation würde mithin fehl schlagen, und Uns der Nachtheil bleiben, uns blosgegeben zu haben, ohne unsern Endzweck zu erreichen.

Dritte Frage.

Ob sich denen Umständen zu fügen und für dermalen von dem quæstionirten Strich Landes gänzlich abzustehen seye?

Die Gründe, diese Frage zu verneinen, sind die nämlichen, welche oben für die Bejahung der ersten Frage angeführet worden, nämlich die Wichtigkeit der Acquisition, und unsere darauf habende Gerechtsame, welchem noch hinzugesetzet werden könnte, dasz die Zurücksetzung der einmal in Besitz genommenen Gränzen, und die Entsagung der darauf behaupteten Ansprüche dem allerhöchsten Decor zuwider lauffen würde.

Auf gleiche Weise sind die Gründe pro affirmativa unter denen Rationibus negativis der ersten Frage zum Theile schon berühret worden. Solche aber scheinen durch folgende Betrachtungen eine noch gröszere Stärke zu erhalten.

Da der König Von Preuszen von seiner Gränz-Erweiterungs-Absicht bereits abgestanden ist; so ist solches ein offenbares Zeichen, dasz sich derselbe durch sein Nachgeben einen noch gröszeren Staats-Vortheil zu erreichen in Absicht führe, oder dasz Er ungeachtet seiner engen Einverständnisz mit Ruszland, und seines groszen Anhanges in Pohlen, damit auszulangen nicht getrauet habe. Wir dürften Uns also, da wir diese Beyden Vortheile nicht in dem nämlichen Maasze besitzen, um so viel weniger schmeicheln, dasjenige durchzusetzen, welchem gedachter König zu entsagen Sich gezwungen, oder veranlaszt gesehen hat.

Mit den obangeführten nachtheiligen Folgen, welche die so zweifelhafte Behauptung unserer Rechte besorgen laszen, vereinigen sich die ferneren Betrachtungen, dasz wenn dieszeits für gut befunden würde, dem Vorgang des Königs in Preuszen zu folgen, und die bey Bestimmung der dieszeitigen Gränzen noch vorwaltende Anstände aus dem Weeg zu räumen, alsdann der dieszeitigen Nachgiebigkeit die Wendung gegeben werden könnte, dasz unsere bisherige Sprache und die dermalige Nachgiebigkeit das wirksamste Mittel gewesen sey, den König von Preuszen von seinen geäuszerten Vergröszerungs-Absichten abzubringen, und andurch der Republick einen sehr wichtigen Dienst zu leisten.

Der hauptsächlichste Nutzen aber dürfte darinne bestehen, dasz Wir auf diese Weise dem ganzen schon so weit zu seiner Vollkommenheit gelangten Werke ein baldiges Ende machen, allen Schwierigkeiten einer neuen Einverständnisz, allen nicht vorzusehenden Zufällen und Eifersucht vorbeugen.

Diesen drey Fragen könnte noch die Vierte hinzugefügt werden, ob nämlichen nicht das Vorträglichste wäre, vor dermalen noch keine endliche Entschliessung zu faszen, noch wegen unserer eigentlichen Gränz-Anforderungen zur Sprache zu kommen, sondern solches bis zur Eröfnung der Gränitz-Commission zu verspahren, und alsdann erst unsere Verlangen mit Nachdruck zu betreiben. Allein mir scheinet die erwehnte Frage hier nicht statt zu finden, weilen solche bloszerdings auf einen kurzen Zeit-Verschub hinauslauffen, und allezeit nöthig seyn würde, mit den dieszeitigen Anforderungen zum Vorschein zu kommen, auch wenn hierüber, wie nicht gezweifelt werden kann, ein Widerspruch der Pohlnischen Gränz-Commissarien erfolget, die Mediation auf die andere zwey Höfe ankommen zu laszen.

Wenn aber auch der Verschub bis zur Eröfnung der Gränz-Commission für räthlich ermeszen werden sollte; so wäre doch meines gehorsamsten Dafürhaltens in allen Fällen erforderlich, die allerhöchste Entschliessung zwar in Geheim aber von nun zu bestimmen und festzusetzen, damit solche in dem Lauff der Unterhandlung zu des Fürst Lobkowitz, wie auch der Freyherren von Swieten und Reviczky gesicherten Richtschnur dienen könne.

Allergnädigste Frau! die gegenwärtige Umstände sind mit so vielen Zweifeln und Bedenken umwunden, dasz mich nicht erkühne, über die vorerwehnte Fragen mein weniges Dafürhalten zu eröfnen, sondern ich musz bloszerdings den allerhöchsten Ausspruch in tiefester Ehrerbietung erbitten, welchen ich auf das Beste und genaueste zu befolgen pflichtschuldigst befliszen seyn werde.

Wien den 25. Novembris 1773.

Kaunitz Rittberg.

XV.
Denkschrift des Kaisers.

Euer Maytt. fordern meine wenige Meynung über den zu nehmenden Entschlusz auf, die leztens aus Ruszland überkommene abschlägige Antwort unserer in Gränz Ausmärkungs Sachen von Gallizien und Lodomerien gemachten Vorschlägen, so wie über die dreyfache Anfrage des Fürsten v. Kaunitz darüber zu wiszen.

Um nun mit aller Kürze und dennoch Deutlichkeit dieses so wichtige Werk zu berühren, welches von einer groszen Strecke nämlich gegen 100 Meilen in der Oberfläche betragt, und welche dem Handel und der ganzen Weesenheit der Gallizischen Acquisition einen gedoppelten Preisz gibt zu reden; so gehe ich nicht ein in die Ursache, warum ich schon in Gallizien sowohl, als hier das Stillschweigen angerathen habe, welches, als eine geschehene Sache der Vergesslichkeit aufzuopfern ist, so wie auch ich weitschichtig dazumal beschrieben habe die Nutzbarkeit, ja die Unentbehrlichkeit dieses Strich Landes, wann Gallizien in sich selbst glücklich, und für die Monarchie nuzbar werden solle.

Die Ruszische Beantwortung ist auf solche Gründe gesezet, deren es nicht einmal der Mühe lohnet, in eine Refutation einzugehen, da Verdrehungen, Wortspiele und vollkommene Auslaszung des hauptsächlichsten Ausdrucks, nämlich: le long de la petite riviere Podorze, qui coupe une petite partie de la Podolie: ausgelaszen sich darinnen findet, und eine Gränz-Linie vorgeschlagen wird, die dem innerlichen Werth über ein Drittel von ganz Gallizien Euer Maytt. verlieren machte.

Da aber ein Schlusz zu faszen ist, und aus den dreyen von dem Fürsten v. Kaunitz vorgeschlagenen Weegen, ohne dasz er über einen oder andern seine Meynung auslaszt, dennoch eine Wahl zu treffen, oder ein vierter vorzuschlagen käme, so musz ich beym ersten gleich anführen, welcher die Festhaltung auf unsre ausgemachten Gränzen vorschlagt, ich als die einzige, nuzbare, nothwendige vor dem Staat und also vor Gott verantwortliche zu ergreifende Parthie ansehe, welche aber nach Zeit und Umständen mit einigem Ernst und Eifer zu souteniren und auszuführen kommet; Dieses vorausgesetzt läszt sich leicht schlüszen, warum der anderte Vorschlag nämlich die Cedirung oder Antragung anderer Theile unsers eingeschloszenen Terrains gegen dieses Stück Podoliens, nicht allein schädlich wäre, sondern auch die Schwäche unserer Rechtsgründe beargwohnen, und unsern ernstlichen Willen darauf festzuhalten, in Zweifel klar an Tag legete, und also nur mehrern Lust bey Ruszland, Preyssen und denen Pohlen unsern zugefallenen Antheil allerseits zu beschneiden und zu vermindern, Thor und Angel öfnete.

Noch weniger wäre allso der dritte Vorschlag, welcher eine solche feige Nachgiebigkeit an Tag legete, welche wahrlich unverzeiglich wäre, und zum Spott einer Macht wie die unsrige ist, gereichete. Da ich allso die Cedirung dieses Stück Podoliens niemals einrathen kann, wie auch alle Behandlung, dasz man dieses gegen jenes abtreten wollte, nie rathsam, und immer besonders anjetzo noch zur Unzeit erachte; so bleibt dann nichts übrig als fest auf den ersten Vorschlag zu beharren. Da aber dieses leicht gesagt wäre, wenn man nicht zugleich die Mittel vorschlüge, die man, um dazu zu gelangen, vorhanden nehmen müste, so unterstehe ich mich Euer Maytt. einige Gedanken, so rohe, als sie auch sind, desto käker vorzulegen, als Euer Maytt. tiefeste Einsicht und des Fürsten v. Kaunitz erprobte tiefe Staatskunst, leicht das unanwandbare erkennen, und selbe, oder ganz, oder zum Theil, oder gar nicht anzuwenden für gut finden werden.

Nach einmal fest genommenen Entschlusz unsere ausgesteckte Gränzen, so wie sie jetzt sind, zu souteniren, ausgenommen kleine nur zwischen particuliers zu treffende convenienzen, welche die zu ernennende Gränitz-Commissarien auszugleichen hätten, so wäre an Ruszland mit Kurzem zu bedeuten, dasz wir aus freundschaftlicher Achtung ihr den Sinn, unter welchen wir den wörtlichen Innhalt unserer Convention betrachteten, angezeiget hätten. Dasz unsz nicht anders, alsz unangenehm und empfindlich seyn könne, dasz durch so unbeweiszlich alsz unfreundliche ursachen sie alles hervorsuchte, um unsern Antheil allerseits zu schmälern.

NB. hier würden einige sich gantz Ernützende stellen ihrer Beantwortung, und der oben ausgelassene so deutliche Artikel angeführet, wodurch das unrecht so klar an Tag lieget. Nebstdeme wäre ihr anzuführen, dasz vollkommen überzeuget von denen ursachen, die sie zur gänzlichen Berichtigung der allerseitigen Conventionen ehest und baldmöglicht anführet, sie aber durch diesen Vorschlag selbst diese ihre Gesinnung vollkommenst verfehlet, da wir wann wir diesen theil verlieren solten, eine eben zu Erhaltung der von ihr festgesezt- und erkanten Gleichheit deren drey Puissancen theile sowohl von ihr alsz besonders von dem König von Preussen eine eben so proportionirte Verminderung ihrer beeder Theile verlangen, und darauf fest beharren würden, welches dann, unseres Erachtens wenn wir wechselweiss einander immer was abzuzwecken und der Republic Pohlen einer gegen den andern in Verkürzung unserer Gränzen das Wort sprechen wolten, nicht allein das Geschäft unendlich verzögern, aber auch dessen Folgen nicht zu übersehen seyn würden.

Demnach so unangenehm, alsz es unsz auch wäre, so wären wir also dennoch fest entschlossen, dieses Mittel vorzuziehen, und die Sache dem zukünftigen Schicksal lieber auszusetzen, alsz einseitig von dem getroffenen Hauptsatz der Gleichheit abzugehen, und diesen so ansehnlichen, und für uns? so nothwendigen theil, ohne dasz beede andere einen für sie eben so nutzbaren Theil vermiszeten, fahren zu laszen.

Wir verhoffeten aber von der Freundschaft und Einsicht Ihro Maytt. der Ruszischen Kayserin, dasz Sie zur Vermeidung aller Weiterungen, gemeinschaftlich mit Uns der Pohlnischen Republick, mit der anjetzo das Geschäft auszumachen, einzig und allein einem jeden zuständc, erklären würde, dasz die drey theilende Mächte sich mitsamen die ursachen und umstände ihrer ausgestekten Adler oder Gränitzlinien communiciret hätten, und miteinander darüber dergestalt einverstanden wären, und findeten, dasz selbe dem innhaltenden wörtlichen Sinn der getroffenen Convention vollkommen gleichmässig wären. Es würde dann nachhero mit den ernanten Gräntz-Commissarien von keinem Haupt-Abtritt, noch überkommung die Frage mehr seyn können, sondern nur bey selber von der unterschiedlichen Besitzeren persöhnlichen Vortheilen und besser zu sagen Abwendung ihres Schadens der Bedacht zu nehmen sey.

Diese Erklärung würde allein dem ganzen Werck den Ausschlag und dem so sehnlich zum Ende zu bringenden Geschäft den sichersten Vorschub geben.

Wenn dieses nur obenhin entworfene an Ruszland mit allem Ernst angebracht würde, zugleich den König in Preuszen communiciret, beeden die Besorgnisz, Ruszland die Verzögerung, Preuszen des zu machenden Verlusts eines ihm zugewandten Antheils vorgestellet würde, so habe ich alle ursach zu hoffen, dasz sie beede die Hände zu diesem bieten werden, aus welchem es mag nun geschehen, was will, keine üble Folge ich nicht ersehen kann, da wenn die Sache in die länge hinausgeschoben wird, Ruszland und Preuszen mehr daran gelegen seyn wird, selbes zu beenden, und wir einstweilen doch wirklich in Besitz verbleiben, und nicht in dem Fall wären, die durch eine frühzeitige Nachgiebigkeit leicht entstehen könte, nemlich: dasz wir unsere Vortheile aus den Händen geboten, derweil alsz der König in Preuszen, der sich gäntzlich still und verschlossen noch hält, bey denen seinigen verbliebe.

Dem Rewizky glaubte ich auch aufzutragen, dasz er zu Warschau auch denen Pohlen die Versicherung gebete, weil alda die Ruszische Antwort schon ruchbar worden ist, dasz wenn wir einen theil fahren laszen müszen, wie sie sicherst auch unterstützen würden, damit Ruszland und Preuszen in gleicher Maasz zur Rükgaab einiger ihrer sich zugewendeten Vortheilen und stücken landes angehalten würden. Merken einmahl die Pohlen, dasz die drey Höfe untereinander nicht eins sind, so kan man sich leicht vorstellen, was sie vor Ränke spielen, und wie unmöglich mit ihnen auszukommen seyn würde. Wenn diese Sache also in diesem Sinne gegriffen würde, so bleibet mir schier kein zweifel übrig, dasz besonders Preuszen, und durch selbes Ruszland zu der so vortheilhaft alsz entscheidenden und von mir anverlangten Erklärung zu bringen seyn werde, aber man musz aus dem wahren Ton sprechen, und von keiner Nachgiebigkeit nichts spüren lassen, da meines wenigsten begriffes gewis nichts zu befürchten ist, und wenn auch die Entscheidung dieses Werks in das weite gespielet würde, und die gänzliche Ausmachung der Gränze in die Jahre hinausgienge, so wäre es kein gröszeres Unglück alsz das, was man bey so vielen strittigen Gränztheilen, so oft und eine jede Monarchie mit Nachbaren zu befahren hat, besonders da wir in dem Bezitz sind, und in selben verbleiben, so scheinet mir, dasz wir ruhig zuwarten können, da eine jede Uebereilung unserer Seits höchst schädlich, und da wir nicht sicher sind, was der König in Preuszen noch thun wird, auch höchst verkleinerlich seyn könte. wolte man aber noch zusetzen, dasz Ihro Maytt. im Fall Ruszland und Preuszen eben zu Absag und zurückstellung an die Republik eines diesem Terrain in Grösse und Nutzbarkeit conformen stuk landes sich bequemten, sie so bereit als willig wäre, auch dieses fahren zu laszen, wozu aber eine neue Convention zu errichten wäre, da wir niemalen eingestehen, sondern fest darauf beharren müssen, dasz die ausgesteckten Gränzen nach dem wahren Sinn der ausgemachten vollkommenen Gleichheit und deren Worten der Convention gemäsz sind, dasz also die Abtrettung dieses Theils nicht eine Weisung auf die Convention, sondern ein Absprung von derselben wäre, wodurch sie eo ipso ungültig würde. Wann dieser Satz richtig behauptet wird, dasz dieses eine neue theilung und Convention erfordere, so tretten alle von Ruszland dagegen wohl angeführte Ursachen modo inverso für uns ein, ich zweifle dennoch nicht an dem guten Erfolg, ohne dasz ich weiters hier anzuführen brauche, wie wenig den jetzigen umständen gemäsz, sowohl bey Ruszland als auch bey Preuszen, welches leztere eher dabey gewinnet, alsz verlieret, alle daraus zu entstehende gefährliche Folgen oder Weiterungen zu beförchten wären.

Dieses sind meine wenigen Gedanken, welche ich nach bestem Wissen und Gewissen Euer Maytt. allerunterthänigst hier vorlege, und alle Nachgiebigkeit durch die Verkleinerung und Feigheitsbeweisung der Monarchie höchst schädlich und durch den Verlust selbsten dieser für Gallizien unentbehrlichen Provintz unersetzlich ja unverantwortlich erachte.

den 29. Novbr. 1773.

Joseph. Corregent.

XVI.
Denkschrift des Kaisers.

Meines Erachtens wäre folgende Gradation in der mit der Republik anzustoszenden ausgleichung deren Gränitz Auständen zu folgen:

Primo. Wir besitzen von dem Ort an, wo der Bugflusz unsere Gränzen mit Volhynien zu machen anfängt, was bey Vollhubeck ist, bis Romschamboll oder Usczyllug einige Besitzungen auch über diesem Flusz auf dessen rechten Ufer, diese sind nicht von einer solchen Wichtigkeit, dasz ich selbe hindanzugeben nicht für möglich und nutzbar hielte; Also wäre die erste Proposition, dasz wir bis Romschamboll von Vollhubek anzufangen den Bugflusz lediglich zu unseren Gränzen nehmeten, nach Romschamboll aber wieder über selben hinausschritten, um die ganze Dubienkaer Starostey einzuschlieszen, wie wir sie wirklich besitzen. Sollte dieses nicht hinlänglich seyn, so folgte die zweyte Gradation.

Secundo nemlich, dasz wir nebst der vorhero vorgeschlagenen auch die drey enclavirten Terreins, so vor zeiten zu Volhynien gehörten, wo eines zwischen Stoyanow und Strzemilze liegen, auch ihnen anwieder abtretteten, bey Schurowitze aber das eingeschlossene Stück von Lesnow, wegen der Communication mit Brody nicht zurückgegeben werden könnte, welches also beyzubehalten, wohl aber drittens das Stück von Contow bis gegen Muscherowze, welches auch von Vollhynien eingeschlossen ist worden, mit in der zuruckgabe einzubegreiffen wäre.

Tertio wäre kein Bedenken die zwey oben schon bemerkte zurückgaben samt auch dem stücke von Dubienka, was über dem Bug auf dem rechten Ufer liegt, fahren zu laszen; wodurch dann der Bugflusz von seiner Berührung der Volhynischen Gränzen bey Volhubek immer die unsrige machete, bis zu seinem Ausflusz unter Dubienka aus Gallitzien.

Quarto. Nebst denen vorhero angemerkten Enclavuren, könten auch selbe an den groszen Einflusz der San zurückgesetzet werden, wodurch in gerader linie über Lonszik nacher Zdichowice bis an die anjetzo alda ausgesteckte Adlers mit der Gränitzlinie fortgefahren würde.

Quinto und die zuruckgabe noch ansehnlicher zu machen, so könnte man den ganzen von uns besitzenden theil des Lublinischen Palatinats, wann er sich nicht über die San extendiret, und exclusive als Szamosk zurückstellen.

Sexto endlich auch die Gränzen von dem ganzen enclavirten Dubienkischen theil zurückziehen und von Alt-Zamosk die Gränzen über Woyslawin nacher Korytinca ziehen, und so nebst allen anderen Abgaben, wie oben gesagt, hernach dem Bugflusz folgen.

Septimo. Dieses sind die zurückgaben und Vortheile so ich gradatim vorzuschlagen mich getraute, obwohlen dasz die Zurückgabe der Vorstadt Casimir für den Augenblick nicht so wichtig scheinet, so erachte doch, dasz selbe allerdings betrachtungswürdig ist, da selbe mit ziemlich kleinen Kösten eine wohl gebaute Stadt werden kann, weil es zum theil den Handel von Cracau leicht an sich ziehen könte, und für unsere Saltz-Einschiffung, in anderen Betrachtungen der Besitz beeder Ufer der Weichsel auch nur in einem Orte, besonders wo eine Brücke ist, allemal sehr nutzbar ist.

Wann dann alles in pessimo casu, welches ein sehr ansehnliches austrägt auch mit der Stadt Casimir zurückgestellet werden sollte, so müszte nur noch dieses erinnert werden, dasz von Sbaraz und dem strich landes zwischen dem Seret und Sbruz, so anjetzo conventionsmäszig Podhorze genant, in nichts von Veränderung deren ausgesteckten Gränzen die frag seyn könne, und auch so wohl auf der Weichsel, alsz Bug und San, wie Podhorze-flusz die Inseln alle uns gehörten, welches wegen denen Wasserarbeiten, oder jemals anzulegenden Vestungen höchst nothwendig ist.

Dieses ist die Progression, welche ich mir vorzuschlagen getraue, hoffend, dasz es zu die zwey lezten Artikel, nemlich den Sechsten und Siebenten vielleicht nicht kommen wird; und solte es dennoch dazu kommen, so wäre eine halbe Meil weegs über den groszen Einflusz der San in die Weichsel ausdrücklich auszunehmen, da alda die Anlegung einer Vestung wohl am allernutzbarsten seyn wird.

den 16. Novbr. 1775.

Joseph Corr.

XVII.

Nota.

Ueber bey und zurückfolgende Anfrage des Reviczki musz ich pflichtmäszig erinnern, dasz in keinem Fall und jemals zur Einwilligung dieses Begehren der Pohlen einrathen noch einwilligen könte, ich wollte es auf der Karten zeigen, dasz dieses ein gar zu groszes ausmachet, dasz dadurch alle Vortheile der Festung Zamoscie verlohren giengen, so wie alle Deckung unserer Gränzen, die nachhero völlig frey und allerorts offen blieben, wo anjetzo, Waszer, Moräste und grosze Waldungen selbe decken. Ueberhaupt scheinet mir, dasz in dieser Sach schon nur gar zu viel gemacht worden, und ich verfiele auf einen ganz anderen Gedanken, nämlich zu declariren, dasz Ihro Mait. ihr angenommener Theil Conventionsmäszig einmal ist, und das selbe stuckweise dieses Corpus, wodurch es den gröszten Theil seines innerlichen Werths verlöhre, nicht schwächen zu laszen, gesinnet wären, wohl aber Sich öffentlich erkläreten, dasz Selbe das Ganze der Republick zurückstellen wollen, wann Beede andere Puissancen das nämliche thäten. Diese Declaration wird mehrers in Aufsehen, so man suchet gelten, und Wir werden nicht stuckweis unsere Gränzen schwächen, ohne daraus den nur eingebildeten Vortheil in eben der Maasz den König in Preuszen zu vermindern erhalten.

Den 2. Januar 1776.

Joseph, Corr.

Mittelst dieser Declaration braucht man das Geld-Mittel nicht mehr, noch die Punctation.

Briefe.

A) Briefe Maria Theresia's und Catharina's.

I.

Catharina an Maria Theresia.

Madame ma soeur et cousine. La lettre de Votre Majesté, que le comte de Merci m'a rendue hier, m'a fait d'autant plus de plaisir, qu'elle est parfaitement conforme à mes sentimens pour Votre Majesté. Je la remercie des complimens et de la part, qu'elle prend à ce qu'il plut à Dieu de faire en ma faveur; j'ai été de tous tems remplie de l'estime la plus distingué pour sa personne, je m'intéresse tendrement à ce qui la touche, je suis bien aise de marcher en cela sur les traces de ma chère tante, feu l'Impératrice Elisabeth, dont la mémoire nous est si chère à toutes les deux. Rien ne sauroit m'être plus agréable que l'offre de son amitié, que Votre Majesté me fait. J'éspère lui donner des preuves de la mienne. Nos intérêts communs resserrent ses liens. C'est avec beaucoup de satisfaction que je ne cesserai d'être,
Madame ma soeur et cousine,
de Votre Majesté Impériale et Royale,
la bonne soeur et cousine
Catérine.

A St. Pétersbourg ce 2 d'août 1762.

II.

Catharina an Maria Theresia.

Madame ma soeur. Votre Majesté ne peut douter de combien m'est agréable les occasions qui se presentent de Lui temoigner la sincerité du desir que j'ai de la convaincre de l'amitié veritable, que je Lui porte. Cette amitié est fondée, Madame, sur la haute estime que j'ai pour Votre Majesté, ainsi que sur l'intérét commun et invariable de nos Monarchies, dont la Sûreté et la prosperité exigent entre nous un accord permanent. Je ne peux negliger ce moment quelque triste qu'il soit, où je viens d'apprendre la mort du Roi de Pologne sans en donner une preuve à Votre Majesté, en Lui ouvrant mes sentimens avec cette Confiance que la bonne amitié peut demander sur les suites de cet évenement. Mon intention est de laisser la liberté au choix d'un nouveau Roy, pourvuque les intrigues etrangeres ne s'y melent point, et qu'elles ne me forcent point à prendre un parti contraire à mes Sentimens. Persuadée du secret de ma Confiance entre les mains de Votre Majesté, je ne dois pas cacher non plus à Elle que dans une Election conforme aux loix du Païs libre et reguliere je ne serai pas contraire au choix d'un Piaste, pourvû qu'il fut tel qu'en bonne politique on puisse s'en accomoder. Si mes vues sont agreables à Votre Majesté, je la prie d'instruire Son Ministre à Varsovie pour qu'il agisse de concert avec le Mien à fin d'éviter par là les fleaux de la guerre, perpetuer la Paix en Europe, et sur tout dans le Nord, chose à laquelle j'opererai de tout mon pouvoir, n'ayant d'autre but que de vivre en Paix et bonne intelligence avec tous mes Voisins, pour être d'autant plus utile aux puissances, dont les intérêts sont naturellement liés à ceux de mon Empire; étant au reste avec la plus haute considération, Madame, ma Soeur

de Votre Majesté Imp^{le.} et Royale
La bonne Soeur
Catérine.

à St. Petersbourg, ce 6. Oct. 1763.

P. S. — Que quelque surprise n'ait pas lieu auprès de Votre Majesté, lorsqu'elle aprendra les dispositions Militaires, que dans ce moment je viens d'ordonner dans mes frontières, je veux Vous prevenir, Madame, que surement elles sont combinées avec mes principes et Maximes d'Etat contenues dans cette lettre, et qui me serviront toujours de regles dans toutes les mesures, que peut-être je serai obligée de prendre par la Suite, en consequence de l'intérêt commun que l'Election se fasse en liberté et sans trouble. Votre Majesté connoit celui de mon Empire, et Elle sait donc aussi, combien il m'importe que la tranquillité soit permanente en Pologne.

III.

Maria Theresia an Catharina.

A Vienne, ce 9. Nov. 1763.

Madame ma Soeur. La demarche amicale et confidentielle que j'ai faite vis-à-vis de Votre Majesté dès aussitôt qu'il m'est parvenu la nouvelle du decès de feu le Roi de Pologne, peut Lui faire imaginer, combien il doit m'avoir été agréable d'avoir vû par sa Lettre du

6. oct. dernier V. S. qu'il Lui etoit venu pour ainsi dire dans le même moment l'idée d'en user de même à mon égard, et sur tout qu'Elle y a été portée par les mêmes sentimens d'amitiés et les mêmes considerations d'intérêt commun et invariable de nos Monarchies, qui ont été les motifs des ouvertures que j'ai chargé le Comte de Mercy de Lui faire de ma part. Votre Majesté ne sauroit donc douter que cette Lettre ne m'ait fait beaucoup de plaisir, et Elle me rendra justice, si Elle veut bien être persuadée, qu'Elle n'a certainement rien a desirer sur la plus parfaite reciprocité de mes sentimens pour sa Personne, et de mes principes sur notre intérêt politique. Votre Majesté doit d'ailleurs être informée actuellement de mes intentions relativement au remplacement du Throne de Pologne, je pense qu'Elle les aura trouvées justes et raisonnables, et je vois avec joye qu'au fond elles sont conformes aux Siennes. Vous voulez, Madame, laisser la liberté aux choix d'un nouveaux Roi, pourvu que l'Election soit conforme aux Loix du païs, libre et reguliere; et je le veux egalement. Votre Majesté ajoute qu'Elle ne seroit pas contraire au choix d'un Piaste, pourvû-qu'il fût tel, qu'en bonne politique on pût s'en accomoder. Et je pense de même, quoique le choix de la Personne de Monsieur l'Electeur de Saxe me seroit fort agréable, attendu que toute Exclusion ne seroit pas conforme au principe de la liberté du choix qu'établit l'equité et la sagesse de V. Mté., et que j'adopte bien volontiers. Supposé donc, que par une Election libre et reguliere la Nation Polonoise ne jugeat pas à propos de se decider de préférence en faveur de Mr. l'Electeur de Saxe, je concourerai trés-volontiers avec Votre Majesté au choix d'un Piaste, dont en bonne politique on pût s'accommoder, pourvû toutes fois que je soit parfaitement rassurée conjointement avec Votre Majesté, qui y a le même intérêt que moi, contre toute idée de demembrement de la Pologne à present et à venir. Je ne vois rien, moyennant cela, qui puisse nous empecher d'aller du même pied. J'en ai la plus grande satisfaction, et suis prête ainsi à donner ordre à mes Ministres à Varsovie, d'agir de concert avec ceux de Votre Majesté. Ce sera toujours avec beaucoup de plaisir, que je m'entendrai avec Elle. Je la prie d'être persuadée que cela est vrai en general, et qu'en particulier je serai charmée, si je puis dans cette circonstance Lui donner des preuves de ma haute estime, et de la sincere amitié avec la quelle je suis

      Madame ma Soeur
      de V. Mté. Imple. bonne Soeur.

P. S. Je suis bien redevable aussi à V. Majesté de ce qu'Elle me previent sur les dispositions militaires qu'Elle vient d'ordonner sur ses frontières. Je regarde cette ouverture comme une marque de son amitié et de sa confiance, et je croirois moyennant cela en manquer vis-à-vis d'Elle, si je Lui cachois ce que je pense sur ce sujet. Il me semble, qu'en supposant à V. Majesté, au Roi de Prusse et à moi les mêmes intentions, sur le remplacement du Thrône de Pologne, il n'est rien et personne, qui doive faire apprehender des troubles à l'occasion de la prochaine Election, et je crois devoir moyennant cela soummettre au discernement eclairé de V. Majesté, s'il ne seroit peut-être pas mieux, de ne point faire des demoustrations, qui paroissent ne pas devoir être necessaires, et pourroient allarmer les Puissances qui s'interessent au Sort de la Pologne. Je m'en rapport cependant à la Sagesse de V. Mté. Elle fera de mon observation le cas, qu'elle Lui paroitra mériter; Mais Elle y reconnoitra toujours, j'espère, la pureté de l'intention qui me porte à la Lui communiquer.

IV.
Catharina an Maria Theresia.

Madame ma Soeur. La Sanction donnée aux engagemens qui m'unissent à Votre Majesté Imperiale, est un objet trop interessant à ma satisfaction, pour que je ne cherche pas a lui faire conoitre moi même les sentimens dont je suis affectée à cette occasion. C'est avec la joye la plus vive que je vois s'etablir par le concert sur les affaires de Pologne, un nouvel interet si propre à s'unir à ceux qui subsistent permanement entre nos Monarchies. Plus un tel arrangement avoit de complications differentes à demeler, plus j'ai eu à reconnaitre ce que pouvoient les dispositions propres des Souverains pour en applanir les difficultés. Ici je ne saurois me dispenser de rendre justice au soin qu'a eu de me manifester celles de Votre Majesté Imperiale Son Ministre Plenipotentiaire le Prince de Lobkowitz de même qu'à l'intelligence et à les droiture qu'il a mis dans la negociation. Je souhaite que de ma part Votre Majesté Imperiale ne soit pas moins convaincue de mon penchant invariable pour notre plus parfaite Union, ainsi que du soin le plus empressé à l'assurer de la parfaite amitié et de la haute consideration avec lesquelles je suis
       Madame ma Soeur
        de Votre Maj. Imperiale
        la bonne Soeur et amie
         Catherine.

à St. Petersb. ce 15. Sept. 1772.

V.

Maria Theresia an Catharina.

Madame ma Soeur. J'ai été très sensible à la marque d'amitié qu'a bien voulu me donner Votre Majesté Imperiale en prenant la peine de m'assurer Elle-même par sa lettre du 15. Septembre dernier de la satisfaction avec laquelle Elle a contracté avec moi les engagements que nous venons de prendre au sujet des affaires de Pologne, et je Lui en fais mes plus sincères remerciments. Le point de vuë surtout, dans lequel Votre Majesté Impériale les envisage, m'a été d'autant plus agréable, qu'il est bien parfaitement conforme à la façon, dont à l'exemple de mes ancêtres j'ai toujours raisonné sur les vrais intérêts de nos deux Monarchies. Et comme je crois avoir témoigné jusqu'ici dans bien de circonstances, quels sont mes principes sur ce sujet, et quels sont mes sentiments personnels pour V. M. Impériale, le passé peut Lui repondre de l'avenir, et Elle me rendra justice, si Elle veut bien être persuadée, dez-à present, que je me ferai toujours un vrai plaisirs de Lui donner des preuves réelles de cette façon de penser. Je suis bien aise que le Pce. de Lobkowitz se soit acquitté de mes ordres à la satisfaction de V. Majesté; Et je dois en échange à son Ministre Plenipotentiaire le Pce. Gallizin le témoignage le plus autentique de la sagesse, avec laquelle il s'est toujours conduit à ma cour de la façon la plus convenable aux différentes circonstances, dans lesquelles il s'est trouvé, et la plus propre au maintien de la bonne harmonie entre les deux Cours. Il ne me reste qu'à assurer Votre Majesté Impériale de la vive satisfaction avec laquelle je vois qu'Elle désire de me voir convaincuë de son penchant pour notre plus parfaite union; Je la prie d'être persuadée, que je repond cordialement à ces Sentiments, et je souhaite bien sincèrement de mon côté les occasions de pouvoir L'en convaincre et Lui prouver la parfaite amitié et la haute considération, avec laquelle je suis, Madame ma Soeur

De Votre Majesté Impériale
la bonne Soeur et amie
Marie Térèse.

à Vienne, ce Octobre 1772.

VI.

Josef an Catharina.

Madame ma Soeur. Je m'empresse à faire mes sincères remerciments à Votre Majesté Impériale pour la marque d'amitié, qu'Elle a bien voulu me donner en me témoignant elle-même sa satisfaction sur l'entière perfection de l'arrangement, qui vient d'être arrêté heureusement entre Elle et S. M. L'Impératrice Reine ma Mère. J'alléguerais l'empressement avec lequel j'y ai donné mon accession, comme une preuve de mes sentiments à cet égard, si je pensais en avoir besoin vis-à-vis de Votre Majesté Impériale, mais comme je croirais blesser l'opinion que j'ai de ses hautes lumières, en supposant qu'Elle puisse avoir le moindre doute sur la façon, dont je dois envisager et dont je vois par conséquent le véritable intérêt politique de nos deux Monarchies, je me bornerai à assurer V. M. Impériale, qu'Elle peut être persuadée que, par raison non moins que par effet de mes sentiments personnels pour Elle, je Lui donnerai toujours toutes les preuves possibles de la façon de penser, qu'Elle peut desirer en moi. Je suis fort aise, que le Pce. de Lobkowitz ait mérité jusqu'ici par sa conduite l'approbation de V. Majesté; et je puis L'assûrer en échange, que nous n'avons pû qu'applaudir de même jusqu'ici de notre côté dans toutes les occasions à celle du Pce. Gallizin. Je prie V. M. Impériale de vouloir bien me donner de fréquentes occasions de pouvoir Lui donner des preuves de mes sentiments pour Elle, et je suis avec l'amitié la plus parfaite, et la plus haute considération. Madame ma soeur

De V. M. Impériale
le bon frère et ami.

à Vienne, ce — Octobre 1772.

VII.
Maria Theresia an Catharina.

A Vienne, ce 17. Avril 1774.

Depeché le 3. Mai par Courier.

Madame ma Soeur. Les peuples de toutes les religions, soumis à la domination de Votre Majesté n'ayant éprouvé jusqu'à present de sa part que des effets de sa justice, de sa bonté et de sa tolerance, je dois supposer, que c'est à son insçu et contre son intention, qu'actuellement, selon les informations que j'en reçois de Rome, ceux qui professent ma Religion ainsi que les Grecs unis, se trouvent être persecutés et maltraités dans les Provinces de la Pologne, nouvellement reunies à l'Empire de Russie. Je crois donc pouvoir permettre à mon zèle dans cette occasion ce que le zèle de Votre Majesté Lui dicterait sans doute en pareille occurrence, et Lui demander, moyennant cela, avec instance, qu'Elle veuille bien se faire rendre un compte fidèle de la verité des faits, et accorder ensuite en conséquence à la Religion Catholique ainsi qu'à la Greque qui Lui est unie, la protection qu'Elle jugera Elle même leur être nécessaire pour leur tranquille existence et le maintien de leur Dogme et de leur discipline. Mon Ministre informera le Ministère de Votre Majesté des details que l'on a fait parvenir à ma connoissance sur cet objet. Je me flatte que Votre Majesté voudra bien l'honorer de son attention, en faveur du vif intérêt que j'y prends. Il n'est rien d'ailleurs que je ne croye devoir me promettre de son Equité et de la façon, dont Elle est accoutumée à voir les choses; et Je me borne par conséquent dans cette confianze à saisir cette occasion pour assurer Votre Majesté, qu'on ne peut rien ajouter à tous les sentiments, avec lesquels Je ne cesserai jamais d'être

Madame ma Soeur
de Votre Majesté Impériale la Bonne Soeur.

VIII.
Catharina an Maria Theresia.

Madame ma soeur. La sincerité et la bonne foi sont le caractère de toutes mes démarches, de même que les moyens les plus agréables à Votre Majesté Impériale et les plus propres à influer sur ses résolutions. Dans le cours de nos négociations sur les affaires de Pologne je n'ai point dissimulé à Votre Majesté les difficultés, qui se rencontroient selon moi à l'extension de ses frontières jusqu'au Sbrutz. Son ministre à Varsovie lui a rendu compte de l'effet, que produit cette extension sur l'esprit de la nation polonoise. Un envoyé de la République est actuellement à sa cour pour en solliciter auprès d'elle la modification, et le comte Branitzki a été envoyé de la même part vers moi pour requérir mes bons offices dans cette affaire. Je ne fais donc que suivre mes premiers sentimens, en priant Votre Majesté Impériale d'entrer avec cette bonté et cette équité, qui lui sont naturelles, dans les représentations de la Republique. Le souvenir des maux qu'elle a soufferts jusqu'au moment où les trois cours ont entrepris sa pacification, et la crainte que l'agitation actuelle de tous les esprits et l'espèce de désespoir où ils sont, ne les replongent dans de nouveaux malheurs, sont bien capables de toucher Votre Majesté Impériale. L'intérêt de l'humanité en est un si puissant auprés d'elle, que je ne craindrois pas de l'opposer aux avantages, qui peuvent resulter pour une monarchie aussi puissante que la sienne, de l'étendue de pays entre le Seret et le Sbrutz, si j'avois autant de droit à lui en parler que j'ai de confiance en ses vertus. Je ne dois offrir à sa considération que l'intérêt d'un concert, qu'elle a formé comme conforme à ses vues de bon ordre, d'équilibre et de paix dans cette partie de l'Europe. Si je lui dis, que de mon côté je n'ai rien de plus cher que cette grande alliance des trois cours, que je regarde comme le chef d'oeuvre de la raison et l'ouvrage le plus salutaire pour l'Europe, elle approuvera ma délicatesse sur ce qui me paroit, quoique dans une perspective eloignée, en pouvoir borner la durée. Si la Pologne n'obtient rien des démarches qu'elle fait actuellement auprès des trois cours, il est une résolution, que le déséspoir lui a suggerée et qu'elle réalisera, c'est de rompre toute négociation et de protester. En cet état les trois cours restent en presence l'une de l'autre s'étant garanti leurs acquisitions, mais n'étant pas bien decidées entre elles sur l'étendue des pays garantis. Le lien le plus propre à perpétuer la bonne harmonie et la bonne union entre elles reste imparfait et pourra être d'autant plus vivement attaqué par des intérêt étrangers, qu'on le jugera moins indissoluble, qu'on le respectera moins. Je remets aux lumières de Votre Majesté Impériale à décider jusqu'où de telles appréhensions peuvent être fondées. Les lui exposer c'est lui dire, combien je suis fermement intentionnée de rejéter loin de moi tout ce qui pourroit tendre à les réaliser, et je me flatte, qu'elle ne croira pas moins à cette assurance, qu'à celle de la haute considération et de la parfaite amitié avec laquelle je suis,

Madame ma soeur,
de Votre Majesté Impériale
(Signé:) la bonne soeur et amie
Catérine.

Zarskoe Selo, le 26 may 1774.
A Sa Majesté l'Impératrice-Reine.

B) Briefe Maria Theresia's und Stanislaus August's.

I.

Maria Theresia an Stanislaus August.

A Vienne ce 26. Janvier 1771.

Monsieur mon Frère! J'ai été informée par le compte que m'a rendu le Pce. de Kaunitz-Rittberg du contenu de la Lettre, qu'en date du 19. Decembre Lui a adressée le Grand Chancelier de Pologne Mlodziciewsky, que lorsque Votre Majesté se determina à m'écrire, celle qui m'a été remise de sa part datée du 20. Octobre, Elle n'avoit aucune connoissance du contenu de la Lettre, qui dés le 20. Septembre dernier, sur cet objet, avoit été ecrite par mon ordre au susdit Grand Chancellier de Pologne. Je ne pourrois rien dire à Votre Majesté de plus clair et de plus positif, que ce qu'elle contient, et je crois devoir me borner moyennant cela à lui en faire parvenir un duplicata par la voye de ce Ministre de la Republique, qui Lui en rendra compte. J'espère, qu'Elle y verra, que dans ces tems de troubles, et dans l'incertitude où on est sur la façon, dont ils pouront finir, j'ai dû faire ce que j'ai fait, pour mettre mes Droits à couvert, et pourvoir de toute façon, à la sûreté de mes Etats. Je le souhaite au moins et je me fais un plaisir d'assurer en attendant de nouveau Votre Majesté, que dez que la Paix sera rétablie entre la Russie et la Porte, et le Royaume de Pologne solidément pacifié, et rentré dans tous ses Droits, je me préterai bien volontiers à traiter amiablement de l'arrangement et de la determination de nos frontières respectives dans cette partie de nos Etats, qui, comme il est notoire, y ont toujours été jusqu'ici incertaines et contestées entre mon Royaume d'Hongrie et la Pologne. Dez à present cependant, je ne puis pas m'empecher de declarer à Votre Majesté: qu'iudependamment de cette Negociation, en consequence de mon bon Droit, je compte retraire aux conditions stipulées, dans le tems, le District de mon Royaume d'Hongrie, connu sous le nom des *Zipser-Städte*, avec toutes ses Dependances. Je suis bien sensible d'ailleurs à tous les Sentiments que me temoigne Votre Majesté dans la Lettre qu'Elle m'ecrit, et je La prie de vouloir bien continuer à me rendre la justice d'être persuadée qu'ainsi que sur mes principes Elle peut compter sur l'amitié avec laquelle je suis,

Monsieur mon Frère,
de Votre Majesté
Bonne Soeur.

II.
Stanislaus August an Maria Theresia.

Madame ma soeur. A peine echappé des mains de mes assassins, je me hâte d'informer moi-même Votre Majesté Impériale et Royale du complot criminel qui a failli m'ôter la vie.

J'ai été assailli le 3 du courant entre 9 et 10 heures du soir en rue par 40 hommes à cheval qui, après m'avoir porté plusieurs coups, m'ont entrainé blessé hors de la ville. J'ai erré pendant près de 5 heures avec eux. Sauvé enfin par un retour miraculeux du chef de cette bande sur lui même, je me trouve aujourd'hui par la grace de dieu hors de peril pour ma vie, mes blessures n'étant point jugées jusqu'à présent dangereuses.

Je ne dissimulerai point à V. M. I. et R., que cet attentat n'est que l'exécution des ordres publics, connus et signés qui intimoient le régicide de la part du conseil des soi-disans confédérés, les quels ont actuellement asile dans les états de V. M. Je reclame vos vertus, Madame, dans cette occasion. Daignez vous hâter de coopérer aux moyens de finir des désordres dont les suites produisent ces scènes terribles qui déshonorent l'humanité, et dont la main seule de dieu m'a sauvé. J'ose intéresser à cette fin la réligion de V. M. J. et R. si pure, si éclairée, si bienfaisante. D'un mot elle rendra le calme à ma patrie, elle ôtera les prétextes au crime.

Je vous adresse, Madame, ma prière avec une confiance sans réserve. Il n'est pas possible que Marie Thérèse, si grande et généreuse, si honorée et si respectée par moi, se refuse à mes instances.

J'annonce à V. M. I. et R., que je suis resolu de nommer incessamment un ministre pour resider de ma part à sa cour, et je la prie de recevoir cette mission comme une marque des sentimens d'estime et d'amitié dont j'ai de tout tems fait profession pour elle, et avec lesquels je suis,

Madame ma soeur,
de V. M. I. et R. A. le bon frére, ami et
voisin Stanislas Auguste Roi.

Beilage zum Briefe König Stanislaus August's von Polen an Kaiserin Maria Theresia vom 6. November 1771.[1]

Le 3 de novembre 1771 Sa Majesté, revenant entre 9 et 10 heures du soir avec une suite peu nombreuse de chez le Grand Chancelier de Lithouanie, prince Czartoriski, qui étoit incommodé, fut assaillie par 40 hommes à cheval dans la rue des Capucins entre l'hôtel de l'évêque de Cracovie et celui du feu grand général de la couronne, Branicki. Ils arrêtèrent d'abord la voiture en faisant feu sur le postillon, sur les chevaux et sur tout ce qui l'environnoit; plusieurs d'entre eux vinrent ensuite aux portières, tuèrent un hayduque qui les defendoit, et blessèrent l'autre. La voiture a été percée de plusieurs balles, l'une de quelles a passé dans la fourrure du Roy sans le blesser. Les assassins ayant desarmé Sa Majesté à la descente du carrosse, l'ont entrainée quelque centaines de pas à pied au milieu de chevaux; l'un d'eux lui a tiré à bout portant un coup de pistolet à la tête qui a manqué, mais dont S. M. a senti la chaleur. Elle a reçu

---

[1] Vrgl. Theiner Monumenta Poloniae IV. Pars II p. 381, wo eine etwas abweichende Darstellung abgedruckt ist.

ensuite un coup de sabre sur le derrière de la tête qui a fait une blessure assez large, mais peu profonde. Les autres coups que la fourrure a paré et qui n'ont fait que de meurtrissures, ont été sans nombre. Un des valets de pied qui étoit resté près de la voiture, entendit le Roy, qui leur disoit: Ne me tourmentez pas, je vous suivrai volontairement, où vous voudrez. Quelques momens après ils firent monter le Roy à cheval, sans chapeau et en bas de soye. Arrivés au fossé qui entoure la ville, ils le franchirent. Le Roy est tombé deux fois avec le cheval, qu'on a été obligé de changer parcequ'il s'est cassé la jambe. Dans cet endroit sa fourrure s'est perdue; on l'a retrouvée ensuite ensanglantée et percée plusieurs fois. La nuit étoit obscure, les assassins ignoroient les chemins; plusieurs d'entre eux s'étoient déjà enfuis, de manière qu'il n'en restoit plus que 7 autour du Roy. Les chevaux s'embourboient à chaque instant, on mit pied à terre et S. M. fut contrainte de marcher. Elle laissa un de ses souliers dans la brue et continua sa route à pied nu. Après beaucoup de tours et de detours, tantôt à pied, tantôt à cheval, ils arrivèrent au bois de Bielany, demandant presque à chaque instant à leur chef, s'il étoit tems de massacrer le Roy. Ici ayant entendu l'appel d'une vedette russe, ils ont tenu conseil ensemble; quelques momens après quatre se sont enfuis et les trois autres sont demeurés près du Roy. Un quart d'heure après deux se sont encore enfoncés dans le bois, de manière que S. M. est demeurée seule avec le chef de la troupe, l'un et l'autre à pied. La fatique accabloit le Roy; il disoit souvent à son conducteur: Si vous voulez me mener vivant, permettez que je repose. Celui-ci le pressoit le sabre à la main de marcher, en l'assurant qu'une voiture l'attendoit au delà du bois. Étant parvenus au couvent de Bielany à une lieue de Varsovie, le chef des assassins parut quelques momens absorbé dans ses reflexions. — Vous êtes pourtant mon Roy! s'écria-t-il vivement. — Oui, répondit S. M., et même un bon Roy, qui ne vous veut point de mal. Ils continuoient cependant à marcher. S. M., voyant que cet homme étoit troublé au point de ne pouvoir pas réconnoitre le chemin, lui dit: Laissez-moi aller. — Je ne puis, reprit-il, j'ai fait serment. Après avoir marché longtems au hazard, ils se sont trouvés près de Marimont (maison appartenant à la cour de Saxe, et plus près de Varsovie que Bielany). Le Roy extenué, a demandé à son conducteur la liberté de se reposer un moment, il l'a accordée et S. M. s'est assise sur l'herbe. La conversation ayant été reprise sur le serment qui le lioit, et S. M. luy en ayant expliqué la nature, il commença à en appercevoir la nullité. — Mais, dit-il, si je vous mène à Varsovie, on me prendra, et je serai perdu. Le Roy l'assura du contraire, puis ajouta: Eh bien, si vous ne croyez pas à ma promesse, sauvez-vous pendant qu'il en est encore tems. Les postes russes sont à votre gauche, évitez-les, prenez à la droite; si on me rencontre, j'indiquerai une route opposée à celle que vous aurez prise en effet. — A peine le Roy eut achevé que cet homme se jetta à ses pieds, les lui baisa, demanda pardon et lui jura une fidélité éternelle. S. M. lui accorda, sa grace et lui donna sa parole royale, qu'il ne lui seroit fait aucun mal. Après cette scene le Roy s'est aproché d'un moulin qui étoit à quelque distance de lui, son conducteur a longtems frappé inutilement, tout y dormoit; enfin S. M. y a été reçu sous le nom d'un seigneur depouillé par des brigands. De là S. M. a écrit un billet au général Coccey, commandant des gardes de la couronne, pour l'informer du lieu, où elle se trouvoit. Ce général est bientôt arrivé avec un détachement, il a trouvé l'assassin du Roy en faction à la porte du moulin et le Roy assoupi sur une chaise; il se précipita aux pieds de S. M., les hôtes de la maison, l'ayant entendu nommer, firent la même chose. Mr. Coccey donna sa fourrure et son chapeau au Roy qui avoit perdu l'un et l'autre. Enfin S. M., étant montée en voiture, est arrivée en ville sur les 5 heures du matin, à la lueur des flambeaux et au milieu des acclamations de ses gardes, de sa maison et d'une quantité prodigieuse de personnes de tout rang, tant de celles qui avoient monté à cheval pour la secourir, que des autres qui ayant appris son heureux retour, se sont empressées d'aller au devant d'elle. En entrant au chateau elle le trouva rempli des dames et des seigneurs, qui la virent mettre pied à terre, en fondant en larmes. S. M. attendrie reçut les félicitations avec sa bonté accoutumée, et étant entrée dans son cabinet, elle fit aux personnes présentes le récit de ce qui venoit de se passer, et les congédia au bout d'une demie heure, en leur temoignant son extrème sensibilité et en les assurant qu'elle se trouvoit bien dedommagée des maux qu'elle venoit de souffrir, et du sang que repandoit sa blessure, en voyant combien les coeurs de ses fidels sujets en étoient affectés. Elle ajouta aussi qu'elle étoit persuadée que ce triste événement tourneroit au bien de sa patrie.'

Au reste les depositions faites par cet homme portent, qu'il s'appelle Kosiński du palatinat de Cracovie; qu'il est officier dans la troupe de Pulaski ; que celui-ci l'a chargé lui et deux autres officiers du coup qu'ils venoient d'exécuter. Qu'ils s'étoient liés par serment à Pulaski d'enlever S. M. en vie ou de l'assassiner, si autrement ils ne pouvoient se saisir de sa personne. Que lui et les deux autres officiers s'étoient choisis les 37 hommes qui les ont accompagnés. Qu'ils sont arrivés ici samedi le 2 deguisés en paysans et ayant leurs armes, leurs habits et leurs selles sous des sacs de grains et sous le foin, dont les voitures étoient chargées; et qu'ils étoient informés de tous les pas que faisoit S. M.

En attendant un examen plus detaillé des circonstances de cet affreux resultat, le soi-disant Kosiński est gardé au château et traité avec douceur. Le nom qu'il s'est donné, est supposé. Une maison noble sous la dénomination de Kosiński proteste contre cette usurpation. On sait à présent qu'il est d'une condition obscure né en Volhynie.

III.
Stanislaus August an Josef.

Monsieur mon frère. Les marques particulières que Votre Majesté Impériale a données en diverses rencontres de l'intérêt que lui inspiroient les dangers de ma situation, et dont je conserverai toujours le plus tendre souvenir, me préscrivent de l'informer moi-même du complot formé contre ma vie.

J'ai été assailli le 3 etc. wörtlich gleich mit dem entsprechenden Absatze des Briefes an die Kaiserin, bis zu den Worten: „jusqu'à présent dangereuses." Hierauf folgt: Cet attentat est l'exécution des ordres signés et publics, qui intimoient le régicide de la part du conseil des soi-disans confédérés. J'écris à Sa Majesté l'Impératrice-Reine pour lui demander qu'elle veuille bien concourir par les moyens qui dependent d'elle à terminer des désordres, dont les suites sont des crimes aussi horribles. Je prie de même V. M. I. au nom de son humanité, de sa réligion, de l'intérêt commun aux souverains de coopérer à cette fin de la manière la plus prompte et la plus efficace. La reconnoissance que je lui devrai sera pour moi un sentiment bien précieux qui s'unira à jamais à ceux d'estime et d'amitié parfaites dans lesquels je suis,

Monsieur mon frère,
de V. M. I.

(Signé:) Le bon frère, ami et voisin
Stanislas Auguste Roy.

Varsovie, ce 6 novembre 1771.
A l'Empereur des Romains.

IV.
Stanislaus August an Maria Theresia.

Madame ma soeur. On ne peut être plus sensible que je l'ai été au contenu de la lettre de Votre Majesté Impériale et Royale du 24 novembre, dans laquelle elle a bien voulu m'annoncer avec tant d'energie ses dispositions bienfaisantes à mon égard et compatir aux peines de ma situation. Rien n'est assurement plus propre à me les faire supporter avec courage que l'espérance de ses secours généreux. Je me flatte, comme elle a daigné me le promettre, qu'elle ne laissera point echapper l'instant favorable où elle pourra me les donner, et même que son humanité la portera à les hâter.

Agréez, Madame, que je vous indique comme une des choses les plus essentielles et les plus désirées par moi, l'envoy prochain d'un ministre de V. M. I. et R. pour resider de sa part à ma cour, et que je vous le demande de la manière la plus pressante.

Puisse le comte Ogiński, mon envoyé, qui aura l'honneur de remettre la présente à V. M., être assez heureux pour vous faire connoitre, Madame, tous mes sentimens de manière à décider bientôt l'intérêt actif qu'il m'importe que V. M. veuille bien prendre aux affaires de mon royaume.

Je suis avec l'estime et l'amitié les plus parfaites

(Signé:) Madame ma soeur
de V. M. I. et R.

le bon frère et voisin
Stanislas Auguste Roy.

Varsovie, ce 20 janvier 1772.
A l'Impératrice-Reine.

V.

Stanislaus August an Maria Theresia.

Madame ma Soeur. Quelques soient les démarches envers la Pologne, que V. Majesté Impériale a crû devoir faire depuis un certain temps, je me tiens sûr, qu'Elle les a fait à contrecoeur, et qu'Elle ne se figure pas les suites et les conséquences de ces démarches aussi cruelles pour Nous, qu'elles le sont en effet. Vous daignerez donc agréer, Madame, le parti que je prends, de m'adresser à Vous directement, pour Vous dire l'excès de nos malheurs, et Vous en demander le soulagement.

L'Objet de ma presente n'est pas de renouveller tout ce qui a été dit sur les differentes Provinces des Domaines de la Pologne que Votre Majesté s'est appropriés depuis deux ans: Je m'en rapporte sur ce sujet à tout ce que mes Lettres anterieures et les écrits de Mon Ministère ont clairement exposé à Votre Majesté, pour prouver la bonté de nos droits. Je parle de celles de nos Provinces, qui selon les Déclarations même de Votre Majesté doivent rester à la Couronne de Pologne, et qui cependant sont remplies de Vos troupes.

Lorsque ces troupes ont depassé les limites des Provinces, que Votre Majesté Impériale nomme siennes, et à mesure qu'elles avançaient dans celles, qui sont plus voisines de ma Capitale, il fut dit, que dans le doute de la manière, dont la Diète opérerait à l'égard des prétensions de Votre Majesté, ces Troupes venaient pour les soutenir.

Depuis le 14. de Mai dernier, jour au quel la Diète a autorisé ses Délégués, non seulement pour ce qui concerne la cession des Provinces demandées par Votre Majesté le 26. de Septembre dernier, mais aussi pour d'autres objets qui n'ont été mis en avant par les Ministres des trois Cours que bien plus tard; depuis ce jour, dis-je, du 14. Mai, depuis que la deférence de la Republique pour les trois Cours devait naturellement Lui procurer la cessation de toute hostilité (si même l'on peut se servir de ce terme à l'égard d'une Nation, qui n'a ni fait, ni declaré la guerre, et qui n'en éprouve pas moins toutes les calamités) non seulement les Troupes de Votre Majesté ne sont pas sortie de la Pologne, ni même du voisinage de sa Capitale, mais elles ont redoublé de rigueur envers ses habitants. Non contentes des livraisons si considerables que notre Païs leur fournit, depuis un an, elles en ont imposé de nouvelles et si énormes, qu'elles surpassent le produit des terres souvent du double.

Lorsqu'on allègue cette disproportion comme une excuse, qui devrait être sans replique; vos Officiers répondent, qu'il faut acheter et leur fournir ce qu'ils demandent, comme s'ils ignoraient, que la diminution du Commerce a denué le païs non seulement de bled, mais aussi d'argent. Quand on leur répond, que cette quantité n'est pas même à trouver dans un païs épuisé par cinq années de troubles domestiques par les exigences des Conféderés de Bar et des Trouppes Russes, et surtout dans cette saison, où, dans les tems les plus tranquilles, les bleds et les fourages sont toujours les plus rares avant la recolte; quand on leur montre le peu d'espérance que donnent nos champs brulés par une secheresse des plus grandes; quand on dit à Vos officiers, qu'ils ne devraient pas au moins augmenter l'impossibilité de les satisfaire, en chargeant au mesurage chaque boisseau de bled d'une addition de grain, qui ajoute un tiers et quelquefois une moitié de bled demandé, sans qu'elle leur soit passé en compte; Vos Officiers ne répondent à tout cela qu'en decernant les executions militaires les plus rigoureuses.

Il n'est impossible de croire que Vous soyez, Madame, exactement informée de cet excès des souffrances, auxquelles Vos Troupes Nous reduisent; car Vous ne le permettriez certainement pas. Il Vous en couterait trop de traiter ainsi des Peuples, qui ne Vous ont jamais fait le moindre mal, et surtout après qu'à plusieurs reprises l'espérance nous a été donnée de faire finir ces aggravations, dont même Je ne conçois pas le motif. Car enfin la Politique, dût-elle tout justifier, au moins ses moyens doivent-ils repondre à ses buts. On a voulu par des actes de rigueur forcer les Polonais à assembler une Diète et à former une Délégation pour céder leurs Provinces. La Diète, la Délégation sont faites et les rigueurs augmentent au lieu de cesser.

Quand Vous saurez, Madame, qu'en maints endroits nos terres ne sont pas ensemencées, parceque Vos Troupes ont enlevé les derniers grains aux Cultivateurs, qui fuyent et laissent deserts des Villages entiers, où ils mouraient exactement de faim, vous sentirez Votre coeur compatissant et Chretien Vous demander à vous-même: Que m'a donc fait cette Nation Polonaise pour être traitée pire que ne l'a été aucune de celles, qui m'ont fait des guerres injustes? Vous Vous souviendrez enfin alors, que le Roi de cette malheureuse Nation, qui avait eu recours à Vous, comme à celle, de qui il esperait le redressement de tous les maux précédens de son État; que ce Roi, dis-je, privé par Vous de la plus belle partie de ses revenus, dans le même temps qu'Il a été depouillé de ses autres Domaines par Vos alliés, et depuis un an exposé aux extremité de l'indigence; qu'Il a été frustré, tout d'un coup, de tout ce qui a été trouvé dans ses terres, saisies par les trois Cours; que la valeur seule de ce qui Lui appartenait en propre, et qui Lui a été enlevé à cette saisie, joint à l'année de possession, dont les trois cours ont déjà joui, tandis que le Traité de Cession n'est pas encore signé, se monte à plusieurs centaines de Milliers de Ducats, tandis qu'il a à satisfaire à des dettes, que ses malheurs antérieurs l'ont forcé de contracter, tandis qu'il a à nourrir et à dedommager des Frères et des Serviteurs, appauvris ainsi que Lui-même, par la même force et aux mêmes titres.

Je suis si persuadé, que Votre Majesté Impériale respecte et cherit l'équité, que je crois, qu'il suffit de réunir une fois sous les yeux tous ces objets, pour pouvoir me flatter, qu'Elle voudra bien y porter le remede le plus prompt et le plus efficace.

Il ne me reste qu'à prier Votre Majesté, de vouloir être toujours Vous-même; de vouloir jouir toujours du plaisir que Vous avez gouté si longtemps, et à si juste titre, de voir votre Nom cheri, respecté et beni, non seulement par vos Sujets, mais par tout où la gloire de votre nom est portée.

(Signé:) Je suis, Madame ma soeur,
De Votre Majesté Impériale et Royale
Apostolique le Bon Frère et Voisin,

Stanislas Auguste Roy.

Varsovie ce 26 Juni 1773.

VI.

Maria Theresia an Stanislaus August.

A Vienne ce 5 Juillet 1773.

Monsieur mon frere. J'ai reçu la lettre de Votre Majesté datée du 26 Juin dernier; mais si elle a jugé pouvoir me l'ecrire, je crois devoir avoir pour elle l'attention de ne repondre que succinctement à tout ce qu'elle contient et qui ne me paroit pas fait pour etre traité dans une correspondance directe entre nous. Votre Majesté semble l'avoir senti elle-même en s'en raportant aux ecrits de son ministère sur tous ses objets; et moi, qui suis intimement convaincue de cette verité, je crois devoir m'en raporter egalement à ce qui a été publié jusqu' ici à cet egard ministerialement en mon nom. Tout ce que je puis y ajouter, c'est que Votre Majesté me rendra justice, si elle veut bien etre persuadée, que je suis sincerement affectée de son sort, que j'en adoucirai l'amertume pour autant qu'il pourra dependre de moi et qu'au sujet des livraisons militaires j'ai donné au Baron de Reviczky, mon ministre plenipotentiaire, des ordres, que Votre Majesté trouvera, j'espere, conformes à l'equité et aux circonstances. Je suis au reste avec tous les sentiments qui sont dûs à Votre Majesté.

Monsieur mon frère,
de Votre Majesté bonne soeur et voisine...

VII.

Stanislaus August an Maria Theresia.

Madame ma soeur. Comme Votre Majesté Impériale Royale est déjà informée du contenu de ma lettre du 16 avril dernier à Sa Majesté Prussienne, et de la reponse de ce prince à moi datée du 22 du même mois, elle voudra bien observer que, quoiqu'il n'ait pas plu à S. M. Prussienne de faire aucune reponse à l'article de ma lettre, qui invitoit ce prince à recourir conjointement avec moi à la médiation de V. M. I. en conformité de l'article XIII. du traité signé ici le 10 septembre 1773, cependant je ne puis moi me juger dispenser de remplir cette clause du traité dans le cas présent, et cela d'autant moins qu'astreint avec mon conseil à l'exécution stricte de ce à quoi les diètes ont donné force de loy, je ne puis qu'en suivre exactement les directions.

C'est donc de l'avis de mon conseil permanent, établi par l'entremise de V. M. I. elle-même, que je fais récours à vous, Madame, pour demander votre intervention amicale pour l'ajustement du differend qui a suspendu la continuation de l'ouvrage des demarcateurs prussiens et polonais dans les environs des rivières Drwzca et Pissa. Je me flatte que V. M. I. voudra bien reconnoître dans ma demarche actuelle le désir qui me guide toujours vers tout ce qui peut et doit marquer également mes soins pour le maintien des droits de ma couronne et pour la conservation de votre précieuse amitié.

C'est dans ces sentimens que je suis,

Madame ma soeur,
de V. M. I. R.
(Signé :) le bon frére, ami et voisin
Stanislas Auguste Roy.

Varsovie ce 2 may 1777.

VIII.
Stanislaus August an Maria Theresia.

Madame ma soeur. La confiance que j'ai mise dans les vertus de Votre Majesté Impériale et Royale, mes sentimens si connus à cet égard, ma conduite constante qui en a été l'effet dans tous les tems de ma vie et les services que feu mon frère a eu le bonheur de vous rendre, m'avoient fait penser quelquefois que je trouverois dans l'amitié de V. M. un retour auquel je croyois avoir quelque droit.

Même les derniers malheurs de la Pologne n'ont pu anéantir cette idée, dont je cherche à me faire une consolation. C'est elle qui me fait prendre la plume aujourd'hui pour dire à V. M. la peine avec laquelle j'ai appris qu'on exige en votre nom de l'évêque actuel de Cracovie qu'il nomme un second coadjuteur pour la partie de son diocèse qui a passé sous votre domination.

Je ne répéterai point ici ce que les lois canoniques et tout ce qui tire sa source du droit, fournit d'argumens contre la demande susdite, parceque cela parviendra de reste à V. M. par d'autres voyes.

Je me bornerai ici à vous représenter, Madame, que c'est mon frère qui est coadjuteur de Cracovie, qu'il l'a été avant la signature du traité qui vous nomme souveraine de cette partie du diocèse de Cracovie, auquel on destine un autre coadjuteur, qu'il est certainement connu à V. M. que l'état de ceux de ma famille qui me sont les plus proches, n'a jamais été et n'est point encore celui d'une grande opulence, parceque j'ai cru mieux faire de ne pas verser sur eux beaucoup de bienfaits pour ne pas faire languir leurs concitoyens.

Je croyois avoir assuré du moins la perspective d'un sort avantageux à mon frère l'évêque en le faisant coadjuteur de Cracovie. Je satisfésois par là également, j'ose le dire, le public de ma nation, qui connoît mon frère et ma tendresse particulière. Voudriez vous, Madame, que ce dernier sentiment soit encore affligé en moi? Jugeriez vous nécessaire et juste que j'aye encore cette nouvelle peine? Voudriez vous enfin en être personnellement la cause? C'est sur quoi j'attend la reponse de V. M. en la priant avec la plus vive instance de me la donner favorable.

Je suis avec tous les sentimens que je vous dois,

Madame ma soeur,\
de V. M. I. et R.\
le bon frère, ami et voisin\
Stanislas Auguste Roy.

Varsovie, ce 8 novembre 1777.

Aus der
Wiener und Petersburger Staatskanzlei.

I.

Insinuation verbale au Chancelier de Cour et d'État Pce. de Kaunitz-Rittberg par le Pce. de Gallitzin, Ministre Plénipotre. de Russie à la Cour de Vienne, le 11. May 1769.

Dans les circonstances présentes, il nous est nécessaire de connoître les intentions positives de la Cour de Vienne touchant la guerre que les ennemis de la Paix et de la Tranquillité publique nous ont suscitée; C'est pourquoi je Vous prie, Monsieur, de faire adroitement et de la manière convenable à Mr. le Prince de Kaunitz au nom de notre Cour, mais en Confidence amicale, l'insinuation telle qui suit:

Comme les dits Ennemis de la Tranquillité publique, dont l'humanité n'a joui que très peu de tems, par leurs intrigues et sourdes procédés, qui en partie se sont étendues jusqu'à la Cour de Vienne, ont réussi à engager la Porte Ottomanne de rompre perfidemment la Paix éternelle, qui étoit établie entre Elle et l'Empire de Russie; Nous nous sommes trouvés dans la nécessité inévitable de prendre et arranger toutes les mesures tendantes à notre défense. Cependant nous ne pouvons pas nous dispenser d'être en quelque façon inquiets pour l'avenir par rapport aux vraies intentions de la Cour de Vienne, qu'il nous importe beaucoup de connoître par voye directe.

En conséquence, nous nous reposant sur l'amitié mutuelle des deux Cours Impériales, sur la droiture et façon de penser distinguée en toute chose d'un Ministre aussi éclairé que l'est Mr. le Prince de Kaunitz (ce qui Lui fait l'honneur et la vraie gloire dans toute l'Europe), et connoissant les interêts essentiels et invariables, qui naturellement en tout tems et independamment des circonstances de quelle nature qu'elles puissent être, doivent unir les deux Cours contre la Porte Ottomanne, en égard à la position de leurs Etats et à l'avantage réciproque, qui doit resulter de cette Union; Nous souhaitons de savoir en confidence amicale, ce que la Cour de Vienne pense dans ce moment-ci au sujet de ses engagemens invariables avec celle de Russie contre la Porte Ottomanne, établis depuis l'année 1746, renouvellés en 1753 par un Acte separé, et convertis par le même Acte en engagemens perpetuels et independants de tous les autres Traités, de sorte qu'ils doivent rester inalterables et dans tous les tems dans leur force.

Votre prudence connue, Monsieur, me rassure sur la forme que vous pourrez donner à votre discours pour satisfaire au desir de notre Souveraine touchant l'objet aussi important, sans dissimuler, que c'est Elle même qui voudroit savoir les véritables intentions de Sa Mté. L'Impératrice Reine à cet égard, en faisant cependant observer, que votre information ne doit être regardée, que comme amicale et particulière explication entre les deux Cours.

Si à la suite de votre discours Mr. le Prince de Kaunitz de son coté voudra entrer conformément avec la position de sa Cour dans quelque explication du Système présent de nos affaires extérieures, Vous lui direz Monsieur, que notre Souveraine depuis Son Avenement au Trône n'y a pas fait aucun pas, qui par sa nature ne s'accordât point avec les intérêts réciproques et permanents des deux Cours Impériales.

Ce qui me reste encore d'ajouter-ici, c'est, qu'au cas, que le Pce. de K. vous diroit en reponse que c'est au Roi de Prusse, notre nouveau allié, que nous devons nous addresser, vous lui ferez Mr. la question, comme provenante de sa reponse, que si le Roi de Prusse voudroit en vertu du Traité d'Alliance, nous donner le secours consistant en Trouppes, dans ce cas la Cour de Vienne ne feroit-elle pas une diversion dans son Pais? Et si d'un autre coté il arrive que les Confederés de Pologne subvertis par la force des armes Turques contre nous, aussi bien que par l'invitation, que la Porte Ottomanne leur a faite par sa declaration pour detroner le Roi de Pologne Regnant, se reunissent dans quelque partie de la Pologne, et declarassent le trone de Pologne vacant, dans ce cas la même cour ne voudroit-elle pas prendre part à une telle Entreprise en faveur de quelque Prince de Saxe et l'assister directement par ses forces.

Enfin, Monsieur, je Vous recommande d'observer, quelle impression et Sensation produiront sur le Prince de Kaunitz ces questions, auxquelles peut-être il ne s'attendra pas, mais que ne sont pas moins naturelles par la Sincerité et la Confiance dont elles tirent leur Source, et avec quelle précision il Vous repondra.

II.

Reponse verbale du Prince de Kaunitz-Rittberg au Prince de Gallitzin à Vienne ce 14. May 1769, sur le Papier qui lui a été confié par ce Ministre à titre d'Insinuation verbale le 11. du courant.

Vous m'avez fait l'honneur de m'exposer, mon Prince, que Vous étiez chargé de m'insinuer au nom de votre Cour, mais seulement comme un confidence et explication amicale et particulière cependant entre Elle et la mienne:

Que le feu de la guerre venant malheureusement de s'allumer entre L'Empire de Russie et la Porte, S. M. L'Imperatrice de Russie souhaiteroit de savoir en confidence amicale:

1º ce que pense la Cour de Vienne dans ce moment-ci au sujet des engagemens reciproques qui ont été pris entre les deux Cours Imples. au sujet de la Porte par un Article secret du Traité de 1746, confirmé et renouvellé ensuite en 1753?

2º Si, au cas que le Roi de Prusse voudroit en vertu de son Traité d'Alliance avec la Russie Lui donner des secours consistants en Trouppes, la Cour de Vienne ne feroit pas une Diversion dans les États de ce Prince? Et enfin

3º Si, au cas qu'il arrivât que les Confederés de Pologne declarassent le Trone de Pologne vacant, la Cour de Vienne ne se determineroit pas peutêtre à prendre part à une telle entreprise en faveur de quelque Prince de Saxe, et à l'assister directement par ses forces?

Je ne vous cacherai pas, mon Prince, que sans le ton de confiance que vous avez sçu mettre à vos questions, j'aurois eu le deplaisir de ne pas pouvoir même me charger d'en rendre compte; mais comme vous y avez mis tous les menagemens convenables, je n'ai pas hesité à porter à la connoissance de Sa Majesté l'Imperatrice Reine tout ce que Vous m'avez fait l'honneur de me dire. Et c'est moyennant cela en consequence de la permission expresse de Sa Majesté que j'ai l'honneur de vous repondre:

Ad 1^{mum} que l'Article en question. est dans le cas des Articles separés de tous les Traités, dont, selon l'usage de tous les tems, la force et la valeur n'est que dans le droit, que leur donne l'acte par lequel ils ont été ratifiés, de devoir etre envisagés, comme s'ils etoient inserés de mot à mot, dans le Traité même, auquel ils ont été ajoutés, c'est à dire, comme partie du Traité, et de même que s'ils n'en avoient pas éte separés. Que l'un et l'autre des deux Actes par lesquels cet Article a été ratifié en 1746, et 1753, et auxquels se rapporte la Declaration signée en 1760, s'énonce dans les termes susdits, et qu'ainsi comme le tout entraine necessairement les parties, le Traité principal Defensif entre les deux Empires ayant été annullé par le fait de la Russie en 1762, tous les Articles separés ou autres· du dit Traité, qui n'ont jamais été plus obligatoires les uns que les autres, ont subis le même sort. Que moyennant cela, l'Imperatrice Reine regarde, dans ce moment-cy les engagemens défensifs contractés jadis entre les deux Empires touchant la Porte Ottomanne, ainsi que le Traité même, dont ils faisoient un Article Separé, comme entierement levés et ne plus existants entre Eux, et qu'ainsi tout ce que Sa Majesté peut se permettre dans la circonstance présente vis-à-vis de la Porte dont Elle n'a jamais eu qu'à se louer pendant tout le cours de son Regne, et avec laquelle d'ailleurs Elle a la satisfaction d'avoir un Traité de Paix perpetuel, c'est le parti de la plus exacte neutralité entre les Parties belligerantes, qu'Elle se propose d'observer très religieusement tant et aussi longtems qu'il Leur pleura de remplir à son égard les devoirs de l'amitié et bonne correspondance, qu'Elle se fera toujours un plaisir de pratiquer vis à vis d'Elles. —

ad 2^{dum} que selon les principes de L'Imp. Reine, ce n'est que des secours fournis à une puissance enemie, que l'on est en droit d'empecher ou de venger, que Sa Maj. est bien eloignée de regarder comme telle l'Imp. de Russie, et 'par consequent elle auroit desiré, qu'on lui eut epargné la Supposition, sur laquelle est appuyée l'explication amicale que l'on souhaite. Mais que comme Elle n'hesite jamais à parler clair, Elle veut bien cependant ne pas dissimuler: qu'ainsi, qu'en gros, Elle ne s'opposera en façon quelconque, aux Secours consistans en trouppes, qu'en vertu de son traité d'alliance le Roi de Prusse voudra donner à la Russie, comme interessée ainsi que toutes les principales Puissances de l'Europe au maintien de l'equilibre general, et comme Puissance voisine plus que d'autres, à ce qui regarde la Pologne, en particulier, Elle seroit dans le cas, de ne pas pouvoir envisager, avec indifference, que le Roi de Prusse envoyat des Trouppes dans ce Royaume, par les mêmes raisons, qui vraisemblablement porteroient ce Prince à ne pas voir avec indifference, que la Maison d'Autriche y en envoyat des siennes.

ad 3. que dans le cas supposé ainsi que dans tout autre possible l'Imp. Reine est très decidée, a ne point se meler des affaires domestiques de la Pologne, et que moyennant cela, Elle ne prendra part à l'entreprise, supposée d'une nouvelle election, ni en faveur d'un Prince de Saxe, ni de qui que ce soit.

Je vous prie de vouloir bien rendre un compte exact de ce que je viens d'avoir l'honneur de vous dire, et je me flatte, qu'au moins on n'y trouvera rien qui ne soit bien clair et bien net.

III.

Note
remise par le Ministère de S. M. I. de toutes les Russies à Mr. le Comte de Solms Ministre Plenipotre. de S. M. le Roi de Prusse.

Après une suite continuë des Relations qui certifioient unanimement l'Opiniatreté du Sultan contre tout ce qui pouvoit tendre à une reconciliation entre les deux Cours, aussi bien que la dureté, avec laquelle on continuoit à traiter le Ministre de Russie, S. M. I. s'est determinée dans les circonstances, où la premiere de ses Armées, et sa Flotte dans l'Archipel venoient de remporter des avantages, propres à en imposer à la Porte, à faire ecrire directement de la part de son Feld-Marechal Comte de Romanzow au grand Vizir, pour degager son Ministre, et ouvrir par là s'il est possible une voye d'Accommodement; Il a été communiqué confidemment à Mr. le Comte de Solms Ministre de S. M. Prussienne copie de la Lettre de ce General. S. M. I. a crû pouvoir avec d'autant plus de fondement prendre sur Elle une Demarche pareille, que dans les circonstances où elle est faite, elle ne sauroit jamais etre attribuée à un motif de necessité, et que quelqu'en soit le succés, elle demeurera toujours aux yeux du Public une preuve evidente, que l'Imperatrice prefere à toute nouvelle acquisition et à tout nouveau succès, la Paix et la Tranquillité. Dans la communication si amicale que S. M. le Roi de Prusse vient de faire à l'Imperatrice de la Demarche publique de la Porte pour la Paix par la requisition formelle de la Mediation des Cours de Berlin et de Vienne, l'Impce. voit avec une parfaite satisfaction dans cette Cour un changement de façon de penser, qui s'accorde avec son propre desir. L'Imperatrice reçoit avec toute la reconnoissance et la sensibilité possible les pensées de S. M. Prussienne sur la Pacification; Elle y reconnoit cette amitié si vraie et si parfaite, dont le Roi son Allié lui a donné les preuves les plus signalées dans toutes les occasions: et dans la juste confiance qu'Elle a toujours mise en ses sentimens, Elle ne balance point à se remettre à Lui de tous ses interets, sûre, qu'ils seront dans ses mains comme les siens propres.

C'est consequemment à cette confiance sans bornes, que l'Imperatrice veut s'expliquer confidemment et dans la plus parfaite Cordialité vis à vis du Roi son ami et son Allié, et lui faire part de ses propres idées, et de son embarras sur la forme de l'objet de la Pacification.

Son Ministre après avoir servi l'Etat nombre d'années avec distinction, a sacrifié encore sa santé, pour continuer ses fonctions à son Poste, d'où les circonstances ne permettoient pas de le relever; les dernieres années de son Ministère il a été tellement accablé d'infirmités, tant par l'effet du Climat, que par le desagrement de sa situation, qu'il est incroyable, comment il a pû survivre à son emprisonnement et aux durs traitemens qui l'accompagnoient. Il repugneroit trop à l'Imperatrice de l'attacher de nouveau à la meme Carriere, et independamment de cette repugnance il y a des considerations d'Etat qui s'y opposent, qui ne peuvent pas echaper à la penetration du Roi. Ces considerations, les voici: La Russie a deux exemples frappans de la Conduite de la Porte à l'egard de ses Ministres dans les occasions de Geurre: le premier, lorsque sous le Regne de Pierre le Grand la Porte declara la guerre à la Russie: le second, lorsque sous l'Imperatrice Anne la Russie declara la guerre à la Porte. Dans ce second cas, la Porte, aussitôt aprés la Declaration de guerre de notre part, fit conduire notre Ministre et tout ce qui appartenoit à sa Suite, sur les frontieres et nous le fit remettre; dans le premier elle fit arreter le Ministre de Russie, le garda pendant toute la guerre, entama la Negociation de la Paix toujours en le tenant à sa disposition; Et il est connu de S. M. Prusse qu'alors elle varia tant, que jusqu' à trois fois elle l'elargit et le mit en prison, se reglant selon les circonstances, et faisant retomber sur lui la vangeance des Evenements, en employant toute sorte de menaces et de duretés.

Dans la Conduite que la Porte a tenue au commencement de la presente guerre, et par ce qu'elle voudroit faire à present, on aperçoit visiblement, qu'elle a adopté le premier cas pour sa regle, et qu'elle se dispose à suivre la meme pratique. Or il repugne avec raison à l'Imperatrice de commettre une seconde fois le Ministre de Russie à cette pratique barbare et scandaleuse de la Porte. Il n'est pas possible de trouver à redire à cette delicatesse de l'Imperatrice, qu'Elle juge contre sa dignité, sa prudence et l'humanité, d'entamer une Negociation avant que son Ministre ne lui soit rendu dans ses Etats. Comme elle s'attache invinciblement à ce Point, et qu'Elle attend tout de l'amitié du Roi, Elle prie avec instance S. M. Prussienne de vouloir bien employer ses efforts et son intercession la plus pressante pourque cette pierre d'achoppement soit otée, etant prête aussitôt à entendre à la Proposition de la Paix et à commencer une Negociation effective.

L'Embarras de S. M. Imple. par raport à la Mediation, c'est que comme il est connu à S. M. Prusse, que la Cour d'Angleterre dez le commencement de cette guerre et même avant les premieres hostilités commises s'est employé ouvertement et avec instance tant à St. Petersbourg qu'à Constantinople pour la Reconciliation des deux Cours et qu'elle a fait des Demarches formelles pour s'assurer de la Mediation, S. M. Imple. lui a repondu, qu'ayant dans la personne de S. M. le Roi de Prusse un ami si vrai et si sincere et avec cela un Alliée interessée lui-même à sa guerre, Elle ne pouvoit pas se dispenser de l'appeller à la Mediation conjointement avec l'Angleterre, si sa Paix par la suite du tems demandoit des Mediateurs. Par cette Reponse Elle a evité à la verité de donner une promesse formelle et exclusive pour la Mediation; Mais le cas d'une Mediation existant, l'Imperatrice ne connoit aucun moyen praticable pour en exclure une Cour amie, qui Lui a non seulement rendu une suite continuë de bons Offices pendant tout le cours de la guerre, mais encore des services aussi essentiels et aussi signalés, que la facilité qu'elle a apportée à l'objet important des Expeditions Maritimes de la Russie, S. M. I. ne sauroit La desobliger à ce point, et en l'admettant Elle prevoit que la France va remuer Ciel et Terre pour s'ingerer dans la même Negociation, et rien ne repugne aussi decidemment à l'Imperatrice.

L'embarras par rapport à la Cour de Vienne c'est que, comme le Roi sait l'influence de la France à cette Cour, S. M. sait aussi tout ce qu'il y a à craindre, que cette influence ne nuise pas aux Interets de l'Imperatrice; quoique S. M. Imple. doive aussi penser, que la complaisance et la deference pour les vues particuliers d'un Allié ne prevaudront pas sur les interets propres que presente à la Cour de Vienne le voisinage de ses Etats des deux Parties belligerantes. L'Imperatrice prie S. M. Prussienne, en suivant la Connexion deja commencée entre Elle et cette Cour sur le point de la Mediation, de s'expliquer vis-à-vis d'Elle aussi à coeur ouvert, que S. M. Imple. le fait ici vis-à-vis du Roi, et de l'assurer sur la parole sacrée de l'Imperatrice, qu'Elle a trop de Confiance dans la Droiture et l'honneteté des affaires pour lesquelles on Lui a suscité la presente guerre et que d'un autre coté Elle a une trop haute idée, et est trop convaincue de la bonne foi et de l'honneteté des sentimens de l'Imperatrice Reine et de l'Empereur et de l'integrité de Leur Ministre, pour qu'Elle balance à accepter la Mediation de la Cour de Vienne et à remettre entre ses mains ses Interets: Mais alors avec la meme Confidence, que le Roi veuille bien lui communiquer son embarras par rapport à l'Angleterre, qu'en l'excluant l'Imperatrice desoblige une Cour ami à qui Elle a les plus fortes obligations; qu'il lui faudroit sacrifier l'honneur de ses Promesses et sa propre reconnoissance; et qu'en la joignant aux Cours de Berlin et de Vienne, Elle donne prise à la France, ou de s'ingerer aussi dans la Mediation, dans laquelle S. M Imple. ne sauroit jamais admettre qu'Elle ait aucune part, ou de redoubler d'intrigues et de mouvements à la Porte pour retarder ou empecher le succes de la Negociation; que cette repugnance de l'Imperatrice ne vient point d'aucune haine ni d'aucun ressentiment de la conduite de la Cour de France, mais parceque S. M. Imple. a en main des preuves de fait d'une animosité particuliere et d'une haine implacable que le Ministre de France a pour la Personne de l'Imperatrice; Qu'au reste S. M. Imple. demande et recevra avec sensibilité et reconnoissance l'interposition des bons offices de la Cour de Vienne, et meme son sentiment et ses Conseils pendant le Cours de la Negociation, tout comme si ses interets etoient effectivement dans ses mains.

Tout ce que demande S. M. I. c'est que le Roi veuille bien pour lui meme et pour la Cour de Vienne venir au secours de cette position embarrassante, ou elle se trouve. En ecartant l'appareil et la formalité d'une Mediation, l'Imperatrice se fera une satisfaction particuliere de se prevaloir des bons offices et de l'empressement des deux Cours pour pacifier sa querelle avec la Porte et prevenir l'Embrasement d'une guerre generale. Elle sait trop la facilité qu'apportent à une Negociation et meme la necessité dont peuvent etre les bons Conseils et la Direction des Esprits chez une Cour telle que la Porte, de la part des Puissances d'une aussi grande consideration et avec un tel interet que celui qu'elles veulent prendre à la justice et à l'humanité. L'Imperatrice se communiquera aux deux Cours dans tous ses Interets avec franchise et sinceritè, ainsi qu'avec autant de confiance qu'Elle feroit à des Mediateurs effectifs.

Par rapport aux affaires de Pologne S. M. Imple. est egalement très reconnaissante de la participation que S. M. Prussienne Lui a fait de son sentiment. Il est deja connu au Roi, que l'Imperatrice a travaillé à y apporter toutes les facilités qui sont en son Pouvoir. Les Czartoryski seuls ont empeché l'effet du Plan et de la Declaration de l'Imperatrice qui ont été communiqués au Roi. Leur eloignement des affaires peut seul en decider le succes. Quand S. M. I. ouvrit dès lors la voye à la concession volontaire des Dissidens, les Czartoryski n'ont pas cessé de persister dans leurs vues pernicieuses d'aneantissement absolu de tout ce qui a été fait à la derniere Diete, sous le Titre de l'Exclusion des Dissidents de toute participation à la Legislation, en refusant constamment de se charger de la Cooperation, que la dite Declaration exigeoit dans un Gouvernement comme celui de la Pologne. Les concessions que les Dissidents pourront faire par rapport à Leur Exclusion du Senat, ou à la limitation de leur nombre dans la Chambre des Nonces, doivent etre des Actes de leur propre mouvement, mais leur Etat alors demande plus de precautions et de garantie que par le passé. Ils n'avoient été exclus, que par violence. Le Droit Leur demeuroit, et ils avoient une Protestation à faire valoir en temps et lieu : au lieu qu'à present c'est en contract par lequel ils se depouillent du fait et du Droit. Le Prince Wolkonsky va recevoir d'iteratives Instructions pour travailler à la Pacification, et l'Imperatrice attend de l'amitié du Roi, que son Ministre à Varsovie aura Ordre d'appuyer la Negociation. Elle doit etre conduite directement entre les Dissidents et ceux qui apres l'Eloignement de Czartoryski seront a la Tête des affaires et en etat de traiter avec eux.

Pour la Commission qui a limité le Pouvoir du Grand General, on sait que c'est une affaire à laquelle l'Imperatrice n'a eu aucune part, comme tant d'autres qui regardent la Regie du Gouvernement dans les quelles le Ministre de l'Imperatrice n'avoit participé que pour faciliter la Conciliation des Esprits des deux Partis dans l'affaire des Dissidents, et qui resteront toujours dependantes ou de la pluralité ou du *liberum Veto* des Diettes Ordinaires, comme des affaires purement Domestiques et oeconomiques.

A St. Petersburg le 29 Septembre 1770.

IV.

Precis des sentimens du Comte de Panin, qu'il a eû l'honneur de faire connoitre à Son A^sse. R^le. Monseigneur le Prince Henri de Prusse, dans un Entretien sur la pacification de la Pologne. [1])

L'Imperatrice a deja confié à Sa Mté. le Roi de Prusse dans une lettre de Sa part, et dans un Memoire qu'Elle a fait remettre par Son Ministère ses dispositions a pacifier les troubles de Pologne, et la conformité de Sa façon de penser sur cet objet aux propres idées du Roi. Dès lors il n'y a aucun doute que Sa Mté. Imple. ne soit prête a y travailler d'abord, et qu'Elle ne veuille y apporter toutes les facilités qui ne pourront pas la compromettre. [2])

Quant à l'intervention de la Cour de Vienne à cette même pacification, comme Sa Mté. Imple. a avec Sa Mté. le Roi de Prusse des conventions particulières specialement appliquées aux affaires de Pologne, la dignité des deux Alliés reclame contre toute participation publique et directe d'une puissance tierce à l'arrangement de ces affaires, par l'opinion préjudiciable qui en resulteroit, ou que l'Imperatrice et le Roi unis n'ont pas la Puissance de les pacifier seuls, ou contre la verité et le gré de leurs sentimens, qu'ils ne sont pas assés d'accord entre eux, ni sur la chose ni sur les moyens. Cette raison paroit juste et fondée à Sa Mté. Imple., mais Elle est aussi la seule de Son eloignement à interesser publiquement les Autrichiens à la pacification de la Pologne, car Elle n'en a aucune qui derive de la nature des affaires. Avant de rien commencer en Pologne, et à chaque pas qu'Elle s'est permis pour conduire les choses au resultat de la derniere Diette Sa Mté. Imple. a demontré par des pieces autentiques, soit declarations, ou tous d'autres titres, le droit sur lequel Elle a agi; et la legitimité des demandes dont Elle poursuivoit la Concession est tout fondé incontestablement sur l'interet permanent de tous les voisins de la Republique. Il arrive souvent à la verité, que le droit le plus clair, quand il est immediatement exposé par la puissance même interessée paroit suspect et partial à une puissance tierce, surtout lorsque par la succession des tems et des événemens les affaires ont été portées à un certain degré de Confusion, exposées à des interprétations pernicieuses et sinistres et par

---

[1]) Aus dem geh. Staatsarchiv zu Berlin, von Rhod mit einigen Modificationen in Wien mitgetheilt.
[2]) Dieser Eingang fehlt in dem von Rhod übermittelten Actenstücke.

la assujetties à faire perdre de vüe le principe même dont elles sont émanées. Dans ce cas et en supposant d'autre part, que la Cour de Vienne charie droit dans ses ouvertures au Roi de Prusse, et qu'Elle n'ait d'autre interet qu'un desir sincère effet de l'humanité de voir finir les troubles de la Pologne Sa Mté. Prussienne rendroit un service à l'Imperatrice, est contribueroit essentiellement au bien de la chose, en saisissant la voye d'une communication confidentielle que la Cour de Vienne Elle même a ouverte, pour Lui montrer succinctement le droit, l'équité et la discrétion de la conduite de Sa Mte. Imple., dans tout ce qui a été fait en Pologne ainsi qu'une égalité d'interet pour tous les voisins de la Republique exactement conservée dans tous les points de sa nouvelle constitution. La qualité d'élective de la Couronne de Pologne, point d'un interêt aussi direct pour la Cour de Vienne, que pour celles de Petersbourg et de Berlin, quoiqu' entretenüe successivement d'un regne à l'autre, n'etoit point loi fondamentale de l'Etat, mais elle a reçû par la dernière Diette toute la Sanction qui peut lui assurer le caractère de loi immuable et perpetuelle. Le *liberum veto* qu'il importe aussi très essentiellement aux voisins de la republique sans exception de maintenir, n'étoit qu'un droit introduit par l'usage, et n'avoit point d'autre titre; on a donc agi directement pour cet interet commun, en le faisant reconnoitre et statuer dans la nouvelle Constitution pour une loi cardinale pour toutes les Diettes ordinaires. Il est de fait que dès le Commencement qu'il y a eû des Dissidens en Pologne, ils ont participés à tous les droits avantages et prérogatives de l'etat de citoyen. Ils en ont joui, ayant place au Senat, dans le Ministère et à toutes les charges de l'Etat sans exception, plus d'une siecle et demi et on n'a jamais vû qu'ils ayent empieté sur les droits des Catholiques. Au contraire ce sont les Catholiques, qui par tous moyens d'Artifice et de violence ont insensiblement et par degré altéré et ruiné ces droits, et ces prérogatives de leurs égaux, jusqu'à ce qu'à la fin etant parvenu à une Superiorité irrésistible, ils ont lancé par force et violence contre eux en 1736 l'arrêt fatal qui anéantit en eux toute existence civile. Toutes les demarches qui ont été faites pour procurer leur retablissement, et ce retablissement de la manière et dans les termes qu'il a été statué par la nouvelle Constitution, ne sont que la justice même, et le droit de l'humanité, mais le fanatisme n'est pas fait pour sentir ces raisons et s'y rendre. Si donc prénant en consideration la situation violente des choses, l'Imperatrice et le Roi, guidés par un Amour de l'humanité plus fort que cette Situation, et que ce concours de circonstances, entreprennent la pacification de la Pologne, la partie des Catholiques qui se joindra aux Minstres de Leurs Mtés. pour l'execution de ce dessein, devra sans que ces Ministres y prennent aucune part publique traiter avec les Dissidens, pour que ceux-ci comme il est probable qu'ils le feront par amour pour la paix, se relâchent de leur entrée au Sénat et au Ministère, fixent et limitent avec eux le nombre des Nonces qu'ils auront droit d'avoir, et en général qu'ils fassent un Traité à part de tous les changemens, qu'ils consentiront a faire à tous les points qui les concernent dans la nouvelle Constitution. En faveur de ces concessions des Dissidens, les quelles sont d'aprés les idées que le Roi lui même a communiquées à l'Imperatrice, les Dissidens chercheront de leur côté à faire abroger la loi penale, loi barbare pour nôtre siecle, et à laquelle les Alliés s'interessent avec justice. Mais ce point sera avec les autres remis à la négociation particuliere entre les deux partis, laquelle les Ministres des deux Cours favoriseront sous main, en penetrant selon les points de discussion où du côté des Catholiques, ou du côté des Dissidens, mais sans s'en meler ouvertement. Pour ce qui concerne les Commissions établies pour restreindre le pouvoir des Grands Generaux, et des Thrésoriers, ce sont des affaires de parti, desirées interieurement par quelques uns, auxquelles l'Imperatrice n'a pris part, et n'a condescendû, que pour réunir les esprits et les porter a consentir à l'affaire des Dissidens. Sa Mté. Imple. n'apportera aucune opposition, au redressement que les Polonois jugeront eux mêmes, et consentiront entre eux de faire, leur laissant les mains libres à cet égard, comme Elle veut et a toujours voulu, sur tout ce qui est purement de l'interieur.

Si Sa Mté. Prussienne juge à propos de faire part confidemment à la Cour de Vienne de ce plan, sur lequel l'Imperatrice se propose de travailler de concert avec son Allié à la pacification des troubles de Pologne, et de l'eclairer sur la façon de penser de Sa Mté. Imple., c'est à sa prevoyance et à son amitié, que l'Imperatrice s'en remêt entièrement. Elle sera même obligée au Roi, et regardera comme un service propre à concourrir au bien des affaires, si par cette communication ouverte et franche il peut porter la Cour de Vienne à ne plus regarder avec cet oeil d'aversion les troubles de la Pologne et à aider par ses reponses aux recherches et aux insinuations des Confédérés à changer leurs sentimens, et leur inspirer le retour à l'union et à la paix. Lorsque l'ouvrage de la pacification sera achevé, Sa Mté. Imple. ne se fera aucune peine que la Cour de Vienne le garantisse; au contraire Elle se fera un plaisir de joindre la garantie d'un voisin qui dans tous les tems peut avoir des rapports si immediats avec les affaires de la Republique, à sa propre garantie et à celle de la Cour de Berlin.

V.
Plan de Pacification.[1]

Les points principaux a obtenir à la prochaine Diette de pacification en Pologne sont:

1.
La Conservation du Roi aujourd'hui.

2.
Quoique suivant les anciennes loix du Royaume, et les *Pacta Conventa* des Rois de Pologne, l'Egalité doit être observée entre la Noblesse, et qu'il n'y a pas de loix absolues, qui excluent de cette égalité ceux qui professent les religions Grecques et protestantes; Que par consequent ces derniers doivent avoir les mêmes droits de pretendre à la possession des Charges, Emplois, Dignités et benefices avec ceux de la Religion Catholique Romaine: Cependant parceque comme tous les Rois ont toujours été de cette religion et qu'elle a été professée par la plus grande partie de la Nation, elle est devenüe de fait la religion dominante du Royaume, on ne pretend point lui ôter cette prerogative, et l'on est d'accord:

a) de confirmer de nouveau solemnellement la loi cardinale faite à la derniere Diette, que le Roi soit toujours Catholique Romain, de même que la Reine.

b) On veut pour l'Amour de la paix et la conservation de la tranquilité pour l'avenir, que les Dissidens renoncent eux mêmes à la pretention de posseder les places de Senateurs et de Ministres du Roi et de la Republique.

Mais comme il seroit injuste de vouloir les priver de tous les avantages de Citoyens, on doit leur confirmer.

1. La pleine liberté d'exercer le Culte public de leurs Religions, dans les endroits où ils l'ont eu la possession des biens appartenans à la Noblesse Dissidente, et la restitution des Eglises et des Ecoles qui leur ont été enlevés de force.
2. Le droit d'avoir aux Diettes et aux Diettines des Nonces de leurs Religions.
3. La capacité de pouvoir occuper selon le choix du Roi des Starosties avec Iudicature.
4. L'entré pour des assesseurs aux Tribunaux.
5. La Continuation de la Cour de Justice mixte etablie depuis la derniere diette.

Comme en obtenant ces cinq Articles la religion Catholique ne pourra pas craindre de se trouver jamais en danger d'être supprimée par celle des Dissidens; on invitera ceux de la premiere de choisir

---

[1] Von Panin dem Prinzen Heinrich übergeben, aus dem geh. königl. Staatsarchive zu Berlin.

des Deputés qui s'assembleront avec ceux des Dissidens pour régler entre eux les choses amiablement, et de convenir de la quantité des Eglises et des Ecoles Dissidentes a accorder, de leur fixer les Endroits, où ils pourront les avoir, de regler le nombre des nonces, qu'ils pourront envoyer aux Diettes, avec celui des Starosties qu'ils pourront occuper etc. etc.

Mais pour faire cesser l'avilissement qu'on a voulu attacher aux Religions des Dissidens, et pour menager la gloire des Cours respectives qui professent l'une ou l'autre de ces Religions on veut que: Les Catholiques consentent à l'abolition des loix penales et fletrissantes portées contre les Catholiques qui voudront embrasser une de ces Religions, soit Grecque soit Protestante.

3.

Quant aux affaires temporelles du Gouvernement Polonois il sera bon de les maintenir sur le pied des *Pacta Conventa* du Roi d'aujourd'hui et suivant l'etablissement dernier des loix Cardinales. Desorte qu'à l'exception de l'Article 3 de ces loix, qui devoit defendre la transgression de la Religion Catholique à celle des Dissidens, laquel doit etre abolie, toutes les autres pourroient rester et être considerées à l'avenir comme des loix immuables. — Toutes les puissances, surtout celles qui sont voisines de la Pologne trouveront un interet commun que le Royaume demeure toujours electif, et qu'on n'y reconnoisse point de Succession au throne; Que le *Liberum Veto* soit conservé aux Diettes dans toute matiere d'Etat. etc. etc.

4.

Comme l'Abolition des deux grandes Charges, savoir des Grands Thresoriers, et des Grands Generaux de la Couronne, et du Duché de Lithuanie a causé cidevant beaucoup de fermentation, et que la Conservation de ces charges ou leur suppression pourront paroitre en quelques circonstances convenir aux interets de la Pologne, et à celui des puissances voisines, aussi bien qu'à d'autres égards, elles pourront paroitre ne leur pas convenir suivant les points de vüe differens dont on l'envisage, on pourroit remettre la decission de cette affaire aux Polonois même d'en convenir à la future Diette.

Dans le cas que ces charges doivent etre retablies, il seroit bon de modifier un peu leur pouvoir, surtout celui des Grands Generaux, et de faire de plus une loi, qu'aucune de ces charges ne pourra être donnée aux proches parens du Roi regnant ou de la Reine son Epouse; tels seroient leurs frères, leurs beaux frères, ou leurs neveux.

Si l'on trouve plus profitable de substituer à ces grandes Charges ou à l'une d'elles les Commissions, comme cela est aujourd'hui, pour lors il faudroit empecher par une autre loi, que la nomination des Commissaires ne fut pas remise uniquement au choix et au seul bon plaisir du Roi de Pologne, mais que ce fut aux États assemblés en Diette, à les elire, et que ceux qui de cette maniere ou d'une autre peutêtre meilleure encore, qu'on pourra imaginer, seront promus a etre membres de ces Commissions, ne pourront conserver ces places, pendant toute leur vie, mais qu'ils soyent changés d'une Diette à l'autre.

La nomination de ces Commissaires pourra etre mise dans la liste des affaires oeconomiques, qui suivant l'Article 17 des loix Cardinales pourront etre reglées, malgré que les deliberations sur les affaires d'Etat auroient deja été sistées par l'Emploi du *Liberum Veto*.

5.

Tout ce qui regarde les affaires purement oeconomiques de la Pologne, dont il n'est pas fait mention dans ces quatre Articles precedens pourra etre remis à l'arrangement, que les Polonois eux mêmes trouveront bon de faire la dessus. Aucune puissance ne voudra s'en meler directement: Supposé qu'il ne se fasse rien par ces arrangemens qui soit absolument contraire à leurs interets respectifs, et les Ministres qui resident de leur part à Varsovie, n'y entreront que comme particuliers, amis personels des uns et des autres, pour concilier les esprits par la persuasion, et par des représentations amiables.

Tels sont les points principaux que la Cour de Russie desire obtenir des Polonois à la future Diette de pacification. Sa Mté. l'Imple. est bien aise de s'ouvrir la dessus confidemment à Sa Mté. le Roi de Prusse, Lui remettant de faire part à la Cour de Vienne de ces Demandes, autant que Sa Mté. jugera Elle même qu'il pourroit convenir aux interets communs de lui en faire connoître, afin de convaincre la dite Cour de la Justice de la Cause, que LL. M. M. Impl. et Royales ont embrassée, et de l'engager par là exiger sous mains des Conféderés Catholiques de se prêter à cet accommodement.

Sa Mté. Imple. declare en outre que lorsqu'après la conclusion des troubles de la Pologne, Elle et Sa Mté. le Roi de Prusse garantiront les Articles accordés aux Dissidens et a leur parti, Elle ne s'opposera point que la Cour de Vienne puisse garantir également et separemment aux Catholiques les avantages qui leur sont accordés, à Condition cependant que la France n'entre pour rien dans la negociation, ni qu'elle soit admise à la meme garantie. Sa Mté. l'Impce. de Russie trouve encore necessaire de demander à Sa Mté. le Roi de Prusse, que cette negociation en Pologne se fasse sans aucune intervention publique des Autrichiens, et que leur Ministre n'assiste point aux conférences et aux deliberations qui seront tenues là dessus; mais que les affaires soyent conduites par l'Ambassadeur de S. M. l'Impce. de Russie, avec une entière intelligence et admission du Ministre de S. Mté. le Roi de Prusse; Et que la gloire de la pacification de la Pologne ne puisse être regardée que comme le fruit de l'union, et de la parfaite intelligence des Cours de St. Petersbourg et de Berlin.

VI.
Observations fondées sur l'amitié et la bonne foi, par les quelles on cherche á convenir de la part des possessions de la République de Pologne, qui devra appartenir à la Cour Imperiale et Royale.[1])

Dans le concert arrêté entre les trois Cours pour exercer leurs droits et pretensions sur la Pologne, Elles ne sauroient se dispenser d'en combiner les mesures et les effets sur des regles fixes et immuables, qui leur garantissent respectivement la solidité et l'avantage reel d'un tel arrangement.

1° Leur vuë doit se porter sur l'état propre de la Pologne après le demembrement des Provinces, qui entrent dans le Partage des trois Cours. Un interet evident leur fait souhaiter à l'une comme à l'autre, que ce Royaume demeure à perpetuité une Puissance intermediaire entre Elles, qui empêche la collision de leurs interêts, et consequemment qu'il conserve une force et une consistance intrinseque analogue à une telle destination.

2° Le penchant seul des trois Souverains à maintenir entre eux l'amitié et la bonne harmonie, leur ayant fait adopter la voie actuelle de conciliation et de balance de leurs interêts respectifs, Elles préviendront avec des dispositions pareilles et un soin egal, que le Partage de l'une ne préjudicie aux interêts de l'autre, soit à ceux que resulteront de son propre Partage, soit à ceux dejà existants de ses anciennes Possessions.

3° L'envie qui pourroit naitre d'une trop grande inegalité dans les nouvelles acquisitions, seroit une semence d'alterations à la bonne union des trois Cours, qu'Elles ne desirent pas moins de prévenir, et à cet effet, outre les principes d'équité, qui les y sollicitent, Elles ont signé et echangé entre Elles un engagement, par lequel Elles statuent que la portion de l'une n'excedera point la portion de l'autre.

4° Comme une telle égalité ne sauroit être si parfaite et si stricte en tout point, que chacune des trois parts comporte la même etendue de pays, la même fertilité du sol, la même population ni enfin la même valeur politique, Elles sont trop justes, trop éclairées

---

[1]) Liegt der Depesche von Lobkowitz vom 28. Mai 1772 bei.

et trop parfaitement d'accord entre Elles, pour ne pas admettre, que ce qui manquera à l'une ou l'autre part dans quelques uns de ces avantages, devra être compensé par un excedent dans les autres.

C'est conformément à ces regles, qui ont pour base la justice, la saine politique, la bonne foi et l'amitié mutuëlle, que la Cour de Russie s'est permis d'entrer dans quelques considerations sur le plan communiqué par Monsieur le Prince de Lobkowitz du Partage de la Cour, et Elle s'expliquera sur ce qu'elle y trouve d'embarassant avec la sincerité et la confiance qui doivent caracteriser l'arrangement de pareils interets.

D'après les connoissances generales, qu'on a de la Pologne on sait que les pays proposer pour former la part de la Cour de Vienne, sont comptés entre les Provinces les plus fertiles de ce Royaume, soit pour l'abondance soit pour la qualité superieure des productions. La population et les revenus etant deux objets, qui, toute autre circonstance egale, se reglent sur la fertilité d'un pays, il s'en suivroit que la part de la Cour de Vienne étant en etenduë le triple de celle du Roi de Russe, et la surpassant dans bien des parties pour la bonté du sol, puisque la Pomerelie qui fait un des morceaux les plus etendus du partage de ce Prince, est un pays sabloneux et inculte, cette Cour acquereroit infiniment plus de Sujets et de revenus que celle de Berlin.

Comparée à celle de la Russie, quoiqu'elle ne Lui fut qu'à peu près egale pour l'etenduë, comme il est notoire que les pays qu'acquiert la Russie, ne sont la plus part que bois, marais et terrains sabloneux, et n'ont aucune production qui entre en comparaison avec celles du partage de la Cour de Vienne, il s'en suit que la population et les revenus des deux parts, loin de se trouver en quelque egalité, differeroient au moins du double, et c'est ce qui sera incontestable pour qui connoit la difference prodigieuse d'un sol à l'autre, l'inegalité se trouve telle qu'il seroit permis d'avancer sans risquer de se tromper, que le partage de la Cour de Vienne, equivaudroit lui seul aux deux autres; excedant trop grand, pour qu'on puisse essayer de le balancer par d'autres avantages, consequemment très difficile à assortir avec les vuës respectives des trois Cours.

Le point d'où commence la ligne du partage de la Cour de Vienne, presente aussi quelques inconvenients dignes d'attention. On sentira à la simple inspection de la Carte, que cette ligne enclave trop les frontières de la Silesie Prussienne. Elle couperoit la communication de cette partie des Etats du Roi de Prusse, avec la partie correspondante de la Pologne, nuiroit au debouché et à l'importation respective des productions propres à chacune, et transporteroit sous une autre relation la rivalité dans les productions communes à toutes les deux; d'où la prudence ne sauroit manquer de prevoir mille occasions desagreables à des collisions d'interêts, contre les intentions et le voeu des Souverains.

Relativement au maintien de la Pologne dans une consistance de Puissance intermediaire, il est à propos de se faire une idée de ce qu'est pour la Nation Polonoise la ville de Leopol et son territoire. Cette Ville de tems immemorial est et doit être le rendez-vous général de la nation Polonoise, où elle fait chaque année toutes les ammodiations et tous les contracts, et où elle tient en depôt toutes ses archives et ses documens. Le demembrement d'une telle Ville et de son district jetteroit toute la Nation dans la plus grande confusion, et donneroit une secousse terrible à la consistence du Corps de l'etat. Non seulement après, on ne pourroit plus compter la Pologne dans cet etat de Puissance intermediaire, où la souhaite l'interet fondamental des trois Cours; Elles y verroient perpetuer tous les maux des troubles interieurs, qu'elles ont aujourd'hui en vuë de guerir, et qui causent des prejudices si notables au repos et au bien-être de Leurs propres sujets.

A cette consideration, il faut encore ajouter la perte des Salines dans le Palatinat de Cracovie, enclavées dans le plan de partage, qui font le seul objet certain de la subsistance du Roi de Pologne. L'etat ne pourroit remplacer ce vuide, que par un changement et une grande diminution dans les biens de la noblesse, c'est à dire les Starosties qui forment un si grand revenu pour Elle, dont Elle perdra sans cela beaucoup par toutes celles qu'il faudra convertir en economies Royales, pour remplacer la perte de plusieurs terres de la Couronne, enclavées dans le partage des trois Cours; ce qui augmenteroit encore la confusion et l'affoiblissement interieur dans le Royaume.

Dans la necessité absoluë de chercher à obvier à ces differents inconvenients, la Cour Imperiale de Russie ne balance point à s'en ouvrir de bonne foi à la Cour Imperiale et Royale, en La priant d'admettre ces temperamens dans ses acquisitions, et d'agréer qu'elles soient determinées par une nouvelle ligne, qu'elle Lui propose avec toute la confiance de l'equité et de l'amité.

Cette ligne commenceroit des frontieres de Hongrie à la source d'un bras de la riviere Dunajec, et suivroit le cours de ce bras faisant le tour de Novitarg jusqu'à la riviere même de Dunajec; Ensuite le cours de celle-ci jusqu'à l'endroit, ou elle se jette dans la Vistule: De là la limite suivra le cours de la Vistule jusqu'à l'embouchure de la Wieperz, d'où en remontant cette riviere jusqu'à une autre petite pareillement nommée la Wieperz, elle suivroit le cours de cette petite riviere jusqu'à Parchen de cet endroit elle descendroit le long de la frontiere particuliere du Palatinat de Brzesc en Lithuanie et iroit gagner la riviere du Bug au point où cette riviere entre dans la frontiere du dit Palatinat; De là elle suivroit le cours du Bug jusqu'à la frontiere particuliere du Palatinat de Belsk: D'où elle descendroit en suivant la frontiere commune de ce Palatinat et de la terre de Chelm jusqu'au point de Zulkiew, d'où descendant le long du territoire de Lemberg, elle suivroit la frontiere particuliere de ce territoire et viendroit gagner le Dniester, laquelle riviere depuis ce point feroit la limite jusqu'à la Moldavie, ensuite les frontieres de Moldavie jusqu'à la Transilvanie.

Au moyen de quoi on laisseroit à la Republique de Pologne l'Article si important de ses principales Salines dans le Palatinat de Cracovie, la petite portion du Palatinat de Russie ou de la terre de Chelm au de là du Bug, tout le palatinat de Bielsk, la ville et territoire de Lemberg, et la petite portion de la Pokutie ou terre de Haliez de l'autre côté du Dniester, qui en soi même ne sauroit avoir aucune consideration ou valeur importante, mais dont l'exception sert à favoriser une frontiere naturelle par le cours du Dniester.

La façon magnanime de penser et d'agir de Leurs Majestés Imperiales et Royales ne laissent point de doute à la Cour de Russie, qu'Elles n'entrent dans les considerations et l'equité de ce nouveau partage, et elle s'en flatte d'autant plus que Leurs Majestés y trouvant une parfaite egalité avec le partage des deux autres Cours, y jugeront pour Elles mêmes sous quelque regard une superiorité d'avantages.

Ce partage sera toujours d'une bien plus grande etenduë que celui du Roi de Prusse, et l'emportant dans quelque parties pour la fertilité, Lui sera de beaucoup superieur pour la population. Quoique moins etenduë que celle de la Russie, comme il n'y a aucune comparaison à faire de la bonté du sol, de la quantité de pays cultivé et cultivable et de la qualité des productions, elle se trouve être beaucoup plus peuplée et importer par les mêmes raisons de plus grands revenus.

On est trop vrai, pour ne pas convenir que dans une telle evaluation, il ne faut pas moins tenir état de la valeur politique, et à cet égard la Russie est prête à passer pour Elle même tous les aveux que porte la Situation. Ses nouvelles acquisitions Lui donnent l'avantage de raccourcir sa frontiere, de l'avoir plus nette, plus naturelle et plus clairement designée, et à ce moyen Elle espere d'être à l'abri à l'avenir de toutes les molestations et des excès que ses sujets ont eu à souffrir des Polonois, ses possessions se trouveront moins melées et confondués avec celles de la Pologne et consequemment moins exposées au contrecoup subit de tous les desordres qui se passent dans leur voisinage. Elle ne craint point d'avouer aussi que la part du Roi de Prusse par l'arrondissement et la connexion qu'elle donne à ses possessions, est de la plus grande consideration politique, il paroit au premier coup d'oeil que la Cour de Vienne a au contraire l'inconvenient d'etendre ses frontieres et de les allonger; mais par le fait même elle en est dedommagée par un avantage qui lui est personnel; c'est que le point qui les avance jusqu'à quinze milles de la Residence, et ainsi au centre du Royaume, Lui assure evidemment au milieu de cet état voisin une consideration et une influence qui y est proportionnée. Or cet avantage etant encore une compensation politique, tandis qu'il en existe deja une autre reelle dans la superiorité de la Population de Sa part sur la population respective des deux autres, on se persuade d'avoir trouvé les proportions les plus justes, les plus naturelles et les plus satisfaisantes pour Elle même.

VII.

Sentiment du Comte Panin au sujet de l'entrée des trouppes Autrichiennes en Pologne.[1])

Plus il y aura d'uniformité entre les pas primitifs de chacune des trois Cours, plus l'intimité et la bonne foi de leur concert seront marquées. Celles de Berlin et de St. Petersbourg, en faisant entrer des Detachemens pour occuper les Districts destinés à chacune d'Elles par la convention, n'ont rien fait publier qui donnât à connoitre qu'ils seroient suivis incessament d'un corps d'armée considérable, que les circonstances des tems les mettoient dans la nécessité de faire entrer en Pologne. Ces Detachements se sont contentés d'y proceder à la formation des magazins, et de netoyer ces contrées de confederés. S'il plaisoit au Ministère de la Cour Imple. et Rle. de faire adopter le même errement pour l'entrée des trouppes de sa Cour, il semble qu'il en resulteroit un double bien; premierement, les Polonois seroient moins dans le cas de prendre allarme avant le tems; et secondement, les confederés se trouvant pressés de ce coté-là, comme ils le sont des deux autres, se debanderoient et se disperseroient plus facilement; ce qui au moment où l'entreprise des trois Cours devra eclater, ne manqueroit pas de diminuer l'opposition qui peut y être apportée par la nation, parceque, quelque impression que puisse faire sur les Esprits, la connoissance d'une resolution qui va retrancher de leurs possessions, se trouvant sous la main moins de bandes armées et moins d'apparence de force nationale, il est à présumer qu'on les trouvera plus traitable et que l'esperance de quelque resistance pourra moins facilement troubler leur imagination. Ainsi, selon l'avis du Comte Panin, que Mr. le Prince Kaunitz lui fait l'honneur de lui demander, le premier pied à prendre en Pologne par les trouppes Autrichiennes peut se faire sans mot dire, et s'il convenoit après de déclarer quelque chose de plus particulier, ce seroit que la Cour Imple. et Royle., voyant

---

[1]) Liegt der Depesche an Lobkowitz vom 28. Mai 1772 bei.

de plus en plus toute la force des confederés se concentrer dans le voisinage de ses frontieres, où les trouppes de Russie viendront les poursuivre, et ne voulant pas, que le théatre de pareils troubles soit si près de nuire à la tranquillité de ses sujets, Elle faisoit avancer à telle distance le cordon de ses Trouppes, à fin de mieux garantir ses frontieres; et que ne voulant pas non plus, que ses trouppes soient melées avec des bandes armées, avec lesquelles et par lesquelles elles pourroient être à tout moment compromises, Elle a donné ordre à ses Commandants, de ne point souffrir de confederés dans l'enceinte de son cordon. Car autrement la Pologne étant dans l'usage de voir former les magazins d'autres Puissances dans ses Etats, cet article n'exige pas de trop grandes formalités.

Mais en touchant cet objet, le Comte Panin ne sauroit negliger de recommander bien particulierement aux soins et aux bonnes dispositions de Mr. le Pce. Kaunitz un point qui interesse essentiellement les affaires de sa Cour; c'est de vouloir bien avoir égard aux magazins et dépots de vivres, qui se trouvent dans ces districts pour l'armée de S. M. I. sur le Danube, qui ne peut tirer sa subsistance que de ces seuls endroits. C'est une Consideration que S. M. I. se promet avec d'autant plus de confiance de l'amitié de Leurs Mtés. Imples. et Rles., qu'indépendamment des troubles de Pologne, Elle a à supporter le fardeau de cette guerre particuliere contre la Turquie, dans lequel Elle ne doute point, que les sentimens personnels de Leurs Mtés. ne cherchent à la soulager. De même le Comte Panin prie encore qu'on veuille bien maintenir et conserver dans leur état présent les corps fixes des trouppes de Russie, tant de la Grande Armée que du corps de Pologne, reparties dans les districts, dont la Cour de Vienne prendra possession, lesquelles sont aussi indispensablement nécéssaires tant pour la garde et la formation de ces magazins, que pour contenir les confederés. Le Comte Panin se persuade que Mr. le Pce. Kaunitz voudra bien procurer, qu'il soit donné aux Commandants des trouppes de sa Cour des ordres précis sur ces menagemens, si analogue à l'amitié et à la bonne harmonie du concert entre les trois Cours: Qu'il leur soit recommandé de s'entendre amicalement dans tous les cas, soit avec Mr. de Bibicoff pour le corps de trouppes de Pologne, soit avec les Officiers de la Grande armée répartis aux differents postes dans cette contrée, afin que les trouppes respectives se traitent en tout avec amitié et bienveillance, et que, loin de se croiser ou s'incommoder dans l'objet de chacune, elles cherchent au contraire à se favoriser en tout mutuellement les unes les autres; ce qui sera également recommandé de la part de la Russie par des ordres précis à chaque poste.

Et pour plus de précision, le Comte Panin a l'honneur de joindre ici la Specification des Endroits où sont ces magazins, ainsi que des differentes positions des corps des Trouppes de Russie dans ces quartiers, avec le nom des officiers qui y commandent.

St. Petersbourg le 28. May 1772.

VIII.

Evaluation, aussi precise qu'il est possible de la faire, de la valeur intrinseque des parts de trois Cours.[1])

D'après les informations geographiques les plus exactes qu'on puisse avoir, on compte que tout le Royaume de Pologne y compris la Lithuanie, contient 13400 mille quarrés, Et que la population va à huit millions d'ames, ce qui feroit à peu près 600 habitans sur chaque mille quarré.

En mesurant ensuite sur la Carte, on trouve qu'il en est distrait pour former les partages de trois Cours environ 2915 milles quarrés, savoir:

Pour la part de la Russie 1389, Pour celle de l'Autriche 1021, Pour celle du Roi de Prusse 505.

Ainsi en jugeant sur la population totale de la Pologne, le nombre des habitans dans les trois parts est presumé monter à un million 146.150 à diviser entre elles.

Comme on ne sauroit faire cette division que d'après cette regle certaine, que la Population suit toujours la bonté et la qualité du terrein, la situation avantageux et la superiorité des productions du pays, de même que les profits et les avantages resultants d'une bonne agriculture, d'un Commerce et d'un débit facile; On seroit bien loin de compte, si l'on estimoit sur le même pied de 600 par mille quarré, là population dans toutes les provinces de la Pologne, et surtout qu'on la jugeat égale dans les trois parts.

Selon des connoissances positives de l'Etat phisique des pays qui les composent, la part de la Russie est remplie des grands forets, de marais etendus et de landes sablonneuses à très peu de pays cultivés, aucunes productions de prix, dont il puisse se faire un commerce avantageux, peu d'industrie parmi les habitans, dont les moyens sont bornés au nécessaire.

La part de la Cour de Vienne est composée des pays les plus fertiles de la Pologne. Le Palatinat de Sendomir est le meilleur pays de grain, tellement que partout on n'y seme et recueille presque que

---

[1]) Von Lobkowitz am 28. Mai übersendet.

du froment. Le Palatinat de Russie est egal à la Podolie et à la Volhinie pour les parturages, les paysans sont les plus industrieux et les plus aisés de la Pologne, ils ont une surabondance d'excellentes productions et les débouchés les plus faciles au moyen du Bug et de la Vistule et par les frontieres de la Haute Silesie.

La part du Roi de Prusse est mauvaise et ingrate dans toute la Pomerelie, mais pour le reste elle est fertile, les sujets sont industrieux, entendent le negoce, auquel ils sont adonnés depuis longtems et ont les moyens les plus heureux pour le faire.

D'ou on doit conclure avec la plus grande probabilité que le nombre des habitans proportionnée à la qualité et état naturel du pays, ne sauroit être estimé pour la part de la Russie au delà de 400 ames par mille quarré.

Tandis qu'il doit être par la même raison porté à 800 par mille quarré pour la part de l'Autriche; et comme celle du Roi de Prusse le cede en quelque chose à celle là a 750. Ce qui fera en total:

Pour la part de la Russie . . . . . . 550.600 habitans
Pour la part de l'Autriche . . . . . 816.800 „
Pour la part de la Prusse . . . . . 378.750 „

Selon les recherches qu'on a faites des revenus publics fixes et casuels que ces pays rapportent à la Republique de Pologne, on trouvera ci dessous le montant et la Specification de ces differents impots avec la division des differentes terres qui composent le partage de chaque Cour, ainsi que l'evaluation des Starosties et des biens royaux et l'indication d'autres objets de revenus dont on n'est pas instruit.

La part de la Russie.

a) Tout le Palatinat de Livonie rapporte annuellement les revenus publics ci après de 650 feux . . 4983 fl. 10 Gr.
d'accises sur les boissons 1500 „ — „
pour quartiers d'hyver 4000 „ — „   10483 fl. 10 Gr. Pol. cour.

b) La partie du Palatinat de Polock qui en fait plus de la moitié, pourroit à peu près rapporter annuellement la somme suivante en revenus publics de 2800 feux . . . 21000 fl. — Gr.
d'accisses sur les boissons 9916 „ 20 „
pour le quart. d'hyver 6416 „ 20 „   37333 fl. 10 Gr. „ „

c) Tout la Palatinat de Witepsk paye annuellement, savoir

1. Du Pourat de Witepsk.

de 2167 feux . . . 16613 fl. 20 Gr.
d'accises sur les boissons 9300 „ — „
pour le quart. d'hyver 29408 „ — „   55321 fl. 20 Gr. Pol. cour.

2. Du Pourat d'Orszan.

de 11800 feux . . . 90466 fl. 20 Gr.
d'accises sur les boissons 65000 „ — „
pour quart d'hyver . 18200 „ — „   173666 fl. 20 Gr.   „ „

d) Tout le Palatinat de Mscislawl paye annuellement en revenus publies savoir:
de 2323 feux . . . 17809 fl. 20 Gr.
d'accises sur les boissons 8000 „ — „
pour quartiers d'hyver 21200 „ — „   47009 fl. 20 Gr.   „ „

e) La moitié du Pourat de Rzeczycki appartenant au Palatinat de Minsk pourroit rapporter annuellement de revenus publies
de 425 feux . . . 3258 fl. 10 Gr.
d'accises sur les boissons 1875 „ — „
pour quartiers d'hyver 11532 „ — „   16665 fl. 10 Gr.   „ „

   Total des revenus publics fixes ci dessus, sans compter la capitation des Juifs, les Douanes et accises dont on n'est pas instruit et qui cependant, vu que le nombre des Juifs en Lithuanie n'est pas bien grand et que le pays mauvais en soi n'a que peu de productions propres à l'exportation, ne sauroient etre bien considerables . . . .   340480 fl. — Gr.   „ „

   Quoiqu'on n'ait point de specification exacte des Starosties qui se trouvent dans ces pays, qu'on n'en put nommer qu'un petit nombre et qu'on soit hors d'etat d'en fixer exactement le revenû annuël, cependant il est connu que quoique le nombre des Starosties n'y doive pas être petit Leur revenu estimé en général sans rien diminuer, puisque le pays à beaucoup près n'est pas d'un si bon rapport et n'abonde pas en productions comme la grande et la petite Pologne, ne sauroit jamais exceder la somme de . . . . 400000 fl. — Gr. Pol. cour.

Dans tous les pays ci dessous mentionnés il ne se trouve que la seule Economie Royale de Mohilow dont le revenu annuel ne sauroit etre taxé au dessus de . . . . 180000 fl. — Gr. „ „

Total . . 920480 fl. — Gr. „ „

Ces 920480 fl. Pol. Cour. font à 7 fl. par R° . . 131497 R°
ou à 4 „ „ f. de l'Emp. 230120 fl. de l'Emp.

La part de la Cour de Vienne.

a) La partie du Palatinat de Cracovie comprise dans le partage fait environ la 5ᵉ partie de tout le Palatinat, en consequence la 5ᵉ partie du revenu est. savoir
de 477919 fl. 12 Gr. de capitation la 5ᵉ part. . . 95583 fl. 26 Gr.
de 112595 „ 25 „ pour quart. d'hyver la 5ᵉ part 22519 „ 5 „
de 149459 „ — „ pour quart d'hyver du clergé idem 29891 „ 24 „
Les anciens et nouveux quarts de Starosties rapportent annuellement : 46650 ainsi le revenu annuel des dites Starosties peut être porté à 186600 fl. dont la 5ᵉ partie . . . . 37320 „

185314 fl. 25 Gr. Pol. cour.

b) La partie du Palatinat de Sendomir fait à peu près la 4ᵉ partie de tout le Palatinat, et cette 4ᵉ partie des revenues monte annuellement, savoir:
de 542791 fl. 26 Gr. de capitation, la 4ᵉ part. . 135697 fl. 29 Gr.
de 73498 „ 12 „ pour quart. d'hyver le quart 18374 „ 18 „
Les anciens et nouveaux quarts font annuellement 26983 fl. 13 Gr. ainsi le revenu annuël des Starosties monte à 107933 fl. 22 Gr. et la 4ᵉ partie à . . . . 26983 fl. 13 Gr.

181056 fl. — Gr.

c) La partie du Palatinat de Lublin fait au delà des ⁵/₆ de tout le Palatinat, et ces ⁵/₆ rapportent annuellement:
de 186148 fl. 20 Gr. de capitation les ⁵/₆ 155123 fl. 28 Gr.
de 13444 „ 1 „ pour quart d'hyver les ⁵/₆ 11203 „ 10 „

Les anciens et nouveaux quarts fait annuellement. 7284 fl. 4 Gr. ainsi le revenu total des Starosties peut être evalué à **29136** fl. 16 Gr. dont le ⅚ font . . . . 24280 fl. 13 Gr.

190607 fl. 21 Gr. Pol. cour.

d) La pays de Chelm a les revenus suivant
de capitation . . . . 77807 fl. 24 Gr.
pour quartiers d'hyver. . . . . . . 21277 „ 5 „
qu. d'hyv. sur le clergé . . . . . . 2226 „ 2 „
Les anciens et nouveaux quarts font anuellement:
10406 fl. 22 Gr. consequemment le revenu des Starosties evalué à 41626 fl. 28 Gr.

142938 fl. — Gr. Pol. cour.

e) La partie du Palatinat de Russie fait à peu-près les ⅘ de tout le Palatinat; ces ⅘ importent de revenu annuël savoir:
de 173216 fl. 14 Gr. de capitation les ⅘ . . 138573 fl. 6 Gr.
de 64831 „ 20 „ pour quart d'hyver ⅘ . . 51861 „ 10 „
de 8421 „ 20 „ pour quart. d'hyv. sur le clergé 6737 „ 10 „
Les anciens et nouveaux quarts font annuellement:
33848 fl. 17 Gr. consequemment le revenu annuël de Starosties peut etre evalué à . . . 108315 fl. 12 Gr.

305491 fl. 8 Gr. Pol. cour.

f) La partie du pays de Halicz avec la Pokutie située au de là du Dniester fait à peuprès les ⅞ de tout le Pays et importe en revenu savoir:
de 27473 fl. 24 Gr. de capitation les ⅞ . . . 24039 fl. 17 Gr.
de 4728 „ 14 „ pour Quart. d'hyver idem. . 4137 „ 9 „
Les anciens et nouveaux quarts font annuellement 4266 fl. 4 Gr. consequemment le revenu annuël des Starosties peut-être evalué à . 17064 fl. 16 Gr. dont le ⅞ . . . 14931 „ 14 „

43108 fl. 10 Gr. Pol. cour.

Total de tous les revenus fixes publics y compris le revenu annuël des Starosties, sans compter la capitation des

Juifs, les Douanes et accises et autres taxes particulieres, qui doivent être considerables et dont on ne connoit pas assez de details pour fixer la somme . 1048600 fl. 4 Gr.

L'Economie Royale de Sambor dans le Palatinat de Russie dans le cercle de Sanock rapporte par ses belles salines au moins jusqu'à 20/m Ducats qui en florins courants font . . . 360000 fl. 4 Gr.

Total . . 1408600 fl. 4 Gr. Pol. cour.

Ces 1408600 fl. 4 Gr. Pol. cour. à 4 fl. par fl. de l'Empire font . . . . 352129 fl. de l'Emp.

La part de la Cour de Berlin.

Cette part contenant 378750 habitans, si chaque tête pays seulement chaque année en toute sorte d'impots une Reixdaler, ce qui cependant doit être présumé aller beaucoup plus loin, cette seule capitation y compris l'Empeché de Warmie et sans compter les terres episcopales, ira annuellement au moins a . . . . . 478750 Rrs.

Quoiqu'on n'ait point une specification exacte, et même qu'on ne sache pas combien il y a de Starosties dans la partie des Palatinats de Posnanie, de Gnesne, et d'Inowroslaw, comprise entre la Pomerelie et la Netze non plus que ce qu'elles peuvent payer d'impots annuellement; Du moins est il connu qu'en Pomerelie il s'en trouve 4 savoir; Slockau, Swetz, Tuchel et Putzig, dans le Palatinat de Culm 7 savoir: Strasbourg, Graudentz, Rheden, Golub, Bretchen, Schönsée et Engelsbourg, et dans le Palatinat de Marienbourg, une la Starostie de Tolkmit, en toute douze Starosties de differentes grandeurs et dont cependant la moindre ne rapporte pas au dessous de deux mille ducats de revenu annuël. Le total de leur revenu annuël seroit donc au moins de . . . . . 72000 Rrs.

Dans les trois Palatinats de la Prusse Polonoise il y a trois Economies Royales Dirschau, Roggenhausen et Marienbourg dont on ne sauroit specifier exactement les revenus mais qui cependant ne peuvent pas rapporter moins de 20 mille Ducats par an . . . . 60000 Rrs.

On compte que communement chaque année il y a quatre mille batteaux et Vaisseaux de toute espece ainsi que des cadeaux avec du Grain et autres marchandises qui descendent de la Pologne sur la Vistule pour Dantzic. Quand on ne compteroit chacun qu'à deux ducats, quoique souvent ils payent jusqu'à 5. 6 et même 10 Ducats, cela feroit un revenu casuel chaque année au moins de 8 mille Ducats espece ou . . . . 24000 Rrs.

Total de l'evaluation . 534750 Rrs. Court.

Ces 534750 Rrs. cour. font a 1½ fl. de l'Empire par Rrs. 802125 fl. de l'Empire.

IX.

Considerations amicales sur le Mémoire intitulé: Observations fondées sur l'amitié et la bonne foi, par lesquelles on cherche à convenir de Possessions de la Republique de Pologne.[1])

Depuis que la Cour de Vienne a eu connoissance du Concert, arrêté entre les Cours de Petersbourg et de Berlin, pour fair valoir leurs Droits et prétentions sur quelques Provinces de la Pologne, et qu'Elle a accepté l'offre amiable de participer à cet arrangement, comme la seule voye de conciliation propre à maintenir l'amitié et la bonne harmonie si désirable entre les trois Cours, Elle a toujours pensé, que l'on ne surmonteroit jamais les difficultés inséparables de tout Traité de partage qu'en adoptant pour principe immuable de la Négociation: 1° la nécessité du maintien de l'Equilibre politique actuel entre les trois Puissances Contractantes, et 2° une parfaite égalité ou réelle ou relative entre les portions de chacune d'Elle. —

---

[1]) Am 5. Juli 1772 an Lobkowitz und Swieten nach Petersburg und Wien gesendet.

LL. MM. II. adoptent donc, sans exception, les quatre Principes, établis pour base des Observations, qui Leur ont été communiquées, Elles les trouvent conformes à la pénétration, prudence et élévation dans la façon de penser ordinaires à la Cour de Russie, et Elles sont persuadées, que, si la Convention entre les trois Puissances parvient à se faire conformément à ces principes, il en résultera non seulement une liaison intime d'amitié, de bonne intelligence et d'intérêt entre Elles, quant aux affaires relatives à la Pologne, mais que la tranquillité générale se trouvera même par là de plus solidement assurée.

D'accord sur les principes de l'arrangement à faire, il ne peut donc plus être question que de leur application, Et il semble, que les difficultés à cet égard devroient ne point être difficiles à surmonter, attendu qu'elles roulent principalement sur des questions de fait, et que c'est l'équité, la bonne foi et l'amitié mutuelle, qui doivent en décider.

La Cour de Vienne est convencuë, que ce ne sont que ces Sentimens qui ont dicté les observations, auxquelles a donné occasion le Plan communiqué par le Pce. de Lobkowitz; et comme Elle en est aussi penetrée de son coté qu'Elle est persuadée de l'Equité de la Cour de Petersbourg, Elle croit devoir Lui communiquer, avec une entière Confiance, les raisons principales, qui ne Lui permettent pas, de déférer aux dites Observations, et d'adopter le Plan, qui y est proposé.

Il n'est pas douteux, que la Cour de Vienne ne peut point avoir encore des notions complettes sur la partie de la Pologne qui doit Lui tomber en partage, mais Elle sait cependant, avec tout le monde, que la chaine de Monts Carpates, aussi froide qu'aride, s'etend fort avant dans le païs qui Lui est destiné, que même au delà il est pour la plûpart montagneux, et que par consequent il ne peut être comparé, en façon quelconque, à la fertilité d'autres parties de la Pologne, et surtout de la Varmie et de la Prusse Polonoise. L'Egalité ne sauroit donc nullement se retrouver sur ces objets, d'autant plus que des Provinces, proposées pour le partage Autrichien, la plûpart s'étant trouvée jusqu'ici le Théatre de la guerre, elles ont essuyées en hommes et en Betail les pertes les plus considérables, et ont été par consequent les plus épuisées. Mais supposé pour un moment, que la portion proposée à la Cour de Vienne par les Observations, se trouvât réellement conforme à la Description qu'elles contiennent, soit pour la fertilité et l'étendue du Terrain, soit pour sa Population et l'industrie de ses habitants, soit pour ses revenus etc., supposé même, qu'elle surpassât de beaucoup l'idée qu'en expose la Description sur tous ces Chefs, jamais cependant elle ne pourroit être mise en comparaison avec les portions des deux autres Cours, parce qu'il lui manqueroit toujours la qualité essentielle, sans laquelle aucune acquisition, quelle qu'elle fut, ne peut avoir un prix réel et solide: c'est à dire, la valeur politique. Cette portion seroit une langue de terre informe, qui s'etendroit dans le milieu de la Pologne, preteroit le flanc dans la plûpart de ses parties, et se trouveroit d'autant plus coupée presqu' entierement par les Monts Carpates des Provinces limitrophes de la Monarchie Autrichienne, qu'elle seroit sans communication immediate avec la partie de la haute Silesie, qui est la seule commode et practicable, et par consequent presque hors d'etat de pouvoir être protegée et defendue. La Pologne seroit comme separée; ses communications de Provinces à Provinces deviendroient extremement difficiles; Les incommodités et les embarras, que la Nation eprouveroit ou apprehenderoit seulement de cette position, exciteroient nécessairement en elle une haine et une jalousie éternelle, et à la moindre occasion il en resulteroit de sa part des démarches ou des Entreprises, dans lesquelles les trois Cours pourroient aisément être enveloppés, et qui pourroient, moyennant cela, alterer leur bonne intelligence, et Leur faire manquer, par consequent, le but principal de tous leurs arrangements. La Cour Imple. de Russie donne une preuve bien évidente de sa bonne foi et de son amour pour la vérité, lorsqu'Elle avoue franchement Elle-même dans ces Observations:

„Que ses nouvelles acquisitions Lui donnent l'avantage de raccourcir la frontière, de l'avoir plus nette, plus naturelle et plus clairement designée: Et qu'à ce moyen Elle espere d'être à l'abri, à l'avenir, de toutes les molestations et les excès, que ses sujets ont eu à essuyer des Polonois; que ses Possessions se trouveront moins melées et confonduës avec celles de Pologne, et consequemment moins exposée aux Contrecoups subits de tous les désordres qui se passent dans leur Voisinage". — Elle ajoute:

„Que la part du Roi de Prusse, par l'arrondissement et la Connexion qu'elle donne à ses Possessions, est de la plus grande Consideration politique". —

Or il est evident, que toutes ces qualités et tous ces avantages manquent non seulement completement à la portion proposée à la Cour de Vienne, mais qu'il s'y trouve même tous les désavantages opposés; LL. MM. Ii. ne sauroient donc douter, par la Confiance qu'Elles ont dans les hautes Lumières et dans l'Equité notoire de S. M. l'Imperatrice de Russie, qu'ainsi qu'Elle a crû n'avoir rien proposé que de conforme aux principes établis dans ses Observations, son Equité et sa Pénétration Lui feront comprendre, en reprenant l'Examen impartial de l'objet dont il s'agit, que le Plan de partage proposé, relativement à la Cour de Vienne, privé en premier lieu de la plus essentielle des qualités nécessaires, c'est à dire de l'Equilibre Politique, se trouve être en même tems contraire aux principes de la parfaite Egalité convenuë entre les trois Cours, et même à ceux que la Cour Imple. de Russie etablit elle même pour base des Observations communiquées en dernier lieu; Leurs Mtés. Imples. et Rles. se flattent donc, que S. M. Imple. n'aura point de difficulté d'adopter un autre Plan de partage qui puisse se trouver conforme à l'Egalité stipulée.

C'est dans cette persuasion, qu'Elles Lui communiquent, cy-joint, le Plan le plus consequent aux Principes convenus, que par déférence pour ses avis Elles ont crû pouvoir imaginer.

Il seroit conforme à peu-près, quant à l'etenduë du terrain, à celui qui est proposé dans les Observations, et n'en differeroit que par les emplacements. Il contient de moins, que le Plan communiqué par le Pce. de Lobkowitz, une portion de païs très considerable, et comme plus eloignée des Montagnes elle est d'une qualité de sol bien superieure, la Cour de Vienne, en y renonçant, renonceroit à la partie la plus fertile du partage, qui lui a été proposé, et n'y gagneroit que l'avantage de l'emplacement, qui quoiqu'il seroit bien eloigné encore de Lui donner ce degré d'arrondissement, et par consequent, de vraye valeur politique, qui se trouve très-completement dans les Portions des deux autres Cours, Lui procureroit au moins une acquisition moins isolée, moins enclavée par la Pologne, et moins exposée à tous les inconveniens, qui se rencontreroient dans le partage enoncé dans les Observations.

Ce nouveau Plan contient à la verité de nouveau: 1° la Communication avec la haute Silesie; 2° les Salines prez de Cracau, et 3° la Ville de Lemberg avec son Territoire.

Mais il est à observer ad 1^{mum} que sans cette Communication la Cour de Vienne se trouveroit avoir, pour ainsi dire, une maison sans porte; et Elle compte si parfaitement sur l'amitié et l'Equité du Roi de Prusse, qu'Elle se flatte, qu'il y trouvera d'autant moins de difficulté, que par là, en aucun point, Elle ne confinera avec ses Etats plus qu'actuellement, et que c'est exactement le cas du second Principe, qui sert d'introduction aux Observations, attendu qu'il s'agit ici, pour la Cour de Vienne, d'une Communication indispensable, tandisque, pour celle de Berlin, il ne s'agiroit tout au plus, que d'un Objet de pure Convenance.

Ad 2^{dum}. Les Salines se trouvent dans un terrain, dont la necessité de la Communication rend l'acquisition indispensable à la Cour de Vienne. Elles sont d'ailleurs la seule branche de revenus de quelque Consideration dans son partage, Et si elles devoient ne pas lui appartenir, il ne pourroit en resulter pour Elle, que les plus grands inconveniens, que les fraudes et versemens, ainsi que la melange de Juridiction rendroient absolument inevitables. On dedommagera sans doute le Roi de Pologne par des Starosties ou autrement, de ce qu'il perdra par les Oeconomats, les Douanes et autres impots, qui tombent dans le partage des deux autres Cours, il semble par consequent, que d'après le principe de l'Egalité, il conviendra de proceder de la même façon au sujet des Salines; Les Palatinats de Lublin et de Chelm auxquels la Cour de Vienne renonce, pourront être employés à ces Dedommagemens; Et pour ce qui est de la fixation d'un prix du Sel pour l'avenir, on pourra en convenir dans la Negociation future avec la Republique de Pologne.

Ad 3^{tium}. Les difficultés au sujet de la ville de Lemberg, avec le District, que les Observations proposent de retrancher du partage de la Cour de Vienne, et que perdroit par là la plus grande partie de sa valeur politique, paroissent être dans le même cas. Lemberg seroit, sans cela, la seule ville de quelque consideration dans la portion Autrichienne; Et quoiqu'elle soit actuellement le rendez-vous général de la Nation Polonoise, qu'elle y ait fait jusques ici toutes ses Admodiations, et tous ses Contracts, et qu'il s'y trouve actuellement le depôt de ses Archives et de ses Documents, il semble qu'une autre Ville de la Pologne, Lublin par exemple, peut-être également propre à tous ces usages; Et si tant est, que de cette translocation il puisse resulter quelques petits embarras, ils ne peuvent être que momentanés, au lieu que la Consistance de l'Etat éprouveroit une secousse réelle, si les Palatinats de Lublin et de Chelm devoient en être détachés, et le Royaume de Pologne, moyennant cela, comme séparé en deux parties, qui se trouveroient ne point avoir de communication immédiate de l'une à l'autre.

C'est par ces Considerations, que la Cour de Vienne s'est determinée à renoncer à l'Aquisition de ces deux Palatinats, pour accélérer, autant qu'il peut être en Elle, l'Arrangement definitiv entre les trois Cours, et pour témoigner sa déference à Sa Majté. l'Imperatrice de Russie; Et c'est pour cet effet, qu'Elle n'a point hésité à Lui sacrifier volontiers l'avantage politique, d'avancer le point de ses frontières jusques au Centre du Royaume, et de s'assurer par là toute la Consideration et toute l'influence, que peut donner la circonstance de se trouver au milieu de cet Etat voisin.

La Cour de Vienne, en Consideration de tout ce qu'Elle rétranche de son premier Plan, ne demande qu'une petite partie de la Podolie; parcequ'elle determine et arrondit mieux sa frontière; Et Elle se flatte par consequent que la Cour Imple. de Russie, ainsi que celle de Berlin pourront trouver ce nouveau Plan conforme à l'Equité, à l'Egalité, et aux Circonstances locales, et qu'Elles voudront bien, en l'adoptant, Lui donner une preuve de Leur amitié, et terminer par là, à la Satisfaction commune, une affaire, dont la fin heureuse est d'autant plus desiderable, que, par sa nature, elle n'a pû être que tres-difficile à arranger.

X.

Reponse au Sentiment de Mr. le Comte de Panin, au sujet de l'Entrée des Trouppes Autrichiennes en Pologne. [1])

La Cour de Vienne a disposé la marche et l'entrée de ses Troupes en Pologne, en conséquence de l'article du Plan du Concert arreté entre les Cours de Petersbourg et de Berlin, en vertu duquel chacune des trois cours devoit prendre possession du partage, qui Lui étoit destiné, dans le courrant du Mois de Juin; Les siennes devant venir de differents points très-éloignés de leur destination, tandisque les Troupes Russes et Prussiennes se trouvoient déjà depuis longtems établies en Pologne, pour qu'elles pûssent être arrivées, dans le tems convenû, les ordres et les Dispositions nécessaires à cet effet ont été et ont du être donnés déz aussitôt, que l'on a été informé de l'arrangement arreté à cet égard entre les Cours de Petersbourg et de Berlin, ainsi que l'on n'a pas manqué de Les en prevenir. Lorsque le sentiment de Mr. le Cte. de Panin à cet égard parvint à Vienne, on n'a donc plus été à tems de pouvoir rien changer à toutes les Dispositions qu'a exigé la marche combinée de tant de differents Corps de Troupes commandés pour entrer en Pologne. Au lieu d'inconvenients il a resulté de leur entrée dans ce Royaume la separation presqu' entiere de la confédération; Et comme c'est la convention définitive entre les trois cours, qui décidera de la portion qui doit rester à chacune d'Elles, et que, par conséquent, tout ce qu'Elles occupent ou occuperont jusques là, ne peut tirer à aucune conséquence, de l'éxécution des ordres, dont est muni Mr. le Général de Hadick, consequent au Plan communiqué par Mr. le. Pce. de Lobkowitz, parceque l'on n'a pas supposé, qu'il pût rencontrer des difficultés, il ne peut également en resulter aucun mal; Et on se flatte, moyennant cela, que Mr. le Comte de Panin pourra trouver tout ce qui a été fait jusqu'ici de la part de la cour de Vienne en regle, et sans inconvenients.

On a deferé d'ailleurs sans aucune difficulté au sentiment de Mr. le Comte de Panin, au sujet de l'utilité d'une conduite uniforme

---

[1]) An Lobkowitz am 5. Juli gesendet.

entre les trois Cours, relativement aux affaires de la Pologne. Eu consequence on n'a rien fait déclarer du tout, à l'occasion de l'entrée des Troupes Autrichiennes en Pologne, et on differa toute publication jusqu'à ce que les trois Cours se soyent definitivement concertées à cet égard. On est très redevable, au reste, à Mr. le Cte. de Panin de ce qu'il a bien voulu communiquer amicalement sa pensée à cette occasion, et on le prie d'etre persuadé, que l'on sera toujours charmé de profiter de ses avis.

XI.

Sentiment du comte Panin sur 4 points capitaux que Mr. le prince Lobkowitz lui a communiqué de la part de Mr. le prince Kaunitz relativement à la pacification de la Pologne.

Ces points sont: 1mo comment retablir la tranquillité interieure de la Pologne?

2do comment effectuer avec la republique l'arrangement definitif concernant les acquisitions respectives?

3tio comment procurer au Roi de Pologne, dont les finances souffriront necessairement une diminution considerable par les acquisitions de 3 cours, une indemnisation d'ailleurs et lui assurer à ce moyen un entretien convenable? et enfin

4to quel devra etre l'etat de la Pologne dans ses nouvelles relations avec les trois cours, afin d'y maintenir une paix solide, de prevenir l'eclat de nouveaux troubles, et par là d'obvier au danger, que les 3 cours ne s'y trouvent elles-mêmes melées?

Après etre convenu de prendre pour base de la pacification de la Pologne les idées d'un plan general communiquées de la part de la cour de Russie aux cours de Vienne et de Berlin et approuvées par elles, on cherchera à apprecier et à determiner de la façon la plus convenable a l'etat de la Pologne les 4 points proposés par Mr. le prince Kaunitz.

La tranquillité interieure en Pologne selon les loix de ce royaume ne sauroit y etre retablie qu'au moyen d'une dictte, soit convoquée selon les formes ordinaires, soit sous le noeud d'une confédération. Les 3 cours après etre convenues du manifeste à addresser par elles à toute la nation polonoise, du quel il a eté fourni un projet de la part de la Russie pour l'approbation de 2 autres cours, feront remettre ce manifeste en commun et en meme tems au Roy et au gouvernement. La proposition de la convocation d'une diete, tant pour rétablir l'ordre en Pologne que pour consommer vis à vis de trois cours la cession de l'equivalent de leurs droits et pretensions du quel à ce moment elles se trouveront deja en possession effective, y est formellement enoncée. Iudependamment encore d'une telle requisition le Roy et le gouvernement ne sauroient se dispenser de recourrir à la convocation d'une diete comme la seule forme qui puisse donner une autorité legale à leurs demarches, soit que d'abord ils se determinent à opposer de la resistance au concert de 3 cours, soit qu'ils optent pour le parti de la negociation. Dans l'etat de choses l'impression que produira la declaration des 3 cours pour etre telle que tous les chefs des différentes factions etouffent d'abord ou au moins suspendent toute passion et toute action d'interet personel pour se tourner vers le gouvernement et entrer dans les voies qu'il choisira, en se rendant à la convocation; les choses se regleroient alors dans une diette ordinaire, dont les 3 cours attendroient patiemment l'issue, se contentant de la voye des negociations et de l'employ d'une influence commune, pour porter l'ouvrage à sa maturité parvenir à un résultat conforme à leurs vues et prevenir, qu'au contraire la republique ainsi assemblée ne se determine à courir les risques d'une resistance effective, extremité, à la quelle on ne se persuade pas, qu'elle se porte jamais, si dans le cours de cette affaire les 3 cours agissent dans un parfait concert et se montrent egalement resolues dans leur objet. Mais si la perversité des esprits est telle que les factieux, sans etre touchés d'une crise si effrayante pour la République, s'opiniatrent dans leurs vûes et leurs cabales actuelles, au point de causer l'ecroullement de l'etat, il ne restera plus que la voie d'une coufédération, que les 3 cours devront favoriser, et soutenir par des mouvements militaires, soit pour dissiper les bandes armées actuellement sur pié soit pour faciliter dans les differents palatinats, chacune dans la proximité de ses acquisitions, la nomination des nonces aux diettines et ceux-ci assemblés en diete, il faudra sans doute user des moyens pecuniaires, pour s'assurer la pluralité, qui fait loi dans une diette sous le noeud de la confédération. Les ministres de 3 cours à Varsovie concourront intimement et par le plus parfait concert à la diette assemblée de l'une ou l'autre façon à faire regler l'arrangement des affaires de l'interieur selon les vûes des 3 cours, nommement selon le plan general proposé par la cour de Russie et adopté par celle de Vienne et de Berlin, ensemble en reglant les 4 points capitaux proposés par Mr. le prince Kaunitz; c'est là aussi, qu'il sera nommé des ministres de la part de la République pour traiter avec les puissances voisines sur la cession des païs, dont chacune aura pris possession, comme l'equivalent de leurs droits et pretensions, desquelles alors chacune pour soi produira des deductions, ainsi qu'elles s'y engagent par le manifeste, et que se consommeront tous les actes relatifs à une decision legale et irrevocable de cette affaire. Ce sont là selon le comte Panin les errements, selon lesquels il sera procedé à l'arrangement de deux premiers points.

Pour le troisième il est incontestable, que le Roy de Pologne doit avoir un etat proportionné à sa dignité, et par le quel il puisse la soutenir; on ne sauroit remplacer la perte, que souffriront ses finances par le partage des 3 cours, qu'au moyen des starosties, dont il faudra affecter un certain nombre à son indemnité; on doit se faire d'autant moins de peine de ce moyen, que de ces benefices royaux, qui donnent un revenu si considerable à la noblesse, le plus grand nombre en a abusé et continue à en abuser dans les circonstances presentes pour mettre le trouble et la confusion dans leur patrie, qu'en les depouillant, on ne fera que couper piè en partie à la continuation et à la renaissance de ces desordres, et enfin que ce ne sera pour les chefs des factions qu'une punition juste et bien meritée. Mais il ne faut pas croire, que ceux, qui à visage decouvert se sont arrogés le titre de confederés, soient precisement les plus coupables; il y en a de cachés, qui sous main ont donné le mouvement à tous ces excès et qui employent, à les perpetuer, les richesses immenses accumulées sur leurs tetes, elles sont telles ces richesses, qu'elles seroient hors de proportion pour un particulier dans tout gouvernement, et à plus forte raison sont elles dangereuses et d'un prejudice evident dans un gouvernement aristocratique. Tels sont les biens immenses des Radzivil, Potocky, Czartorisky, Muischek et encore quelques autres, et ce sera une sureté pour la Pologne même, si on les reduit à une moindre distance de l'égalité qui convient à des Republicains.

Quatrièmement. Pour l'etat de la Republique la couronne elective est celui, qu'il importe aux 3 cours de maintenir, comme aussi c'est le seul, qui puisse convenir au gout general et à l'habitude de la nation. Il sera fort important d'y ajouter une condition, qui en meme tems qu'elle assureroit mieux la tranquillité interieure de l'etat mettroit aussi plus à l'abri de toute entreprise de sa part les interets de ses voisins; ce seroit de borner aux seuls Piastes l'eligibilité, la Pologne ne pouvant plus se donner pour chefs des princes etrangers, qui, deja puissants par leur propres ressources, donneroient un nouveau relief à sa couronne, pourront moins sortir des bornes, qu'actuellement on va lui fixer pour son etat de puissance intermediaire, et perdront plus facilement toute vûe de retour sur les cessions, qu'elle va etre obligée de faire; par là seulement aussi on pourra couper pied à la brigue et à la corruption etrangere en Pologne, qui y ont joué de tout tems un si grand jeu.

Après l'exclusion de l'etranger, comme il ne faudra que d'autant plus de precaution pour empecher que la couronne ne devienne hereditaire dans la famille d'un Piaste, il sera à propos de statuer l'exclusion des fils du Roy, en derogeant à leur egard au droit des Piastes; autrement on sent bien, qu'un Roy regnant de trop grande facilité à perpetuer la couronne dans sa maison par la distinction deja attachée à ses enfants sur les autres candidats Piastes, et qu'il ne manqueroit pas d'appuyer d'un parti formé de son vivant.

Enfin pour lier autant que possible les mains à la Pologne, pour ne jamais sortir d'un etat de puissance intermediaire, proportionné aux interets des 3 puissances voisines, dans la negociation, qui comme il a eté dit aux points 1 et 2, devra etre conduite avec la Republique pour l'arrangement definitif des acquisitions des 3 cours, de même qu'au moyen de l'equivalent, qu'elles se procurent, elles renonceront à tous leurs droits et pretensions sur la Pologne; la Republique reciproquement outre la cession pleniere des nouvelles acquisitions des 3 cours, renoncera à tous droits et pretensions quelconques, soit anciennes ou autres à quelque titre et sous quelque denomination que ce puisse etre, sur les païs, terres et possessions actuelle de la domination de l'une ou l'autre des 3 puissances voisines, et il se fera alors un traité, dans lequel, la Republique entrant comme partie principale, les 4 puissances se garantiront reciproquement lesdites cessions, et le traité selon les formes de la Pologne sera porté dans la constitution dans une diette. Le comte Panin n'est entrée dans aucun detail sur les points de la derniere constitution, parceque cette constitution etant imprimée et parfaitement connûe de Mr. le prince Kaunitz, il est très assuré, que le ministre l'aura trouvée partout conforme aux interêts de sa cour, et très convenable tout ce qui y est statué pour la couronne elective, le *liberum veto*, le partage et le reglement des loix cardinales, de celles pour les matières d'etat et les matières oeconomiques; au moyen des explications et du raisonné ci-dessus le comte Panin se persuade d'avoir repondu, autant qu'il est en lui, aux vûes et aux desirs des questions, qui lui ont eté proposées de la part de Mr. le prince Kaunitz, et il se pretera avec la même deference à tout autre eclaircissement, qui puisse tendre a etablir la plus parfaite unanimité des vûes et des mesures des 3 cours.

XII.
Reponse amicale du Prince de Kaunitz-Rittberg au sentiment du comte de Panin sur quatre points capitaux rélatifs à la pacification de la Pologne.[1])

Le projet de pacifier la Pologne, d'y établir par la suite des tems une forme de gouvernement sage et solide au lieu de la con-

---

[1]) Liegt dem Vortrage vom 14. Juli 1772 bei und wurde an Lobkowitz gesendet.

stitution vicieuse, qui lui a attiré jusqu' ici tant de troubles et de malheurs, joint à la grande idée de réunir sur cet objet de principes et d'interéts les trois grandes puissances, que le sort de cet etat affecte de plus prez, et de trouver les moyens de les engager à s'arranger amiablement entr'elles au sujet de leurs prétentions respectives sur ce royaume, et un dessein si vaste, qu'il auroit sans doute rencontré des obstacles insurmontables, si on n'avoit pas établi pour préalable et base de toute la négociation d'un objet aussi compliqué le principe d'une parfaite egalité d'avantages et d'une entière conformité de mesures entre les trois cours. Par ce moyen elles sont parvenues à lever les difficultés les plus essentielles et à se mettre d'accord sur tous les objets principaux ; et il semble par conséquent, que dez aussitôt, qu'elles auront pû convenir de leur partage respectif ce qui restera à faire, ne devroit pas rencontrer de grands obstacles, en suivant la route simple et conforme aux constitutions de la Pologne, tracée par Mr. le comte de Panin dans son sentiment sur les quatre points susdits avec autant de prudence que de sagacité.

La cour de Vienne se conforme donc en tout au sentiment de ce ministre sur les objets qu'il traite dans son memoire; et elle est d'avis avec lui en conséquence:

Ad 1^{mum} et 2^{dum}: Qu'il faut, qu'avant tout chacune des trois cours se trouve en possession de la portion, qui lui aura été adjugée par le traité de partage. Que, cela fait, en meme tems chacune d'elles fasse présenter au Roi et à la République de Pologne le manifeste commun, dont elles seront convenû et que l'on s'employe à faire convoquer une diete selon les methodes indiquées par Mr. le comte de Panin.

Que, s'il arrivoit, que l'on eût lieu de présumer, qu'elle ne produira pas l'effet desirable, il faudra en venir à la voye d'une confédération, que les trois cours devront favoriser et soutenir au besoin par des mouvements militaires. Qu'il faudra aussi employer tous les moyens quelconques, que chacune d'elles jugera etre les plus propres à procurer un bon choix des nonces aux dietines dans la proximité de ses acquisitions, et par la suite la pluralité des voix dans une diete sous le noeud de la confédération; et sur tout, qu'il sera très important, que les ministres des trois cours concourent par un concert le plus parfait à la diete assemblée, à faire regler l'arrangement des affaires de l'interieur selon leurs vues communes.

Ad 3^{tum}: Il est aussi certain, que le Roi de Pologne doit avoir un etat proportionné à sa dignité, et qu'il faudra par conséquent lui procurer un équivalent, qui puisse remplacer la perte que souffriront ses finances par le partage des trois cours, qu'il est incontestable qu'une grande partie de la noblesse polonoise s'est enrichie aux dépens des biens de la couronne; que cet abus est contraire à la constitution primitive; qu'il existe plusieures loix, qui ordonnent le retrait et la réunion à la couronne de tous les biens aliénés de cette espèce. Mais que la noblesse ayant trouvé des moyens d'eluder jusqu'ici toutes ces ordonnances, aussi equitables qu'elles sont sages, il semble, qu'il conviendroit effectivement de profiter des circonstances présentes, non seulement pour revendiquer au profit de la couronne tous les biens de cette cathégorie, mais même pour faire un arrangement, qui reglat pour l'avenir le taux et la distribution des graces, comme sont la plupart des starosties et castellanies, de façon à ce qu'il fut pourvû non seulement à l'entretien convenable du Roi, mais aussi de maniere, que la noblesse ne se trouvat plus dans le cas de pouvoir abuser par la suite de ses richesses disproportionnées, ainsi qu'au detriment de l'etat elle en a souvent abusé jusqu'ici comme l'observe très bien Mr. le comte de Panin.

Ad 4^{tum}. Dezque les trois cours jugent, qu'il est de leur interet commun: qu'il faut lier autant que possible les mains à la Pologne pour ne jamais sortir d'un etat de puissance intermediaire proportionné aux interêts de ses voisins; il est consequent, qu'il conviendra d'aprés le sentiment de Mr. le comte de Panin de tacher de maintenir la couronne elective en Pologne, d'en exclure les etrangers et de statuer l'exclusion des fils du Roi, en derogeant à leur égard aux droits de Piastes.

On pourra peut etre meme faire encore bien d'autres arrangements utiles à cet etat, lorsque d'un commun accord on aura une fois commencé à entrer en negociation avec le Roi et la Republique.

Mais un des objets les plus important du traité à conclure entre les quatre puissances devra être sans doute, ainsi que très bien l'observe Mr. le comte de Panin, aprés l'arrangement definitif avec la Republique au sujet des acquisitions des trois cours, la renonciation reciproque et solemnelle de toutes les parties contractantes à tous droits et pretentions quelconques sans exception sur l'etat des possessions respectives qui aura eté fixé par le traité, ainsi que la garantie reciproque de toutes les cessions et renonciations, qui y auront eté stipulées.

Il seroit superflû d'ajouter, quant à present, des reflexions ulterieures au plan proposé; et on ne peut moyennant cela, qu'applaudir à la sagesse des mesures, dont il dresse la gradation, persuadé, que les trois cours ayant le meme but il ne sera pas difficile de s'entendre et d'ecarter les difficultés, que l'on pourroit rencontrer dans le courrant de la negociation.

XIII.
Réponse au Memoire de la Cour Impériale et Royale.[1])

La Cour Impériale de Russie est parfaitement d'accord avec la Cour Impériale et Royale sur les vuës et intentions que décele la conduite de celle de Varsovie posterieurement à la Declaration qui lui a été remise par les Ministres des trois Puissances unies. Elle juge comme elle qu'il est de l'interêt des trois Cours d'assurer au plutôt la stabilité de leurs acquisitions par une liquidation finale avec la Republique, et que dans ce moment où les Polonois, tant le Gouvernement que les particuliers, se repaissent encore d'illusions, il ne faut point tarder à employer les moyens les plus forts pour les decider. L'aprehension de voir les trois Puissances etendre plus loin le demembrement de la Pologne, est sans doute un de ceux, dont on doit se promettre le plus d'effet, et la Cour de Russie ne balance point à l'admettre. Seulement il lui paroit qu'en s'enonçant moins positivement dans cette menace, on peut la rendre moins inquiétante pour les Puissances jalouses du concert des trois Cours, sans rien diminuer de sa force vis-à-vis des Polonois. Pour ceux-ci, en faisant succeder aussitôt l'effet à la menace on produira l'impression desirée parmi eux, et il n'en faut qu'une momentanée pour amener les choses à la conclusion. Mais au moment où les trois Cours se concertent entre Elles sur la Declaration, par laquelle Elles veulent accelerer la resolution à prendre par la République pour effectuer un arrangement avec Elles, on apprend que les trois Ministres respectifs frappés des lenteurs insidieuses du Gouvernement Polonois et nommément de l'indication du grand *Senatus Consilium* à un terme aussi éloigné que le 1. Mars 1773 ont deja fait la demarche de remettre au Ministère de de la République une Declaration tendante à la même fin. La Cour de Russie pour Elle ne voit rien que de convenable et de vigilant dans cette resolution des trois Ministres et Elle croit que leur conduite sera pareillement approuvée des deux Cours intéressées. Mais ces Ministres n'agissant que de leur propre mouvement et en vertu d'instructions générales, ont necessairement dû mettre dans leurs expressions des reserves et des menagemens qui en diminuent l'energie. C'est pourquoi la Cour de Russie est d'avis qu'on pourra faire suivre sans delai cette seconde Declaration par une troisième qui caracterise d'avantage la promptitude que l'on veut que la République mette dans ses mesures et l'espece de danger qui s'ensuivra pour Elle, si

---
[1]) Von Petersburg übersendet; Beilage zur Depesche von Lobkowitz vom 26. Dec. 1772.

Elle ne le fait pas. Et Elle pense que le projet de Declaration ci-joint sub Nr. 1 seroit propre à remplir ce but. Si les deux Cours interessées en portent le même jugement, Elles voudront bien faire parvenir à leurs Ministres l'ordre de le mettre aussitôt à execution.

La Cour de Russie se faisant en outre une obligation, de ne point negliger de communiquer tout ce qu'Elle imagine d'utile dans une situation pareille, croit qu'il sera bon d'appuyer la ménace faite publiquement et à l'Etat en corps par la Declaration ci-dessus mentionnée, par des ménaces particulieres fait en secret aux individus les plus signifiants. Et voici comme Elle pense que cela devroit se pratiquer. Les trois Ministres respectifs bien unis entre eux et se rendant mutuellement compte des notions certaines qu'ils acquereront des dispositions d'un chacun, (Prémierement) pendant la tenuë du grand *Senatus Consilium*, parleront en particulier à tout Senateur, qui ne se porteroit pas à opiner decidément pour la convocation d'une Diette, et lui declareront que puisque son indolence ou sa mauvaise volonté vont servir à prolonger les maux de sa patrie, il va être le premier à s'en ressentir et qu'aussitôt toutes ses terres vont être mises en sequestre, et que c'est là le premier objet qu'ont à remplir les nouvelles troupes qu'on fait entrer en Pologne.

Secondement, tout Senateur qui ne se rendra point à Varsovie, le cas d'une impuissance absolue excepté, lui faire faire l'insinuation de s'y rendre d'abord sous la ménace tout aussi decisive du sequestre, et de même dans l'interieur du pays, à tout particulier, chef de parti, ou jouissant de quelque consideration dans sa patrie, qui restera dans l'inaction ou contrecarrera par des menées toutes les mésures qui doivent acheminer à la convocation de la Diette, lui faire parvenir la même ménace.

Et comme tout ceci ne peut être de poids, qu'autant qu'on pourra le réaliser d'abord, la Cour de Russie propose, qu'en même tems que les trois Ministres respectifs auront leur instruction d'employer de telles ménaces vis à vis de qui il appartiendra, il y ait aussi en même tems de chaque Cour un Général Commandant les Trouppes, residant à Varsovie, qui à la requisition des Ministres se concertent entre eux, et puissent aussitôt mettre les sequestres selon que les biens se trouveront le plus à la proximité des trouppes de chacune.

Il y a par rapport à cette imposition des Sequestres, une Consideration qui ne sauroit être negligée ici. C'est que, vu que la conduite tortueuse du Roi de Pologne n'est que l'effet des mauvais conseils de ceux qui l'entourent c'est sur les biens de ceux-ci qu'il faut commencer à frapper, et qu'il sera bon de montrer par la à cette malheureuse nation Polonoise qu'on sait encore la distinguer de ces factieux qui sont les auteurs de tous ses desastres.

Pour cet effet il seroit à propos que les Ministres respectifs eussent dès à présent l'ordre de mettre le sequestre sur les terres des Ministres, Senateurs, ou tout autre déja présent à Varsovie, qui a quelque part aux fausses demarches du Roi, sauf à leur laisser la liberté de mettre ou non à execution un tel ordre, si en attendant il sourvient sur les lieux tel evenément qu'on ne peut prévoir qui en lève ou suspende la nécessité; mais toujours les laissant compris dans la prescription générale ci dessus.

Dans la nécessité où l'on est de recourrir à une occupation plus etenduë des terres de la République, on ne peut recevoir que comme une précaution naturelle, que la prudence et la volonté de maintenir la plus parfaite harmonie entre les trois Cours recommandent également, la proposition d'un acte, qui prévienne toute dérogation à leur Convention du 25. Juillet. La Cour de Russie en remettant sur cet acte le Contreprojet ci joint sub Nr. 2 ne fait aucun doute, que la Cour Impériale et Royale ne veuille bien entrer dans les vués de l'omission qu'Elle est obligée de demander au projet, qui Lui a été fourni. Les raisons en sont propres à la situation de la Russie et ce seroit manquer de confiance de Sa part, que de demander que la justice et la bonne volonté des Cours interessées viennent à leurs appui.

Il est incontestable que l'acte, par lequel les trois Cours ont fixé les limites de leurs acquisitions respectives, est pour elles une garantie l'une à l'égard de l'autre, que les affaires terminées avec la République, aucune des terres restantes à cette Puissance, ne pourront plus être occupées par leurs trouppes, à titre de prétention à sa charge: Et il n'est pas douteux de même, que toute autre affaire cessante, la Cour de Russie accomplira fidellement cette condition.

Mais la Cour de Russie a une guerre qui n'est pas encore terminée avec la Turquie, et même, le fut-elle! Elle peut se renouveller à mille occasions independantes de sa volonté. Or on sait que pour aller à Son ennemi, Elle n'a point d'autres chemin, ni d'autre point d'appui pour être en mesure avec lui pour l'attaque ou la defense que le territoire de cette République. Il seroit donc contre toute raison de sa part de soumettre à d'autre conditions qu'à la requisition qu'elle fait en pareil cas à la République, le passage ou le sejour de ses trouppes dans Ses Etats. D'un autre coté, il n'est pas moins sensible que la Russie ne sauroit être d'aucun secours à ses Alliés qu'en traversant la Pologne.

Au moment du besoin, on sait déja les difficultés qu'Elle eprouve de la part de la République. Il n'est ni de Son interet, ni de celui de ses Alliés de les accroitre par de nouvelles formalités, Et sourtout il ne lui paroit pas d'en pouvoir faire une stipulation dans un acte, derivant d'une Convention, qui établit des engagemens de défense reciproque, et qui semble devoir être la base d'une union et d'une alliance durable entre les trois Cours.

XIV.

Mémoire en réponse à celui qui a eté remis au prince du Lobkowitz le... Dec. 1772 au sujet d'une déclaration et d'un acte secrèt qui avoient eté proposés par la cour de Vienne.

La cour de Vienne a eté bien aise de voir par la réponse au dernier memoire que le prince de Lobkowitz a présenté de sa parti que la cour imperiale de Russie est parfaitement d'accord avec elle, tant au sujet des vues qu'elle a jugé devoir supposer à celle de Varsovie que des moyens qu'elle a proposé pour les traverser, et qu'entre autres elle pense également: que l'appréhension de voir les trois puissances étendre plus loin le demembrement de la Pologne, est sans doute un de ceux dont on doit se promettre le plus d'effet.

Les expressions par lesquelles on annonce vers la fin du contre-projet: qu'à l'expiration infructueuse des termes fixés, les trois cours se regarderont comme dégagées de toute renonciation et se feront pleinement justice de leurs prétentions, ne sont pas moins claires et moins intelligibles que la façon dont on s'étoit énoncé dans le projet proposé. L'esprit et le sens de ce projet se trouvant par conséquent essentiellement dans le contre-projet qui vient d'être communiqué, bien loin de pouvoir trouver aucune difficulté à l'adopter, la cour de Vienne ne peut que se féliciter de ce que l'on a jugé convenable à l'interêt commun ce qu'elle avoit proposé sur cet objet; et elle a deja chargé moyennaut cela son ministre à Varsovie d'en user, quant au tems et à la façon de présenter ce papier consequemment à ce dont il aura eté convenu entre lui et les ministres des deux autres cours.

Il aura ordre en même temps d'aller de concert avec eux sur tous les moyens que l'on croit qu'il convient d'employer vis à vis des individus Polonois les plus signifiants: la cour de Vienne voulant se conformer à cet égard à l'opinion de celle de Petersbourg, quoiqu'il lui semble, qu'independamment de plusieurs autres considérations il pourroit ne point etre sans inconvenients de mettre les ministres des trois cours dans le cas de s'attirer peut-être souvent, quoiqu'à tort des reproches odieux d'injustice et de partialité.

LL. MM. II. et Rles. chargeront aussi le général N. N. commandant leurs trouppes dans le district de..... de se rendre à Varsovie pour le tems dont il aura eté convenû entre lui et ceux qui seront nommés pour cet effet de la part des deux autres cours. Ses instructions seront conformes en tout point à l'objet de sa mission, detaillé dans le memoire auquel celui-cy sert de réponse; et il semble, que moyennant cela il est pourvû à tout ce qui regarde les particuliers ainsi que l'etat de la Pologne, au moins dans ce moment-cy.

La cour de Vienne a vû aussi avec beaucoup de satisfaction dans la reponse à son memoire que dans la necessité où l'on est de recourir à une occupation plus étendue des terres de la republique de Pologne, on ait envisagé comme une precaution naturelle que la prudence et la volonté, de maintenir la plus parfaite harmonie entre les trois cours, recommandent également la proposition d'un acte qui previenne toute dérogation à leur convention du 25 Juillet; et comme la stipulation, dont la cour de Russie desire l'omission n'avoit eté proposée que dans la supposition que par sa reciprocité les trois cours pourroient peut-etre la juger d'autant plus convenable que dans les termes de bonne intelligence dans lesquels elles sont et seront vraisemblablement de plus en plus à venir, l'on ne sauroit imaginer que dans aucun cas particulier elles pûssent ne point entrer les unes dans les circonstances des autres; la cour de Vienne ne fait aucune difficulté, de consentir à l'omission desirée: elle est même très sensible à la promtitude avec laquelle Sa Mjté. l'Impératrice de Russie a bien voulû en envoyer tout de suite un exemplaire signé de sa main; et il en a deja eté rémis en consequence un pareil signé de la main de Sa Majté. l'Empereur et de Sa Majté. l'Impératrice Reine au prince de Gallizin: LL. MM. II. et Rles. se faisant toujours un très grand plaisir de saisir les occasions de pouvoir témoigner à Sa Majté. l'Impératrice de Russie leur déférence et leur amitié.

XV.

Projet d'un plan pour la conduite des trois Ministres en Pologne,[1])

pour effectuer que entre les trois Cours et la Republique legalement assemblée en Diete, il soit statué irrevocablement par un Traité sur leurs interets avec cette Puissance, et qu'il leur soit fait une cession pleine et absolue des Pais dont prealablement Elles ont pris possession.

---

[1]) Von Lobkowitz am 26. Februar 1773 nach Wien gesendet.

Et conjointement avec cet arrangement exterieur pour procurer que l'ordre et la tranquillité soient retablis dans ce Royaume sur un pied equitable et solide, les griefs nationnaux redressés, les abus du Gouvernement corrigés et une existence politique permanente, analogue aux dispositions et interêts de ses voisins, assurée à la Republique.

Les points à prescrire aux Ministres respectifs se rapportent à leur conduite pendant la Diete. Les premiers sont preparatoires, les seconds d'execution.

Points preparatoires.

1° Dans les derniers ordres envoyées conjointement par les trois Cours à leur Ministres à Varsowie, les deux termes fixés dans la Declaration qu'il leur est enjoint de remettre au Gouvernement, tant pour l'assamblée de la Diete, que pour l'arrangement final avec les trois Puissances, pouvant se trouver insuffisants; les trois Ministres n'insisteront pas à la rigueur sur les dits termes, dès qu'ils verront evidemment que le Roi et le Ministère travaillent à acheminer les choses à ces deux fins, sans y perdre du tems, au de là de ce qu'il en faut absolument selon la constitution.

2° La Marche des Truppes respectifs qui d'après les derniers arrangemens doivent s'avancer dans l'interieur du royaume, devant faire sur la Nation une impression generale, qui lui fasse desirer de sortir enfin de la crise ou elle est, c'est là proprement que commence l'activité des trois Ministres et qu'ils travailleront unanimement à disposer et reunir les esprits vers les vues de trois Cours.

3° Si on remarquera que le roi est dispensé vu la necessité ou il se trouve, d'entrer dans les vues des trois Cours, on pourra s'ouvrir avec Lui au Sujet de la Direction de cette Diette, bien entendu qu'on soit sûr d'avance qu'aucun interet, ni intrigue, ni influence etrangere puisse s'en mêler au prejudice des trois Cours. On exclût d'autant moins le roi, que dans cette operation purement nationale, on trouve utile d'admettre tous les acteurs de quelque parti qu'ils puissent avoir été, pourvû qu'ils veuillent sincerement finir les troubles de leur patrie.

4° Comme il ne sera pas possible que les trois Ministres veillent, par eux mêmes à tant d'endroits differents, ou se tiendront les Dietines, ils s'assureront d'un certain nombre d'acteurs dévoués, qui se chargeront de menager les choses vers les fins qu'on se propose, et dans ce choix ils s'attacheront beaucoup moins au nombre, qu'au Caractere des personnes et ne prendront, s'il se peut, que des gens sûrs resolûs et capables.

5° Les moyens de force seuls ne pouvant jamais suffire à donner le mouvement aux Dietines et en decider les resolutions dans les principes des trois Cours, tant pour le choix des Nonces, qui leur conviennent, que pour les instructions dont ceux-ci seront munis; Il sera indispensable d'y ajouter la seduction et pour être en Etat de le faire, les trois Cours formeront dès à present auprès des leurs Ministres une caisse destinée uniquement au Succès des operations presentes, pour la quelle on estime que le premier fond pour chaque Cour ne pourra pas être moins de 150 à 200 mille Ecus.

6° Cette caisse sera en commun à la disposition des trois Ministres, et il n'en sera rien payé que du consentement unanime de tous les trois.

7° Un fond ainsi assuré pour la seduction, les forces militaires disposées le plus à propos qu'il se pourra, et tous les moyens de persuasion qui naissent de l'interet particulier, connus autant qu'il est possible et prêts à etre administrés, ce sera aux acteurs, qu'on employera, lesquels connoissent le fort et le foible de telle ou telle Dietine, à instruire les Ministres, lequel des moyens devra être employé par preference, ou dans quel degré tous les trois, et d'apres ces avis les Ministres dispenseront au besoin la pression militaire, la persuasion ou la seduction. Comme la premiere regarde les généraux, il y aura toujours entre eux et les Ministres une communication ouverte et sans reserve, pour que leur parti soit toujours executée à point nommé.

8° Dans les points et articles énoncés ci après, les trois Ministres, obligés de s'ouvrir tant au Roi qu'aux Acteurs, qui concourreront à leur vues, sur le plan général de l'arrangement, auront attention à menager les uns et les autres, en se tenant dans une reserve raisonnable sur ceux de ces points, qu'ils sauront devoir deplaire indubitablement aux uns et aux autres.

9° Comme toutes les affaires à regler à la Dictte future, tant l'arrangement avec les Puissances voisines, que la pacification de l'Etat et la reforme de ses abus, sont sous la loi du *liberum veto*, et que consequemment il n'est pas même presumable, qu'on vienne à bout de les resoudre dans une Diette libre, et leur donner la Sanction desiderée par les loix de la Republique, toutes les vues des Ministres doivent se tourner vers une Diette sous le noeud de la Confederation.

10° Cette operation peut se faire de deux Manieres. Ou les Nonces prevenus et disposés par les Ministres et convaincus de la necessité de la chose, se confedereroient comme par leur propre impulsion et etabliroient d'abord la Diete sous cette Confederation; à quoi il faudra travailler au moyen des acteurs dont on se sera assuré d'abord. Ou, l'impossibilité de cette premiere mesure reconnue, les Ministres feront à Varsowie une confederation à laquelle la Diette devra acceder et dès lors prendre la nature d'une Diette tenue par Confederation. Pour entrainer l'un ou l'autre moyen, les Ministres ne manqueront pas d'exposer avec energie tout ce qui peut resulter de la prolongation des Calamités de l'Etat, et de faire sentir à tous ses membres pour lors rassemblés à Varsowie, que puisque les trois Cours remettent encore entre leurs mains de sauver leur Patrie, c'est à eux à prendre le chemin le plus court et le plus sûr pour y parvenir.

11° Il est à observer que ces representations feront plus d'effet sur le Roi, dont l'Etat se trouve plus critique à proportion de l'indecision et de la confusion des affaires, que sur ceux des chefs de parti, ou d'autres qui tiennent à la faction saxonne, parceque ceux-ci toujours imbus de leur passion favorite de revoir un Prince de Saxe sur de Thrône, croient toujours y appercevoir une lueur d'esperance dans la complication des maux de leur Patrie. Or, comme il est absolument hors du Systeme des trois Cours d'entendre à aucune ouverture propre à favoriser de telles vuës, et que d'autre part à mesure de l'importance dont le Roi croiroit être pour le Succès de l'operation, il ne manqueroit pas d'exiger des assurances sur le maintien de ses avantages personnels et de ceux de sa famille, dont partie doit être sacrifiée à la pacification de l'Etat; les vrais acteurs que les Ministres ont à choisir, sont ceux d'une classe moyenne, dont la fortune ne tient ni à la Cour de Varsowie ni au parti de Saxe, et qui n'ont personnellement à entrevoir qu'une amelioration de bienêtre pour eux dans la fin des maux de leur Patrie.

12° Le choix du marechal de la Diete etant d'une grande importance pour la reussite de l'objet principal, les trois Ministres employeront tous leurs soins pour trouver un sujet, dont les intentions soyent sinceres, et qui se laisse diriger dans le cas de besoin. Ce choix etant fait, il s'entend de soi-même qu'ils travaillent pour son élection.

Points d'execution.

La Diete ayant pris consistance de l'une ou l'autre des deux manieres ci dessus énoncées et se trouvant en activité, commence de la part des trois Ministres l'execution des vues de leurs Cours: Savoir la conclusion d'un Traité confirmatif du partage, qu'elles ont fait entre Elles; La fixation de l'Etat de la Republique tel qu'il convient à une Puissance intermediaire; Enfin le retablissement du Gouvernement dans ses vrais principes pour operer la pacification presente et y assurer à l'avenir le maintien de l'ordre et de tranquillité.

Conclusion du Traité.

1° Les trois Ministres feront en commun une demarche formelle auprès des Etats assemblés en Diete pour demander qu'il soit nommé une Deputation pour traiter avec eux autorisés à cet effet par leurs Cours.

2° Dans la Negociation les Ministres n'entendront a aucune discussion sur la validité des titres de leurs Cours, ni a aucune restriction ou diminution de la portion de chacune, mais ils insisteront sur une cession et renonciation pleine et absoluë de la part de la Republique aux terres et districts dont chacune a pris possession.

3° De leur part ils renonçeront au nom de leurs Cours à toutes pretentions quelconques à la charge de la Republique.

4° La renonciation de la part de la Republique comprendra outre les Provinces cedées, tout droit ou pretention ancienne sur les Etats et possessions quelconques des trois Cours.

5° Les Ministres obtiendront la delivrance de toutes les archives, titres et documents appartenans aux païs, qui leur sont cedés.

6° Ils statueront qu'il ne sera plus fait mention de la regie de ces Provinces dans les actes de la Republique, et que tout ce qui les a concerné comme faisant partie de ses Etats, est annulé et nommement les Articles 13 et 14 des loix Cardinales concernant les Villes de la Prusse et la Livonie.

7° Enfin ils stipuleront que le traité sera ratifié des deux parts et inseré dans la constitution de la presente Diete.

Fixation de l'Etat de la Republique.

1° Les deux points etablis par l'article 5 des loix Cardinales de la constitution de 1768 qui statuent la Couronne électrice à perpetuité et la Succession au Thrône proscrite, seront renouvellés et confirmés.

2° Il ne pourra à l'avenir être élu pour Roi de Pologne, qu'un noble Polonois, d'origine noble, né et possessioné en Pologne. La Diette statuera à perpetuité l'exclusion de tout Prince etranger.

3° Les fils ou petits fils du dernier Roi ne pourront être élûs Rois immediatement après leur Pere ou grand Pere; mais il faudra au moins un intervalle des deux regnes pour qu'ils puissent être éligibles.

4° Le Gouvernement de la Pologne sera à perpetuité un Gouvernement republicain.

5° Le *liberum veto* restera Loi immuable comme il a été statué à la Derniere Diete, et les mêmes matieres qui ont été mises sous sa garde y seront aussi conservées.

Le retablissement du Gouvernement dans ses vrais principes.

Comme c'est en ceci que consiste la pacification de la Pologne à la quelle les trois Cours ont annoncé qu'elles veulent travailler de concert avec la Nation; Les trois Ministres reuniront leurs efforts pour y rapprocher toute chose du vrai Etat de la Republique, et que cette operation soit caracterisée, et se recommande aux yeux de toute la Nation par une utilité non équivoque. En ceci il faudra qu'ils distinguent ce qui est passion ou caprice de quelques uns ou fantôme de la multitude, d'avec ce qui est juste, reellement salutaire et requis par les loix.

1º On ne pense point que qui que ce soit ose faire de proposition relativement à la Personne du Roi, mais toute fois, les Ministres auront par devers Eux, comme un principe en tête de tous les autres sa conservation sur le Thrône.

2º Le vrai principe du gouvernement Polonois est l'equilibre des pouvoirs de trois Ordres, le Roi, le Senat et l'ordre équestre. C'est la loi ancienne et fondamentale de la Republique et la premiere loi Cardinale dans la derniere constitution y est relative. Mais il s'en faut beaucoup que cet équilibre legal soit realisé par une influence egale des trois ordres sur le gouvernement, et c'est à retablir et assurer cette egalité d'influence que doivent tendre toutes les reformes actuelles.

3º A cette fin on reprendra toutes les constitutions recentes par lesquelles il a été plus où moins porté atteinte à cet equilibre, et l'on prendra toutes les precautions qui peuvent l'assurer à l'avenir.

4º Comme c'est particulierement du côté du Roy que la Nation se plaint que l'equilibre penche, on redressera ce qui se trouve de trop a ce pouvoir. L'Autorité et la Dignité Royale seront circonscrites par de nouvelles loix, redigées plus convenablement à la forme du Gouvernement republicain.

5º Une des premieres operations pour y parvenir est d'empêcher, qu'au moyen de ses parents le Roi ne puisse reunir à Son pouvoir celui des autres ordres de l'Etat; ce qui indiqueroit leur exclusion de toutes les charges; Mais, comme en eux on ne sauroit cesser de considerer les prerogatives de Nobles Polonois qui leur donnent la capacité à toutes les places, à l'egal de leurs concitoyens, il est bon d'user de temperament sur cet article et on se bornera à statuer que les oncles, freres et cousins germains du Roi et de la Reine seront exclus du Ministére et des grandes charges, leur reservant de pouvoir être Senateurs, Palatins ou Castellans et posseder toute autre charge du moindre consideration.

6º La faveur et l'amitié produisant souvent les mêmes effets, que les liens du sang, le roi en se choisissant un Conseil privé, s'assure par là un nombre des creatures qui pour partager l'eclat qui environne le thrône, sont moins jaloux du maintien de pouvoir de l'ordre auquel ils apartiennent et souvent en font le sacrifice à des vues d'interet particulier. Il sera donc à propos de statuer que le roi ne pourra avoir d'autre Conseil privé qu'un certain nombre des Senateurs, à son choix, qui lui seront donnés par la Dieté *ad latus regium*.

7° L'influence du Roi sur les commissions de guerre et du tresor etant un sujet d'allarmes pour la nation, ces deux commissions seront cassées et les charges de Grands Generaux et Grands Thresoriers retablies sur l'ancien pied, si la pluralité le souhaite: seulement on previendra les anciens abus en statuant que les Grands Generaux n'ayent point le droit de vie et de mort sur le militaire de la republique, et que les Grands-Thresoriers ne disposent arbitrairement des fonds de la Republique, ni n'en soient les caissiers. Pour cet effet il sera donné un Conseil aux Grands Generaux et Grands Thresoriers. Aucunne des Personnes qui composeront ce Conseil ne pourra être à la nomination du Roi; mais chaque Palatinat ou district les eliront tous les deux ans.

8° Le pouvoir des Grands Generaux retabli, il sera mis sous leur commandement les Trouppes, qui sont actuellement sous celui du Roi, et à l'avenir le Roi de Pologne ne pourra avoir ni des trouppes appartenantes à lui en particulier, ni des Trouppes de la republique dependantes de Lui.

9° L'influence des grands et notamment de la famille du Roi sur les Tribunaux de Justice, etant un sujet d'oppression pour la nation et une des causes, qui renversent l'equilibre de pouvoir, les Presidens et les membres de ces Tribunaux seront élûs par les districts et Palatinats et l'on fera les loix les plus salutaires pour tirer ces Tribunaux de toute dependance quelconque du Roi ou des grands.

10° Le Departement de la Poste restera un attribut de la Royauté, mais sous la regie de la Republique assemblée en Diette, si la pluralité le desire.

11° Le pouvoir dans l'ordre du Senat s'etant soutenu jusqu'à present assez dans les bornes qui lui conviennent il n'y a qu'à le maintenir tel qu'il est. Il ne s'agit que de prevenir 1^{ment} que partie de ce pouvoir ne se joigne à celui du Roi pour faire pencher la balance de son coté, 2^{ment} d'empêcher autant que les loix peuvent y pouvoir la trop grande accumulation des richesses dans les membres de cet ordre, et 3^{ment} Leur pression sur les charges inferieures et surtout sur celles de Iudicature, en un mot cette influence des grands sur les petits qui est la source de toutes les factions dans l'Etat. Pour parer à ces apprehensions il pourra etre statué sur la premiere, qu'à l'assemblée de chaque Diette la Conduite des Senateurs donnés au Roi *ad latus regium* et celle des autres dans les *Senatus consilia* devra être louée ou reprise, selon qu'Elle aura tendu au bien de la republique ou s'en sera éloignée. Pour la seconde on ne peut pas faire plus, que d'etablir des loix fixes sur la distribution des graces et benefices royaux. On se precautionnera contre la troisieme de la maniere indiquée ci dessus au point 9. Tout ceci aura lieu si la nation assemblée y trouve son compte et si la pluralité le souhaite.

12° L'ordre equestre qui forme le troisieme pouvoir de la republique n'a pas à beaucoup près la même influence, que les deux autres sur le gouvernement. Ce pouvoir n'a qu'une existence periodique et momentanée tous les deux ans à la convocation de chaque diette, au lieu que les deux autres sont permanents et toujours en activité, même dans les intervalles des Diettes. De plus on sait l'influence des deux premiers sur l'election des Nonces, ce qui diminüe encore ce pouvoir. Il sera bon de statuer le renouvellement et la confirmation d'anciennes Loix ou l'etablissement de nouvelles qui assurent mieux que par le passé la liberté des Dietines. Il sera bon surtout de statuer que cet ordre ait des delegués au Senat choisis dans son Corps à la Diette, qui resident dans l'intervalle des Diettes à Varsowie et aient voix et seance au Senat avec le droit de protestation contre tout ce qui y seroit proposé ou resolû au prejudice des constitutions, ou des prerogatives de leur Ordre, afin que sur l'avertissement qui en sera donné par eux aux Dietines, les nouveaux nonces soient instruits d'en poursuivre le redressement à la Diette. C'est ainsi qu'on pourroit donner au pouvoir de l'ordre equestre la permanance de l'activité qu'ont deja les deux autres.

13° A la Suite de ces arrangemens comme il est indispensable de supléer à la diminution que le Roi a souffert dans ses biens par le partage des trois Cours, et Lui assurer un entretien sortable à la dignité, il sera pris un certain nombre de Starosties, qui seront affectées par la Diette à perpetuité à cet objet. Et l'on pense qu'un tel entretien, pour être convenable, devroit etre quatre cents mille Ducats. Ou bien aussi pour fournir à cet etat du Roy on pourra mettre un impot proportionné sur les Starosties conferées jusqu'à cette Diette.

14° On pourroit encore fournir à cet Etat du Roy, en faisant une reduction generale sur toutes les Starosties conferées jusqu'à ce jour, c'est à la nation à voir ce qui lui conviendra de mieux de ces propositions.

15° Comme il ne sera plus elevé sur le Thrône de Pologne de Prince etranger, qui joigne à l'eclat de la Royauté la Puissance et les richesses d'Etats Patrimoniaux, il seroit à craindre que la Royauté bornée aux seuls Piastes, qui passent de l'egalité au Thrône, ne perdit trop de sa consideration, si on retranchoit de ses prerogatives celle de la distribution des graces et benefices Royaux. La distribution des Starosties restantes, après que la destination de l'art. 13 aura été remplie, lui sera donc conservée. Mais en même tems il sera statué que dans chaque maison il ne pourra pas être donnée plus de deux Starosties, et celles-ci ensemble exceder la valeur de 7 à 8 mille ducats de revenue annuel, de sorte qu'une Starostie qui seule auroit une telle valeur seroit deja une exclusion pour une deuxieme dans la même maison. Ce point aura lieu si la pluralité de la Nation le desire.

16° Pour assurer l'execution de cette loi, on accordera action en Diette contre toute maison, en faveur de qui il y auroit été contrevenú et le cas prouvé, la punition sera la perte de toutes les Starosties, dont l'une sera conferée *ipso facto* à celui qui aura intenté l'action, et les autres seront pour cette fois à la nomination de la republique, qui les conferera dans la même Diette. Ce point peut avoir lieu si le precedent est statué.

17° Le Roi n'accordera plus de lettre de survivance aux fils ou parents, ou à la veuve du possesseur d'une Starostie, mais à la mort de celui-ci Elle rentre en ses mains, libre de tout engagement pour etre de nouveau conferée. Ce point comme très indifferent aux interets des Trois Cours doit etre reglé ou non reglé comme les Polonois le trouveront bon.

18° Un objet desiré par tous les ordres et l'augmentation du militaire: Et dans le fait il en est essentiellement besoin pour le maintien du bon ordre et de la tranquillité, rien n'y etant plus contraire que le peu de proportion, qu'il y a entre les Trouppes de l'Etat, et les Trouppes des particuliers, lesquels par là peuvent se jouer impunement de l'autorité et la braver. Il n'y a aucun inconvenient pour les Puissances voisines à consentir que la republique soit augmenté de six mille hommes.

19° L'affaire des Dissidens etant un des points essentiels de la pacification, les trois Ministres favoriseront une negociation entre eux et les Catholiques, sur les points qui peuvent être cedés de part et d'autre dans la reintegration, effectué à la derniere Diette, de ceux là au Corps de l'Etat. De la part des Dissidents, il pourra être renoncé à l'entrée au Senat et aux places du Ministére, et de la part des Catholiques la loi penale contre ceux qui passent d'une religion à l'autre, Loi barbare pour un siecle eclairé, sera abrogée. Le reste des points qui concernent les Dissidents restera en vigueur et sera renouvellé dans la nouvelle constitution surtout l'admission à la place des Nonces.

20° Outre ces points les Ministres ne feront aucune opposition à tous ceux qui seront proposés par la Nation, dès qu'ils ne toucheront ni directement ni indirectement les interets de leurs Cours.

21° La classification des Loix, faite dans la derniere constitution n'offrant que des vues d'utilité, on peut l'admettre et la conserver dans les arrangemens actuels, à moins qu'on n'y trouve une impossibilité absolue dans la repugnance de la Nation, et si Elle est conservée, on rangera dans la classe des matieres d'Etat, tous les points ci-dessus, selon qu'ils sont d'un interêt plus ou moins immediat pour les trois Cours et qu'il sera plus ou moins facile de les faire admettre à la nation; mais tous les points de la fixation de l'Etat de la republique devront immanquablement etre mis dans la classe des loix cardinales.

Observation generale.

Tous les points d'execution qui concernent, soit la conclusion du Traité soit la fixation de l'Etat de la republique seront d'injonction prefixe pour les Ministres respectifs, qui ne pourront s'en écarter ni y admettre des changemens et des restrictions qui puissent en alterer la substance. On leur laissera les mains plus libres sur ceux qui regardent le retablissement du Gouvernement ou la pacification, comme n'etant que d'un interet secondaire pour les trois Puissances. Le vrai sens de leurs instructions sur ces derniers, sera de se regler sur le gout le plus general de la nation et par des complaisances menagées avec art de faciliter d'autant plus l'obtention des premiers. On en excepte cependant l'augmentation de trouppes de l'Etat la quelle ne pourra jamais être plus forte que de six mille hommes et l'abrogation de la loi penale qu'ils devront absolument emporter. Et quant à l'Etat des Dissidens, excepté leur renonciation au Ministère et à l'entrée au Senat, ils ne devront pas souffrir qu'il soit fait aucune diminution à leurs privileges, qui puisse infirmer leur liberté de religion ou leur existence civile.

Observation particuliere.

Il a été dit ci-dessus l'article 13. que pour former l'entretien du roi, il sera fait une reduction de toutes les Starosties conferées jusqu'à ce jour. On se reglera dans cette operation sur la fortune des particuliers, selon qu'elle pourra plus ou moins supporter de diminution. Les gens malaisés qui ne subsistent qu'à la faveur des Starosties qui sont en leurs mains pourront être exemptés de la reduction; mais les familles qui ont des biens hereditaires suffisants, surtout les familles riches et opulentes y seront assujetties sans aucune exception et elles doivent d'autant moins s'en defendre, que l'entretien du Roi est un besoin de l'Etat, qui doit passé avant toute grace ou faveur, ou même recompense de service: Et tel particulier de cette classe qui par une longue jouissance des biens royaux a accrû ses propres richesses, ne sauroit contester que ces biens au moment d'un besoin pareil retournent à leur usage primitif.

Observations sur le Plan.[1]

Le Projet du Plan proposé pour les trois Ministres n'auroit pas été si difficile a executer, si on avoit pensé à tems à disposer les esprits des Polonois par tous les moyens imaginables et surtout par la Corruption. On auroit dû immediatement après les Declarations penser à se faire un bon nombre des Partisans. On l'a negligé absolument. Les Conseils violens du Roi de Prusse me paroissent l'avoir emporté. Actuellement il faut faire trois Observations en général.

1mo Il me paroit très difficile que les trois Ministres parviennent a une Confederation conformement aux vues de leurs Cours avant l'assemblée de la Diette, prevoyant que le Roi et sa famille se seront deja emparés de la disposition des esprits et cela uniquement dans le dessein de rompre la Diette, augmenter la Confusion, gagner de tems et lasser les trois Cours.

2do Il me paroit impossible de parvenir à une Confederation en faveur des trois Cours à Varsovie au moment que les Nonces seront deja instruits et elûs dans leurs Provinces. Je doute fort suivant mes Connaissances, que les Nonces au moment d'une Diette, quelques corruptibles qu'ils soient, s'exposent à une telle demarche contre le gré de Leur Province, et contre leur instruction.

3^{tio} Il est hors de doute que tous les Polonois en général et sur tout les Nonces de la Diette future seront cruellement allarmés de la Conduite du Roi de Prusse vis-à-vis de Danzic et Thorn, de même qu'au sujet du Commerce le long de la Vistule, ajoutez les autres aprehensions qu'on se fait peut-être à tort, peut-être avec raison; il n'est pas à croire que la Cession, qu'on demande pourra avoir lieu aussi longtems que l'Affaire du Commerce en general ne sera pas arrangée, et les griefs de Danzic et Thorn levés. Ce qui me determine à croire que la Diette ne pourra jamais subsister.

Reflexions sur quelques points du Plan.

Sur le 3me point. Dans les Circonstances présentes il me paroit qu'il y a un de deux parties à choisir, ou que le Roi dirige la Diette d'intelligence avec les Ministres des Cours respectives, dans quel cas il ne faut pas s'attendre que les Ministres puissent attirer la Nation à entrer avec eux en quelque chose; ou que le Roi n'ait point de part à la Direction, mais qu'il se prête à ce que les Circonstances exigeront, et que les Ministres en choisissant pour Acteurs des Personnes qu'ils jugeront à propos, la dirigent eux mêmes; parceque la Nation se mefiant du Roi

---

[1] Diese Bemerkungen rühren von Saldern her.

aussitôt qu'Elle s'apercevra de quelque liaison de son coté avec les Ministres, se laissera difficilement entrainer.

Sur le 8me point. Avoir du menagement pour le Roi et pour la Nation à la fois dans les Circonstances présentes, est une chose incompatible, comme il a été dit ci-dessus sur le 3me point.

Retablissement du Gouvernement dans ses vrais principes.

Sur le 5me point. Ceux qui s'interesse à l'arrangement du Gouvernement de Pologne doivent assez connoitre cette Nation pour savoir que l'avenir ne l'interesse pas à beaucoup près tant que le présent, par consequent l'exclusion pour les Charges des familles des Rois futurs ne leur paroitra pas un avantage qui puisse la dedommager de ce que lui fait souffrir le joug, qu'elle est obligée de supporter de la famille ambitieuse du Roi regnant.

Sur le 6me point. Il y a plus des Loix statuées qu'il n'en faut sur cet Article; mais l'execution manquera toujours parceque les gens en place qui devroient y tenir la main, sont tous ou addonés a la Cour, ou persecutés à cause de leur preponderance, et il ne suffit pas que les loix soient ecrites, mais il faut des gens qui ayent soin de leur Execution. Pour cela il faut que les Charges soient remplacées par d'autres Personnes, qui soient soutenuës et assurées d'une Protestation permanente parcequ'un tel homme qui s'oppose aux vuës de la Cour est exposé à mille désagremens, Chicanes, Cabales et persecutions.

Sur le 7me point. On devroit en même tems avoir soin, que les Personnes qui jouissent des premières Charges soient très bien intentionnées pour les interêts des trois Cours.

Sur les Art. 1. 2. 3. de l'11me point. A cela il n'y a point d'autre remede que d'avoir un parti formé par les Cours respectives et soutenue par Elles; les moyens indiqués pour y remedier ne peuvent nullement être mis en usage.

Sur le 14me point. Prendre les Starosties pour indemniser le Roi de ses pertes, est une chose qui ne peut se faire que par la force, c'est là le moyen le plus court il est vrai, mais le plus violent. S'il devoit avoir lieu, il faudroit peut-etre mieux de changer toutes les Starosties en domaine appartenant à l'Etat, et celui-ci pourroit en faire des fermes ou des Arendes pour soulager la Noblesse, mais après mure reflexion il me sembleroit presque plus convenable d'abandonner à une Nation libre à la quelle on destine un Gouvernement republicain, le soin de determiner par Elle même les moyens de subvenir aux besoins du Roi. Bien entendue que le total de ses revenus n'excede jamais la somme prescrite.

Sur le 16me point. Ce seroit une chose injuste que de borner à un seul individu les graces que le Roi pourroit faire à toute une famille, il faut donc croire que le veritable esprit du Projet tende uniquement à empecher que le même Personage ne puisse posseder plus que deux Starosties.

Et l'idée contenu dans l'Observation particuliére pour la restriction disproportionnée des revenûs de Starosties, paroit aussi peu equitable que possible dans son Execution

XVI.

Note

Pour Monsieur le Prince de Lobkowitz, Ministre Plenipotentiaire de Leurs Majestés Impériales et Royale Apostolique.[1])

Les trois Cours unies, reconnoissent incontestablement que le succés de Leur commune Negociation à Varsovie, deja conduite jusqu'à la conclussion des trois traités de cession, n'est dû qu'à l'unanimité et l'émulation d'efforts de leurs Ministres respectifs. En faisant attention que dans cette première partie de l'operation totale, on n'a eu à combattre qu'un genre d'opposition, la repugnance d'un Etat à ceder ses possessions, il paroit evidemment qu'on n'a pas moins besoin de cette unanimité et de cette activité des trois Ministres dans la partie qui reste à exécuter, c'est à dire, l'arrangement des affaires interieures, puisque c'est là que va se manifester une multitude d'avis et d'interets differens et qu'on aura à combattre ou au moins à concilier autant d'oppositions qu'il y a de partis en Pologne. Et quant à l'importance, on sent que c'est de l'Etat futur de la Pologne que dependent et la sureté des cessions mêmes et la solidité du systeme actuel des trois Cours.

Deja les trois Ministres ont remis à la Delegation quatre des loix Cardinales, et la dernière est l'etablissement d'un conseil permanent.

Le Grand-nombre des delegués et ceux qui jusqu'à present ont le plus incliné à faire reussir les vues des trois Cours, sont dans la conviction que cet etablissement ne manqueroit pas par la suite de devenir l'instrument le plus dangereux du pouvoir arbitraire dans la main du Roi, si on n'y mettoit pas un contrepoids en retranchant des prerogatives de la Couronne la distribution des charges, source intarissable de son influence sur ce corps.

---

[1]) Von Lobkowitz am 30. October 1773 übersendet.

Sur les representations qu'ils ont faites à ce sujet aux trois Ministres, celui de Sa Majesté Impériale de toutes les Russies et celui de Sa Majesté Prussienne ont cru se conformer à ce que le plan d'operations, admis conjointement par les trois Cours leur prescrivoit, en arrêtant de servir ces vuës prevoyantes de la delegation et de faire des ouvertures directes au Roi pour obtenir de lui la renonciation à la distribution des charges.

En effet tous les points de ce plan sous le titre Le retablissement du Gouvernement dans ses vrais principes, ne tendent, pour la plupart, à aucune autre fin qu'à redresser en faveur de la Nation, l'equilibre de pouvoir trop penché du côté du Roi. Le point quatrieme y est le plus précis de tous, il y est nommément dit, que l'autorité et la dignité Royale seront circonscrites par de nouvelles loix, redigées plus convenablement à la forme du Gouvernement republicain. Il a paru même aux deux Ministres que l'esperance, donnée à la Nation dans le cours de la Negociation, sur l'appui que recevroient d'eux les changements nécessaires à assurer sa Liberté et son independance, et surtout la stipulation positive du traité actuellement signé, que le Gouvernement sera à perpetuité libre, independant et republicain, leur faisoit une loi de cette demarche auprès de la Cour de Varsovie, et de tous autres offices tendant au même but.

Le Ministre de Leurs Majestés Imperiales Royale et Apostolique ne s'est pas trouvé du même avis et il s'est abstenu sur cette affaire de faire cause commune avec Eux. On est dans la ferme persuasion, que lorsqu'il aura eû fait rapport du cas à sa Cour, il en recevra des ordres propres à lui faire reprendre son activité sur le point dont il est question, et à la resolution duquel, independamment des raisons ci-dessus alleguées, on auroit pensé qu'il se seroit jugé lui-même lié par le pas, deja fait, de la presentation de la loi Cardinale à laquelle ce point est relatif. Mais le bien des affaires et l'instance de la chose ne permettent pas à la Cour Imperiale de Russie de negliger la précaution, surabondante sans doute, de porter le fait à la connoissance de Leurs Majestés Imperiales et Royales, et de Les prier de vouloir bien faire parvenir à Leur Ministre la direction necessaire à la circonstance, et Elle croit de son devoir de Lui representer, que rien ne contribueroit plus efficacement à assurer le reste des operations, que si Mr. le Baron Rewizki etoit autorisé en général à condescendre et même à aider à tout ce qui sera desiré par la pluralité: Un ouvrage aussi compliqué que celui de la pacification de la Pologne, faisant éclore à chaque pas de nouveaux germes d'utilité ou de besoin, dont, la confiance, que la Nation Polonoise a mise dans les dispositions des trois Cours les incline sans doute à la mettre en etat de profiter. Quant au point même dont il s'agit, on ne se permettra aucun raisonnement pour en developper l'utilité relativement même aux interêts des trois Cours, on n'a rien de mieux à faire que de s'en remettre aux lumieres profondes et à la sagacité du Ministère de la Cour Imperiale et Royale.

A St. Petersbourg le 17. Octobre 1773.

XVII.
Remarques verbales sur l'ouverture faites par Mr. le Prince de Lobkowitz, touchant les frontières des nouvelles acquisitions de la Cour Imple. et Royle.[1])

Lorsque les trois Puissances parvinrent entre Elles à adopter leur concert présent sur les affaires de Pologne, comme le moyen le plus conforme à leur dignité et à leur amour de la paix et du bien public, de prévenir toute collision dangereuse de leurs interets respectifs, la regle fondamentale qu'Elles se prescrivirent, et sur laquelle Elles s'engagèrent reciproquement, fut, que quelles que pussent être l'étenduë ou les bornes des pretentions respectives, les acquisitions, qui pourroient en resulter devront être parfaitement égales, que la portion de l'un ne pourra pas exceder la portion de l'autre. Ce fut à la requisition de la Cour Imple. et Royle. que les trois Cours posèrent ce principe, et le consacrèrent dans un engagement preliminaire personnel de Souverain à Souverain.

C'est donc sur le titre le plus autentique, qu'on est reçu à dire, que le motif, allegué dans l'ouverture, dont il est ici question, pour fonder la determination individuelle de la frontière du partage de la Cour Imple. et Royle. savoir: que deduisant le plus fort de ses droits de la terre de Haliz, on doit être bien persuadé, qu'Elle n'a jamais voulû accorder le demembrement de districts faisant partie de cette terre, que ce motif donc feroit d'autant moins loi dans la question présente, qu'il a été pourvû, comme on voit, à ce qu'aucune des trois Cours ne se fît une regle particulière sur l'étenduë de ses acquisitions, autre que la regle générale pour toutes trois.

En se livrant à cette reflexion, on sentira que les trois Cours n'ont jamais pû arreter de plus salutaire que de se lier ainsi les mains sur toutes discussions particulières de leur droit. C'est en s'y tenant attachée que chacune des trois Cours a pris non les pays, sur lesquels étoit proprement affectées ses prétentions, mais un equivalent, et dans celui-ci, qu'en s'attachant à l'arrondissement de ses frontières, on a eu la précaution de ne point presser trop les frontières de l'une

---
[1]) Beilage zur Depesche von Lobkowitz vom 30. Oct. 1773.

ou l'autre des deux autres parties contractantes. C'est ainsi que le Roi de Prusse a renoncé à des prétentions à raison du Duché de Silesie; que la Russie qui avoit à revendiquer une partie de l'Ukraine a pris son équivalent d'un autre côté; Enfin que les trois Cours ont comparé entre Elles non la valeur de leurs droits, mais la valeur de leurs partages, et que sur le premier plan proposé par la Cour de Vienne, Elle admit les représentations de ses alliés et consentit à des modérations pour établir une plus juste proportion entre ses acquisitions et celles de chacun d'eux. A présent que chaque Cour connoit la valeur de son partage, on ne sauroit imaginer, que la Cour de Vienne juge le sien inferieur à celui des deux autres surtout, voyant, que s'il diffère de quelque chose, pour l'étenduë, de celui de la Russie, ce desavantage se trouve doublement compensé par la population et la fertilité du sol.

On est bien éloigné de supposer que la Cour Imple. et Royle. pour étendre son partage, ait interprété à sa volonté les termes de la Convention des trois Cours; mais on n'a pas moins droit d'attendre de son équité, qu'Elle reconnoitra, que ses troupes étant entrées en Pologne dans le tems, qu'on étoit en négociation pour fixer la valeur des trois parts, les points jusqu'où ces Troupes se sont étendues n'ont pû être occupées qu'eventuellement, et la possession n'être censée effective, que consequemment à l'apréciation liquide qui en aura été faite.

L'inconvenient d'une nouvelle demarcation et le rapprochement des poteaux ne portent, ce semble, d'autre consideration avec soi, que l'embarras de la chose et les frais de l'ouvrage. La dignité de la Cour Imple. et Royle. est trop à l'abri de toute interpretation quelconque d'une telle demarche. On s'en remet à Elle avec confiance à cet égard, et l'on se borne à lui observer que sur l'assurance, qu'Elle ne se refuseroit pas, le Roi de Prusse, qui aussi avoit passé les vraies limites de ses acquisitions, et fait planter des poteaux au delà, vient de consentir à les rapprocher et se contente d'une ligne droite, tirée du point de la Netze le plus proche de Fordon, au lieu qu'il avoit prétendû toute la rivière jusqu'à sa source et les pays qui s'y trouvent enfermés.

Mais quelle que fût la consideration, que la Cour Imple. et Royle. croiroit devoir à ce pas, on ne pensera point, qu'elle la mette en balance avec l'objet de dignité, qu'offre aux trois Cours la consommation de leur concert. Il est sans exemple, que trois Puissances d'un ordre superieur aient pû s'accorder sur un point, qui relativement a chacune d'Elle offroit tant de vuës et d'interets differents, et qu'une politique generale, qui n'a eu d'autre mobile, que l'humanité et l'amour de la paix, ait triomphé de toute politique partielle, et sans coup ferir, ait produit à chacune des avantages, que des guerres longues et meurtrieres ne donnent jamais si abondamment quoique payés si cher. L'ouvrage conduit à sa fin avec l'unanimité, qui l'a deja porté si bien, met sans doute le comble à la gloire et à la consideration des trois Cours; mais aussi comment dissimuler l'effet contraire et même inconnu dans ses suites, qui pourra resulter, si l'on n'obtient de la Cour Imple. et Royle. qu'Elle veuille bien se destister de la frontière, qu'Elle prétend devoir fixer ses acquisitions. Il est plus que probable que le Roi de Prusse non-seulement reviendra à ses premières prétentions, mais encore les accroitra à proportion de l'agrandissement, qu'il voit acquerir à la Cour de Vienne. Sera-t-il possible à la Russie de se contenir dans des bornes, que d'autres franchissent, et ne devra-t-elle pas au contraire voir de quel côté il sera le plus de sa convenance de donner un nouvel arrondissement à sa part? Qu'ainsi les trois Cours etendent proportionnellement leurs parts, et que cependant Elles restent unies; que leur concert, qui a subsisté jusqu'à présent si intact, se soutienne dans cette nouvelle combinaison; que la jalousie avec laquelle chacune se montrera l'emule de l'autre à ajouter à sa part, ce qui lui conviendra le mieux, se laisse diriger paisiblement par le noeud politique; c'est un miracle qu'on n'a guerres droit d'attendre: et l'obtiendroit-on, que devient la Pologne? Tous les Traités de cession, c'est une besogne toute nouvelle à refaire. La confusion renaitra-t elle dans ce malheureux Royaume, ou faudroit-il perpetuellement avoir le bras lévé pour forcer tout? Et cependant le tems se prolonge, d'autres conjonctures s'élèvent en Europe, ou la réunion des differentes Puissances se forme contre le concert, on il nait des circonstances dans lesquelles chacune des trois Cours est entrainée par des interets étrangers au concert. L'Imperatrice manqueroit à la sincerité, qu'Elle doit et à une Cour amie et au concert, par lequel Elle lui est unie, si Elle ne l'invitoit pas à percer avec Elle l'obscurité de ce tableau, en Lui avouant, que ses seules lumières sont insuffisantes pour envisager un tel avenir sous toutes les faces possibles. Si d'après les observations précédentes la Cour Imple. et Royle. veut bien demeurer d'accord, que toutes les raisons, qu'Elle pourroit deduire de ses droits originaires, sur la terre de Haliz, et autres pays de la Pologne, ont été toutes commuées en une seule raison générale, qui est celle de l'égalité de partage, Elle trouvera aussi bientôt des motifs de croire, que l'esprit et la lettre de la convention par laquelle on a determiné ce partage, ont des points certains, auxquels on ne sauroit les meconnoitre, et qui peuvent guider à une demarcation de sa frontière individuelle à la satisfaction de toutes les parties interessées.

Ces termes, les vraies frontières de la Russie rouge jusque dans les environs de Sbarras, présentent toujours une ligne fixe, qui est de suivre ces frontières. Les environs de

Sbarras sont le point où on s'arrête, pour suivre une rivière, qui tombe en ligne droite dans le Niester. Cette rivière d'après les recherches des Commissaires Autrichiens, ne peut se trouver, et probablement Elle n'éxiste pas. C'est un état phisique, qu'il n'est au pouvoir d'aucune des trois Puissances de changer, mais leur intention n'en demeure pas moins exprimée par cette ligne droite, nommement convenuë, et à laquelle Elles peuvent en tout tems donner une existance réelle. Le point, d'où elle commence, est determiné dans la frontière de la Russie rouge aux environs de Sbarras, et le point où elle aboutit est clairement designé le Niester vers l'endroit, où finit la frontière particulière de la Pocutie. Or qui ne sait, qu'en disànt une ligne droite d'un point donné vers un endroit apprecié, on entend absolument la perpendiculaire et consequemment la plus courte de toutes. Et quant à l'assertion, que le point, où Elle finit est vers la frontière particulière de la Pocutie, elle est incontestable, puisque après l'enonciation de cette ligne, il n'est plus d'autres termes pour designer la frontière générale des acquisitions de la Cour Imple. et Royle., que les frontières accoutumées entre la Pocutie et la Moldavie, ce qui exclude consequemment toute idée d'une frontière de Podolie et de Moldavie, telle que cependant il devroit en exister une, si on devoit accorder la nouvelle façon de determiner les limites des acquisitions de la Cour Imple. et Royle. de ce côté-là.

On convient que le terme, dans les environs de Sbarras, peut s'entendre également d'en deça et au delà de Sbarras. Si on l'entendoit seulement d'au de là, ainsi que le prétend l'ouverture, faite par Mr. le Prince de Lobkowitz, comme il fauderoit prendre le langage de la designation des frontières, et sa marche dans la convention, il s'en suivroit que tout le territoire de Sbarras seroit exclû du partage de la Cour Imple, mais le seul moyen de fixer le vrai sens de ce terme, les environs de Sbarras, est de prendre le point de ce territoire le plus voisin de la frontière de la Russie rouge, où le premier de ses points, qui y est contigu. C'est la tout l'ouvrage des Commissaires Polonois, car ce qui est de la rectitude de la ligne à tirer, et du point où elle doit aboutir (l'extremité de la frontière de la Pocutie au Dniester) là, il ne sauroit y avoir de variations.

En se rappellant même la façon, dont il fut procédé originairement à la determination de cette frontière, en trouvera que la ligne droite du point des environs de Sbarras au Niester fut convenue expressement, afin de former plus exactement l'arrondissement de la Cour Imple. et Royle., et de ne pas laisser une partie de la Podolie, enclavée entre deux frontières de ses nouvelles acquisitions. Reste maintenant à parler des raisons de convenance que la Cour Imple. et Royle. met en avant pour fortifier ses prétensions.

L'Imperatrice ne se persuade point, qu'il puisse exister de doute dans l'esprit de Leurs Majestés Imples. et Royles. sur ses dispositions à deferer à cette convenance, toutes les fois qu'il ne s'agira que de ses interets propres. Nulle jalousie ne les peut balancer, et la tranquillité avec laquelle Elle voit les Poteaux de la maison d'Autriche, avancés vers la Moldavie au delà des anciennes limites, en seroit une preuve à citer, si Elle n'en avoit deja donnée d'une toute autre autorité. Mais ici elle doit avouer, que sa voix seule, quand même Elle la donneroit contre sa conviction ne termineroit pas la discussion. Sans parler, que le Roi de Prusse rentreroit de plein droit dans ses pretensions, dont ce Pce. vient de se desister, dans quel état reste donc la Pologne et sa destination future, destination selon laquelle Elle doit avoir la consistance d'une Puissance intermediaire entre trois grandes Monarchies, telle à empecher le choc de leurs interets? Cette Puissance qui n'a d'autres points d'appui, d'autre abri sur ses frontières, que la seule forteresse de Caminiec, dans quelle gêne se trouvera-elle par cette extension des frontieres Autrichiennes à une telle proximité, et de quelle resource lui sera cette place, si elle ne conserve auprès d'Elle l'étendue de terrain, necessaire pour agir et pour subsister? La Pologne n'est point dans une position à marquer de la jalousie, mais le devoir des trois Cours en vertu du concert est de parler pour Elle. Cette forteresse, batie contre Choczim le sera aussi contre Caminiec, et on pourroit en appeller à la delicatesse de la Cour Imple. et Rle. sur ce que doit penser un état, de toute nouveauté de cette nature dans son voisinage.

Si tant de motifs ne permettent pas pour cette fois a l'Impce. de suivre son penchant naturel à concourir à la convenance de la Cour Imple. et Royle., il existe sans doute des points, non moins interessans, vers lesquels cette convenance pourroit se tourner, et sur lesquels l'Imperatrice se trouveroit les mains plus libres. On l'a dit et on le repète, desqu'il ne s'agira, que de ses interets seuls, rarement admettrat-elle de l'impossibilité à repondre aux desirs de Leurs Mtés. Elle l'a prouvé et il appartiendra au tems de le confirmer par les faits. Mais en attendant, Elle se permet de dire, qu'il est dans le moment présent une convenance majeure pour les trois Cours, et qui interesse au même dégré l'une que l'autre, c'est d'achever cet ouvrage des cessions de la Pologne et de sa pacification avec cette parfaite union, qui jusqu'à présent a animé leur concert, et lui a donné un poids, que rien n'a osé tenter de balancer, et le tems pour finir est sans doute fixé à l'époque de la durée de la diette, et ne doit pas la passer, si on veut compter sur le succés avec quelque probabilité.

XVIII.

Reponse à la Note qui a été remise au Prince de Lobkowitz le 17 Octobre 1773.[1])

La Cour de Vienne est persuadée, que sans l'unanimité qui a regné jusqu'ici entre les Ministres de trois Cours, chargés de leur negociation commune à Varsovie, on seroit peut-être fort eloigné encore de la satisfaction que l'on a de savoir les trois Traités de Cession actuellement signés et ratifiés. Elle n'est pas moins persuadée, que le succés de ce qui reste à faire pour que le systeme du Gouvernement avenir de la Pologne s'arrange selon les desirs communs des trois Cours, dépendra beaucoup de la continuation de cette unanimité entre Leurs Ministres, et Elle est très disposée, moyennant cela, à concourir possiblement à ce-qu'elle se soutienne. La façon dont s'est conduit le Ministre de L.L. M.M. I.I. et R. jusques à la conclusion des Traités de Cession, prouve des Instructions conformes à cette intention, et dans ce qui est arrivé du depuis, on n'y trouvera rien qui n'y soit conforme, si on veut bien observer:

Que les trois Cours ne sont convenu et n'ont même pû convenir que des Principes generaux du Plan qui avoit eté proposé pour tout ce qu'Elles auroient à traiter et à arranger avec le Roi et la Republique de Pologne; ces principes généraux étant les seuls objets du Plan qui pussent etre envisagés comme irrevocablement arretés, et tous les autres en échange comme des idées, que des reflexions ulterieures engageroient peut-etre à changer, ou meme à abandonner.

Que, quoiqu'il soit dit dans ce Plan, sous le Titre: Retablissement du Gouvernement dans ses vrais Principes, au point quatrieme: „Que l'autorité et la Dignité Royale seront circonscrites par des nouvelles Loix, redigées plus convenablement à la forme du Gouvernement Republicain", on n'y a point arreté à cet effet l'etablissement d'un conseil permanent.

Que, quelque raison ou circonstance, qui n'auroit point eté prevuë, pourroit peut-être encore engager la Cour de Petersbourg Ellemême à changer d'avis en tout ou en partie sur la valeur réelle de l'Etablissement de ce Conseil.

Que comme il n'en est pas meme fait mention dans le Plan proposé, la Cour de Vienne n'a pû donner une Instruction préalable à son Ministre à Varsovie sur cet objet.

Que depuis qu'Elle en a connoissance, Elle a dû supposer, qu'attendu l'importance de la chose on jugeroit nécessaire, de mure-

---

[1]) Dem Vertrag vom 14. December 1773 beiliegend.

ment discuter encore entre les trois cours tout le pour et contre de cette nouvelle forme d'Administration.

Que par consequent Elle n'a pû prescrire à Son Ministre, que de se régler, à l'égard de cet objet particulier, sur la regle générale qui lui est prescrite, de concourir toujours avec tout l'esprit de Conciliation possible aux Deliberations avec ses Collegues.

En un mot, que d'après toutes les circonstances susdites Elle n'a pû faire à cet égard ni plus ni autrement qu'Elle n'a fait.

Mais comme Elle desire néantmoins sincèrement se prêter, autant qu'il peut dependre d'Elle, en toute occurrence à ce qui peut etre agréable à S. M. l'Imperatrice de Russie, quoiqu'il Lui semble, qu'il y auroit bien des choses à dire sur le contenu du papier intitulé: Projet pour l'Etablissement du Conseil permanent, qui Lui a eté envoyé de Varsovie, et que la valeur de cet Etablissement Lui paroisse encore au moins problematique, pour deferer au desir de S. M. l'Imperatrice elle vient d'autoriser le Baron de Reviczky en general, à condescendre, et meme à aider à tout ce qui sera decidé par la pluralité des Délégués. S. M. L'Imp.ce de Russie peut compter, qu'il se conformera à cet ordre; Et Elle rendra justice à L.L. M.M. I.I. et R.le si Elle veut bien etre persuadée, une fois pour toutes, que rien ne Leur est plus agréable que les occasions de pouvoir Lui donner des marques de Leur sincère amitié.

A Vienne, ce 16. Décembre 1773.

XIX.

Réponse confidentielle aux Remarques verbales qui ont eté communiquées au Pce. de Lobkowitz sur les ouvertures amicales qu'il avoit eté chargé de faire au sujet de la Demarcation des Limites.

Dez aussitôt, qu'au moyen des notions verifiées sur les lieux par L'Empereur Lui meme, la Cour de Vienne s'est venuë en etat de pouvoir articuler precisément la demarcation des limites de ses Etats revendiqués sur la Pologne, Elle s'est empressée de charger le Prince de Lobkowitz des ouvertures amicales qu'il a faites sur ce sujet à Monsr. le Comte de Paniu au commencement du mois d'Octobre dernier, par une suite du plaisir qu'Elle trouve à donner des marques d'attention à Sa Majesté l'Imperatrice de Russie, et pour prevenir d'avance tout mesentendu à cet égard.

Elle est très eloignée de vouloir rien au delà de ce qui Lui est dû en vertu de la triple convention. Mais Elle est si persuadée en meme tems, qu'elle ne peut etre entendue autrement qu'Elle ne l'entend, qu'Elle a fait marquer ses Limites en consequence avant la publication même de son Manifeste, et qu'Elle n'a pas hesité à en adopter les termes dans l'Acte de Cession qui vient d'etre ratifié. Elle n'avoit pas meme pensé devoir rencontrer des difficultés à cet egard; Et ce n'est point sans etre peinée, par consequent, qu'Elle a vû dans les Remarques verbales, qui ont eté communiquées au Prince de Lobkowitz en reponse aux ouvertures qu'il avoit eté chargé de faire, une interpretation du sens de la convention, que son bon droit ne Lui permet pas d'admettre.

En consequence de ce que prescrit la convention, on a suivi très exactement de sa part les vraies frontieres de la Russie rouge, depuis le Bug jusques dans les environs de Sbarraz.

Delà on a suivi de même une riviere qui tombe en ligne droite dans le Niester.

Au delà de Sbarraz, qui est la seule façon dont peut s'entendre l'expression des environs, et au point où les frontieres de la Russie rouge du district de Trembowla touchent les frontieres de la Podolie, il n'est point de riviere, qui y ait sa source, et qui tombe en ligne droite dans le Niester, que le Sbrucz, qui d'ailleurs se nomme aussi Podorcze par plusieurs habitans du païs, et qui est la seule riviere dans la quelle il se rencontre les circonstances indiquées.

Cette riviere est exactement dans le cas des frontieres designées par la convention, dans la quelle il est dit: qui fait en meme tems les frontieres de la Volhynie et de la Podolie, le district de Trembowla se trouvant etre incontestablement de la Russie rouge, et aboutissant aux frontieres de la Podolie.

Les termes de la convention disent encore: „dans les environs de Sbarraz, et delà en droite ligne sur le Niester, le long de la petite riviere, qui coupe une petite partie de la Podolie, nommée Podorcze jusqu'à son embouchure dans le Niester." Et il n'est que le Sbrucz au lieu du dit Podorcze, qui n'existe point qui coupe une petite partie de la Podolie en ligne perpendiculaire depuis la frontiere du district de Trembowla, qui est de la Russie rouge jusques dans le Niester.

Les limites ont donc eté, par tout ce que cy-dessus, si clairement designés, qu'il eut eté impossible aux Ingenieurs de se tromper dans la demarcation qu'ils en ont faite; Et il n'auroit meme jamais pû s'elever le moindre doute à cet egard, s'il n'etoit arrivé, que manquant de toutes les connoisances locales qui auroient eté necessaires pour ne tomber dans aucune erreur de noms, lors des Negociations sur la triple convention, on a pris, pour designer la riviere en question, la moins commune de ses deux Denominations.

Et enfin, il est de fait, que la convention, en determinant les frontieres de la Russie rouge, prescrit en meme tems celles de la Volhynie, de la Podolie, et ensuite, après qu'on auroit suivi le cours de la riviere, qui coupe une petite partie de la Podolie, celles de la Pokutie, et par consequent, la continuation de cette frontiere jusqu'au point, ou celles de Pokutie et Moldavie tombent dans le Niester.

C'est par consequent sur les regles prescrites par la convention meme, que la cour de Vienne fonde la demarcation de ses limites. Elle n'en demande que l'execution; Et comme Elle est très éloignée de vouloir retarder le dernier des arrangements qui reste encore à prendre vis-à-vis du Roi et de la Republique de Pologne, pour que les Traités de Cession se trouvent entierement executés, Elle se propose de suivre sur la Demarcation des limites la route marquée par l'Acte de Cession, d'en traiter avec les Commissaires de la Republique, et de recourir ensuite, supposé des difficultés de leur part, à la Mediation stipulée reciproquement entre les trois Cours en pareil cas.

Elle croit ne pas pouvoir s'égarer en suivant cette route, qui est reguliere, Elle la regarde meme comme un moyen propre à accelerer l'execution complette des Traités de Cession, mais Elle pense en meme tems, qu'après s'etre amicalement entrecommuniqué les Demarcations respectives, ainsi qu'Elle vient d'en user à l'égard de la Sienne, il seroit desirable, que les trois Cours trouvassent bon de faire declarer en commun, au Roi et à la Delegation, avant l'assemblée effective des Commissaires avec ceux qui seront nommés par les Delegués pour constater et arreter definitivement la Demarcation respectives des Limites:

Que, s'etant communiqué mutuellement les raisons et les circonstances qui avoient determiné les limites que chacune d'Elles avoit fait marquer par ses Aigles, Elles avoient trouvé Leurs Demarcations respectives entierement conformes à l'esprit du seus Litteral des Traités de Cession. Qu'Elles croyoient, moyennant cela, en devoir prevenir le Roi, et qu'Elles Le requeroient de faire connoitre en consequence aux Commissaires, par les instructions qu'ils auroient à recevoir de la Delegation.

Qu'aucun changement essentiel aux limites actuellement marqués par les Aigles des trois Puissances, ne devoit etre l'objet de Leurs Negociations, et que, par consequent, ils devoient se borner aux arrangements de convenance, que l'interet des particuliers, qui se trouveront etre tombés dans le partage de l'une ou de l'autre de trois cours, pourroit rendre justes ou raisonnables.

Au moyen d'une telle Déclaration il semble, que le cas de l'embarras d'un nouveau partage, qui ne pourroit etre necessaire, que s'il arrivoit qu'il fallut proceder à l'arrangement d'une diminution proportionnelle, non seulement ne pourra point exister, mais que bien au contraire, attendû l'intention sincere dans laquelle se trouve etre d'ailleurs la Cour de Vienne, d'aller de même du plus parfait concert avec S. M. l'Imperatrice de Russie sur l'objet de la Constitution avenir de la Pologne, consequemment aux principes dejà convenus entre Elle et Sa dite Majesté, en s'y prenant ainsi, tout ce qui reste à arranger encore relativement à la Pologne, pourra y etre terminé vraisemblablement en peu de tems, à la satisfaction commune des trois Cours unies.

L'Empereur et l'Imperatrice Reine sont trés fachés au reste, de ne point pouvoir se conformer dans cette occasion aux Conseils de Sa Majesté l'Imperatrice de Russie. Mais ils se flattent en meme tems, qu'en se mettant à Leur place, Elle voudra bien sentir, qu'ils ne peuvent ni ne doivent se permettre de ne point chercher à faire valoir Leur bon droit.

à Vienne ce 16. Decembre 1773.

XX.

Lettre du Cmte de Panin au Prince de Gallizin.

Mon Prince. Votre Excellence est informée de l'Etat embarrassant, ou se trouvent actuellement nos affaires de Pologne. Elle sait que tout reste en suspends jusqu'à ce qu'on voit du coté de la Republique, quel effet aura la Mission de ses trois Envoyés aux trois Cours. Le Comte Braniki est arrivé chez nous et nous a representé vivement le desespoir et la consternation de tous les Esprits, en voyant l'extension des frontières de la Cour Imple. et Rle. et celle de Berlin. Comme S. M. Ile. n'a pû se dissimuler cette crise des affaires et les suites qui en peuvent resulter, Elle s'est determinée à écrire à LL MM. II. et Rles. ainsi qu'à S. M. Prussienne pour obtenir, que les choses restent en l'Etat de la Convention et des Traités. J'ai l'honneur de vous envoyer les Lettres pour L.L. M.M. que vous presenterez dans une audience, ou que vous prierez le Prince Kaunitz de faire parvenir aux mains de LL. MM.; j'en joins en meme tems les Copies, afin que Vr. Excellce. y voye sur quel ton elle aura à s'exprimer elle même dans son Entretien avec le Ministre. Je la prie de présenter nos idées dans tout le jour, qu'elles peuvent recevoir dans une conversation, et j'attends avec confiance de sa sagacité et de son experience, que tout sera proportionné par elle à l'Importance et à la delicatesse de la matiere.

Il importe beaucoup, que vous vous attachiés, mon Prince, à convaincre ce Ministre judicieux et éclairé, que s'il est un moyen de compter avec probabilité sur l'achevement des affaires de Pologne, ce ne peut être que sur les modifications que Nous proposons. En vain l'Imperatrice donneroit-Elle son consentement aux vuës des deux Cours, on ne les fera jamais admettre aux Polonois, et s'il faut les forcer par les voyes de fait, c'est renverser d'abord tout ce qui s'est fait de legal, vis-à-vis de la Republique, et s'enfoncer dans une confusion et un desordre d'operations, que ne procureront jamais qu'un titre defectueux, soit aux yeux des trois Cours elles mêmes, soit a ceux de la Pologne et de toute l'Europe; mais dans lesquelles il est bien plus à craindre encore, que les trois Cours ne marchent pas avec cette égalité et cette unanimité, qui fait toute la force de leur concert. En se rappellant les cris que jetta la Nation polonoise, lorsqu'à la confection des Traités il étoit question de substituer le Sbruz au Seret, on ne sauroit supposer de bonne foi, que cette Nation n'ait pas pensé conclure et signer dans son sens, et non dans celui de la Cour de Vienne, et qu'Elle n'ait pas compté comme sur une chose immanquable, que l'operation des Commissaires respectifs seroit de placer les poteaux aux armes de la Cour Imple. et Rle. sur les bords de cette derniere riviere. A présent qu'Elle s'apperçoit que la Cour de Vienne persiste dans ses prétensions, Elle reprend de son coté sa premiere opiniatreté, et il est d'autant plus difficile de la vaincre, qu'Elle croit avoir un Traité en sa faveur, et qu'Elle se persuade que l'Europe et même entre les trois Alliés, les deux non interessées à l'objet, en ont la meme Opinion. Elle a un bien plus puissant motif encore de s'y aheurter, quand Elle sent evidemment, que les nouvelles pertes qu'Elle souffre du coté du Roi de Prusse ne sont que la compensation de cet excedent des acquisitions autrichiennes, et qu'il reste encore indecis jusqu'ou ce Prince portera ses prétensions. Cependant par les derniers termes convenus entre les Cours de Vienne et Berlin, tout est reporté par Elles à une Negociation avec la Delegation, et tel est le cercle etroit dans lequel se trouvent renfermés les Polonois, qu'il leur faut ou refuser ou accorder tout. L'impossibilité apperçue au premier coup d'oeil dans l'execution d'un tel arrangement, ne sauroit me le faire regarder comme absolu, et étant l'intention definitive des deux Cours, et que chacune d'Elle se propose d'obtenir, le but de toutes deux par des efforts communs. S'il est donc une restriction, et l'une se fonde sur plus d'esperance de faire condescendre les Polonois à Ses vuës propres qu'à celles de l'autre, quelle sera alors la position de la Russie?

En vain se flatteroit on d'y amener S. M. Ile. Il n'est personne qui ose Lui proposer de donner les mains à une pareille mesure. Autant il Lui repugne comme une lacheté indigne de Sa gloire, de trahir les interêts d'un Allié, de qui Elle a reçu pendant le cours d'une guerre onereuse des services si essentiels, autant seroit-il contraire à son Equité envers la Republique, à Sa saine Politique relativement aux interets de son Empire, et à la Fidelité aux Principes du Concert, qu'Elle souscrivit à Son agrandissement sans bornes. Cependant il ne peut être de conduite de sa part dans la mesure actuelle, qui ne tombe dans l'une ou l'autre excés. Mais sans discuter ce-cy, qui doit être senti aussitôt qu'exposé, peut-être suffira-t-il des difficultés, que rencontrera une telle Negociation, soit commune soit particuliere vis-a-vis de la Republique, en quoi je suis fermement persuadé qu'on se fait illusion. Nous savons de notre Ministre, quelles sont les dispositions des esprits, et Nous en apprennons bien plus par le Compte Braniki. Ce n'est que par celui-ci, par les Consolations et les Lueurs d'esperance que Nous faisons passer par Son Canal que Nous retenons la Nation. Je vous le dis, Mon Prince, Nous n'en serons plus les maitres, dez qu'ils verront que le Decret de l'aggravation de Leurs Maux est irrevocable. Tout foibles qu'ils sont, ce sera toujours une atteinte à la Legalité de nos Demarches, qu'une protestation. ils diminueront de leurs pertes en y attachant de l'incertitude et remettant au temps à faire le reste. Croyés aussi qu'à force d'attente et de moyens, ils parviendront à alterer l'integrité de notre Concert. Et de bonne foy comment les trois Puissances entre Elles le jugeront-Elles inattaquable, quand Elles le voyent sapé dans ses fondements par le renversement du premier principe proposé par la Cour de Vienne Elle-même, l'Egalité parfaite de partage, et de celui, qui seul peut prevenir par la suite le choc de nos Interets à tous les trois, l'existence de la Republique dans un Etat convenable de Puissance intermediaire.

J'ai beaucoup de confiance, Mon Prince, dans le jugement profond et l'Experience consommée du Ministre au quel vous avés à parler et ainsi que je fais de mon coté, je me persuade, qu'il tiendra son honneur personnel et la Reputation de son Ministère interessés à finir les affaires dans le Dessin, dans lequel elles ont été commencées, qui est d'établir fermement un Sisteme de Paix, de bonne intelligence et d'union entre les trois Cours, et non de pousser avec avidité et sans mesure des interets presents sans aucun égard sur l'avenir. Je me flatte aussi, qu'il ne sera rien omis par Vte. Exce. pour Lui presenter dans toutes leur force et leur verité ces Considerations, et que S. M. Ile. aura lieu d'y reconnoitre une nouvelle preuve de Votre Capacité

et de Votre Zele pour Son service, et dans cette ferme persuasion j'ai l'honneur d'etre avec la consideration la plus parfaite,
Mon Prince
D. Vre. Excellence
Le tres humble et très obéissant S.
C. N. Panin.

A St. Petersbourg le 30. Mai 1774.

XXI.

Reponse verbale du Prince de Kaunitz-Rittberg aux Insinuations verbales qui Lui ont été faites de la part de Mr. le Comte Panin par Mr. le Prince Gallizzin le Juni 1774.

Lorsque le Roi de Pologne se determinat tout d'un coup à renvoyer aux Cours de Vienne et de Berlin les Ministres qu'il y avoit accredités cy-devant, et en meme tems le Cte. de Branicky à celle de St. Petersbourg, il ne savoit point au juste, et encore moins legalement les intentions des deux premieres cours au sujet de leurs limites; Il n'a pû charger, moyennant cela, les dits Ministres que de representations, ou vagues ou sans fondement; On a eté, par consequent, dans le cas de devoir differer toute reponse definitive au tems, au quel le Roi et la Republique, legalement informés de ce dont il s'agissoit, seroient en etat d'articuler des plaintes ou des demandes, s'ils croyoient à avoir en faire; Et tout comme on est encore actuellement dans ce cas, on y restera jusqu'à ce que, de la part de la Republique, on se sera expliqué sur la communication que les Cours de Vienne et de Berlin viennent de lui faire des Cartes de leurs Demarcations. Jusques là donc, et jusqu'à ce qu'il n'ait eté repondu aux representations qui pourront avoir eté faites par la Republique, Elle n'est point fondée à se plaindre. Il ne paroit donc y avoir rien d'embarrassant dans l'etat où se trouvent actuellement les affaires communes aux trois cours en Pologne, et la Republique n'est point en droit de laisser rien en suspens jusqu'à ce qu'Elle voye, quel effet aura la mission de ses trois Envoyés aux trois cours, puisque, lorsqu'elle a eté faite, par les raisons cy-dessus alleguées, Elle ne pouvoit en avoir, et ne pourra meme en avoir aucun, qu'après qu'on aura pû s'expliquer, et s'entendre, ou ne point s'entendre de part et d'autre. En attendant cependant on ne peut pas s'empecher d'observer, que le Cte. Branicky n'a point eté fondé à declamer contre la pretendue Extension des frontieres de la Cour Imple. et Royle., attendu qu'il est notoire, qu'Elle n'a jamais étendu ses frontieres, et qu'elles sont encore au jour d'aujourd'hui exactement conformes à ce qu'elles etoient lorsqu'il en a eté pris possession au moment où les Trouppes Imples. et Rles. entrèrent en Pologne, et on ne peut pas s'empecher d'observer en meme tems, que bien loin qu'il ait jamais eté question des cris que doit avoir jetté la Nation Polonoise, lorsqu'à la confection des Traités, on doit avoir agité de substituer le Sbrutz au Seret, non seulement il n'y a pas eu la moindre contestation à cet égard, mais que meme il s'est ecoulé plus d'une année après, sans que, ni de la part de la Republique, ni meme d'aucun individu, on y ait fait la moindre objection à la Cour de Vienne; Et qu'il n'est meme que peu de semaines, qu'Elle en a fait quelque mention. Leurs Majestés, l'Empereur et l'Imperatrice Reine, sont au reste si eloignés de vouloir s'ecarter de l'etat de la convention et des Traités, qu'Elles n'ont pas hesité un moment d'en réiterer les assurances à S. M. l'Imperatrice de toutes les Russies, en reponse aux Lettres amicales qu'Elle Leur a adressées sur cet objet en date du 26. May V. St., en se flattant neantmoins, que l'intention de sa dite Majesté Imperiale ne sauroit etre, que les trois Puissances contractantes devront souscrire purement, et simplement et sans aucun égard à la valeur des objections et des contradictions, indistinctement à toutes celles que la Republique pourroit trouver bon de mettre en avant. Jusqu'icy donc on croit avoir fait non seulement ce qu'à pû se faire, mais meme ce que l'on n'a pû s'empecher de faire. Les cours de Vienne et de Berlin, pour se conformer à la stipulation des Traités de cession, viennent de nommer des commissaires pour convenir avec ceux de la Republique, sur les lieux, de l'Arrangement definitif des Cartes de Demarcation qui doivent faire Loi pour tous les tems avenir. Pour gagner du tems et pour abreger un ouvrage materiel, qui n'auroit pû manquer d'etre très long, si on avoit attendu à commencer l'ouvrage des Cartes à lever jusqu'au moment de l'assemblée effective des commissaires respectifs, Elles ont fait lever celles des frontieres, qu'Elles se croyent fondées à demander, en vertu des Traités. Elles les ont fait communiquer à la Delegation. de qui les commissaires doivent recevoir leurs Instructions, pour pouvoir, en discutant et arraugeant avec Elle, s'il est possible, des difficultés si Elle en trouve, la mettre en etat d'en donner à ses commissaires qui n'arrete pas leur travail sur les lieux. La façon dont Elle s'expliquera vraisemblablement dans peu, doit en fournir les moyens; Et il est certain au moins, qu'ayant pris parmi tous les moyens possibles le plus legal, et en meme tems le plus propre à s'entendre et à s'arranger, on s'est mis dans le cas d'avoir prevenu par là nombre de difficultés qui auroient peut-etre eté insurmontables, si on avoit voulu prendre toute autre voye; attendu que ni l'interpretation, que chacune des trois cours se croit fondée à donner aux termes et au sens des Traités, ne pourroit equitablement etre une Loi absoluë pour la Republique ni vice versa celle de la Republique pour les trois Cours; que moyennant cela, il faut s'arranger; qu'un arrangement quelconque rend indispensable la communication des objets, sur lesquels il doit rouler, et que par consequent on ne peut pas meme imaginer, que pratiquement on eut pû faire autrement que l'on n'a fait. Supposer une restriction mentale de la part des Cours de Berlin et de Vienne, et que l'une se fonde sur plus d'esperance de faire condescendre les Polonois à ses vuës propres qu'à celles de l'autre, c'est, à ce qu'il semble, supposer un cas impossible; attendû 1º qu'il n'est rien qui puisse ni doive engager la Republique à consentir à ce qu'Elle croiroit ne point devoir, puisque c'est là le pis qui pourroit Lui arriver dans tous les cas; Et 2º parce que si ce cas, par lui-meme impossible, pouvoit exister, il ne serviroit de rien, attendu qu'alors celui de la Mediation des deux autres cours, également stipulé par les Traités, se trouveroit etre interminés, et en detruiroit l'effet, si Elles jugeoient devoir le detruire. Il semble donc, que S. M. l'Imperatrice de toutes les Russies, dans l'etat, où sont les choses, peut etre d'autant plus tranquille sur les evenements avenir, que l'Empereur et l'Imperatrice Reine sont très éloignés de l'idée, de vouloir rien d'injuste ou par la violence vis-à-vis de la Republique, ainsi que de celle de pretendre renverser le premier principe adopté par les trois Cours, c'est à dire, l'Egalité parfaite de partage; Et que Leurs Majestés sont persuadées, que S. M. Prussne. est dans les memes sentiments. Dans le moment présent on ne peut donc qu'attendre l'effet que pourra faire le parti que l'on a dû prendre, et comme les insinuations de S. M. l'Imperatrice de toutes les Russies ne peuvent etre que d'un très grand poids vis-à-vis de la Republique, on ne peut qu'esperer beaucoup de la haute sagesse qui les dictera, ainsi que de la sagacité, avec laquelle les ordres de S. M. I. seront executés.

— —

XXII.

Insinuation verbale. [1])

Toutes les difficultés, que plus ou moins les commissaires de la Republique de Pologne persistent à opposer aux raisons de ceux de trois puissances, chargés de constater avec eux l'état définitif des limites respectives, ne permettent plus d'espérer aucun succés de leurs

---

[1]) Am 20 mars 1775 nach Berlin und Petersburg gesendet.

commissions il n'est pas possible de pouvoir s'accorder, et il existe, moyennant cela, le cas, auquel les commissaires respectifs ne pourroient convenir sur l'explication de l'article 2. des traités de cession et ce qui est prescrit en ce cas à l'article 10.

L'Imperatrice-Reine aux instances réitérées de la délégation a bien voulu donner les mains à l'assemblée effective des commissaires, quoiqu'elle fut très convaincue, qu'elle ne pourroit être qu'infructueuse, si elle avoit lieu avant qu'on n'eut levé les principales difficultés à Varsovie, attendu que des personnes uniquement destinées à constater des difficultés de fait devoient naturellement être arrêtées à la prémière question de droit, qui s'eleveroit.

Mais comme il ne seroit pas juste que sa déférence à cet égard seroit à éluder l'arrangement définitif, qu'elle avoit pour objet et qu'il ne reste plus aucun doute, que tel en seroit l'effet, si on n'employoit pas enfin le moyen, que les trois puissances se sont reservées en cas de besoin.

Sa Majesté, conformement à l'art. 10. croit ne pas devoir différer plus longtems à reclamer la médiation de S. M. l'Impératrice de Russie et de S. M. le Roi de Prusse, stipulée pour le cas existant actuellement, en offrant la sienne en échange à Leurs dites Majestés et en les requérant de vouloir bien donner au plutôt les ordres et les instructions nécessaires à cet effet à Leurs ministres résidants à Varsovie.

Elle croit devoir les informer cependant en même tems, que, comme la diète actuelle est sur le point de se séparer, que S. M. l'Imperatrice de Russie juge, qu'il convient qu'elle ne reste pas rassemblée plus longtems, et qu'il seroit désirable néantmoins, qu'il restât à la place de la délégation un corps de personnes autorisées à discuter et terminer enfin avec les trois cours l'objet de la fixation définitive de leurs limites; il lui a paru convenable de demander à la République, de substituer à la délégation le conseil permanent ou tel autre comité qu'elle voudra, muni des pleinpouvoirs qu'elle jugera être nécessaires à cet effet, et qu'elle a déjà donné des ordres en conséquence à son ministre le baron de Rewiczky. Elle pense, que S. M. l'Impératrice de Russie et S. M. le Roi de Prusse pourront trouver cette demarche convenable aux circonstances, et elle éspère, qu'en ce cas Leurs dites Majestés voudrout bien donner des ordres analogues à leurs ministres residants à Varsovie.

XXIII.

Rescripte an van Swieten in Berlin.

25. Januar 1772.

(Im Auszuge)

(Uebersendet die nach Petersburg gehenden Actenstücke; man hoffe der König werde zufrieden sein. Obzwar man Anstand nehme, der Pforte die letzten Friedensbedingungen Russlands zu übermitteln, so unterbleibe dies nicht aus den früheren Bewegursachen, dass auch diese letzten Bedingungen mit dem Staatsinteresse unvereinbarlich seien, sondern einzig und allein aus dem Grunde, um die Pforte nicht vor der Zeit zu beunruhigen und dadurch die Friedensverhandlungen weit mehr zu erschweren als zu befördern. Hoffentlich werde es der König gut heissen, dass darauf angetragen wird, die Einleitung des Waffenstillstandes nicht unmittelbar durch die Pforte, sondern durch die gemeinschaftliche Correspondenz von Thugut und Zegelin mit den commandirenden russischen Generalen bewerkstelligen zu lassen. Die diesseitige Anweisung an Thugut sei schon abgegangen.)

(Sodann wörtlich):

„Nachdem es aber vor dermalen nicht blosserdings auf die Endschaft des Türkenkrieges, sondern auch auf die Befriedigung der von Unserem, dem Berliner und Petersburger Hof auf polnische Lande habenden Ansprüchen und Forderungen ankommen soll, und sowohl der König gegen Eure als der russ. kais. Hof sich gegen den Unsrigen Gesandten bereits dahin geäussert hat, dass desfalls eine gemeinschaftliche Abrede zu pflegen, und solchergestalt aller Eifersucht und besorglichen Weiterungen bevorzukommen sei, so bietet sich zum Glück und zur Aufrechterhaltung des allgemeinen Ruhestandes ein neues zureichendes Mittel dar, in der Güte auseinander zu kommen, und der Beisorge, dass wegen den zerrütteten Gleichgewicht zu den Waffen gegriffen werden müsse, ein allerseits anständiges Ende zu machen.

„Es ist also vor dermalen erforderlich, ohne vielen Umschweif und Verstellung zur deutlichen Sprache zu kommen, und da Ihre k. k. Maj. hiebei in erlauchteste Erwägung gezogen haben, dass zwischen allerhöchst Ihrer und des Königs Majestät die geheime Neustädter Abrede bestehe, und überdas ein gemeinschaftliches Interesse darin vorwalte zur vollständigen und sicheren Erreichung der abgezielten Vortheile einander hülfreiche Hand zu bieten, und ganz gleichförmig zu Werk zu gehen, so wird sich zwar diesseits zu einem gütlichen Einverständniss und diesfalls zu pflegender Unterhandlung gegen den russ. kais. Hof ganz willfährig erklärt, und solchergestalt der Weg zu einem gemeinschaftlichen Concert eröffnet, es wünschten aber Ihre Maj. gar sehr, der Sachen gleich auf den Grund zu greifen und fördersamst mit des Königs Maj. ohne Verletzung ihrer mit Russland obhandenden Engagements eine solche vorläufig freundschaftliche Abrede zu pflegen, dass zu Entfernung alles Misstrauens, Eifersucht und sich kreuzender Bearbeitungen der Satz wegen der vollkommenen Gleichheit des diesseitigen und königl. preussischen Antheils in Polen, als unverbrüchlich angenommen und ohne Rückhalt sich beiderseits geöffnet werde, worinnen eigentlich eines jeden Antheil zu bestehen habe. Da dann nach Mass als der König seinen Antheil erstreckte auch der diesseitige bestimmt und wegen dessen Ausgleichung die fernere vertraute Abrede mit dem König genommen werden solte.

„Im Falle nun der König, wie ich allerdings vermuthen will, in eine solche billige und gemeinersspriessliche Abrede einzugehen und das erwähnte doppelte Versprechen von sich zu stellen vermöget werde, alsdann haben Euer . . . . in weitere Vorstellung zu bringen, dass der König in Betracht der beiderseitigen Convenienz und Zufriedenheit nicht nur seinen Antheil, sondern auch den diesseitigen in einen Zusammenhang von den pohlnischen Landen zu überkommen und solchergestalt sein Arrondissement vollkommen zu machen, dagegen aber Ihrer kais. königl. Maj. die Grafschaft Glatz und so viel von seinen schlesischen Besitzungen abzutreten hätte, als der Ihrer Maj. aus dem Portage Tractat zufallende Antheil von den pohlnischen Landen in seinem innerlichen wahren Werth ertraget.

„Durch eine solche Einrichtung würde beiderseits ein solides und vortheilhaftes Arrondissement erreichet und zugleich der ewige Stein des Anstosses und Misstrauens aus dem Weg geräumt, dass der Besitz der Grafschaft Glatz dem König nicht sowohl wegen Sicherheit seiner eigenen Lande, da sich Schlesien durch das Gebirge und die Festung Silberberg genugsam gedeckt befindet, als wegen der bedenklichen Absicht, den Schlüssel zum Eindringen in die böhmischen Lande zu behalten, von vorzüglichem Werth sei."

(Russland sei nicht auszuschliessen, sondern zuerst mit dem König vertraute Uebereinkunft zu erzielen, um sodann in Petersburg die mit dem Könige zu verabredenden Schritte zu machen.)

---

25. Januar 1772.
(Im Auszuge.)

(Im Eingange Wiederholung des in der deutschen Depesche Gesagten über den Inhalt der nach Russland gesendeten Schriftstücke. Man beabsichtige nicht sich zu widersetzen, wenn Russland einige

Vortheile erlange Vor Allem sei es nothwendig, die Pforte zu einem
Waffenstillstande und zur Eröffnung des Congresses zu bewegen.)

(Sodann wörtlich):

Mais moyennant cela tout n'est pas dit à beaucoup près, car
outre qu'il est possible, que la Paix sur le pied des dernières propositions de la Russie pourra peut-être ne pas se faire, il ne me paraît
pas vraisemblable, que ce soit là la non plus ultra, que Se soyent
proposé le Roi et l'Imp. de Russie. Je me crois même en droit de
supposer, qu'ils sont déjà convenues de se procurer, s'il se peut, mutuellement d'autres avantages, quant à leur valeur politique au moins,
non moins considerables. Bien des choses, qui ne sauroient reussir,
sans qu'il s'en suive une rupture entre nous, qui entrainera necessairement une guerre generale, si on ne s'entend pas et ne s'arrange
pas de bonne foi d'avance, peuvent reussir et reussiront vraisemblablement dans le cas contraire. Or il seroit affreux de vouloir s'attirer le plus grand mal possible, qui est la guerre, lorsque l'on veut
sans risques et sans dangers, et bien plus surement par venir au
but que l'on se propose; et nous croyons par consequent, que le moment est arrivé, dans lequel on se voit entre bons amis, de se porter
à coeur ouvert. Vivement frappées de cette consideration S. S. M. M.
I. I. vous ordonnent donc, monsieur, de rendre au Roi ce que je
viens de vous dire, avec la franchise dont je vous en parle, et qui
est la marque la plus certaine qu'Elles puisse lui donner de leur confiance et du desir le plus sincere de rester ses bons et fideles amis.
Si, comme nous le pensons, nous ne nous sommes point trompées
dans notre supposition, ce Prince eclairé sentira, que pour prevenir
toute jalousie et ne pas nous croiser dans nos mesures il sera indispensable de commencer d'abord et au plutot par une promesse solemnelle, foi de Roi, qu'il sera observé l'Egalité la plus parfaite dans
les acquisitions dont il pourra être question pour lui et pour nous,
et que tout de suite, comme il n'y a pas un moment de tems à perdre dans des affaires de ce genre, parce qu'elles transpirent pour peu
qu'elles languissent, et qu'en ce cas les risques et les difficultés
augmentent, il faudrait incessamment se confier à coeur ouvert ce
que l'on desirerait de part et d'autre. Nous proportionnerons nos
demandes à celles que le Roi jugera à propos de faire. Nous n'aurions même aucune difficulté de lui communiquer les notres, des à
present et de parler les premiers, si notre idee était une certitude,
au lieu qu'elle n'est qu'une supposition, et si nous n'etions pas determinés, comme nous le sommes, à ne rien demander du tout, et à
rester dans l'etat de possession ou nous etions depuis la paix de
Hubertsbourg, supposé que le Roi et la Russie jugeassent à propos
de rester aussi, comme ils etaient alors, à l'exception toutes fois des

conditions, que la Russie pourra obtenir de la Porte. Mais comme moyennant cela il nous serait impossible de rien articuler, avant de savoir les intentions du Roi, vous le prierez. Monsieur, au nom de L. L. M. M. I. I., 1°. de vouloir bien vous dire, s'il seroit disposé à convenir de ce Principe, de parfaite egalité entre nous, et à trouver bon, qu'il en fut echangé une promesse par ecrit entre lui et L. L. M. M. I. I., et 2°. de vouloir bien vous confier, tout vraiment, et comme son dernier mot, les objets d'acquisitions, auxquelles il compteroit se borner. Si le Roi veut bien en user ainsi, vous pourrez aller en avant tout de suite, en consequence des Instructions que je vous donne aujord'hui par mes lettres d'office.

Wien, den 25. Jänner 1772.

Wenn des Königs Mayt. zu einem Vertansch des diszeitigen Partage Antheils gegen die Grafschaft Glatz und eines proportionirten Stück von Schleszien auf keine Weise zu vermögen und desfalls alle Hofnung verschwunden wäre; als dann wäre nur wie Dero privat Gedanken fallen zu laszen, dasz gleichwohlen die diszeitige neue Acquisition in Pohlen wegen dem darzwischen liegenden Gebürge ihren Werth sehr verliehre und auf ein anderes arrondissement fürzudenken, solches aber am ersten in den Türckischen Landen, und mit Einstimmung der Pforte zu finden seyn dürfte, ohne dasz Ihro Kaisl. Konigl. Mayt. das gute Trauen im mindesten zu verletzen und sich gegen die Pforte feindlich an Laden zu legen hätten.

Dann da Ruszland in seinen ersten Friedens Bedingniszen auf die Freyheit der Moldau und Wallachey angetragen hat, auch solches bereits zur Wiszenschaft der Pforte gelanget ist, hingegen ihr von den neueren Ruszischen Entschlieszungen, die ernante Provinzien aus Rüksicht auf das diszeitige Staats-Interesse gegen andere Bedingnisze wieder abtretten zu wollen von Unserem Internuntio nichts bekant gemacht werden soll; so dörfte sich bey Eröfnung des Congresses die Gelegenheit fügen, dasz Ruszland wieder zu seinen ersten Friedens Propositionen zurüktretten und die Pforte vermögen könnte, gegen Wiedererhaltung der Moldau, Wallachey und Beszarabien einen Theil von Bosnien und Servien nebst Belgrad unserem Hof abzutretten. Ich wiederhole aber hiebey die Erinnerung, dasz dieser Vorschlag nur im Fall, wenn jener wegen Glatz nicht statt fände, noch als Dero zufälliger Gedanken bey sich natürlich fügender Gelegenheit auf die Bahn zu bringen sey, damit dadurch dem König in Preuszen Anlasz gegeben werde, seine eigentliche Gesinnung näher zu erkennen zu geben und bey dem Ruszischen Kayl. Hof noch in Zeiten die diensame Vorbereitungen und Schritte zu machen; ohne dasz unser Hof sich veranlast befände, in Ansehung der Pforten sich allzu viel blosz zu geben und von dem rechten Ziel zu entfernen. Im Fall aber auch dieser Vorschlag bey dem König gegen alles Vermuthen keinen Beyfall fände, alsdann hätten Euro .... einen Austausch gegen die Marggrafthümer Bayreuth und Anspach entweder gantz oder zum Theil, nach Maasz als der Unserem Hof in Pohlen zu bestimmende Lande im Werth ertrügen, in schicklichen Antrag zu bringen; zumahlen die erwehnte Marggrafthümer nach ihrer Lage kein vortheilhaftes arrondissement vor die Chur-Brandenburg. Lande abgeben und es dem König nicht schwer fallen würde, den jetzt regierenden Marggrafen so ohnedem keine Succession zu hoffen hat, gegen andere Convenienzien zur Cession seiner Lande zu vermögen.

Uebrigens werden Eure .... von selbsten darauf bedacht seyn den Courier an II. Fürsten Lobkowitz, sobald es seyn kann, seinen Weeg nach Petersburg fortsetzen zu laszen, und einen anderen Expressen mit der Königl. Erklärung auf unsern Vorschlag anhero zu senden damit so dann erst unsere bestimte Aeuszerungen nach Petersburg ohngesäumt abgehen können. Ich verharre etc.

A Monsieur le baron de Swieten à Berlin. A Vienne le 19 Fevrier 1772. Dépéché par le courier Kleiner, dicté par Son Altesse elle même.

Monsieur, Leurs Majestés Imperiales viennent de me donner les ordres qui m'étoient nécessaires pour pouvoir répondre à votre lettre du 5 de ce mois et je m'empresse moyennant cela à vous les faire parvenir.

Elles ont été très-sensibles à la marque de confiance que le Roi vient de leur donner, en s'expliquant vis-à-vis de vous conformément au compte que vous avez rendû de la derniére audience qu'il vous a accordée, et Elles vous ordonnent de Lui en témoigner leur reconnoissance dans les termes que vous jugerez être les plus propres à Le convaincre qu'elle est aussi sincère que l'amitié qu'Elles Lui ont vouée.

Il resulte de ce que vous avez mandé: Qu'independamment des avantages qui pourront revenir à l'Imperatrice de Russie du chef de sa paix avec la Porte, le Roi a donné son consentement aux acquisitions qu'Elle se propose de faire d'ailleurs en Pologne, et que jusqu' icy il ne savoit point à la verité encore exactement, mais qu'il croioit devoir être considérables.

Qu' en échange l'Imperatrice de Russie consentoit à laisser faire au Roi l'acquisition de toute la Prusse Polonoise jusques à la Netz, les villes de Thorn et de Danzic seules exceptées. Et enfin,

Qu' il est entendû, qu' au cas que cet arrangement ait lieu il devra revenir à la maison d'Autriche des acquisitions proportionnées à celles que fera le Roi en Pologne.

Moyennant tout cela Nous voilà donc enfin à même de pouvoir nous expliquer aussi de notre coté, et c'est ce que LL. MM. JJ. me chargent de vous mettre dans le cas de pouvoir faire avec une confiance égale à celle que le Roi vient de leur temoigner.

Pour cet effet cependant il me paroit nécessaire, de vous confier au point où en sont les choses des faits et des circonstances dont jusqu' icy vous n' avez pas eû besoin d'être informé.

Vous savez, que depuis le moment, auquel la guerre s'est allumée entre la Russie et la Porte, nous avons desiré que la paix pût se retablir entre ces deux puissances sans un affoiblissement et par conséquent sans un aggrandissement considérable ni de l'une ni de l'autre, et que nous n'avons pas même pensé à vouloir en ce cas en tirer aucun autre avantage que celui que nous aurions trouvé dans le maintien de l'équilibre nécessaire à notre sûreté.

Vous savez aussi, que nous avons senti cependant en même tems que, s'il arrivoit que la paix ne pût se faire sur ce pied et à plus forte raison dans le cas de projets d'aggrandissement considérable pour la Russie et pour le Roi de Prusse, nous ne pourions pas nous dispenser de nous y opposer même par la voye des armes, dussions-nous risquer le tout pour le tout, d'employer le verd et le sec, pour engager dans notre parti toutes les puissances, qui se regarderoient comme également intéressées à empêcher l'exécution d' un plan si incompatible avec la tranquilité et sûreté d'un chacun; et qu'il en auroit résulté vraisemblablement une guerre générale.

Vous n'ignorez pas non plus, que ce parti, auquel nous étions absolument determinés etoit borné cependant au cas que la Russie et le Roi de Prusse ne pûssent être disposés à renoncer à un pareil projet ou ne se determinassent pas à nous mettre dans le cas de pouvoir nous dispenser de le prendre en nous faisant obtenir des avantages proportionnés à ceux que l'un et l'autre se proposeroit de se procurer; que c'est par une suite de ces principes, que jusqu'icy constamment nous avons taché d'engager la Russie à donner les mains à un plan de pacification qui ne fût pas trop onéreux à la Porte et laissât d'ailleurs intacte le reste du système de l'Europe; que nous avons jugé même ne pas devoir donner les mains à l'offre obligeant que plus d'une fois a bien voulû nous faire l'Impératrice de Russie, de prendre part avec Elle à la guerre présente et de profiter de succès que sans doute on auroit eû lieu de s'en promettre; et que c'est par ces raisons enfin, que nous nous sommes mis dans l'etat, de pouvoir faire la guerre d'un moment à l'autre, si on nous mettoit dans la necessité de ne pas pouvoir nous en dispenser.

Mais voicy ce que vous ne savez pas: Pas plus loin que l'été dernier nous avons pû craindre encore, que nous serions forcés à recourir à la voye des armes, la Russie paroissant persister à vouloir rester, au moins indirectement, la maîtresse de provinces, dont la connexion avec elle auroit rendû précaire la sûreté et tranquilité de nos frontières du Bannat et de la Transylvanie; et le Roi de Prusse, en vertû d'une intelligence secrète entre Lui et la Russie, paroissant devoir augmenter de puissance aussi de son coté, sans qu'il dût être question de notre convenance réciproque en façon quelconque. Malgré tout cela, cependant bien loin de vouloir rien précipiter, nous avons refusé absolument l'offre que nous a faite alors la Porte, de nous assister de toutes ses forces et de nous donner tout l'argent que nous Lui demanderions, si nous voulions nous déterminer à déclarer la guerre au Roi de Prusse.

Mais comme des circonstances aussi graves n'ont pû nous permettre cependant de nous abandonner tout à fait au sort des evenements, nous avons fait declarer à la Porte: que la bonne foi s'opposoit à ce qu'elle nous proposoit; mais qu'au lieu de ce parti, auquel l'honneur et notre bonne intelligence avec le Roi de Prusse ne nous permettoit pas de pouvoir donner les mains ou par la voye de la négociation ou par celle des armes, l'une ou l'autre à notre choix, nous ferions tout notre possible, pour Lui faire obtenir une paix qu'elle même jugeroit acceptable. La Porte de son coté par la consideration qu'il n'eût eté ni juste ni raisonnable, que les frais des depenses nécessaires pour nous mettre en mesure, restassent à notre charge, s'est engagée en échange, à nous les rembourser; et c'est en conséquence de ce concert ministériel que nous avons faits tout ce que l'on nous a vû faire jusqu'icy en sa faveur.

Il m'a parû devoir vous confier toutes ces particularités dans ce moment-cy, auquel l'idée, que vous avez crû pouvoir proposer au Roi au sujet de la Servie et Bosnie, pouroit Lui faire penser de nous des choses bien éloignées de nos principes en politique, afin que vous puissiez en faire usage, s'il arrivoit, que le Roi vous temoignât jamais qu'il s'en méfie; mais vous n'en ferez aucun en échange, s'il ne vous en fournit pas l'occasion, car je ne veux que vous mettre en etat de pouvoir détruire, au besoin, d'injustes soupçons et nullement nous faire un merite de choses, que je n'ai envisagé que comme des devoirs.

Moyennant tout ce que cy-dessus vous ne serez donc point etonné, Monsieur, de voir par ma lettre d'office, que nous n'avons pû nous dispenser de vous charger de desavouer au nom de LL. MM. JJ. vis-à-vis du Roi l'idée, que vous avez crû pouvoir Lui insinuer de votre propre chef. Ne craignez point cependant, que cette demarche vous ait fait le moindre tort dans Leur esprit, qui est trop équitable pour savoir mauvais gré à Leurs serviteurs de s'être trompés par zèle pour Leur service, et soyez tranquile moyennant cela.

Par les instructions, que d'ailleurs je vous adresse aujourd'hui, il vous parvient, ce me semble, tout ce dont il est possible de vous charger dans ce moment-cy et jusqu'à ce que, ce qui doit nous venir de Petersbourg, ne nous mette en etat, de voir plus clair et de faire d'avantage. Je me borne donc pour aujourd'hui à vous recommander, de me faire parvenir le plûtôt que vous pourez ce que vous aurez à me mander en reponse à cette expedition, et je suis en attendant comme toujours etc.

P. S. in folio separato. Je vous laisse absolument le maitre de lire au Roi cette lettre ou de ne pas la Lui lire; bien entendû cependant, que vous ne Lui en donnerez point copie.

P. S^{tum.} à Vienne le 11 Avril 1772. A Mr. le baron de Swieten à Berlin. Dépêché par le courier Föth le 12 Avril 1772. Dicté par S. A. Elle même.

Nous n'aurions pû nous dispenser de retirer notre parole et de nous refuser en conséquence, à prendre part au concert arrêté entre la Russie et le Roi de Prusse, s'il étoit arrivé, que l'Impératrice Catherine eût fait difficulté de signer la déclaration, qui établit l'egalité de portions entre les trois puissances. Nous ne pouvions être informés du parti, qu'auroit pris cette princesse à cet égard, que par l'arrivée du courier, que nous renverroit le prince de Lobkowitz sur ce sujet; et il n'eût pas eté possible par conséquent, de ne point l'attendre, parce qu'il auroit eté absurde, de nous presser d'articuler ce qui devoit nous échoir d'un arrangement, auquel nous n'etions pas bien certains encore de pouvoir prendre part. On n'imagineroit pas, qu'il fût possible, de ne pas sentir une verité aussi simple, et c'est pourtant ce qui et arrivé. L'esprit soupçonneux et méfiant du Roi de Prusse Lui a fait imaginer de la ruse et de la finesse dans ma conduite à cet égard. Il me croit double et faux; et je vous avoue que je suis choqué au delà de l'imagination, de voir que ce soit Lui, Lui qui ose m'attribuer un caractère odieux que tout l'univers sait etre aussi contraire à ma façon de penser. S'il pouvoit imaginer, à quel point par de la méfiance et de pareils procédés il s'expose à m'indisposer contre Lui, je pense qu'il s'en corrigeroit, ou au moins il devroit le faire. Je ne m'en flatte pas néantmoins, car on ne guérit pas de sa tournure d'esprit, et dans son cas on juge assez communément des autres par soi même. Mais je crois devoir cependant vous communiquer ce silogisme sur les raisons qui ne m'ont pas permis d'articuler plustôt nos demandes et je vous recommande, sans faire semblaut de rien savoir de ses soupçons pour L'en faire rougir, s'il se peut, de le Lui lacher dans les mêmes termes, comme pour L'informer, par manière de conversation seulement, de la raison principale, qui a dû causer ce retardement, sans beaucoup d'autres. Mandez-moi le plûtôt que vous pourrez la façon dont il se sera expliqué sur les communications, que vous êtes chargé de Lui faire aujourd'hui, et tachez de tirer de Lui à cette occasion, comment la Russie et Lui comptent s'y prendre vis-à-vis du Roi et de la Republique de Pologne, pour leur donner la belle nouvelle du demembrement de ce royaume et pour les y faire consentir de gré ou de force, ainsi que, s'ils comptent publier un manifeste conjointement ou séparément, encore avant ou aprez les prises de possession complètes, et s'ils se proposent d'y exposer les titres et les droits sur lesquels elles seront établies, ou bien si on ne s'y expliquera qu'en termes généraux. Soyez persuadé que je suis constament, uti in literis etc.

Den 5. July 1772.

— — — Damit also Eure . . . Dero Betrag desto zuverläsziger nach den Allerhöchsten Absichten einrichten können, will denenselben in engestem Vertrauen nicht vorhalten, dasz unsere Bearbeitung dahin gerichtet sey, den Ruszischen Hof wegen unserer Gesinnung gegen die Pforte, so weit es die Anständigkeit und das gute Trauen und Glauben zulast, zu beruhigen, jedoch ihm einsehen zu machen, dasz Wir nicht weiter getrieben werden könnten und dasz dahero die Verzögerung der gemeinschaftlichen Partage Convention von gar keiner Mühen seyn, wohl aber nach unterscheid der künftigen Ereigniszen die schädlichste Folgen nach sich ziehen dörfte.

Weilen man nun hier Orts die gegenwärtige Umstände vorgesehen hat, so ist es auch zu rechter Zeit in die Weege gerichtet worden, dasz die Pforte die Aufkündigung unserer geheimen Convention gutwillig angenommen und uns von aller Verbindlichkeit losz gesprochen, andurch aber mehrere Freyheit verschaffet hat, dem Partage Tractat wegen Pohlen die Hände zu bieten. Hiervon habe ich nun dem H. Fürsten Gallizin mittelst der ihm zum letzten eingereichten und abschriftlich beyliegenden Aeuszerung vertraute Nachricht ertheilet, und es stehet zu vermuthen, dasz solches eine gute würkung bey seinem Hof verursachen werde.

Ob es aber dienlich sey, auch den König in Preuszen in die Confidenz zu ziehen und ihm wenigstens überhaupt den Inhalt dieser Aeuszerung zu eröfnen, weilen doch Erselbiger allem Vermuthen nach durch Ruszland in Erfahrung bringen wird; bleibet um so mehr Dero eigenen vernünftigen Beurtheilung anheim gestellet, da sich hiebey hauptsächlich nach dem Betrag des Königs, und ob Er sich mehr oder weniger geneigt für unsere Absichten bezeige, zu richten seyn will.

Nachdem auch von deszelben Gesinnung mit Zuverläszigkeit geurtheilt werden kann, dasz sein gröstes und fast eintziges Augenmerk auf die baldige Besitzergreifung seiner in der That ungemein wichtigen neuen Aquisition gerichtet sey; so musz ihm auch alles, was Verzögerung oder wohl gar neue Hindernisse verursachen kann, höchst unangenehm fallen; und ist es dahero sonder allem Zweifel keine geringe Mortification vor ihn gewesen, dasz, da schon alles zur Huldigung vorbereitet und Er selbsten nach Marienwerder abgegangen war, auch seine Räthe das Vorhaben schon angekündiget hatten, solches dennoch nicht ausgeführet werden können, weilen, wie alle Umstände ergeben, der Ruszische Hof für nöthig befunden hat, die Partage Convention wegen seiner Türckischen Angelegenheiten zu verschieben.

Es ist dahero unser Betrag gegen den König dergestalt einzurichten, dasz keine Verlegenheit oder ein sonderliches Verlangen zur Berichtigung des Partage Tractats hervorscheine, sondern ihm vielmehr zu erkennen gegeben werde, dasz es dem durchlauchtigsten Ertzhausz an bergigten, ja an sehr fruchtbaren, aber noch nicht einpopulirten und cultivirten groszen Strichen Landes keineswegs ermangle, und ihm dahero neue aquisitionen, welche allein in Grund und Boden bestünden, von keinem solchen Werth seyen, um sich desfalls die Gehäszigkeit nicht nur des Pohlnischen, sondern mehrer anderer Höfen zu zu ziehen, und das aufrecht zu erhaltende Gleichgewicht auszer Augen zu setzen.

Es dörften aber dergleichen bei guter Gelegenheit angebrachte Aeuszerungen um so eheuder einen erwünschten Eindruck verursachen, da das französche Ministerium gegen seinen Willen, aber aus seiner gewohnten Leichtsinnigkeit uns den guten Dienst geleistet hat, sich wegen der Pohlnischen Theilung auf eine Art zu benehmen, so das grosze Verlangen und Bemühen, uns von dieser Einverständnisz abzuziehen und zu ernstlichen Entschlieszungen zu vermögen, auszer Zweifel stellet; wie dann Graf Panin selbsten diesen Umstand dem H. Fürsten Lobkowitz laut der abschriftlichen Anlage nicht vorenthalten hat.

Nebst deme könnte es nicht anders als sehr vorträglich seyn, wenn Eure . . . . Gelegenheit fänden, dem König nicht nur seine in Neustadt geschehene Versprechen und den wegen unsers antheils gegebenen guten Rath, so dieselbe unterm 5 März einberichtet haben, sondern auch die doppelte Betrachtung in Erinnerung zu bringen, dasz er seine so wichtige neue Aquisition eigentlich unserem gegen Ruszland mit gutem Vorbedacht gehaltenen Betrag zu verdanken habe und dasz Wir der Grösze seiner Anforderungen nicht die mindeste Einwendung oder Ausstellung gemacht hätten, mithin billig ein gleiches von ihm zugewarten haben solten.

Insbesondere aber werden Eure . . . . sich besten Fleiszes angelegen seyn laszen, mit dero gewohnten gescheitten Artn den König zur deutlichen Sprache zu vermögen, ob Er mit unserem neuen Theilungs Plan verstanden sey, oder was Er demselben annoch auszustellen finde? Wobey die Betrachtung geltend gemacht werden könnte, dasz eine so wichtige Unterhandlung, wie die gegenwärtige ist, nur allein durch freymütige Explication zum glüklichen Ende geführet, und sehr Vieles an der Zeit gewonnen werden könnte.

Im Fall auch der König sich abermahlen der Ausflucht bedienen solte, dasz Er vor seine Persohn sich unserem Hof gefällig zu bezeigen wünsche, und unserem neuen Plan nichts auszustellen finde; so dörfte Er beym Wort zu nehmen und zu befragen seyn, ob Eure . . . . den H. Fürsten Lobkowiz hiervon benachrichtigen, und dieser sich bey dem Ruszischen Ministerio hierauf berufen könne.

Da übrigens unser würklich erfolgter Einmarsch in Pohlen mit den neuerlichen Maasz-Reglen des Ruszischen Hofs nicht übereinstimet und dahero leicht vorzusehen ist, dasz solcher bey dem ernanten Hof keinen Beyfall finden werde; zumahlen unsere Trouppen in den District von Cracau, welchen man von unserem Antheil ausschlieszen will, einmarschiret sind und in den Salinen, wie auch an anderen Orten gemeinschaftlich mit den Ruszen Posto gefaszet haben; so wollen dieselbe auch hierüber des Königs eigentliche Gesinnung zu erforschen, und unsere Maasznehmungen bestens zu vertheidigen, sodann die baldige Abfertigung des Couriers nach Petersburg zu befördern, wie auch mich von des Königs Aeuszerungen zu benachrichtigen befliszen seyn.

---

5. Juli 1772.

(Im Auszuge.)

(Uebersendet ihm die Abschriften von den an Lobkowiz gegangenen Depeschen.)

Nous voulons bien être raisonnables, mais nous ne nous preterons jamais à un arrangement, qui nous feroit manquer completement le seul but qui a pu nous déterminer à donner les mains au projet du concert arrêté entre la Russie et le Roi de Prusse pour le demembrement de Pologne, c'est à dire, la nécessité du maintien de l'Equilibre des puissances entre les trois Cours. Nous 'avons eu la discrétion de ne pas faire la moindre difficulté sur le partage, que se sont adjugé la Russie et le Roi de Prusse, et on répond à ce procédé, sur la portion que nous demandons, par des objections, dont il est difficile que l'on n'aye pas senti la foiblesse. La Russie et le Roi de Prusse traitent la négociation de ce partage, comme s'il s'agissoit ici de trois particuliers des Bienfonds à partager, pendant qu'il s'agit ici de trois grandes Cours, dont l'une a adopté l'arrangement qui lui a été proposé par les deux autres, nullement par envie ou besoin d'etendre sa domination, mais uniquement pour sauver, à toutes les trois, le malheur d'une guerre affreuse, qui, sans ce moyen de conciliation, seroit devenuë inévitable entre Elles. On pourroit à Petersburg et a Berlin nous faire, ce me semble, l'honneur de croire, que nous savons un peu ce que c'est qu'un calcul politique, et que nous n'ignorons pas le dégré de puissance qu'ajouteront à la Puissance Prussienne les nouvelles acquisitions, que le Roi se propose de faire, et que nous savons apprecier même la valeur politique de celles que se destine la Russie. On devroit se dire, que pour la Cour de Vienne, il s'agit dans tout cet arrangement, non pas *de lucro captando*, mais seulement *de damno vitando*, et on devroit, ce me semble, moyennant tout cela, au lieu de vétiller bourgeoisement sur un peu plus ou un peu moins envisager cette affaire dans le grand, ainsi que doivent l'être toutes celles de ce genre, lorsque l'on ne veut pas s'exposer à tous les inconvenients que peut entrainer ce que j'ai déjà vu resulter plus d'une fois de la methode opposée.

den 16. July 1772.

Da dem Allerhöchsten Dienst gemäsz befunden worden, die Unterhandlung wegen des Uns in Pohlen zufallenden Antheils so viel als immer thunlich abzukürtzen, jedoch hiebey durch Uebereilung nichts zu verderben; so ist auch die Allerhöchste Entschliessung dahin ausgefallen, dasz die Zurukkunft des Lezteren über Berlin nach Petersburg abgesendeten Couriers, welche noch verschiedene Wochen anstehen dörfte, nicht abgewartet, sondern H. Fürst Lobkowiz von nun an mit neuen nachgiebigen Anweisungen auf den Fall versehen werde, wenn mit unseren lezteren Plan und Anforderungen auf keine Weise auszureichen seyn solte.

Es hat aber zu Absendung des gegenwärtigen Couriers das in Abschrift angebogene Bericht-Schreiben des ernanten H. Fürsten einen gantz natürlichen Anlasz gegeben, da das Memoire oder so genante Sentiment des H. Grafen Panin wegen der Pohlnischen Angelegenheiten ohne dem eine baldige Antwort erfordert: welche ich also laut der Anlage sub Nr. 2 entworfen und mit der Anweisung an H. Fürsten Lobkowiz sub Nr. 3 begleitet, auch wegen zweyer neuer Plans die PSta. sub Nr. 4 et 5 hinzugefüget habe.

So viel nun die Pohlnische Angelegenheiten betrifft; so will es nöthig seyn, sich desfals auch mit dem Berliner Hof einzuverstehen, und vor Absendung des Couriers nach Petersburg dem König unsere auf das Sentiment des H. Grafen Panin, wie auch auf das Ruszische Project eines gemeinschaftlichen Manifests ertheilte Antwort bekant zu machen, auch von ihm zu vernehmen: ob und in wie weit Er hiermit verstanden sey, und was Er desfalls für Anweisungen an H. Grafen Solms erlasze, damit allenfalls unserer Seits das erforderliche nachgetragen werden könne.

Hingegen ist in Ansehung unsers Pohlnischen Antheils, und der zwey neuer Plans wohl zu unterscheiden: ob der König über denjenigen Plan, so unterm 5. dieses so wohl Eure . . . . als dem H. Fürsten Lobkowiz mitgetheilt worden, sich vollkommen einstimmig und vergnügt bezeuget, auch seine Unterstützung in Petersburg zugesagt, oder aber seinen fortdauernden Widerspruch und Abneigung wo nicht mit klaren, jedoch verständlichen Worten zu erkennen gegeben habe.

In dem ersten Fall könnte es gar keine vortheilhafte, wohl aber höchst schädliche Folgen nach sich ziehen, wenn sich vor der Zeit und ohne Noth blosz gegeben, und der König von unserer vorläufig bewilligten Nachgiebigkeit benachrichtiget werden wolte; es wären also nur die Pohlnische Angelegenheiten aus jhm abzuhandeln, aber von dem Inhalt meiner an H. Fürsten Lobkowiz ergehenden PSten. sub Nr. 4 und 5 gar nichts gegen ihn zu erwehnen, auch der besagte H. Fürst hiervon mit dem gegenwärtigen Courier umständlich zu unterrichten, damit Er seines Orts mit gleicher Zurukhaltigkeit und Vorsicht zu Werke gehe.

Solte sich aber der zweyte Fall gegen beszeres Vermuthen ergeben; so werden Eure . . . . von selbsten ermeszen, dasz um so nöthiger sey dem König von unserem neuen Theilungs-Plan, und wenn mit dem ersteren nicht auszureichen wäre, auch von dem zweyten ohngesäumte Nachricht zu geben, und wegen seines Beyfalls alle dienssame Mittel anzuwenden, da gleichwohlen Ruszland ohne des Königs Vorwiszen und Einwilligung keine Entschlieszung faszen, sondern durch die Zurükfrage verschiedene Wochen an der Zeit verlohren würden.

Ob nun zwar die in etlichen Tägen von Eure . . . . zu erwarten stehende Nachrichten und Antwort auf meine Zuschrift vom 5. dieses die eigentliche Gesinnung des Königs näher aufklären und einsehen machen werden, in wie weit mit unseren Auforderungen in Ruszland auszureichen seyn dörfte; so hat man doch auch diese wenige Tage abzuwarten für überflüszig angesehen, weilen dasz Geschäft sich in so guten Händen befindet und keine Uebereilung zu besorgen ist. — — —

Instruction secrète pour le Baron de Swieten.

Leurs Majestés vous ont temoignées Elles-mêmes depuis que vous etes icy, le plaisir que Leur a fait la cordialité avec laquelle S. M. le Roi de Prusse s'est expliqué vis à vis de vous la dernière fois que vous eûtes l'honneur de le voir à Potsdam. Elles ont envisagé ce bon procedé de sa part comme une preuve qu'il est et qu'il veut réellement pouvoir rester toujours leur bon ami. Vous savez qu'Elles sont de leur côté bien parfaitement dans les mêmes intentions à son égard; et ainsi sans m'arrêter plus long tems sur cet objet je passerai tout de suite à ce qu'Elles m'autorisent à vous ordonner de Lui dire de leur part en réponse à l'entretien important dont vous m'avez mis à portée de leur rendre compte.

Je vous dirai donc en conséquence, que LL. MM. JJ. veuillent, que vous fassiez connoitre au Roi:

Qu' Elles ont eté très sensibles aux assûrances reiterées qu'il vous a chargé de leur donner de sa sincérité de son amitié, et à la franchise avec laquelle il a bien voulu s'expliquer avec vous sur les objets importans qui ont fait le sujet du dernier entretien qu'il a daigné vous accorder avant votre depart. Que bien cordialement Elles payent du plus parfait retour les sentiments personnels qu'il veut bien leur accorder. Qu'Elles ont toujours regardé des marques de confiance comme des preuves d'une vraie estime et d'une sincère amitié. Qu'elles ont eté par conséquent très flattées de celle que le Roi vient de leur donner, et qu'ayant pour lui bien sincèrement les mêmes sentiments elles saisissent avec un vrai plaisir l'occasion de les lui prouver, en repondant à sa confiance avec la plus parfaite cordialité.

Que pour cet effet vous avez ordre de l'assûrer de la façon la plus positive: que les intentions de LL. MM. JJ. et Rle. sont parfaitement conformes à celles qu'il vous a temoigné. Qu'Elles trouvent incontestables les principes qu'il établit et les consequences qu'il en tire.

Qu'Elles sont moyennant cela très persuadées de l'utilité dont pourra être une liaison plus étroite entre les trois cours comme de toutes les mesures possibles la plus convenable, sans doute, à l'intérêt commun et particulier de chacune d'elles et la plus propre en même tems à assûrer le maintien de la tranquilité générale de l'Europe.

Qu'Elles sentent ainsi que lui, que pour etre et pour rester longtems bons amis, il falloit écarter et regler tout ce qui pourroit nous brouiller à l'avenir et nous entendre moyennant cela d'avance sur les intérêts que nous pourrions avoir à discuter avec le tems.

Et que, comme il avoit fait mention de la succession de Bayreuth et d'Anspach, de la succession de Bavière et des vues que pourroit avoir la maison d'Autriche de s'aggrandir du coté des Venitiens; comme d'objets de cette cathégorie, lesquels, s'ils n'etoient pas reglés amicalement entre nous, nous brouilleroient certainement; LL. MM. JJ. et Rle. sous le sceau du secret lui diroient très franchement ce qu'elles pensent sur ces trois objets.

Qu'Elles ne lui dissimuleroient pas en conséquence, que la réunion des deux marggraviats à la primogeniture de sa maison malgré les anciens pactes de famille, ne pouroit naturellement pas leur être indifférente, par toutes les raisons d'etat, qui ne pouvoient point avoir échapé à sa pénétration.

Que malgré cela cependant l'Empereur en sa qualité d'Empereur, et l'Impératrice Reine comme co-etat de l'Empire, etoient sincèrement disposés à séconder et faire réussir les vues du Roi à cet égard. Mais que l'Empereur croyoit devoir lui confier, qu'il y avoit deja quelques années, que plusieurs etats du cercle de Franconie lui avoient temoigné leurs inquietudes sur l'idée de cette réunion des deux marggraviats au reste des etats de la maison de Brandebourg et lui avoient demandé vivement sa protection et son appui, le cas échéant; et qu'ainsi il croyoit devoir réquérir le Roi de s'expliquer confidamment vis à vis de lui sur ce qu'il pouvoit être disposé à faire pour calmer les inquietudes du cercle. Qu'il mettroit par là l'Empereur en etat de pouvoir juger plus pertinemment des moyens les plus propres à faire réussir tranquilement les vues de Sa Majesté prussienne; et que c'etoit uniquement le desir sincère de pouvoir concourir à leur succès avec plus d'éfficacité, qui l'engageoit à lui demander cette explication préalable.

Que, quant à la succession de Baviere, on distinguoit ici ce qui à cet égard regardoit l'Empereur comme chef de l'Empire et la maison d'Autriche en particulier.

Qu'à l'égard de celle-ci personne n'ignoroit les droits qu'elle avoit sur une partie de cette succession du chef de la couronne de Bohème ou d'expectatives.

Et que pour ce qui regarde l'Empereur en sa qualité de chef de l'Empire, S. M. Imperiale comptoit en user exactement en conformité de ce que prescrivoit en pareil cas la capitulation imperiale.

Qu'il etoit notoirement conforme aux constitutions de l'Empire et à ses usages, que les etats de Bavière, qui se trouvent etre fiefs masculins de l'Empire, à l'extinction de mâles de la maison de Bavière, sont devolûs *ipso facto* à l'Empereur et à l'Empire. Et que S. M. Imperiale se proposoit par conséquent le cas échéant, d'en faire prendre possession en son nom, ainsi qu'au nom de l'Empire en vertu de l'art° xi. §. 10. 11. et 12. de sa capitulation pour en être disposé ensuite ainsi que, de commun accord, on jugera devoir le faire.

Qu'avant tout cependant elle seroit bien aise de savoir quelle etoit sur l'un et l'autre chef, et en particulier sur le dernier, la façon dont le Roi envisageoit les choses, Que LL. MM. JJ. se flattoient, que le Roi Leur diroit à cet égard sa pensée aussi librement qu'Elles Lui confioient ce qu'Elles se proposoient de Leur coté. Et qu'aprez que confidamment on se seroit expliqué préalablement ainsi de part et d'autre avec l'intention reciproque de s'obliger et de se donner en toute occasion des preuves de bonne amitié, on trouveroit vraisemblablement les moyens de s'entendre.

Quant aux prétentions que le Roi suppose que nous pourrions faire sur quelques uns des etats de la Republique de Venise, vous Lui direz, que vous ètes chargé de Lui confier au nom de LL. MM. JJ., qu'Elles mettent des vues d'aggrandissement de ce coté là au nombre des choses dont l'execution seroit incompatible avec le *status quo* de l'Italie établi par le traité d'Aix-la-Chapelle. Qu'elles seroient envisagées comme inadmissibles par toutes les puissances contractantes et garantes dudit traité. Qu'elles le seroient en effet et que par conséquent LL. MM. JJ. n'y pensoient pas et ne pouvoient pas même y penser.

Que ce n'étoit donc que la succession de Bayreuth et d'Auspach et celle de Bavière qui pouvoient faire l'objet d'un arrangement préalable, et supposé qu'on puisse s'entendre la base solide d'une liaison plus etroite entre les trois cours. Que LL. MM. JJ. se plaisoient à se flatter qu'avec Leur sentiment pour le Roi et ceux qu'Elles Lui supposoient pour Elles, il ne s'y rencontrera pas des obstacles insurmontables. Que ce préalable supposé, LL. MM. JJ. regardoient l'établissement d'une triple-alliance entre Elles, le Roi et l'Impératrice de Russie non seulement comme une chose très desirable et très convenable à toutes les trois puissances, mais même comme très possible dans son exécution. Mais qu'il paroissoit cependant nécessaire de savoir avant tout, pour être plus en etat de pouvoir juger du tems et des moyens les plus propres au succés de cette idée:

Si le Roi croyoit qu'il convenoit de proceder à la conclusion de l'alliance en question, avant même que la Russie n'eût fait sa paix avec la Porte et que tout ce qui a trait, soit au demembrement de la Pologne, soit à sa constitution à venir, n'ait eté complètement et definitivement arrangé, ou bien s'il pensoit que l'on feroit peut-être mieux de ne proceder à la conclusion de la triple-alliance en question, qu'aprez que ces deux grands objets se trouveroient être terminés, pour etre dans le cas de pouvoir établir une affaire de cette importance sur le veritable interèt permanent des trois cours, et non pas seulement sur les objets passagers de la circonstance présente; et qu'ainsi nous serions bien aises, que le Roi voulût bien nous dire confidamment sa pensée à cet égard, dont, ainsi que de tout ce qu'il pourra jamais juger à propos de nous confier, vous pouvez l'assurer, qu'une fois pour toutes il peut compter, qu'on ne fera jamais qu'un bon usage.

Quant à la précaution d'ailleurs, que le Roi juge necessaire de prendre, à savoir: que cette alliance ne s'étende pas plus loin et ne devienne jamais une quadruple-alliance, nous sommes bien parfaitement de son avis à cet égard; et ce prince ne sauroit en douter s'il veut bien se rapeller tout ce que j'ai eû l'honneur de Lui dire à l'entrevue de Neustadt, au sujet de son système politique et du notre, avec autant de franchise que de verité. Nous le prions même en conséquence de l'immutabilité de nos sentiments à son égard, ainsi qu'au sujet de son alliance avec la Russie, de nous dire librement, jusqu'à quel point il desire, que nous nous rapprochions de son allié, parceque nos mesures et nos démarches, si d'avance nous n'etions pas entendûs et d'accord avec lui au sujet de notre conduite reciproque vis-à-vis de cet allié, qui doit nous devenir commun, pourroient sans cela se croiser au préjudice de tous deux, et que nous ne voulons rien faire qui puisse Lui donner le moindre ombrage.

Une explication aussi franche sur des objets d'une si grande delicatesse est une preuve incontestable de la confiance de LL. MM. dans les sentiments et la façon de penser du Roi à Leur égard. Mais comme on ne sauroit trop les multiplier et que, de ne se rien dissimuler, en est une non moins necessaire entre ceux qui sincèrement desirent etre et rester longtems bons amis, Elles croyent ne pas devoir cacher au Roi à cette occasion, qu'à l'instar de la pluspart des cours de l'Europe, vivement occupées dans ce moment-cy, ainsi qu'il ne sauroit l'ignorer, du sort à venir des villes de Thorn et de Dantzig, ainsi que de la navigation sur la Vistule. Elles ne sauroient s'empêcher de s'y interesser et de desirer d'autant plus un arrangement équitable à cet égard, que ses nouvelles possessions en Pologne lui deviendroient presqu' entierement inutiles sans la liberté de la navigation et la commodité du débouché de la Vistule. Que par un effet de Leur confiance dans les lumières et l'equité du Roi Elles ne lui en avoient pas parlé encore, parcequ' Elles se sont toujours flattées et flattent même encore, qu'il arrangeroit les choses à cet égard de façon, à ce que, comme on dit, tout le monde vive. Mais que, commes les allarmes des autres cours sur ce sujet augmentent de jour en jour, bien loin de diminuer, et que plusieurs d'elles leur avoient déja fait faire de vives représentations sur ce sujet, Elles croiroient manquer à la confiance qu'Elles ont en Lui, si Elles différoient plus long tems, à Lui parler à coeur ouvert d'une affaire, que sa pénétration ne Lui permettroit pas d'ignorer devoir les interesser, quand même Elles ne Lui en parleroient pas; et qu'Elles le prioient, moyennant cela, de vouloir bien Leur donner sur le sujet une reponse aussi satisfaisante, qu'Elles avoient droit de l'attendre de son amitié et de son equité.

(Remise au Baron de Swieten par ordre de S. A. à Vienne le 21. Janvier 1773.)

Wien, den 22. Februar 1774.

Nachdem nunmehr die Russischen Antworten auf die mit unserem letzten Courier an H. Fürsten Lobkowitz ergangene Anweisung hier eingetroffen sind, so erfordert der allerhöchste Dienst Euer . . . nicht nur von diesen Antworten, sondern auch von den hievon zu machenden Gebrauch und unsern hiebey vorwaltenden Absichten vertraulich zu benachrichtigen.

Ich beziehe mich also vordersamst auf den Innhalt der beyliegenden Abschriften, und gehe in die Umstände zurück, welche die eigentliche Gesinnungen des Königs in Preussen mehrers aufklären.

Sobald von der Berichtigung der Gränzen die Frage entstanden, und insbesondere wegen dem Distrikt bis an den Sbruze Fluss Widersprüche vorzusehen gewest, hat man hierorts nicht misskennet, dass wir gegen Polen, Russen und Preussen auszureichen nicht wohl hoffen können, und dass wenigstens die Einverständnis mit Preussen hierzu erforderlich sey.

Sobald nun der König sich wegen seiner Verlangen und findenden Hindernisse gegen uns äusserte, so versäumte man keinen Augenblick ihm sowohl durch Euer . . . als durch den H. v. Edelsheim zu erkennen zu geben, dass wir wegen der Gränzen mit ihm causam communem zu machen gedächten, wenn er auch seines Orts unsere Anforderungen unterstützte.

Allein sein gehaltenes Stillschweigen liess uns zum voraus einsehen, dass er zwar auf seinen Absichten beharrete, aber solche ohne uns auszuführen, ja wohl gar unsere Verlangen nicht nur zu erschweren, sondern zu vereiteln, und uns in grosse Verlegenheit setzen zu können der Hoffnung lebe.

Zu Ausführung dieses Plans hatte der König viele Wahrscheinlichkeit vor sich, da die ganze Theilung nicht mit dem Preussischen Staatsinteresse übereinkommt und insbesondere userm Hof im Herzen zu missgönnen scheinet, dass dieser Mittel gefunden, sich gewisser Maassen necessaire zu machen, an den Polnischen Cessionen gleichen Antheil zu erhalten, und dennoch in seinen übrigen Staats-Maasnehmungen unabhängig zu verbleiben.

Bey solchen Umständen wäre dem König ehender vortheilhaft als nachtheilig, die Berichtigung seiner Gränzen in die Länge zu ziehen, und wohl gar bis nach dem Ende des Reichs-Tags ausgesetzt zu lassen, damit Russland inzwischen sich von der Verlegenheit des Türkischen Kriegs befreyen, und alsdann um so leichter ihn den König begünstigen, aber unsere Absichten vereiteln helfen könnte.

Allein aus den nämlichen Betrachtungen äusserte sich bey uns ein ganz gegentheiliges und solches Interesse, welches uns riethe die Berichtigung der Gränzen bald möglichst und noch vor Ende des Türkenkriegs und des Polnischen Reichstags ausser Wiederspruch zu setzen, und desfalls den Russl. Hof ohnverzüglich zur Sprache zu bringen, besonders aber die diensamen Mittel einzuschlagen, dass Russland die Hoffnung verliere, unsere und die Preuss. Gränz-Anforderungen von einander trennen, und sich dahin bearbeiten zu können, dass bey der Republick Polen der eifrigste Wiederspruch und die grösste Gehässigkeit gegen die diesseitige Forderungen angeblasen und unterhalten, auch solchergestalten unser Hof von 3 Seiten her in Verlegenheit gesetzet, aber Preussen begünstiget würde.

Hiermit haben wir auch insoweit ausgereichet, dass wie sich nunmehro ganz zuverlässig ergiebet, Russland nicht waget die Preussische Verlangen von den unsrigen abzusondern, und gegen unsere positive Erklärung, dass wir in dem legalen Weg fortschreiten, und es allenfalls auf die bona officia der andern zwey Höfen ankommen lassen wollten, etwas erhebliches einzuwenden. Im Gegentheil bestehet die letzte Antwort des besagten Hofes fast einzig und allein darinn, dass er dem König in Preussen als seinen engesten und wirksamsten Alliirten die Begünstigung seiner Gränzverlangen wirklich abgeschlagen habe, und dahero unserm Hof das nämliche, wenn er auch gern wollte, nicht bewilligen könne.

Es ist auch an der Wahrheit dieses asserti um so weniger zu zweifeln, da der König auf die von Euer . . . geschehene Eröffnung, worinnen unsere letztere dem H. Fürsten Lobkowitz zugefertigte Anweisungen bestanden, sich so geneigt und willig wegen unserer Gränzen geäusseret, und auch bey anderen Gelegenheiten zu erkennen gegeben hat, dass er zwar für sich allein nicht getraue gegen den Willen des Russischen Hofs auf seinen Gränzanforderungen zu bestehen, dass er aber bey verschwundener Hofnung unsere Verlangen von den seinigen zu trennen für rathsam befinde, unseren Hof bey Russland vorzuschieben, und andurch seinen Endzweck wo nicht ganz, wenigstens zum Theil zu erreichen.

Hierinnen scheinet die eigentliche Verhältnis und der Zusammenhang der vorhinigen und gegenwärtigen Umständen zu bestehen, daraus aber die sehr wahrscheinliche Vermuthung zu erwachsen, dass der König, wenn ihm alle Ausflüchten abgeschnitten würden, wohl noch zum Verzicht aller seiner Gränz-Ansprüchen, und dahero um so ehender zu deren Mässigung und zum billigen Einverständnis mit der Republick vermöget werden könne; dass er also eine nähere Abrede mit unserem Hof nicht mehr wie vorhin vermeiden, sondern hierzu willig die Hände bieten dörfte, und dass, wo nicht die Russ. Kaiserinn selbsten und ihr übriges Ministerium, jedoch H. Graf Panin als der eigentliche Urheber der gegenwärtigen Russischen Verbindung und als ein eifriger Preussischer Anhänger unsere vorgängige Einverständnis mit ernanntem Hof nicht ungern sehe, ja solche anrathe, um der eigenen Verlegenheit ein Ende zu machen.

Dieses vorausgesetzt will Euer . . . zur gründlichen Beurtheilung der Frage: wie sich bey den vorerwähnten Umständen am erspriesslichsten zu benehmen sey nicht verhalten, dass wir nach wie vor die baldige und vollkommene Berichtigung derer Polnischen Angelegenheiten zu wünschen alle Ursach haben, dass der König in Preussen bei keiner Gelegenheit, und noch viel weniger bey der gegenwärtigen wagen werde, sich den decisiven russischen Verlangen entgegen zu setzen, dass desfalls bey uns weniger Bedenken vorwalte, dass wir also der ganz deutlichen Gesinnung des Königs unsern Hof bey Russland vorzuschieben, nachzugeben haben, dass es demnach unserer Seits nicht nur ein gefährliches, sondern vergebliches Unternehmen wäre, unsere Gränz-Ansprüche allein und mit Ausschliessung jener des Königs in Preussen durchzusetzen, dass aber auch unser wahres Staats-Interesse erfordere uns allen Preussischen Vergrösserungen insoferne wir nicht in ganz gleicher Maass begünstiget werden, eiferigst zu wiedersetzen, dass dahero eines mit dem andern vereinbaret, und fordersamst der Versuch gemacht werden müsse, ob nicht mit dem König eine vertraute Abrede, worinnen unsere und seine Gränzen eigentlich bestehen sollten, bald möglichst zu Stand zu bringen, und solches anfänglich bey Russland und erst demnächst bey der Republick gemeinschaftlich geltend zu machen, und durchzusetzen.

Es äussert sich aber bey der Ausführung dieses Plans die grösste Beschwerlichkeit darinnen, dass die Bestimmung der eigentlichen Gränzen nicht ohnmittelbar zwischen uns und Preussen, sondern mit der Republick abzuhandeln, und dass es nicht nur an sich eine etwas bedenkliche und empfindliche Sprache ist, dem König in Preussen deutlich zu declariren wie in der nämlichen Maasse, als er auf seinen Gränzanforderungen bestehen oder nachgeben und in Modificationen einwilligen würde auch unser Hof zu Werk zu gehen, und sich nach seinem Vorgang auf das genaueste zu richten gedächte, sondern auch, dass die Vollstreckung dieses Vorhabens und die genaue Bestimmung der Proportion zwischen unserm und dem preussischen Nachgeben wegen ermangelnder Kenntnis der Grösse des Werths und aller übriger hierbey einschlagender Umständen ohnmöglich zu seyn scheinet.

Nachdem man sich aber von einem guten Vorhaben durch die vorzusehende Hindernisse nicht abschrecken lassen muss, so haben auch Ihro Matten. allergnädigst begnehmiget, dass vor allen Dingen durch Euer etc. ein Versuch zu machen sey, ob unsere Absicht in Praxi ausgeführet, und der König zur Sprache gebracht werden könne, nicht nur in wie weit Er mit uns gemeinschaftliche Sache machen wolle, sondern auch der Republick nachzugeben und zugleich unsere Forderungen zu begünstigen gedenke, auch wie das ganze Geschäft am besten anzugreifen seye, damit vordersamst unter uns die behörige Proportion beobachtet, und alles bey Russland auf das beste eingeleitet werde.

Zu Erreichung dieser Absicht habe ich das beykommende französische Schreiben entworfen, damit Euer . . . solches dem König, jedoch ohne eine Abschrift davon hinaus zu geben, ganz vorlesen, und sich der Gelegenheit bedienen können, mit ihm in nähere Ueberlegung einzugehen, ob und welchergestalt zwischen uns, die Proportion der beyderseitigen Forderungen und Nachgiebigkeit zu bestimmen seye.

Wenn wir nur einmal hierinnen klärer sehen, so wird es hoffentlich nicht schwer fallen, die diensamste Mittel zu Behebung aller Hindernissen ausfindig zu machen, wie dann schon vorläufig darauf vorgedacht worden, worinnen die Gradationen und die Proportion der beyderseitigen Nachgiebigkeit bestehen könnte.

Es haben auch Ihre Majestät der Kaiser selbsten diese häckliche Arbeit zu unternehmen und den Plan erleuchtest zu entwerfen geruhet, wovon ich Euer . . . in dem engesten Vertrauen, und unter Anempfehlung des strengsten Secreti eine Abschrift hier anfüge, damit dieselbe sich nicht nur einen desto deutlicheren Begriff von dem Zusammenhang der allerhöchsten Absicht machen, sondern auch bey sich fügender Gelegenheit dem König ein so anderes blos als Dero zufälligen Gedanken in Vorschlag bringen, andurch aber das ganze Geschäft sehr erleichteren und befördern können.

Postscriptum
vom 9. April 1774.

Wie Euer . . . zum Voraus vermuthet haben, ist die Letztere Antwort des Königs auf dero Vortrag keineswegs mit der Allerhöchsten Absicht übereingekommen, indeme solche darinnen bestehet, dass keine gütliche Einverständniss mit der Republick statt finden, sondern nur zwischen den 3 Höfen die Verabredung gepflogen, und solche mit Gewalt ausgeführt werden sollte. Ueber das hat der König nicht mit den schon vorhin übertriebenen, jedoch einiger massen nach den

Worten der Convention zurechtfertigenden Gränzen sich begnüget, sondern selbige neuerlich noch weit erstreket, ohne dass solches mit einigen Schein der Billigkeit gerechtfertiget worden.

Ich will also zu Euer . . . geheimen Nachricht und Richtschnur nicht verhalten, worinnen eigentlich die allerhöchste Entschliessung bestehe und zwar ist: 1mo niemalen Unsere Absicht dahin gegangen, der Cessions-Convention gerade zuwieder zu handeln, und Gewalt zu gebrauchen, wenn es anders zu vermeiden möglich war.

2do Wenn man aber auch allein auf den Vortheil sehen wollte, so wäre doch solches im übrigen mit den allerhöchsten Interessen nicht vereinbarlich, da Wir Uns die allgemeine Gehässigkeit ohne erhebliche Ursache und Nutzen zuziehen, die so wichtige neue Acquisition um eines kleinen Theils willen dem beständigen Wiederspruch der Republick auszusetzen, und zu keiner soliden und ruhigen Possession gelangen würden.

3^{tio} Nachdem auch der König in Preussen seine Gränzen so weit ausbreiten will, so ist solches nicht nur Unserm Staats- sondern auch ökonomischen Interesse schnurgrad zuwieder, da Wir allein an den Salz-Einkünften weit mehr verliehren müssten als die Striche Landes so wir durch die Preussische Begünstigung erhielten jemalen einbringen könnten.

4to Ob nun zwar Unserer Seits dem König bereits Hofnung gegeben worden, dass Wir Uns wegen der Gränzen mit ihm einverstehen würden; so ist doch solches nur in dem supposito geschehen, dass er die Convention nicht zu überschreiten, sondern legal zu Werk zu gehen gedenke. Nachdem sich aber dermalen das Gegentheil äussert, so findet auch Unsere vorhinige Erklärung nicht mehr statt, und Wir gedenken um so weniger von dem legalen Weg abzuweichen, da schon dermalen Preuss. Seits die Absicht verrathen wird, Uns alle Gehässigkeit zuzuschieben.

5to Dagegen findet der Einwurf nicht statt, dass wenn gleich Unser Hof sich weich und nachgiebig erzeigen wollte, dennoch der König in Preussen bey seiner Entschliessung standhaft verbleiben, und den abgezielten Vortheil allein erhalten würde.

Denn es verdienet das Dilemma in Erwegung gezogen zu werden, dass entweder der König dem diesseitigen Beyspiel folgen, und mit der Republick eine billige Einverständniss treffen, oder aber solche ausschlagen, seinem neuen Possessions-Stand behaupten, und den Streit offen lassen werde.

Sowohl in einem als in dem andern Fall wird das durchlaucht. Erzhaus durch seine Mässigung und gütliche Auskunft weit mehr gewinnen als verliehren. Denn in dem ersteren Falle wäre es ein sehr schätzbarer Staats-Vortheil, nicht nur die dermalige Preuss. Vergrösserung, welche mit der diesseitigen in keiner Proportion stünde, verhindert, sondern auch für das künftige den weiteren gewaltsamen Eingriffen dieses Hofes mehrers vorgebauet, und zugleich den Verdienst, sowohl bey der Republick und bey Russland, als überhaupt bey allen wohlbedenkenden Höfen dem Erzhaus zugewendet zu haben. Zumalen der König erst kürzlich die Abänderung seiner bereits zurückgezogenen Gränzen vorgenommen, und andurch zum Voraus der Welt zu erkennen gegeben hat, dass sein künftiges Nachgeben nicht aus Antrieb der Billigkeit und aus freyen Willen herrühre, sondern ihm durch den diesseitigen ganz entgegen gesezten gemässigten Betrag abgedrungen worden.

Sollte aber der zweyte Fall, wie doch nicht wohl zu vermuthen ist, sich ergeben, so bliebe die ganze Preussische Acquisition einem beständigen und gerechten Wiederspruch ausgesezt, die Einverständniss zwischen dem durchl. Erzhaus und der Republick Pohlen würde um so mehreres befestiget, und dagegen jene mit Preussen entfernet und erschweret.

Lauter Staats-Vortheile deren eigentlicher Werth von selbsten in die Augen fallet.

6to Gleichwohlen gehet die allerhöchste Absicht keineswegs dahin, dem König eine platte abschlägige Antwort zu geben, welche gegründete Beschwerden und öffentliche Merkmale der Unzufriedenheit verursachte.

Vielmehr erfordert die gemeinschaftliche Interesse der Welt ein zwischen den 3 Höfen fortdauerndes enges Einverständniss glauben zu machen, Und da leicht zu erachten ist, wie unangenehm dem König unsere gegenwärtige Entschliessung fallen werde, so haben Eure sich um so mehr zu befleissen, solche dem König auf der besten Seite und auf solche Art vorstellig zu machen, dass Er uns eheuder einer zu weichen und sorgsamen als einer gehässigen Gesinnung im Herzen beschuldige.

7mo Unter anderen wäre gelegentlich in Vorstellung zu bringen, was für eine grosse Bewegung der Gemüther durch die neue Preuss. Besitz-Ergreifungen in Pohlen veranlasset, was dessfalls allschon für nachdrückliche Vorstellungen den 3 H. Ministern gemacht, und dass bereits der Entschluss gefasset worden, eigene Gesandten anhero, nach Petersburg und nach Berlin abzuschicken, und durch diese die Conventionsmässige Berichtigung der Gränze betreiben zu lassen.

8o Nebst dem wird Unser Betrag dadurch gerechtfertigt, dass Wir Uns mit dem König in keinen Streit wegen seiner Gränzen einlassen, sondern solches der Republick anheimstellen, und Uns zum Voraus anerbiethen, die Mediation, wenn sie erfordert würde, zu übernehmen, und Uns dem König so weit es mit Billigkeit geschehen kann, gefällig zu bezeigen.

Ein mehreres von Unserem Hof zu fordern, liefe gegen alle Anständigkeit, und würde den Eigennutz nur allzusehr verrathen: dahero ich auch der Hofnung lebe, dass man alle Unzufriedenheit gegen Euer . . . zu verbergen beflissen seyn werde.

9mo Damit aber alle unaugenehme Explication um so mehr vermieden bleibe, ist Allerhöchsten Orts begnehmiget worden, die Preussische Gränz-Karte nicht abzuwarten, sondern die Unsrige ohnverzüglich ablaufen und durch Euer . . . zu des Königs Handen befördern, auch zugleich die vorerwähnte Erläuterungen einlegen zu lassen.

Aus der nemlichen Betrachtung haben Euer . . . die Mittheilung der Preussischen Karte nicht weiters zu betreiben, und wenn solche gar zurückbliebe, so wäre dabey nichts verlohren, und die Communication Unsrer Karte könnte um so weniger schädliche Folgen nach sich ziehen, da ohnedem die Gränz-Commission nächstens eröfnet werden muss, und alsdann unsere eigentliche Anforderungen nicht verborgen gehalten werden könnten.

Uebrigens ist das in Abschrift angebogene Schreiben an Freih. von Rewitzky geflissentlich so eingerichtet worden, damit Euer . . . hievon ohne Bedenken Gebrauch machen, und per indirectum das ungegründete Preussische Vorgehen als ob wir ganz neue und Conventionswidrige Vergrösserungen suchten, und deren standhafte Behauptung dem Russ. Hof zum Voraus angekündigt hätten, wiederlegen und entkräften können.

Postscriptum.

Wien, den 3. May 1774.

Euer . . . habe hiermit noch einige geheime Anmerkungen mitzutheilen ohnermanglen wollen, und zwar:

1º ist alle Anzeige vorhanden, dass der König und vielleicht auch der Russische Hof meine dem H. Fürst Lobkowitz zu Ende Februarii zugefertigte und denenselben abschriftlich mitgetheilte Reponse Confidentielle unrecht verstanden, und die Stelle, welche von Vertheidigung unserer Gerechtsamen redet, dahin ausgedeutet haben müsse, als ob der hiesige Hof von seiner ergriffenen Possession in nichts abzuweichen gedächte, und solches zum Voraus erklärte, da doch diese Stelle nur so vieles besaget, dass man nicht zum Voraus seine Gerechtsame entsagen, sondern sich simpliciter an die Stipulationen der Cessions-Convention halten, folglichen die Gränz-Commission eröffnen und es allenfalls auf die Mediation und Entscheidung der zwey andern Höfen ankommen lassen wolle; woraus also ganz offenbar erhellet, wie die erwähnte Stelle eigentlich zu verstehen sey. Da jedoch der König in der irrigen Vermuthung gestanden ist, dass unser Hof ein unabänderliches Impegno genommen hätte, so wollte Er sich dieses Umstandes zu Nutzen machen, und seinen Cordon immer weiter erstrecken, zumalen Russland mit deme, was wir und Preussen wegen der Gränzen verabreden würden, verstanden zu seyn, sich erkläret, und der König keinen Wiederspruch von uns vermuthete, weilen wir auch unsern Endzweck erhielten. Da aber dieser niemalen dahin gegangen ist, von der Convention abzuweichen, so ist es auch eine unumgängliche Nothwendigkeit dem König seinen Irrthum einsehen zu machen.

2° Zudeme ist unser und sein Benehmen sehr von einander unterschieden, dann bey dem Schluss der Cessions-Convention waren unsre Gräntzen bereits bis an den Sbruze ausgesteckt, und seit deme sind sie unverändert beybehalten worden, da hingegen der König seine Gränz-Zeichen nach dem Schluss der Convention eingestandener Massen zweymal abgeändert und vorgerucket hat. An welchem facto wir also keinen Theil nehmen können.

3° haben Wir allerdings Ursache die verkehrte Ausdeutung zu wiedersprechen, als ob es dermalen nicht sowohl auf die Einverständniss mit der Republick, als auf die zwischen den drey Mächten zu beobachtende Gleichheit der Acquisitionen ankommen wolle. Dann nur allein von dem ersten und nicht von dem lezten kann dermalen die Frage seyn, da die Ausgleichung unter die drey Mächten durch ihre Convention geschehen ist, unser Hof von solcher keineswegs abzuweichen gedenke, und der König sich bereits ganz deutlich gegen Euer . . . geäusseret hat, dass Er unsere Gränz-Ansprüche für billig und in der Convention gegründet anerkenne. Wenn Er aber desfalls ein Reciprocum von uns erfordert, und sich auf unsre vorige Aeusserungen beruffen wollte, so wäre mit aller Mässigung zu erwiedern, dass diese Aeusserungen sich nur auf die Zeiten als sie geschehen, und auf die damalige Umstände erstrecken könnten, welche aber von den neueren Preussischen Besitz-Ergreiffungen sehr unterschieden wären.

4to Nicht minder dürfte die Anmerkung einigen Eindruck verursachen, dass auch die Strittigkeiten wegen Danzig und Thorn nach dem Inhalt der dreyfachen Convention zu entscheiden seyen, dass wir ebenfalls hieran Theil zu nehmen, aber uns dannoch bis hiehin aus Mässigung und Rücksicht für den König in diese Strittigkeiten noch nicht gemischet hätten.

5° Uebrigens schliesse zu Euer . . . desto vollständigeren Belehrung einige Auszüge der Schreiben des Freyh. Reviczki sammt verschiedenen Noten der Delegation und der hierauf ertheilten Antworten in Betreff der Preuss. Gränz-Erweiterungen in Abschrift hierbey, und kann es nicht schaden über die sowohl unfreundliche als ungegründete Aeusserungen des H. Benoit und anderer Preussischer Minister, als ob unser Hof mit Ueberschreitung der Convention den Anfang gemacht, und den Preuss. zur Nachfolge vermöget hätte, gelinde Beschwerde zu führen, und zugleich zu verstehen zu geben dass dieser Umstand allein hinreichend wäre, unsern Hof zur genauen Beobachtung der Convention zu vermögen.

In wie weit nun von den oberwähnten Anmerkungen diensamer Gebrauch zu machen sey, überlasse ich dero eigenen vernünftigen Beurtheilung und verharre etc.

—

à Laxenbourg ce 8 Septembre 1774.
Monsieur!

Le P^{ce} de Lobkowitz vient de nous mander, que le Conte Panin Lui a declaré, en attendant une reponse dans les formes aux dernieres lettres de l'Empereur et de l'Imperatrice, relatives à la demarcation definitive des limites en Pologne; Que S. M. l'Imperatrice de Russie ne mettroit plus aucun obstacle à l'arrangement de nos limites, ainsique de celles de S. M. le Roi de Prusse en Pologne; Qu'Elle verroit même avec plaisir, qu'il en fût traité et convenu avec la Republique; Que le Baron Stackelberg seroit chargé de seconder le succés de la negociation, et que l'on declareroit à Mr. de Branicky, avant son depart: que comme les trois Cours etoient determinées à ne point se separer. il ne restoit rien de mieux à faire à la Republique, que de s'accommoder avec celles de Vienne et de Berlin, et de prévenir par là beaucoup d'embarras, dont les suites entraineroient vraisemblablement plus de mal, qu'il n'en pouvoit resulter de bien pour la Nation.

De Votre coté, Vous nous apprenez presqu'en meme tems, que S. M. Prussienne Vous a fait insinuer par le Cte de Finckenstein et le Bar. de Herzberg: Qu'Elle etoit prête à faire declarer à la Republique qu'Elle regardoit nos demandes comme conformes aux Traités, mais qu'Elle Nous requeroit, de Lui faire declarer en echange, que Nous regardions egalement les siennes comme telles. L. L. M. M. 1. I. sont assurement très sensibles à cette offre amicale de S. M. Prusse, et Vous ne manquerez pas, de le Lui temoigner de Leur part. Mais Elles croyent devoir cependant Lui représenter, qu'il Leur semble que dans l'etat actuel des choses, les deux Cours ne peuvent, ni ne doivent faire pareille déclaration: Et en voicy les raisons en peu de mots.

Il paroit à Leurs Majestés, que les deux Cours ne le peuvent pas. 1° parceque tout comme Elles sont en droit de demander à la Republique ce qu'Elles croyent Leur appartenir, et d'en traiter avec elle, Elles n'ont pas celui de Lui prescrire par une Declaration ce qui ne doit etre que la suite d'une Négociation amicale, ou au moins ne doit pas la préceder. Et 2do parceque la Russie consent à la verité à ce que l'on traite et convienne, s'il se peut avec la Republique; Mais qu'Elle ne consent pas pour cela à un Acte d'autoité de la part des deux Cours, et paroit encore beaucoup moins disposée à y prendre part.

LL. MM. II. pensent de même, que les deux Cours ne le doivent pas, parce qu'il ne seroit pas de Leur interet de le faire. Attendu 1° qu'un moyen violent paroit ne devoir etre employé qu'au pis aller. 2° que comme il est de la convenance des trois Cours de ne point se separer, il ne sauroit convenir à celles de Vienne et de Berlin de faire une Declaration que celle de Petersbourg ne feroit pas en même tems avec Elles, Et enfin 3° parceque s'il est peu vraisemblable, il n'est cependant pas impossible, que les deux Cours n'obtiennent encore de gré le consentement de la Délégation aux demandes de leurs demarcations, et que, si par malheur on ne parvenoit pas à l'obtenir, c'est au moment ou on ne pourra plus l'esperer et non pas actuellement, qu'en tout cas pareille Déclaration pourroit avoir lieu, et alors ce ne seroit point aux Cours de Vienne et de Berlin seulement, mais à toutes les trois Cours conjointement à la faire, leur Interet commun voulant, qu'Elles ne se separent jamais dans toutes les affaires qui leur sont communes en Pologne.

Vous exposerez donc au Roi ce que cy-dessus et Vous y ajouterez: Que Leurs Majestés Le remercient cordialement de l'offre obligeant, qu'il a bien voulu Leurs faire, mais que, par les raisons susdites, persuadées, qu'il convient de ne point passer encore à la Declaration reciproque en question, Elles sont d'avis:

Qu'il faut suivre la voye de la Negociation qui est dejà entamée.

Que pour cet effet, il faut faire présenter nos repliques reciproques aux premieres reponses, qui Nous ont deja été delivrées par la Delegation.

Qu'il faut, que les Ministres des deux Cours, residants à Varsovie, soyent chargés de se seconder de bonne foi, quoique séparément, dans le cours de Leurs Negociations.

Qu'il faut qu'ainsi que la Cour de Vienne va donner incessamment ordre au Baron de Reviczky de seconder du mieux qu'il le pourra, par ses réprésentations la négociation de Mr de Benoit, celuicy soit chargé par le Roi de se conduire parfaitement de même à l'egard de celle du Baron de Reviczky.

Et enfin que s'il arrivoit contre toute attente, qu'il ne fut pas possible de porter la Republique à se prêter à un arrangement, auquel les deux Cours jugeroient pouvoir consentir, alors Elles s'adressent toutes les deux à la Russie, pour Lui demander, en consequence des Traités, sa médiation, ou au besoin la demarche commune avec Elle, qui pourra etre jugée la plus analogue aux circonstances.

Nous croyons de bonne foi, et sans aucune vuē seconde que c'est ainsi qu'il convient aux deux Cours de proceder dans cette affaire autant par raison de Leur propre interêt, que pourque l'on n'ait point de reproche à Leur faire. Nous desirons beaucoup, moyennant cela, que le Roi puisse voir les choses du même oeil dont nous les voyons, Et Vous aurez soin, par consequent de Nous en informer, le plûtôt qu'il se pourra.

J'ai l'honneur etc.

Wien den 9. Jänner 1775.

Der König hat einen Weg vorgeschlagen, der dem Tractate gerade zuwieder läuft, der nicht einmahl die geringste äusserliche Apparenz eines billigen und Tractatmässigen Betragens salvirt, und der den ewigen Vorwurf offen erhalten würde, dass die drey Höfe der Cessions-Convention selbst am ersten zuwieder gehandelt, und andurch deren Verbindlichkeit auch Polnischer Seits entkräftet hätten.

Dagegen bestehet unser Antrag in nichts andern als was der Tractat selbst vorschreibt, dass nämlich die entstehende Gränzanstände durch die Mediation der zwey anderen Höfe entschieden werden sollen. Durch diese Mediation haben die drey Höfe das Heft in Handen, die erwehnten Strittigkeiten nach ihrem eigenen Gutbefinden zu behandeln, die gegenseitigen Vortheile zu begünstigen, und die Republick zu Erfüllung des Schiedsrichterlichen Ausspruches durch ergiebige Vorstellungen und Mittel zu vermögen, ohne dass diese über unbefugte einseitige Gewaltthätigkeiten oder tractatwidrige Maassnehmungen, mit Grunde Beschwerde führen könnte.

Da nun diese so wohl ausgedachte Stipulation offenbar zum Vortheil der drey einverstandenen Mächte gereichet, und das legale Mittel an Handen gibt, sich selbst untereinander zu begünstigen und Recht zu verschaffen, so würde man wahrhaftig nach den Regeln der politischen Klugheit nicht gehandelt haben, wenn man gedachtes Mittel auf die Seite gesetzt, und einen andern weder anständigen noch legalen Weg eingeschlagen hätte.

Zudem haben wir dem König bereits erklären lassen, dass wir, sobald es zur Mediation kommen wird, seine Gränzanstände auf alle mögliche Art begünstigen würden, ein gleiches aber auch in Ansehung unserer Demarcation von ihm erwarteten: und wenn diese positive Versicherung ihn gegen alle supponirte Gefährde nicht beruhigen konnte, so hätte wenigstens diese Beruhigung durch die Natur der vorliegenden Sache selbst bewirket werden sollen, indem die Mediation, worauf wir immer als auf das einzige legale Auskunftsmittel angetragen haben, von solcher Beschaffenheit ist, dass sie alle einseitige Absichten und Uebervortheilungen schlechterdings unmöglich macht. indem dadurch ein Theil den andern immer in Handen hat, und jeder den andern nur in so weit begünstigen kann, und wird, als er selbst eine gegenseitige Begünstigung erhält.

Da wir nun überdiess gegen die Preussischen obgleich erst nach Schluss des Tractat's unternommenen immer grösseren Gränzerweiterungen bis diese Stunde nicht das geringste eingewendet, in die Angelegenheiten von Danzig und Thorn uns nicht eingemischt, und überhaupt in Ansehung mehrerer anderer Gegenstände dem König alle Rücksicht bezeiget haben, so können wir um so weniger begreiffen, mit welchem Grunde er gegen uns Beschwerden zu führen, oder gegen unsern Betrag Argwohn zu schöpfen haben sollte, indem wir vielmehr zu einen und den andern vorlängst berechtiget wären, da der König auf das ihm von uns gleich allen Anfangs angebothene Concert nicht einmal geantwortet, seine Gränzen bey Russland für sich einseitig durchzusetzen gesucht, und nach allen fruchtlos versuchten Nebenwegen, und öfters unternommenen Gränzerweiterungen sich erst an uns gewendet hat, da Mr Benoit und mehrere andere dem König angehörige Personen bey vielen Gelegenheiten sich die gehässigsten Insinuationen gegen unsern Hof erlaubt, und besonders zu eben der Zeit, da der König das Gränzgeschäft mit Gewalt bey der Republick durchzusetzen in Antrag gebracht hat, auf nichts geringeres gearbeitet haben, als auf uns allein das ganze odium durch die ausgestreuten Vorstellungen abzuwelzen, dass man nämlich Preussischer Seits zu der vorgenommenen Gränzerweiterung durch unsern Vorgang wider Willen gezwungen worden und alle Stunde bereit wäre, auf die erste Demarcation zurückzutretten, wenn von uns ein gleiches geschehete, desfalls ich mich unter anderen auf die abschriftlich angebogenen ältere Schreiben beziehe.

Dass man übrigens die Abschickung der Gränz-Commissarien keineswegs in der Hoffnung bewilliget habe, als ob man etwa hierdurch eine einseitige Berichtigung der Galizischen Gränzen erhalten dörfte, zeiget der bereits erwehnte an den Freyh. Rewitzki erlassene Auftrag, vermöge welchem derselbe die gänzliche Unnützlichkeit der Gränz-Commission zu Warschau in nachdrucksame Vorstellung gebracht, und solcher so viel möglich sich wiedersetzt hat. Man hatte hieboy und bey unserm ganzen übrigen Benehmen keine andere Absicht, und konnte auch keine andere haben, als der Republick keine Gelegenheit zu gerechten Vorwürfen zu geben, die Stipulation des Tractats nach aller Thunlichkeit zu erfüllen, und **auf eine legale Art zu dem einzigen legalen Mittel** die Gränzirrungen zu berichtigen, nämlich zur Mediation der zwey andern Höfe zu gelangen.

Ungeachtet nun seit der eingegangenen Nachricht von der wahren oder verstellten Unpässlichkeit des Hrn. Fürsten Jablonowsky der ihm als erster pohlnischer Gränz Commissarius substituirte Graf Prebendowski beordert worden, sich alsogleich nach dem Ort seiner neuen Bestimmung zu verfügen, so ist doch leicht vorzusehen, dass die beyderseitigen Commissarien wo nicht bald ganz unverrichteter Sachen auseinander gehen, wenigstens schwerlich jemalen zu einem decisiven Schluss gelangen werden.

Ein gleiches Schicksal steht der Preussischen Gränz-Commission sonder Zweifel bevor.

Es ist solchergestalten gar kein Anschein vorhanden, dass das Demarcations-Werk bis auf den ersten des März Monats als den Termin der verlängerten Delegation und der Wiedereintrettung des Reichstages werde zu Ende gehen können.

Wenn demnach die ganze Gränzfrage nicht völlig unentschieden und dem hazard künftiger Zeiten und Umstände schlechterdings ausgesetzt gelassen werden soll, so ist unumgänglich nöthig von nun an eine solche Einleitung zu treffen, durch welche die allerseitige Demarcation noch in Zeiten berichtiget, und andurch dem ganzen Werke die erwünschliche legalität gegeben werden kann.

Diese Einleitung kann nach Vorschrift des Tractats in nichts anderem bestehen, als in der vorläufigen freundschaftlichen Requirirung der Mediation der zwey andern Höfe, auf den Fall, wenn wie fast sicher vorzusehen, die eine oder andere Gränz-Commission sich entweder zerschlagen, oder aus deren Behandlung sich offenbar zeigen sollte, dass ein gütliches Uebereinkommen der beyderseitigen Gränz-Commissarien unmöglich zu hoffen sey.

Gleichwie wir nun durch einen über Warschau nach Petersburg abzuschickenden Courier dem Fürsten Lobkowitz aufzutragen gedenken, dass er im Allerhöchsten Namen die Mediation der Russischen Kaiserin auf vorgedachten Fall, und zu diesem Ende die erforderliche vollständige Instruirung des Freyherrn von Stackelberg ansuchen soll, so belieben auch Euer . . . vom König seine Mediation auf die nämliche Art förmlich und feyerlich zu requiriren mit der im Namen Ihrer Majten. beygefügten positiven Versicherung, dass Allerhöchst dieselben vollkommen bereitwillig wären, dem König nicht nur ihre Vermittlung auf den nämlichen Fall einzugestehen, sondern auch seine Demarcation nicht minder zu begünstigen, als es dem König gefällig seyn dürfte, der Galizischen beförderlich zu seyn. Gleichwie wir uns dessfalls auf seine Freundschaft vollkommen verliessen, so könnten wir eben so wenig zweifeln, dass die Russische Kaiserin auf seine und unsre Requisition dieser Vermittlung sich gleichfalls unterziehen wird, indem solche der in dem Cessions-Tractat allerseits übernommenen

Verbindlichkeiten gemäss und das einzige legale Mittel ist, diesen wichtigen Gegenstand zu berichtigen.

Den Freyh. Rewitzki gedenken wir zu gleicher Zeit von allem diesen zu belehren, und ihm aufzutragen, dass er unsre erwehnte eventuelle Requisition dem König und der Republick eröfnen solle. Nachdem jedoch auch bey diesen Umständen der decisive Ausschlag der Allerseitigen Mediation noch vor dem ersten März nicht gehoft werden kann, so finden wir für unumgänglich nothwendig, bey der Republick durch den Freyh. von Rewitzki darauf antragen zu lassen, dass entweder die Delegation von nun an auf eine proportionirte Zeit noch weiter verlängert, oder aber die Gränzangelegenheit von dem Reichstag auf den künftigen Conseil permanent durch eine ihm hierzu zu ertheilende Vollmacht übertragen, oder ein anderer schicklicher Ausweg desfalls in Vorschlag gebracht werde. Zu dessen gemeinschaftlicher Betreibung Mr. Benoit von dem König, wie wir hoffen, zugleich angewiesen werden wird.

Was unsere Behandlung wegen des Bukowiner Districts betrifft, so giebt das an alle Minister erlassene hier abschriftlich angebogene Circulare desfalls hinlängliche Auskunft. Wir stehen auch eben im Begriffe, mit der Pforte hierwegen eine billige Transaction anzustossen, und ihr gegen Cedirung des Bukowiner Districts eine sehr beträchtliche Strecke Landes längst den Siebenbürgischen Gränzen an der Moldau und Wallachey zu überlassen, so dass hier unsrer Seits gar keine Frage von einer neuen Aquisition sondern lediglich von dem Austausche eines Stück Landes gegen das andere ist, wobey jeder Theil in Absicht auf die Lage seine Convenienz findet.

Postscriptum

vom 10. Jänner 1775.

Nachdem meine gegenwärtige Hauptanweisung bereits entworfen war, hat mir Baron Riedesel auf Befehl des Königs folgendes eröfnet, da von der Gränz Commission auf keine Weise ein gedeyhlicher Ausgang angehoft werden könne, so sey zwar die von uns in Vorschlag gebrachte Recurrirung zur Mediation der zwey andern Höfe an und für sich selbst das beste Auskunftsmittel. Allein dem König sey zuverlässig bekannt, dass Russland die Mediation nicht übernehmen werde. Nach seinem Ermessen bleibe also kein anderer Weg übrig, als durch unsern und seinen Minister zu Warschau in einem standhaften und ernsten Tone der Republick erklären zu lassen, dass beyde Höfe fest und unabweichlich entschlossen seyen, den gegenwärtigen Stand ihrer Gränzen zu behaupten, dass sie dahero hoften man würde von Seite der Republick nicht ermangeln, alle weitere Anstände zur endlichen Ausmachung eines Geschäfts zu beseitigen, an dessen Berichtigung ihr weit mehr als den beyden Höfen gelegen seyn müsse, indem der unentschiedene Stand der Gränzen über kurz oder lang zu noch mehreren Erweiterungen derenselben, und zu grösseren Irrungen leicht Anlass geben könnte.

Mit dieser ernsthaften Declaration wären einige geheime Geldverwendungen für diejenigen Magnaten zu vereinbaren, welche zu Beförderung der Sache den grössten Einfluss haben dürften, und auf solche Art scheine die Erreichung des abgezielten Endzwecks um so mehr zu hoffen zu seyn, da auch Russland nicht ermangeln würde, die Glieder der Delegation zu Bewilligung unsrer beyderseitigen Verlangen anzufrischen.

Es kann uns dieser Antrag noch dermalen von dem in meinem Hauptschreiben angezeigten Wege keinerdings abbringen.

Die Aeusserung des Königs ist zwar insoweit vergnüglich, als er nunmehro selbst die Mediation der zwey andern Höfe für das beste Auskunftsmittel anerkennet. Es ist aber auch das einzige legale und Tractatmässige. Nun bestehet unsre gleich Anfangs festgesetzte Haupt-Maxime darin, dass man in so lange ein anderes illegales Mittel nicht ergreiffen soll, als das einzig vorhandene legale nicht wenigstens versucht worden, und wirklich fehlgeschlagen hat.

Dieses legale Mittel scheinet uns um so mehr versucht werden zu müssen, da wir nicht einsehen mit welchem Grunde Russland auf unsre beyderseitige förmliche und feyerliche Requisition die Vermittlung zu übernehmen verweigern sollte, indem die klare Vorschrift des Tractats in diesem Punkte keinem Zweifel unterworfen ist, und die drey Höfe zur Uebernahme der gegenseitigen Mediation sich ausdrücklich verpflichtet haben: und wenn ferners der König zu hoffen Ursache hat, dass Russland suchen wird, durch eifrige Bearbeitungen und Ueberredungen die Delegation zur Beangenehmung unsrer beyderseitigen Gränzen zu vermögen, so sollte man wenigstens nicht minder hoffen können, dass gedachter Hof seiner Tractatmässigen Obliegenheit sich nicht entziehen wird, um als Vermittler nach der Wesenheit der Sache das nämliche zu thun, was er durch anderweitige Bearbeitungen und Ueberredungen des Königs thun soll und wird.

Da einmal die Republick das System unabweichlich genommen zu haben scheint, unsre beyderseitige Demarcation wo nicht zu hintertreiben, wenigstens durch ihre Genehmhaltung nicht zu legalisiren, so lässt sich mit gar keinem Grunde hoffen, dass sie durch blosse Zuredungen, bedrohliche Worte und Bestechung einiger Delegationsmitglieder zur Ratification unsrer Gränzen zu vermögen seyn dürfte.

Das einzige diesfällige Auskunftsmittel, gegen welches die Republick nichts einwenden kann, ist und bleibt demnach die Mediation.

Sollte nun Russland gegen bessere Hofnung und Vermuthung derselben auf unsere beyderseitige Requisition sich schlechterdings nicht unterziehen wollen, so haben wir nach dieser fehlgeschlagenen Requisition wenigstens alles erfüllt, was der Tractat vorschreibt, wir haben unsre beyderseitigen Karten übergeben, wir haben die von der Republick dagegen gemachte Einwürfe beantwortet, wir haben unsre Gränz-Commissarien abgeschickt, wir haben bey dem fruchtlosen Ausgange alles dessen die in dem Tractat' stipulirte mediation angesucht wir haben sie aber nicht erhalten können, wodurch wir uns dann bey Ermanglung aller legaler Mittel erst berechtiget finden solche für uns zu ergreifen, die wir selbst zu Erreichung, Beförderung und Versicherung des abgezielten Endzwecks für die besten und ausgiebigsten ansehen werden.

Alles dieses belieben Euer dem König mit dem Beysatze zu eröfnen, dass wenn er, wie wir nicht zweifeln, unsrem Antrage beypflichtet, wir nicht ermangeln würden, unverzüglich einen Courier nach Russland abzuschicken und durch selben unsre beyderseitige mediations Requisition zu befördern, wie wir dann die unsrige schon gegenwärtig an den König auf die Art gelangen liessen, die sich in meinem Hauptschreiben umständlich erläutert findet.

Postscriptum.

Den 18. Jänner 1775.

Ich habe aus den Aeusserungen des Baron Riedesel und andern Spuren nicht undeutlich bemerkt, dass der König besorge, unsre geheime Absicht dürfte dahin gehen, die bewuste Angelegenheit wegen des Bukowiner Districts mit dem Galizischen Gränzgeschäfte zu vermischen und solchergestalt seine und die Russische Garantie so wie über Galizien also auch in Anschung des Bukowiner District's zu erhalten.

Wenn der König jemalen übel gesehen, und calculirt hat, so ist es gewiss in dem gegenwärtigen Falle, indem wir immer das gerade Gegentheil besorgten, dass er nämlich das pohlnische Gränzgeschäft mit der Bukowiner Angelegenheit zu vermischen, den Bukowiner District als eine neue Vergrösserung unsers pohlnischen Antheils darzustellen, über die Verletzung der Gleichheit der allerseitigen Portionen Beschwerde zu führen, und solchergestalt eine Vergrösserung seines Looses durchzusetzen suchen dürfte.

Sollte nun der König wegen unserer supponirten geheimen Absicht einige Anregung machen, so wollen Euer . . . auf eine ganz vertrauliche Art die Betrachtung fallen lassen, dass da der Austausch des Bucowiner Districts ein ganz fremder, und mit dem Pohlnischen Theilungstractate in keiner Verbindung stehender Gegenstand sey, es sich von selbst verstünde, dass von der stipulirten Garantie in Ansehung dieses Districts keine Frage seyn könne.

à Vienne, ce 20. Mars 1775.

Mon cher Baron! La demarche que nous faisons aujourd'hui à la suite de tout ce que nous avons jugé devoir faire jusqu'à present au sujet du réglement definitif des limites, est fondée sur la teneur de l'Art. X de notre Traité de Cession, dont les Engagements sont conformes à ceux, qu'à cet égard ainsique Nous, les Cours de Petersbourg et de Berlin ont contractés avec la Republique par leurs traités respectifs avec Elle.

Dans cet Article il est dit:

1º Que pour designer avec plus d'ordre les frontières entre les deux états, les deux hautes Parties contractantes nommeront incessamment des Commissaires. Et

2º Que dans le cas que ces Commissaires ne pourront convenir sur l'explication de l'Article II du Traité de Cession, on s'en rapportera à la Mediation des deux autres Cours contractantes.

Ces deux stipulations sont aussi claires, qu'elles sont positives; et Nous avons crû, moyennant cela que nous ne pouvions pas nous dispenser de nous y conformer. Consequemment à ce raisonnement Nous avons proposé d'abord que chacune des trois Puissances fit presenter à la Délégation une Carte des frontières, qu'Elle croyait Lui être adjugées par son Traité; parceque cette demarche nous a paru un moyen propre à abreger la Negociation, ou au moins à nous mettre à même de pouvoir juger par la façon dont s'expliquerait la Délégation sur la Communication des Cartes respectives, de ce qu'elle pouvait devenir. La Délégation a opposé differentes difficultés aux limites designées dans les cartes, qui lui avaient été communiquées. Par la façon, dont on y a repliqué, on a crû avoir demontré le bon droit de ces demandes. Mais au lieu de repondre dans un esprit de conciliation aux raisons exposées dans cette replique, la Delegation a jugé à propos de declarer, qu'Elle regardait comme superflue toute discussion ulterieure à Varsovie, et qu'Elle demandait en echange que l'on nommât, et envoyât au plutôt dans les lieux mêmes des demarcations à arranger, les Commissaires respectifs, qui de part et d'autre auraient été designés pour cet effet. On a taché de Lui faire comprendre l'inutilité, dont ne pouvait manquer d'être l'assemblée de ces Commissaires, si elle avait lieu, avant qu'on n'eût levé au moins à

Varsovie les difficultés principales, que rencontrait déjà actuellement le travail, dont ils devaient être chargés, attendu que leurs Pouvoirs ne pouvaient naturellement les autoriser à décider d'aucune question de droit. Et que moyennant cela ils seraient arrêtés tout court à la première des difficultés de ce genre, qui viendrait à s'élever entr'eux. Mais toutes les remonstrances, qui Lui ont été faites à cet égard, n'ont produit aucun effet. Elle a insisté sur la nomination et l'envoi effectif des Commissaires, et les trois Cours n'ont pû se dispenser de s'y prêter. Les Commissaires ont été nommés et envoyés sur les lieux en conséquence. Après avoir eu à combattre, dès les premiers momens, quelques mauvaises difficultés, qui n'annonçaient rien de favorable pour la suite, on a ouvert enfin les Conférences; mais on a pû s'apercevoir d'abord par le genre des difficultés qui ont été mises en avant par les Commissaires Polonais, et l'esprit qu'on a vû régner d'abord dans leurs façon de traiter, qu'on ne devait se promettre aucun Succès de leurs Negociations avec ceux des Cours respectives. Bref, on n'a pû convenir en façon quelconque sur l'explication de Art. II des Traités de Cession. Il existe donc actuellement le cas de la seconde des deux Stipulations de l'Art. X.

Nous avons satisfait jusqu'ici à la première; La seconde n'est pas moins obligatoire, et nous croyons par conséquent ne pas pouvoir Nous dispenser de requérir dans ces circonstances la Médiation du Roi et de l'Impératrice de Russie.

Tout ce que l'on a fait jusqu'ici, on a donc dû le faire, et qui plus est, il a été de l'intérêt des trois Cours de faire ainsi. Car, pourqu'il fût vrai qu'il eût mieux valû ne point faire usage de tous les moyens, que l'on a employés jusqu'à present, pour se procurer une possession avoué par la Republique, et les trois Cours chacune vis-à-vis de l'autre, il faudrait qu'il fût vrai, qu'une possession contestée, et moyennant cela precaire et exposée au chapitre de tous les accidents possibles dans l'avenir vaut autant qu'une possession consolidée par l'aveu de tous ceux dont le consentement peut importer, et ce serait, ce me semble, une proposition si absurde, que je ne pense pas qu'aucun homme raisonnable voulût s'aviser de la soutenir. Il s'ensuit donc, à mon faible avis, que tout ce que l'on a fait jusqu'à present et par devoir et par convenance, il a été dans l'ordre de le faire, et qu'il faudrait le faire encore, si on ne l'avait pas déja fait. Au moins c'est ainsi, que j'ai envisagé les choses, et comme je ne sais pas changer d'avis contre ma conviction, on me permettra de croire que j'ai eu raison, jusqu'à ce qu'on me prouve que j'ai eu tort. Ce n'est pas que je ne sente aussi bien qu'un autre, qu'il faudra bien enfin se contenter d'une simple possession de fait quelque vicieuse et mauvaise qu'elle soit, lorsqu'on n'aura pas pû s'en procurer une meilleure; Mais je ne pense pas qu'on puisse raisonnablement se permettre de commencer par où tout au plus, après n'avoir pû faire mieux, il peut être excusable de finir: Et comme aussi bien nous sommes déjà actuellement dans cette espèce de possession, dont il faudra bien se contenter au pis aller, et qu'il n'y a ni temps perdu, ni rien à risquer à continuer de tâcher à s'en procurer une meilleure; plus j'y pense, moins je vois, ni la nécessité, ni l'utilité de s'ecarter du droit chemin, avant d'y être autorisé par l'avenement averé, que toutes les tentatives legales, prescrites par l'Art. X du Traité, ont été inutiles, sauf alors à convenir et à prendre entre nous les mesures qu'en ce cas on pourra juger les plus convenables à l'intérét commun. Il ne me reste à vous ajouter que l'assurance la plus positive qu'autre raison quelconque que celle que je viens de vous dire, je ne l'ai eu certainement; Et si quelqu'un m'en suppose, il peut être très-certain qu'il se trompe, et que c'est en ce cas pour lui-même, et non par moi qu'il est trompé; de la même manière exactement, dont souvent se trompait sur mon Compte feu le M. d'Ormea, lequel aimant autant les ruses et les finesses que je les deteste, supposait toujours à mes actions les vues, qui auraient determiné les siennes, et qui se trouvaient être aussi éloignées de ma pensée, que, comme on dit, le Ciel de la terre. Faites usage de cet epanchement de ma part vis-à-vis du Roi, on n'en faites aucun, ainsi que vous le jugerez à propos, et soyez persuadé au reste de la perseverance inalterable des sentiments d'Estime et d'Amitié, avec lesquels je suis, mon cher Baron. —

PS^{ptum}

à Vienne, ce 20. Mars 1775.

Il y a déjà longtemps, que de temps à autre on m'a rendu des propos de Mr. de Riedesel, qui ont dû m'engager à diminuer successivement les marques de confiance que je lui donnai dans les commencements, et m'ont amené à la fin à ne plus lui parler d'affaires absolument depuis quelques mois, pour au moins lui ôter la possibilité de faire un mauvais usage de ce que je pourrais lui dire. On m'en a rendu plusieurs fois par lesquels il m'honorait vis-à-vis de ses Confidents du Caractère d'un homme rusé, double et faux. Mais je n'ai honoré tout cela de mon coté, que du plus souverain mepris, et tout ce qu'il a gagné à cette pitoyable manoeuvre, c'est que, comme personne au monde, ni personnellement, ni par reputation loyalement acquise ne m'a reconnu à ce portait, tous les honnêtes gens se sont dits, qu'ils était un méchant, ou au moins qu'il connaissait bien mal ses gens. Je ne vous en ai jamais parlé tant que tout cela ne regardait que moi, parceque je ne pense pas que Mr. de Riedesel soit fait ni pour me donner, ni pour m'ôter une repntation, et que d'ailleurs, comme vous savez, ce n'est que la façon de penser à mon égard de ceux que j'estime, qui m'importe; celle de tous les autres hommes m'étant très-parfaitement indifférente. Mais apparemment l'humiliation qu'il éprouve, l'embarras dans lequel à la longue doit le mettre mon silence, que le Roi ne peut pas manquer de s'apercevoir à la fin ne pouvoir être attribué qu'à sa personne, et l'humeur, que tout cela lui donne sans doute, depuis quelque tems lui fait tenir des propos, qui peuvent avoir des suites, parcequ'ils annoncent une façon de penser qui, ne pouvant manquer d'influer plus ou moins dans ses rapports, pourrait fort bien insensiblement aigrir les esprits de part et d'autre, et finir par brouiller enfin les deux Cours de mésentendus en mésentendus.

Voici ce qui m'a été raporté en dernier lieu, et qui suffira pour vous donner une idée des différents propos, qui ont précédé celui-ci, et qui étant dictés par le même esprit, se trouvaient être du même genre. Il a dit à un de ses Confidents: »Que le Roi son maître était extremement mécontent de la Cour de Vienne; mais qu'il allait prendre de bonnes mésures pour renverser tous les obstacles que le Ministère autrichien opposait sans cesse dans l'affaire des Limites. Qu'on Lui avait manqué de parole, qu'on lui avait tendu des pièges etc. Qu'il venait de decouvrir une intelligence secrete d'un de ses secretaires intimes avec la Cour de Vienne, que ce Secretaire venait d'être arrêté et enfermé à Spandau etc. etc. Que l'affaire des Limites pourrait bien avoir une issue facheuse, que l'invasion d'une partie de la Moldavie devait allarmer les Puissances voisines etc. etc.« — Vous voyez toute l'aigreur qui se trouve dans ces propos; mais il y a pis que cela, car il y a de la mauvaise foi à avancer des choses, qu'il sait être manifestement fausses. J'ignore s'il est vrai que le Roi son Maître est extremement mécontent de la Cour de Vienne, et s'il est vrai qu'il va prendre de bonnes mesures pour renverser tous les obstacles prétendus, que le Ministère Autrichien opposait sans cesse dans l'affaire des Limites; Mais je sais en échange, qu'il est très-faux que Nous ayons jamais opposé aucun obstacle au sujet de cette affaire, et qu'il est demontré au contraire, ce me semble, par la lettre que je vous écris aujourd'hui, que bien loin d'y avoir opposé des obstacles, les seuls moyens qui pouvaient la faire aller, étaient ceux que nous avons proposés et employés. Il ajoute, qu'on lui avait manqué de parole, qu'on lui avait tendu des pièges etc. J'ose le défier de prouver ni l'une ni l'autre de ces deux assertions; Je ne devine pas même ce qu'il veut dire; Mais je sais au contraire, et le Roi ne doit point avoir oublié, que depuis la Paix retablie entre lui et la Cour de Vienne, Elle Lui a témoigné des égards dans toutes les occasions, de la franchise, de l'honnêteté et de l'amitié même dans tous ses procédés: que ce n'est point notre faute, si par méfiance on a attribué a tout cela des intentions et des vuës que nous n'avons jamais eues: et qu'il est surtout de la plus grande injustice de vouloir oublier, que particulierement depuis la triple convention de Petersbourg, nous avons eu pour le Roi son Maître des égards et des ménagements, auxquels il ne devait pas même s'attendre. Ni directement, ni indirectement nous ne nous sommes prétés à aucune des instances, qui nous ont été faites pour concourir à mettre des obstacles à ses vues et pretentions sur Danzic et Thorn, comme aisément Nous aurions pû et peut-être dû le faire: Nous en avons usé de même à l'égard des autres extensions de ses Limites en Pologne, sur lesquelles ni directement ni indirectement nous n'avons fait aucune difficulté jusqu'ici. Pour ne Lui donner aucun ombrage, notre conduite vis à vis de la Cour de Petersbourg a toujours été remplie de delicatesse et de circonspection: En un mot, si le Roi veut être equitable, et se rappeler sans prévention tous nos procedés à son égard, il ne pourra y trouver que des sujets de se louer de nous.

En échange, voici la façon, dont la Cour de Berlin répond, et a toujours repondu à nos bons procedés. Les Ministres à Petersbourg, à Varsovie et à Constantinople, dans tous les temps, nous ont mis en droit de pouvoir supposer, que le point capitale de leurs Instructions devait être celui de nous rendre tous les mauvais services possibles. Le premier n'a jamais manqué aucune des occasions, qu'il a crû pouvoir saisir avec quelque apparence de succès, pour indisposer l'esprit de l'Impératrice de Russie contre la Cour de Vienne, soit en lui supposant des manques d'egards de notre part, de la rancune, de la jalousie, peut-être même de l'aversion pour Elle. Celui de Varsovie, en supposant aux Polonais, que ce n'était qu'à la Cour de Vienne, qui NB. depuis le premier moment d'occupation, n'a jamais changé de limites, qu'ils devaient s'en prendre de toutes les extensions Prussiennes. Et celui de Constantinople, en insinuant à la Russie et à la Porte en même temps, que Nous étions de mauvaise foi vis-à-vis de tous deux dans l'emploi de nos bons offices pour le retablissement de la paix, en supposant d'une part à la Russie, que bien loin de la servir, nous la deservions à la Porte; et à celle-ci, en lui insinuant, que nous étions d'intelligence avec la première, et que nous pourrions bien même d'un moment à l'autre prendre part à la Guerre contre Elle. En un mot, il n'y a espece de ressort que ces Messieurs n'ayent fait jouer contre Nous, et c'est de Nous cependant, qui très bien informés de toutes ces manœuvres n'y avons répondû que par de bons procedés qu'on ose se plaindre. Je vous avoue que cela est revoltant. A tout cela M. de Riedesel ajoute, que le Roi venait de decouvrir une intelligence secrette d'un de ses Secretaires intimes avec la Cour de Vienne. Il est impossible de mentir avec plus d'effronterie. Et personne ne sait mieux que vous, que je ne connais pas même de nous aucun de ces gens-là, et que des miserables moyens de cette espece je les ai en horreur, et suis incapable de m'en servir.

Il annonce enfin, en politique profond, que l'affaire des limites pourrait bien avoir une issue facheuse, et que ce qu'il appelle l'Invasion d'une partie de la Moldavie, devait allarmer les Puissances voisines etc. Comme j'ignore ce qu'il veut dire par sa prophetie misterieuse sur le premier chef, la seule observation que je puis faire à cet égard, c'est que ce ne sera pas notre faute en tout cas: qu'au pis aller si l'issue doit en être facheuse, elle ne le sera pas pour nous seuls; qu'on n'entimide pas des gens comme nous par des menaces: et que de la pretendue invasion, qui ne regarde que Nous et la Porte, et dont moyennant cela nous n'avons aucun compte à rendre à un tiers, personne ce me semble, ne peut ni ne doit en être allarmé, qu'en tout cas les deux Puissances, que l'arrangement des limites à faire regarde directement et privativement.

Il m'a paru pouvoir être utile, peut-être même nécessaire, que Vous fussiez informé de tout cela, pour être en état de faire comprendre les raisons de ma conduite vis à vis de Mr de Riedesel, si on vous en fournissait l'occasion, ou si vous jugiez d'ailleurs qu'il pourrait convenir que le Roi en eût connaissance. Je vous previens aussi, que quoique toujours très-poliment, M. de Riedesel ne doit pas s'attendre à être traité autrement de ma part par la suite, à moins que je n'apprenne à n'en pouvoir douter, qu'il est revenu de bonne foi de ses prejugés sur notre compte, et qu'il a fait revenir le Roi son Maitre de tous ceux qu'avec sa façon de penser personnelle il doit naturellement lui avoir communiqués.

On se lasse à la fin d'être bon, et né honnête, comme je le suis, on perd patience à la fin, lorsqu'on voit qu'on l'est à pure perte. Je m'en rapporte à votre prudence de l'usage de toutes ces Notions, et suis encore une fois, ut in Litteris.

XXIV.

Rescripte an den Fürsten v. Lobkowitz in Petersburg.

Wien, den 11. April 1772.

Eurer Liebden schäzbarstes Berichtschreiben vom 20. März hat mir der Cabinets-Courier Dereck den 5. dieses richtig überbracht, und ich habe nicht ermangelt, solches zur Allerhöchsten Einsicht unverzüglich vorzulegen.

Zuförderst wollen Euer Liebden dem Herrn Grafen Panin die vollkommenste Zufriedenheit bestättigen, mit welcher Ihro Majtcn. dieses neue werckthätige Merckmal der wahren Freundschaft der Russischen Kaiserin aufgenommen haben, und was meine Person insbesondere betrift, so belieben Euer Liebden dem H. Grafen Panin in meinem Namen zu versichern, dass es mir zu einem wahrhaften Vergnügen gereichen wird, sein Zutrauen auf meine Denkungsart bey allen Gelegenheiten zu rechtfertigen und zu verdienen.

Um übrigens dero wertheste Zuschrift, so wie es die Wichtigkeit derselben erfordert, genau zu beantworten, erachte ich solche in folgende abgesonderte Puncte eintheilen zu sollen:

1mo Bemerken Euer Liebden, dass man bey der Stelle: les bornes de nos Pretensions das Wort *Trois* aus der Ursache hinzugesezt hat, weil in dem Acte von beyden Kay. Majten. Erwehnung geschiehet, und man durch das beygefügte Wort zu erklären gemeinet ist, dass von 3 und nicht von 4 Theilen die Frage sey.

Hiebey finde ich ebenso wenig zu erinnern, als die weitere Vorsichtigkeit des Herrn Grafen Panin wegen der mit dem Preussischen Minister besonders eingeleiteten Unterredung allen Beyfall verdienet.

2do Was den Uns zuzuwendenden Pohlnischen Antheil betrift, so erhalten Euer Liebden in der abschriftlichen Anlage die vollständige Erläuterung hierüber. Es ist solche in die Form eines Artickels aus der Ursache eingekleidet worden, damit selber, wenn er allerseits beangnehmet wird, der Convention sogleich auf die nämliche Art inserirt werden könne, wie es mit den Russ. Kais. und Königl. Preussischen Ansprüchen in dem 2. und 3. Artickel des Plan du Concert etc. geschehen ist.

Gedachten Entwurf belieben also Euer Liebden dem Herrn Grafen Panin sogleich zu überreichen, und diesem beyzufügen, dass Wir den diesseitigen Antheil so gut als es Unsere mangelhafte Local-Kenntnisse gestattet hätten, zu bestimmen, und da er nach seinem politischen Werthe mit den anderseitigen Acquisitionen ohnehin in keine Gleichheit kommen könnte, solchen wenigstens nach der physicalischen Grösse, Fruchtbarkeit und anderen Umständen mit dem Kais. Russ. und Königl. Preussischen Antheil in eine Proportion zu setzen gesucht haben.

Noch eines haben Euer Liebden dem Herrn Grafen v. Panin zu erinnern, dass weil Wir noch dermalen eine sehr unzulängliche Kenntniss des Locals haben, bey der wircklichen genauen Gränz-Bezeichnung sich allererst näher zeigen würde, ob nicht bey den in Unserm Project d'Article bestimmten Gränzen ein und andere Abänderung zu treffen wäre, indem es leicht geschehen könnte, dass entweder Unsere eigene, oder auch die Pohlnische Convenienz oder beide zugleich erforderten, hier und da mit der Gränze etwas weiter hervorzurücken, oder solche etwas mehr zurückzusetzen, oder ein Stück gegen das andere zu vertauschen, welches alles jedoch dergestallt zu bewerckstelligen wäre, dass die einmal festgesezte Proportion Unsers Antheils mit den gegenseitigen Acquisitionen nicht überschritten würde.

3tio So viel von der Sache selbst. Was die Form folglich den Act der feyerlichen Convention betrifft, welche nach den einmal zwischen den 3 Höfen zustandgebrachten vorläufigen Einverständniss ausgefertiget werden muss, so war ich gleich Anfangs der Meinung, dass solches auf keine natürlichere und den Umständen angemessenere Art zu bewerkstelligen seyn dürffte, als wenn von dem Russisch-Kais. und dem Königl. Preussischem Hofe der eigentliche Stoff gedachter Convention mit dem Unsrigen vorher concertirt, hierauf von denenselben nicht nur zur Signirung, sondern auch zur förmlichen Ratification geschritten, und alsdann erst unser Hof zur Accession als *Pars principalis contrahens* eingeladen würde. In dieser Meinung wurde ich durch den in der Note des Herrn Grafen Panin eröfneten Umstand noch mehr bestärket, dass nämlich die quaestionirte Convention zwischen beyden gedachten Höfen bereits vor geraumer Zeit wircklich geschlossen und ausgefertiget worden sey. Woraus unmittelbar folget, dass Ihro Majten. bey einem allschon geschlossenen Vertrag nicht anderst als durch den Weeg einer Accession ein *Pars principalis contrahens* werden können.

Mit dieser Betrachtung vereiniget sich noch eine andere, dass nämlich sowohl in dem Eingange als in dem weiteren Inhalte des Uns von dem Russl. Kais. Hofe communicirten *Plan d'un Concert* solche Gegenstände und Ausdruckungen vorkommen, die auf Unsern Hof ganz unanwendbar sind, wie zum Beyspiel die Stellen:

„que de la guerre ou par une suite des affaires de cette „même Republique S. M. I de toutes les Russies se trouve „engagée contre la Porte Ottomanne, dans laquelle S. M. le Roi „de Prusse prend une part effective conformement aux traités „d'Alliance qui subsistent entre les deux Cours etc."

„Leurs dites Majestés considerant que de tous les moyens „employés par Elles pour operer la pacification de la Pologne, „aucun n'a produit son effet."

Wenn jedoch diesem allem ungeachtet Herr Graf von Panin auf seiner vorherigen Idee verharren, und auf der von ihm bereits an Hand gegebenen Schliessungsart bestehen sollte, so sind Wir auch hierzu bereitwillig. Wie ich dann Euer Liebden im Allerhöchsten Namen hiemit begwaltige, sich hierüber mit ernanntem Russischen Herrn Minister und dem Herrn Grafen von Solms auf eine oder die andere Art definitive einzuverstehen, und entweder nach der von dem Herrn Grafen Panin proponirten Conventionsform oder in der Gestalt der Accession Unsers Hofes den quaestionirten Vertrag zu stand zu bringen, zu welchem Ende ich Eurer Liebden die Allerhöchste Vollmacht hier anschliesse.

Da übrigens in dem *Plan du Concert* unter andern vorgesehen ist, dass die contrahirende beyde Höfe, diejenigen Pohlnischen Districte, die sie in Anspruch zu nehmen, und ihren Staaten einzuverleiben gedencken, künftigen Monat Juny durch ihre Truppen besetzen lassen werden, so wollen Euer Liebden dem Herrn Grafen Panin eröfnen, dass Wir zu dem nämlichen Ende die nöthigen Vorkehrungen ebenfalls ehestens veranstalten, und in der nämlichen Zeit auch in Unsern Antheil ein hinlängliches Corps d'armée einrucken lassen werden, welches wie Wir zuversichtlich hoften, der Absicht Ihro Russ. Kays. Majt. gemäss seyn wird. Und da Unsre aus Siebenbürgen kommende Truppen, wenn sie nicht einen grossen Umweg machen sollen, einen Theil von der Moldau betretten müssen, so haben Euer Liebden den Herrn Grafen Panin zu ersuchen, dass er die nöthige Vorkehrung treffen wolle, damit den in der Moldau und Pohlen befindlichen Russischen Generals von dem Marsch Unserer Truppen bey Zeiten Nachricht ertheilt, und ihnen aufgetragen werden möchte, gedachten Truppen nicht nur kein Hinderniss im Weeg zu legen, sondern vielmehr allen diensamen Vorschub zu geben.

4to Was die vertraute Aeusserung des Herrn Grafen Panin über den möglichen Fall betrifft, Uns ausser den Pohlnischen Antheil annoch die Vestung Belgrad nebst einem Theile von Bosnien und Servien zuzuwenden, so wollen Euer Liebden ernannten Herrn Minister in meinem Namen Unsere ganz besondere Dancknehmigkeit für diese eben so offenherzige als wahrhaft freundschaftliche Denkungsart bestättigen, und dem weiters hinzufügen, dass Ihro Majten ein so werckthätiges Merckmal der Freundschafft der Russischen Kaiserin unendlich schätzbar sey, ungeachtet Sie sich solches wircklich zu nutzen zu machen aus der doppelten Ursache abgehalten würden, weil hierdurch eines Theils das von Ihnen so sehr gewünschte Friedenswerk nothwendig länger verzögert werden müsste, andern Theils aber sie noch immer entschlossen seyen, der Pforte in so lange sie selbst hierzu keine billige und gerechte Ursache geben würde, nichts nachtheiliges zuzufügen.

Wegen des dereinst zwischen Uns, Russland, und Preussen zu schliessenden förmlichen Allianz-Tractats belieben Euer Liebden dem H. Grafen von Panin die Versicherung zu ertheilen, dass Ihro Majten ganz gewiss keinen Anstand jemals finden würden, in allem demjenigen mit gedachten Höfen sich freundschaftlich einzuverstehen, was zu Aufrechthaltung und mehrerer Befestigung des Europäischen Ruhestandes auf irgend eine Art etwas beytragen kann.

5to In Ansehung der Pohlnischen Angelegenheiten bin ich mit der erlauchten Bemerkung des Herrn Grafen v. Panin vollkommen verstanden, dass nach einmahl geschlossener Convention das sicherste mittel zu ihrer wircksamen und geschwinden Bewerkstelligung hauptsächlich in dem näheren Einverständnisse beyder Höfe über diejenigen Mittel bestehe, durch welche die Pohlnische Pacification zu Stand zu bringen seyn dürffte; und werden Ihro Majten ganz sicher nichts ausser acht lassen, was immer zu Erreichung eines so heilsamen und allgemeinen erwünschlichen Endzwecks von Allerhöchst denenselben abhangen wird.

Es scheinet jedoch meines Erachtens desfalls vorzüglich auf vier Haupt Gegenstände anzukommen.

1mo Wie die innerliche Ruhe in Pohlen wieder herzustellen.

2do Wie das definitif Arrangement über die allerseitige Acquisitionen mit der Republik zu bewerckstelligen.

3tio Wie dem König, der durch die erwehnte Acquisitionen der drey Höfe in seinen Finanzen nothwendig sehr herabgesezet wird, eine anderweitige Entschädigung, und mit solcher eine hinlängliche standesmässige Unterhaltung zuzuwenden, und was endlich

4to Der Verfassung des Königreiches selbst in Anbetracht seines neuen Verhältnisses auf Unsre drey Höfe für eine Gestalt zu geben sey, um eine solide Ruhe zu erhalten, die beständige Gehrung und den Ausbruch immer neuer Weiterungen zu vermeiden, und eben andurch der Gefahr der Miteinflechtung der drey Höfe selbst vorzubeugen.

Was den desfalls von dem Russisch Kais. Hofe uns communicirten, und hier abschriftlich beykommenden Pacifications-Plan betrift, so finden Wir dabey im wesentlichen und insoferne nichts zu erinnern, als solcher mit vorerwehntem 4. Haupt Punkt zu vereinbaren seyn wird. Auf diesen leztern Punkt kommt Unsres Ermessens alles an, und wenn nur dieser Endzweck erreichet wird, so sind uns alle Mittel durch welche solches geschiehet gleichgültig.

Um nun desfalls ein ganzes zu machen, und das hierwegen nöthige Einverständniss zwischen den drey Höfen zu stand zu bringen, belieben Euer Liebden erwehnte vier Hauptgegenstände dem Herrn Grafen von Panin zu eröffnen, und sich über die eigentliche Art, diesen vierfachen Endzweck zu erreichen, seine ausführliche Wohlmeinung zu erbitten. Wir tragen hierauf keineswegs aus der Ursache an, um gedachten Minister und seinen Hof zuerst zur Sprache zu bringen, sondern einzig und allein deswegen, weil Wir von den Pohlnischen Angelegenheiten keine so genaue Kenntniss haben, noch haben können, um über die desfalls anzuwendende Mittel Unser Gutachten zuerst eröfnen zu können.

Euer Liebden wollen dem H. Grafen von Panin diese Betrachtung beybringen, und ihm übrigens die positive Versicherung geben, dass Wir ganz gewiss nichts ausser acht lassen werden, was immer zu

Erreichung und Beförderung der erwähnten Vierfachen Absicht etwas beytragen kann, Wie dann der von Ihro Majten bereits nach Pohlen bestimmte ausserordentliche Abgesandte und Bevollmächtigte Minister Herr Baron von Rewitzky bald dahin abgehen, und zur gemeinschaftlichen aufrichtigen und wirksamen Bearbeitung mit dem Russisch Kaiserl. Bottschaffter und dem Königl. Preussischen Minister angewiesen werden wird.

P. S^{tum}

Wien, den 11. April 1772.

P. P.

Ungeachtet Wir sehr wünschten, dass die von Uns vorgeschlagene Accession von dem Russischen Hofe beangnehmet werden möchte, weil solches der Natur der Sache und der historischen Wahrheit vollkommen gemäss ist, so ist doch mit vieler Wahrscheinlichkeit vorzusehen, dass H. Graf v. Panin in diese Idée nicht eingehen, sondern auf seinem Vorschlag bestehen wird, weil allem Ansehen nach das eigentl. Russ. und Preussische Concert Uns nicht ganz communicirt, und dasjenige, was man in solchem vermuthlich gegen Uns stipulirt hat, in Articles secrets begriffen ist, dass man also nicht für thunlich finden dürfte, Uns zu einem Tractat accediren zu lassen, der Anfangs selbst gegen Uns zum Theil gerichtet war.

In dem Falle, wenn unsere Accession nicht statt haben, sondern eine neue Convention zwischen den drey Höfen errichtet werden sollte, findet sich jedoch in Absicht auf die Signirung folgender Anstand, dass nähmlich Ihro Kays. Königl. Apostol. Mayt. weder in dem Dresdner noch in dem Hubertsburger, noch sonst bey irgend einer anderen Gelegenheit ebenso wenig als der Französische und Spanische Hof mit dem König in Preussen alterniret haben, folglich auch bey der gegenwärtigen Gelegenheit ebenfalls nicht alterniren können, welches jedoch von dem Russischen Hofe nach seinen Euer Liebden ohnehin bekannten diesfälligen Grundsätzen allem Ansehen nach geschehen wird.

Um nun hierwegen allen Widerspruch zu vermeiden, können Euer Liebden nöthigen falls dem H. Grafen Panin unsern diesfälligen Anstand jedoch nur für Sich selbst, und in freundschaftlichem Vertrauen eröfnen, und haben übrigens darauf anzutragen, dass nach dem Beyspiel des Hubertsburger Friedens von jedem Theile zwey besondere Exemplarien der Convention signirt, und sodann gegen einander ausgewechselt werden.

Sollte jedoch gegen alles bessere vermuthen dieses Expediens nicht beangnehmet, und auf die gemeinschaftliche Signirung und

Alternirung absolute bestanden werden, so haben Euer Lbden. Dero aus Abgang einer diesfälligen Instruction entstehende Verlegenheit so viel thunlich zu erheben, und Sich endlich zu gedachter gemeinschaftlicher Signirung, jedoch nicht anderst, als gegen Ausstellung einer schriftlichen Declaration de non praejudicando einzuverstehen, dabey aber den Ihro Kays. Mayj. gebührenden unstrittigen Vorrang unabweichlich zu behaupten, folglich in allerhöchst Dero Namen in allen Exemplarien primo loco zu signiren, dagegen im Namen Ihro Kays. Kön. Apostol. Maytt. mit den Ministern der beyden andern Höfen auf vorerwehnte Art zu alterniren.

Wenn aber, wie Wir hoffen, unser Expediens statt finden sollte, so haben Euer Liebden die Beyden an Russland und Preussen auszuwechselnde Exemplarien der Convention nicht wie in dem vorerwehnten Falle doppelt, sondern nur einmal zu unterschreiben, und zu signiren, weil Dieselben hierzu von Beyden Kais. Majestäten zugleich nur ein einzige Vollmacht erhalten.

Wien, den 30. May 1772.

Eurer Lbd. schätzbarstes lezteres Schreiben ist mir fast zu gleicher Zeit mit einem von dem Freiherrn v. Swieten zugekommen, welches den nämlichen Gegenstand betrift.

Ich kann Eurer Lbden nicht bergen, dass der Inhalt desselben nichts weniger als angenehm und unserer billigen Erwartung keineswegs gemäss sey.

Ich finde mich zwar noch dermalen nicht im Stande, Eurer Lbden hierüber etwas positives zu melden, indem der von denenselben versprochene Courier noch vorher abgewartet werden muss. Gleichwohl aber erachte ich, den heutigen Posttag nicht vorbeigehen lassen zu sollen, ohne Eurer Lbd. diejenigen Hauptbetrachtungen nur kürzlich mitzutheilen, welche mir gleich bey der ersten Durchlesung des Eingangs erwehnten Schreibens beygefallen sind, und die wie ich glaube, jedem billigen und unpartheyisch denkenden Manne beyfallen würden und müsten. Diese Betrachtungen sind folgende:

1º Würde durch den diesseitigen Antrag Lemberg und die Saltzwerke von unserm Antheil auszuschliessen, das einzige gänzlich entzogen, was nach dem uns zukommenden grösstentheils gebürgigen und schlechten Lande einigen reelen Werth hätte geben können.

2do Will uns die einzige auf dem flachen Lande existirende Communication von Oberschlesien aus mit Unserm quaestionirten Antheil benommen werden.

3tio Wird das Absehen dahin gerichtet, uns einen schmalen von allen Seiten freyen und entblössten Strich Landes zuzuwenden.

Euer Lbden. können und werden diese Betrachtungen ohnehin nicht entgangen seyn, wie sich dann auch die weitere von selbst darstellt, dass es hier um eine blosse quaestio facti zu thun ist, und darauf ankomme, ob ein so beschaffener Antheil für Uns den nämlichen und vollkommen gleichen sowohl innerlichen als besonders politischen Werth mit den Aquisitionen des russisch-kaiserl. und königl. preussischen Hofes habe, wie er solchen nach der allerseits zum Grund gelegten Praeliminar-Convention und der natürlichen Billigkeit haben soll, und muss.

Dass vorgedachter Antheil diesen Werth nicht habe, ist ebenso wenig zweifelhaft, als die weitere Frage, ob auch die Aquisition eines so deformen und vorerwehntermassen beschaffenen Strich Landes, wenn sie bloss in abstracto und ohne aller Beziehung auf die jenseitigen Vortheile betrachtet wird, unserm wahren Staats-Interesse gemäss sey oder seyn könne? Indem es hier hauptsächlich auf die Aufrechthaltung des allerseitigen Gleichgewichts ankommt, und sobald dieses fehlt, der wesentliche Grund der von den drey Höfen unterzeichneten Praeliminar-Convention gänzlich hinwegfallet.

Was übrigens Euer Liebden wegen Unseres Betrages in Absicht auf das Friedenswerck erinnert worden, begreife ich ebenso wenig, als was man desfalls von Uns noch weiters zu wissen und zu vernehmen verlangt.

Wir haben uns anheischig gemacht, die Pforte zu Eingehung des Waffenstillstandes zu vermögen, dieses Versprechen haben Wir getreulich erfüllt, und das weitere, wird zwischen dem General Romanzow und dem Grossvizier unmittelbar negotiret; so dass wir nicht sehen, weder was wir dem russischen Hofe ehender als er es selbst nothwendig wissen muss, unterbringen, weder was wir noch ferners thun könnten, dass nicht schon ohnehin geschehen wäre.

Kommt es zum Friedens-Congress selbst, so haben Wir zu baldiger Herstellung der Ruhe alle Unsere bona officia schon zum voraus versprochen, und gedenken auch dieses Versprechen genau und bona fide zu erfüllen.

Was die weitere schriftliche Aeusserung des H. Grafen von Panin betrift, so handelt solche eigentlich von folgenden Gegenständen:

1. Von der Einrückung unsrer Truppen;
2. von der desfalls zu machenden Declaration;
3. von den Confoederirten;
4. Von der guten Einverständniss zwischen unsern und den russischen Truppen.
5. Von den unserer Seits nicht zu erschwerenden Lieferungen für die an der Donau stehende russische Armée.

In Ansehung des ersten Punkts haben Wir uns nach den klaren Buchstaben der uns mitgetheilten Convention und nach unserer bereits vor geraumer Zeit gemachten Aeusserungen gerichtet, und kann also bei einer schon geschehenen Sache nichts mehr geändert werden.

ad 2dum Gedenken wir dermalen gar keine Declaration herauszugeben, sondern werden solche so lange verschieben, bis eine gleichstimmige von allen drey Höfen kundgemacht werden wird.

ad 3tium werden wir in unserem District ohnehin keine gewaffnete Confoederirten gedulden, so dass also von ihnen gar keine Frage seyn kann.

ad 4tum 5tum sind wir zu aller nur immer thunlichen freundschaftlichen Einverständniss geneigt, und sind hierwegen bereits zum voraus, die nöthigen Befehle an Unsre Generalität erlassen worden.

Wien, den 5. Julius 1772.

Den richtigen Empfang Eurer Liebden schätzbarestes Berichtschreibens vom 28. Maji habe ich bereits bescheiniget, und dieselben zum voraus versicheret, dass ich nicht verweilen würde, Sie hierüber mit den nöthigen näheren Anweisungen zu versehen, sobald Ihro Majt. allerhöchst dero final Entschliessung dessfalls gefasst haben würden.

Da solches nunmehro erfolget ist, so empfangen Eure Liebden durch den gegenwärtigen Courier diejenigen umständlichen Verhaltungsbefehle, nach welchen dieselben sich in der vorliegenden wichtigen Angelegenheit auf das genaueste zu richten haben.

Um nun desfalls mit möglichster Ordnung Kürze und Deutlichkeit vorzugehen, erachte ich dasjenige, worüber Euer Liebden nähere Anweisungen nöthig haben, in nachfolgende Puncte abtheilen zu sollen.

Der erste Punkt betrift den für uns von dem russischen kais. Hof in Vorschlag gebrachten Antheil.

Der Zweyte das von dem H. Grafen Panin communicirte Projet de Convention

Der Dritte das gleichfalls von ernannten Herrn Minister mitgetheilte Projet du Manifest.

Der Vierdte das von Eurer Liebden eingeschickte Sentiment de Mr. le Comte de Panin au sujet de l'Entrée des Troupes autrichiennes en Pologne.

In Ansehung des ersten Punkts erhalten Eure Lbden die angebogene Considerations amicales sur le Mémoire intitulé: Observations fondées sur l'Amitié et la bonne foi par lesquelles on cherche à convenir des possessions de la Republique de Pologne.

Euer Lbden finden in denenselben diejenigen Bewegursachen klar ausgedruckt, welche die Annahme des von dem russisch kaiserl. Hofe für uns in Vorschlag gebrachten Antheils ganz und gar unthunlich machen.

Ein einziger unpartheyischer Anblick, der von Eurer Liebden eingeschickten kleinen Mappa und die Zusammenhaltung derselben mit unseren dermaligen Gränzen setzt gedachte Bewegursachen in ihr volles Licht und zeigt deren Richtigkeit.

In die nähere Zergliederung der sogenannten Evaluation sind wir nicht eingegangen. Um hierüber ein vollkommen zuverlässiges Urtheil zu fällen, müsste man weit grössere Local-Kenntnisse haben, als wir noch dermalen haben können, die Wir jedoch bald zu erhalten hofen, indem bereits einige Landmesser zu Aufnehmung des Landes abgeschicket worden sind. Deme ungeachtet würde sich schon gegenwärtig verschiedenes, sowohl gegen die angenommene Hypothese der geografischen Bestimmung, als der vorausgesezten Population, besonders aber gegen die Berechnung derselben in den allerseitigen Antheilen erinnern lassen, indem die hievon theils gedruckte, theils andere Nachrichten, so sehr von einander unterschieden sind, dass auf keine ein solider Calculus gegründet werden kann. So viel unterliegt inzwischen nicht dem geringsten Zweifel, dass ein gebürgigtes Land, wie unsere Portion grössten Theils ist, keineswegs so fruchtbar, wie ein ebenes und flaches seyn könne, und bestättigen über diess alle Nachrichten als eine notorische Sache, dass in Klein-Polen weit mehr Arbeit auf den Ackerbau verwendet werden muss, als es in mehreren anderen polnischen Provinzen geschiehet, allwo die Frucht ohne viele Zubereitung und Düngung wächst.

Es kommt jedoch auf die Berichtigung dieses Details im weesentlichen gar nicht an, indem hier keineswegs von 3 particuliers, welche Privat-güter unter sich vertheilen wollen, sondern von 3 grossen Höfen die Frage ist, welche durch das vorliegende arrangement als ein gütliches Auskunftsmittel allen bedenklichen Weiterungen vorzukommen, das Gleichgewicht unter sich aufrecht zu erhalten, ihr allerseitiges Interesse näher zu verbinden, die wechselweise wahre Freundschaft noch mehr zu befestigen, und auf solche Art die ungestörte Dauer der allgemeinen Ruhe selbst thätig zu versichern suchen.

Die ersten, nämlich die Particuliers, haben sondern Zweifel ihr Hauptaugenmerk lediglich auf die Güte des Erdreiches, auf die Qualität und Quantität der Produkten, und mit einem Worte auf die ökonomische Erträgniss und Beschaffenheit der zu vertheilenden Güter zu richten.

Ganz anderst haben 3 grosse Höfe in diesem Falle zu Werck zu gehen und zu calculiren, indem bey ihnen auf die Valeur politique und auf die Erreichung der vorerwehnten Hauptendzwecke vorzüglich zu sehen ist. Diese Valeur politique findet sich bey den jenseitigen Antheilen im höchsten Grade der Vollkommenheit, wie es der russische kaiserl. Hof selbst eingestehet, und der Augenschein zeiget. Wie wenig aber eben diese Valeur politique bey dem uns zugedachten Antheile statt finde, und wie sehr andurch gedachte Hauptendzwecke verfehlet würden, desfalls berufe ich mich auf die Considerations amicales sowohl, als auf die selbsteigene erlauchte Einsicht und Billigkeit des russisch kaiserlichen Hofes.

Wir glauben von unserer freundschaftlichen Rücksicht für die russisch kaiserliche Vorstellungen keine wesentlichere Probe geben, zugleich aber vorgedachte Grundsätze nicht werckthätiger erfüllen zu können, als durch den entworfenen neuen Plan über Unsern Antheil, den Eure Lbden. in der Anlage empfangen.

Wir sind in demselben über alle diejenigen Betrachtungen hinausgegangen, auf welche unsere gleich Anfangs nahmhaft gemachte Portion gegründet ist.

Wir entsagen andurch den vorhinnigen Forderungen auf Chelm, Lubin und Wlodzimir, wir folgen der Weichsel nicht weiter abwärts, als bis über den Sanfluss, so dass das ganze grosse Stück bis an die Wieperz völlig ausbleibt. Da die Güte des Grund und Bodens bekanntermassen in den Gegenden ungleich grösser ist, die von den Gebürgen entfernet sind, so entgehen uns andurch die fruchtbarsten Theile und wir erhalten nichts als eine veränderte Lage, die uns zwar noch bey weiten dasjenige arrondissement, und den damit verbundenen politischen Hauptvortheil, den die übrigen beyden Höfe in voller Maasse erreichen nicht verschaft, gleichwohl aber etwas natürlicher, nicht gar so precair, von allen Seiten entblösst, und nicht gar so vielen Inconveniens als die von dem russisch kaiserl. Hofe für uns vorgeschlagene Portion unterworfen ist.

In Ansehung der ganzen Massa des uns solchergestalt zufallenden Terrains kann nicht wohl ein fernerer Anstand seyn.

Der russische Hof gestehet uns selbst den in der eingeschickten Mappa enthaltenden Antheil ein.

Ueber dieses haben Eure Lbden. von dem H. Grafen v. Panin die mündliche Versicherung erhalten, dass man russisch kaiserl. Seits nicht entgegen seyn würde, wenn wir annoch das Dreyeck von Pokutien, welches zwischen dem Dniester, Podolien und Reussen, dann das Dreyeck von Chelm, welches zwischen dem Bug, Wolhinien und Bressez gelegen, auf dieser Seite noch in Besitz nehmen, und unsere Gränzen von Biala hinter den Saltzwerken gegen den Einfluss des Dunajez in den Dniester ziehen wollten.

Wenn nun diese uns eingestaudene Massa von Terrain mit derjenigen, die wir nunmehro in Vorschlag bringen, nur überhaupt auf der Karte nach Quadrat-Meilen verglichen wird, so zeiget sich, dass eine der anderen was die etendue betrift, ungefähr gleich sey.

Es kommt also lediglich auf die Beangnehmung der von uns in Antrag gebrachten veränderten Lage an, die dem russisch kaiserlichem Hofe, an und für sich selbst vollkommen gleichgültig seyn kann, für uns aber das wesentlichste und vorzüglichste Interesse ausmachet, und für die Republick selbst von ganz besonderer Erheblichkeit ist, indem derselben an der Erhaltung der so zu sagen in das Herz des Königreichs eindringenden Palatinaten von Lublin, Chelm etc. ungleich mehr, als an solchen Landesstrichen, die unseren Gränzen nahe sind gelegen seyn mus.

Was unsere Communication mit Schlesien, dann Lemberg und die Saltzwerke betrift, so beziehe ich mich auf die *Observations amicales*, und scheinet in Absicht auf den königl. preussischen Hof dagegen um so weniger der geringste Anstand obwalten zu können; da Seine königl. preussische Mjt. bereits in verflossenem Märzmonathe den Freyh. van Swieten aus selbst eigener Bewegung den Vorschlag gemacht haben, dass wir uns einer Seits in Reussen bis nach Lemberg erstrecken, und auf der andern Seite uns von Teschen eine Communication mit Hungarn und Krakau ausgenommen, eröfnen möchten, mit der beygefügten Versicherung, „quelles que puissent etre les vûes de votre Cour, je vous promets, que je les seconderai de la meilleure foi du monde. Vous ne trouveres pas plus de difficultés en Russie, mais si contre mon attente il s'y en rencontroit vous pouvés compter, que je vous soutiendrai avec chaleur. Je ne dois pas moins à la maniere amicale et franche dout votre Cour agit avec moi." Wie dann ernanter König bey Gelegenheit, als wir ihm den Anfangs nahmhaft gemachten Antheil vorlegen lassen, sich ausdrücklich dahin geäussert hat: „Vous avés articulé votre portion, qu'il y ait un peu plus ou un peu moins, je ne vous chicanerai pas là dessus."

Es kann also in Absicht auf Lemberg, nichts als die Schwierigkeit in Ansehung des Adels, und wegen der Salinen nichts als die Unterhaltung des Königs entgegenstehen. Das erste ist eben so leicht zu heben, als für das leztere rathzuschaffen, besonders wenn mit dem in den *Observations amicales* bereits enthaltenen Vorschlag und mehreren anderen Mitteln die Execution derjenigen Verordnungen verbunden würde, welche bey der Republick seit geraumer Zeit jedoch bishero noch immer unerfüllt wegen Wiedereinziehung der Avulsorum à mensa regia und Einlösung der in Pfandschaft gegebenen Güter existiren.

Eure Liebden wollen demnach dem H. Grafen von Panin sowohl die *Observations amicales*, als die dazu gehörige Beylage übergeben, und solche auf die nachdrücklichste Art zu unterstüzen suchen.

Der zweyte Punkt betrift das Project der Convention, desfalls kommt sowohl die Form als die Sache selbst zu betrachten.

In Ansehung der Form ist in der sich ohnehin verstehenden Voraussezung nichts zu erinnern, dass nämlich andurch den unstrittigen und bekannten Vorrechten Ihro kaiserlichen Majt. auf keine Weise zu nahe zu tretten, und solchen nicht das geringste Praejudiz zuzuziehen in Absicht geführt werde.

Diese Vorrechte sind an und für sich selbst notorisch, seit undenklichen Zeiten von allen Höfen anerkannt, und von dem russisch kaiserlichen, insonderheit nach Euer Liebden Einberichtung vom 19. Decembris neuerdings bestättiget, so dass wir also eine abermalige Declaration, wegen Vorbehaltung gedachter Vorrechte für überflüssig ansehen, welches Eure Lbden. dem H. Grafen von Panin in der Art einer zu allem Ueberfluss machenden Verwahrung mündlich eröffnen wollen.

Was die Sache selbsten anbelangt, so unterliegt der einzige IV. Artikel einigen wesentlichen Anständen. Derselbe enthält einen Gegenstand, der mit dem gegenwärtigen die Republick Pohlen einzig und allein betreffenden arrangement nicht den geringsten Zusammenhang hat, und dahero zur quaestionirten Convention gar nicht gehöret.

Eure Liebden wollen dahero dem Herrn Grafen von Panin desfalls so vieles eröfnen, dass wir zwar die Ursache keineswegs misskenneten, die seinen Hof bewogen haben dörfte, gedachten Artikel der Convention beyzusezen, dass er aber, wie wir sicher hoften, seit kurzem einen überzeigenden Anlass erhalten haben würde, unsere Absichten und Maassnehmungen in Beziehung auf die Pforte in einem ganz anderm Gesichtspunkte zu betrachten, als es vormals geschehen seye, und dass er folglich eine noch unlängst für nöthig gefundene Vorsichtigkeit dermalen für überflüssig ansehen dürfte.

In dieser Voraussezung verspracheten wir Uns zuversichtlich, dass er desfalls die uns unmittelbar betrefende Anständigkeit in billigen und freundschaftlichen Betracht ziehen, nichts was Uns etwa über kurz oder lang ungleich ausgelegt werden könnte, fordern, und dahero geneigt seyn würde, entweder erwehnten Artickel gänzlich wegzulassen, oder aber, auf die in der Anlage enthaltene Art, einzurichten, besonders da es hier nicht um die Sache selbst, sondern lediglich um die Modification derselben zu thun sey.

Betreffend den dritten Punkt nämlich das *Projet d'un Manifest*, so bemerke ich Eurer Lbden desfalls nur vorläufig so vieles, dass meines Erachtens darin verschiedene Gegenstände vorkommen, die zwar dem russisch-kaiserlichen Hofe im Mund gelegt werden können, die aber auf den königlich preussischen nicht und noch weniger auf unseren Hof anwendbar sind, da besonders der letztere an allem demjenigen, was Seit dem Hintritt des lezten Königs in Polen vorgegangen, nicht den geringsten Theil gehabt hat.

Ich glaubte dahero dass verschiedenes in diesem Manifest wegzulassen, und überhaupt alles kürzer zu fassen wäre. Desfalls ich jedoch Eurer Lbden meine Gedanken ausführlicher zu eroefnen mir vorbehalte, welches um so füglicher bei einer anderen Gelegenheit geschehen kann, da ohnehin der erste und wesentliche Punkt noch vorher berichtiget werden mus.

Wegen des Vierdten und lezten Punkts verweise ich Eure Lbden auf die angebogene *Reponse au Sentiment de Mr. le Comte de Panin*, welche dieselben dem ernannten Herrn Minister gleichfalls zu übergeben belieben wollen.

Es sind uns zwar bereits ein- und andere Fälle einberichtet worden, wo sich die diesseitige Generalität, mit der russisch-kaiserlichen, nicht vollkommen hat einverstehen können. Nachdem jedoch Herr General Richecourt allschon nach Warschau und Herr General Barco zu dem Herrn Feldmarschallen Grafen von Romanzow abgegangen ist, so hoffen wir, dass sie solche Verabredungen nehmen werden, die künftighin alle Anstände gänzlich beheben.

Wien, den 16. November 1772.

Die Abfertigung des gegenwärtigen Couriers wird durch die eingeloffene königl. Pohlnische Antwort auf das Manifest der drey einverstandenen Höfen veranlasset, indem nunmehr in nähere gemeinschaftliche Ueberlegung zu ziehen ist, was auf diese Antwort weiters zu verfügen sey.

Es war ohnschwer vorzusehen, dass der König nebst dem Senatus-Consilio nicht wohl einen andern Ausweg als eine abschlägige Gegenerklärung und Protestation einschlagen können. Es ist auch solches in ziemlich gemässigten und nach Beschaffenheit der Umstände bescheidenen Ausdruckungen erfolget; Gleichwolen ist nach diesseitigem Ermessen sich nicht bey vergeblichen Schriftwechsel länger aufzuhalten, sondern von nun an zu solchen ernsthaften Maassnehmungen zu schreiten, welche den König und die Republick zu willfährigen Entschliessungen vermögen dörften.

Dann da man Polnischer Seits gar wohl einsiehet, dass gegen die drey einverstandenen Höfe mit Gewalt der Waffen nichts auszurichten, und dass gleichwolen in die Zergliederung des Königreichs förmlich und mittels einer zu errichtenden Convention einzuwilligen sehr bedenklich seye, so gehet sonder Zweifel die Absicht dahin, es zwar vor dermalen bey blossen Klagen und Protestationen bewenden zu lassen, jedoch die Besitz-Ergreifungen der einverstandenen drey

Höfen fortan als gewaltthätige Usurpationen anzusehen, und den künftigen Zeiten zu überlassen, ob selbsten unter diesen Höfen Missverständnisse erreget, oder durch andere Zufälle sich die Gelegenheit eröffnet werden könne, wieder zu den vorhinigen Besitzungen zu gelangen, welche Hoffnung durch die täglich anwachsende Eifersucht gewisser Höfen, und durch ausgesprengte Gerüchte nicht wenig bestärket, und sich würklich unter der Hand bearbeitet wird, Missverständnis zwischen uns Russland und Preussen zu stiften.

So wenig nun diese Höfe gemeint seyn werden, ihr so weit gebrachtes grosses Werk unvollkommen, und widrigen Zufällen ausgesetzt zu lassen, eben so sehr erforderet ihr wesentliches Staatsinteresse, alle Verzögerungen, so viel immer thunlich aus dem Weg zu räumen, und den König in Polen nebst der Republik durch zureichende Mittel zu vermögen, dass sowohl ein gütliches Einverständnis und polnische Verzicht auf die von den drey Höfen in Besitz genommene Lande, als auch die Pacification in Polen, und Regulirung der dortigen Regierungsform zu Stande gebracht werde.

Nun haben zwar alle Mächten, so mit ihren Absichten in Polen ausreichen wollen, bis hiehin grosse Geldsummen verwendet, um sich Stimmen zu erkaufen, und eine überwiegende Parthey zu erwerben.

Wenn man aber die gegenwärtige ausserordentliche Umstände in Erwägung ziehet, so fallet überzeugend in die Augen, dass die Erkaufung polnischer Stimmen von gar keinem Nutzen, wohl aber zum beträchtlichen Schaden und Ersparung aller gütlichen Unterhandlungen seyn würde, indeme von dem Polnischen Adel nimmermehr zu erwarten ist, dass er seinen eignen grossen Vorrechten und Vortheilen freywillig entsagen und sich mit dem Vorwurf eines Verräthers seines Vaterlandes beladen werde.

Wenn sich aber auch einige mit Geld erkaufen liessen, so würden sie doch niemalen eine beträchtliche und gewichtige Anzahl ausmachen, noch den diesseitigen Absichten einen dem Geldaufwand proportionirten Vorschub verschaffen, da es im Hauptwerck nicht auf den kleinen und armen sondern auf den grossen und reichen Adel ankommen will, und es dermalen nicht blosserdings um die Strittigkeiten der innländischen Partheyen, sondern um die zu bestättigende Zergliederung eines grossen Theils des Königreiches, mithin um die eigene Vortheile und allgemeine Wohlfart zu thun ist.

Je eifriger aber die drey einverstandene Höfe bemühet wären, auf dem künftigen Reichstag durch Geldverschwendungen sich Stimmen zu erwerben, um so mehr würde denen gewohnten polnischen Cabalen und Intriguen eine schädliche Nahrung verschaffet, und das widrige Vorurtheil bestärket, als ob die erwähnte Höfe ihrer Sache noch nicht gewiss wären, und leichter Dingen durch leere Hoffnungen und Versprechen unterhalten werden könnten.

Da nun nach der Sachen Natur ohnmöglich gelinde und gütliche, sondern einzig und allein ernsthafte und nachdrückliche Mittel von erwünschter Wirkung seyn können, so ist man hierorts auf den im beyliegenden Memoire und dessen zwey Anlagen enthaltenen Vorschlag verfallen, und da die Sache an sich so klar ist, dass sie keine weitere Erläuterung zu erfordern scheint, so beschränke ich mich auch in der Anmerkung, dass an Gewinnung der Zeit sehr vieles gelegen sey, um den künftigen Reichstag recht vorzubereiten, und Uns wenigstens die Majorität der Stimmen zu verschaffen.

Was ich aber in dem zweyten subadjuncto wegen dem Versprechen Ihro Majt., dass künftighin keine Truppen ohne der zwey anderen Höfen Einwilligung in Polen einrücken solten mit gutem Vorbedacht einfliessen lassen, hat keine andere Absicht, als das gute Vernehmen zwischen den drey Höfen, so lang als möglich aufrecht zu erhalten, und desfalls die diensamste Mittel in Zeiten anzuwenden.

Da wir uns nun eine gleiche friedfertige Gesinnung von dem Russischen Hofe versprechen, so leben wir auch der gänzlichen Hoffnung, dass die erwähnte Stipulation desselben vollkommenen Beyfall finden werde.

Wenn übrigens der König in Polen nebst der Republick die gütliche Wege ausschlüge, so müste er sich selbsten zuschreiben, und es könnte den drey Höfen auf keine Weise mit Billigkeit verdacht werden, dass sie der bisherigen Mässigung entsagten, und sich selbst wegen aller ihrer Ansprüche Recht verschafften.

Wenn ein Mittel zur gütlichen Auskunft und Beylegung der Polnischen Unruhen übrig verbleibet, so ist es die vorerwähnte ernsthafte Erklärung, da selbige dem grössten Theil des Adels nur die Auswahl übrig lasset, entweder die bereits von Polen abgerissene Districte ihrem Schiksal zu überlassen, und desfalls eine gütliche Einverständnis zu pflegen, oder aber sich selbsten von Polen abgesondert, und einer fremden Bothmässigkeit unterworfen zu sehen.

Es werden also alle diejenige, welche durch die erweiterte Ansprüche der einverstandenen drey Höfen den empfindlichsten Nachtheil ganz sicher vorzusehen haben, in die Nothwendigkeit versetzet, der gütlichen Beylegung der erwähnten Ansprüche allen möglichen Vorschub zu geben, um sich desfalls eifrigst zu verwenden, ohne dass es nöthig, oder nur diensam wäre, ihre Stimmen mit beträchtlichen Geldsummen zu erkaufen.

Sollte aber die erwähnte förmliche Erklärung gegen alles besseres Vermuthen nicht von der abgezielten Wirkung seyn, so wäre es nach dem diesseitigen weitern Darfürhalten nicht bey den blossen Drohungen bewenden zu lassen, sondern von allen in Anspruch genommenen Pohlnischen Districten wircklichen Besitz zu ergreifen, jedoch vorher unter den drey Höfen die geheime Abrede zu pflegen, dass sobald mit dem König und der Republik ein gütliches Abkommen zu Stande kommet, die erst noch von den drey Höfen zu occupirende Pohlnische Districte wieder geräumet, und der ernannten Republik abgetretten werden sollten.

Es wollen also Euer . . . von diesem Vorschlag und den hinzugefügten Betrachtungen diensamen Gebrauch bey Herrn Grafen Panin machen, und da dem König in Preussen durch seinen hiesigen Minister Frh. von Edelsheim eine gleichförmige vertraute Eröffnung geschiehet, so könnte in dem Fall, dass der Petersburger und Berliner Hof mit dem unsrigen vollkommen übereinstimmete, ihre Anweisungen geraden Wegs an ihre in Warschau befindliche Ministers ergehen; und mit dem Freih. Rewitzky die neue dem König und der Republick zu machende gemeinschaftliche Erklärung verabredet, und in das Werk gestellet werden, zu welchem Ende ich auch dem ernannten Freyherrn das erforderliche vorläufig mitzutheilen gedenke.

Inzwischen ist mir sowohl vom Freih. v. Rewitzki einberichtet, als vom H. Fürsten Galliczin eröffnet worden, dass der Russische Minister zu Warschau Freih. v. Stackelberg die Zurückziehung unsrer Truppen aus den polnischen Districkten so nicht zu unserm Antheil gehören, als eine dem gemeinschaftlichen Interesse der drey Höfen nachtheilige Sache angesehen, und darauf angetragen habe, dass von unserm Hof neuerdingen Truppen in polnische diesseits nicht in Anspruch genommene Lande abgeschickt werden möchten. Da nun dieses Einrathen mit unserem vorerwähnten Vorschlag der zu machenden Declaration in dem wesentlichen übereinstimmet, und dessen Bewerkstelligung gleich nach der erfolgten abschlägigen Antwort des Königs in Polen auf unser gemeinschaftliches Manifest, mithin zu recht schicklicher Zeit erfolgen würde; so ist auch ohnverzüglich der allerhöchste Befehl wegen der Wiedereinruckung unserer Truppen in Polen an die Behörde ergangen, wie Eure Lbden aus der abschriftlichen Anlage des mehreren ersehen werden.

In Ansehung der Russisch Kaiserl. Friedensunterhandlungen mit der Pforte sind mir die in Eurer Liebden Zuschrift vom vorigen Monat, und in der beygefügten Note des Herrn Grafen Panin enthaltene Nachrichten um so vergnüglicher zu vernehmen gewesen, da des Herrn Internuntii von Thugut seiter seiner Zurückkunft nach Konstantinopel erstattete Berichte nichts anderes merckwürdiges enthalten, als dass er nebst Herrn v. Zegelin zu einer vertrauten Unterredung mit dem türkischen Ministerio eingeladen worden, und dass er den eigentlichen Gegenstand mit der ersten ordinari mir einberichten zu können verhoffe.

Was nun den Inhalt der besagten Note anbetrifft, so gereichet uns zum wahren Vergnügen, dass der Russisch kaiserl. Hof in seinen freundschaftlichen Oeffnungen, sowohl wegen der Vorfallenheiten der

Friedensunterhandlung, als wegen der neuen Friedensbedingnissen fortfahret, und zugleich auf die Fortsetzung unserer bonorum officiorum das verdiente Vertrauen setzet, auch unserer letzteren durch H. von Thugut den türkischen Ministern gemachten Declaration grossen Theils zuschreibet, dass die Pforte den Anwurf wegen Verlängerung des Waffenstillstandes und wegen der Friedens-Traktaten erneuert hat.

Es belieben also Euer . . . den Herrn Grafen Panin in den freundschaftlichsten Ausdrückungen zu versichern, dass wir den Inhalt dieser Note nach ihrem Werth danknehmigst erkenneten, und dass gleich des andern Tags deren Abschrift dem Herrn Internuntio mit dem gemessenen Auftrag zugestellet worden, sich nach selbiger vollständig, und auf das genaueste zu richten, und von dem Erfolg Eure Lbden ungesäumt zu benachrichtigen, auch überhaupt dergestalt zu benehmen, dass der Russisch kaiserliche Hof von unserer wahren Freundschaft und eifrigen Mitwürkung zu Beförderung des Friedensgeschäfts immer mehrers durch die Thaten überzeuget werde; wie mich dann nunmehro allerdings mit der Hoffnung schmeichle, dass man sich von beyden Seiten billig erfinden lassen, und noch in diesem Winter der Frieden zwischen Russland und der Pforten zum Schluss gelangen, auch über das, wann es ernsthaft und mit vollkommener Einverständnis angegriffen wird, die Beylegung der polnischen Unruhen sowohl unter sich als mit den einverstandenen drey Mächten zu Stande kommen, andurch aber denen geheimen Bearbeitungen, so von Tage zu Tage zu nehmen dörften, und anderen widrigen Folgen auf einmahl vorgebogen werde.

Wie nun unser dermaliges Staatssystem hauptsächlich auf die Beybehaltung des allgemeinen Ruhestandes gerichtet ist, so kann es auch nicht anderst, als zu unserm wahren Vergnügen gereichen, wenn aus der veränderten schwedischen Regierungsform keine solche Weiterungen entspringeten, so diesen Ruhestand zu stören vermögend waren. Wir machen also aus unserm eifrigen Wunsch kein Geheimnis, sondern wir fahren fort, solchen allen Höfen, die wegen Schweden mit uns zur Sprache kommen, deutlich zu erkennen zu geben, übrigens aber in des Russisch kaiserl. Ministerii gewohnte Mässigung, tiefe Einsicht und Staatsklugheit das vollkommene Vertrauen zu setzen, dass es Mittel zu finden wissen werde, die Beybehaltung des allgemeinen Ruhestandes mit seinen Absichten und Vortheilen zu vereinbaren, wobey ich mich sowohl wegen dieser Angelegenheit als wegen der königl. Preuss. Unternehmungen gegen Danzig und Thorn auf meine vorhergehende Anweisungen zu beziehen die Ehre habe.

Austerlitz, den 15. Septbr. 1773.

Euer Liebden werden bereits die vergnügliche Nachricht erhalten haben, dass unsere und die Russisch kaiserl. Cessions-Convention zur vorläufigen Unterzeichnung gelanget, und ein gleiches, wie ich vermuthe, mit der königl. Preussischen bereits erfolget sey.

Solchergestalten findet sich ein wichtiges Geschäft zum glücklichen Ende gebracht. Es bleibet aber das schwereste und häcklichste, nämlich die individuale Berichtigung der Gränzen zurück, aus welcher noch grosse Unannehmlichkeiten und wiedrige Folgen entstehen könnten, wenn nicht in Zeiten auf die behörige Mittel, die Anstände auszugleichen, fürgedacht wird.

Es ist, soviel unsern Hof anbetrifft keines Wegs die Frage von neuen Vergrösserungen und Acquisitionen. Bey Errichtung der Cessions-Convention ist sich genau an die eigene Worte des Manifests gehalten worden, und Ihre Majten gedenken auch noch nicht das mindeste anzuverlangen, was denen geschehenen Verabredungen zuwieder wäre; hingegen kann auch allerhöchst denenselben nicht mit Billigkeit zugemuthet, und noch weniger erwartet werden, dass man diessseits von deme, was der wahre Sinn und Verstand der Conventionen mit sich bringet, abweichen, und seine Gerechtsame schmälern lassen sollte.

Dieses als richtig vorausgesezet habe Euer Liebden noch in Zeiten zu benachrichtigen, dass der grösste Anstand, so bey Regulierung unserer Gränzen zu besorgen ist darinnen bestehen wird, wie weit der Strich Landes, so in Podolien unserm Hof bestimmet ist, sich erstrecken soll.

Nach den Worten unserer Conventionen und des Manifestes, soll zwar der kleine Fluss Podorze die Gränzscheidung abgeben. Allein wir wissen von keinem andern Podorze, als von demjenigen kleinen Fluss, so Sbrutze genennet wird, dass wir aber diesen und keinen andern Fluss unter dem Namen Podorze verstanden haben, diesfalls dienet zum unwiedersprechlichen Beweisthum, dass wir gleich allen Aufangs unsere Possessions-Ergreifung bis an den ernannten Fluss Sbrutze erstrecken, und auf dessen Ufer die Adler ausstecken lassen. Nachdem auch dieser feyerliche Actus noch vor Publication unsers Manifests bewerkstelliget worden, so ist zum voraus der Einwurf aus dem Weg geräumet, dass wir erst nach geschehener Sache unstatthafte Ausflüchten hervorsuchen, und den Stipulationen Gewalt anthun wollten, indeme wir vielmehr facto durch die Possessionsergreifung öffentlich gezeiget haben, wie wir die Worte des Manifestes und der Convention eigentlich verstünden, und dass wir durch den Ausdruck Podorze keinen andern Fluss, als den Sbrutze andeuten wollen, und angedeutet haben.

Noch mehrere und eben so starke Rechtsgründe sind in der Anlage enthalten, worauf mich also Kürze halber beziehe und nur noch so vieles hinzufüge, dass uns wenigstens die Abänderung der bereits abgesteckten, und in Besitz genommenen Gränzen in so lang mit keinem Schein der Anständigkeit zugemuthet werden könne, bis uns nicht ein anderer Fluss, der den Namen Podorze geführet hat, und noch führet, auch in gerader Linie zwischen Sbarraz und dem Niesterfluss lieget, angezeiget wird. Wir sind aber zum voraus sicher, dass solches nicht geschehe, und dahero auch mit keinem Schein Rechtens behauptet werden könne, dass wir uns zu der allezeit unanständigen Zurücksetzung der Poteaux zu entschliessen hätten.

Es stehet aber nicht nur das offenbare Recht, sondern auch der aller Aufmerksamkeit würdige Umstand auf unserer Seite, dass des Kaisers Majt. selbsten die Gränze Galiziens gegen die Moldau zu, gleichwie jene von Siebenbürgen und dem Banat in allerhöchsten Augenschein genommen, und die Nothwendigkeit eingesehen haben, nicht nur Galizien, sondern auch die angränzende Polnische Lande bey künftig entstehendem Türkenkrieg vor feindlichen Einfällen und Streifereyen mehrers sicher zu stellen, und insbesondere der Festung Chozim eine andere entgegen zu setzen, welche uns zu einem Point d'apuis dienen könnte. Wir hätten aber zu dieser wichtigen und allgemein erspriesslichen Absicht den Strich Landes bis an den Sbruze unumgänglich nöthig, da der ernannte Fluss eine schöne Grenzscheidung abgiebt, und zwar nicht gar breit und tief, aber mit solchen hohen Ufern versehen ist, welche zur Defension sehr wohl zu Statten kommen. Würde nun noch eine Festung in dortigen Gegenden erbauet, so könnte nicht nur aller feindlicher Einfall von dieser Seiten leicht abgewendet, sondern auch der Weg zu vortheilhaften Kriegs-Operationen geöffnet werden.

Diese Rechts- und Convenienz-Betrachtungen werden noch durch das vollkommene Zutrauen unterstüzet, welches Ihre Majten. auf der Russischen Kaiserinn Majt. aufrichtigen Freundschaft, Wohlwollen und Neigung die diesseitige Absichten nach Thunlichkeit zu befördern, zu setzen alle Ursache haben, und wollen dahero Eure Liebden keinen Anstand nehmen, den H. Grafen Panin nebst Versicherung meiner ohnabänderlichen Hochachtung von allem vorstehenden vortraulich zu benachrichtigen, und zugleich vorstellig zu machen, dass wir eines Theils von unserm Besitz bis an dem Sbrutze nicht abstehen könnten, und das gleichwolen anderer Seits aus vielen höchst wichtigen Betrachtungen sehr erwünschlich wäre, die Berichtigung unserer Gränzen ohne aller Weitläuftigkeit und Zeitverlust zu Stande zu bringen, welcher Erfolg alsdann nicht fehlschlagen könnte, wenn der Russisch kaiserl. Hof sich diesfalls mit uns einverstünde, und seine Polnische

Freunde mit den unsrigen vereinigte, um bey der Gränz-Commission zum baldigen und vergnüglichen Schluss zu gelangen.

Ueberhaupt scheinet die Frage, ob es vorträglicher sey, die Grenzberichtigungen erst nach dem Schluss der Cessions-Convention oder noch vorhero und wenigstens währendem Reichstage zu Stande zu bringen, nicht nur unsere, sondern auch die Russisch kaiserliche nähere und aufmerksamste Beurtheilung zu verdienen, da leicht vorzusehen stehet, dass die Gränz-Commissarii zur Beendigung wichtiger Strittigkeiten nicht mit genugsamer Gewalt versehen seyn, und dahero solche Anstände und Wiedersprüche offen verbleiben werden, welche künftighin die grössten Weiterungen verursachen könnten. Es wäre aber zu dieser nur allzugegründeten Besorgnis leicht Rath zu schaffen, wenn der Russisch kaiserl. Hof unsern Bearbeitungen in Polen hülfliche Hand biethen, und uns andurch eine neue überzeigende Probe seiner wahren Freundschaft geben wollte.

Der gegenwärtige Courier wird in der Absicht abgesendet, um bald möglichst von Eurer Liebden zuverlässige Nachrichten zu erhalten, ob der Russisch kaiserliche Hof unsere Gränitz-Gerechtsame nach ihrer eigentlichen Beschaffenheit ansehe, und was wir uns von seiner freundschaftlichen Mitwirkung zu versprechen haben.

Ich verharre etc.

Post Scriptum.

Mein Schreiben ist geflissentlich so eingerichtet, dass es dem H. Grafen Panin zur Einsicht gegeben werden kann. Ich habe aber noch allein zu Dero vertrauten Nachricht hinzuzufügen, dass der Striche Landes bis an den Sbrutze sowohl nach seiner Güte als Lage für uns von besonderem Werthe seye, dass des Kaisers Majt. Selbsten, die in meinem Schreiben angezogene Gründe zu verfassen Sich die Mühe gegeben haben, und dass die Allerhöchste Entschliessung dahin gehe, sich keineswegs zur Zurückgabe dieses Districts bewegen zu lassen. Wir haben also pflichtschuldigst auf Mittel und Wege fürzudenken, wie diese Absicht nicht nur sicher, sondern auch auf die beste und anständigste Art erreicht werden könne.

Zu diesem Ende wird es nöthig seyn, dass Euer Liebden eine zwar freundschaftliche, jedoch zugleich standhafte und decisive Sprache führen, und alle diensame Mittel einschlagen, um den Russischen Hof zu werckthätiger Begünstigung unserer Absicht zu vermögen. Worzu unter anderm die Aeusserung nicht undienlich seyn dörfte, dass die Beybehaltung des erwehnten Districts wegen der hiebey einschlagenden Militär-Betrachtungen des Kaisers Majt. besonders auf dem Herzen liege.

Sollte jedoch auf keine Weise zu erhalten seyn, dass Russland unserem Verlangen das Wort spreche, so ist sich um so eifriger dahin zu bearbeiten, dass wenigstens der ernannte Hof Sich Uns nicht entgegenstelle, sondern sich desfalls geichgültig erweise.

Wenn Euer Liebden so glücklich wären, eine vergnügliche Antwort auszuwirken, so würde solches beeden kais. Majten. zu besonderem Vergnügen gereichen, und dero bereits erworbene Verdienste nicht wenig vergrösseren.

XXV.

Rescripte an Baron Revitzky in Warschau.

Aus der Instruction für den Freyherrn von Rewitzky, kaiserl. Abgesandten und bevollm. Minister am kön. Pohlnischen Hofe.

Der zweyte Punct der letzten Abtheilung unserer gegenwärtigen Anweisung betrifft die Pacification des Königreichs Pohlen. Solche langet à re et modo ab.

Was den modum anbelanget, so ist hierzu ordentlicher Weise, und nach der Verfassung der Republik kein anderer Weg übrig, als dass von dem König eine Confoederation errichtet, und sodann ein Pacifications-Reichstag zusammen berufen werde.

Die Sache selbst betreffend hat Russland den in abschriftlicher Anlage sub Nr. 31 enthaltenen Pacifications-Plan bereits in Vorschlag gebracht, und wie uns der König in Pohlen selbst allschon hat zu erkennen geben lassen, so kommt es hauptsächlich auf die Abänderung der zwey Artikeln in dem Traktat von 1768 an, welche von der Russischen Garantie und den Dissidenten handlen.

Der erste Artikel wegen der Garantie müste dergestalt erläutert werden, dass der Pohlnischen Nation aller Zweifel über ihre gänzliche und uneingeschränkte Unabhängigkeit von Russland benommen werde.

Der zweyte wäre ebenfalls zu reformiren, unter anderen aber hauptsächlich den Dissidenten das ihnen zugewendete Eintrittsrecht in den Staat und das Ministerium wieder abzunehmen.

Was unsere eigenen Absichten hierbey betrifft, so wünschen wir, dass in dem Königreich nicht nur eine baldige, sondern auch dauerhafte Ruhe hergestellet, aus eben dieser Ursache aber die monstruose Staats-Verfassung in den hauptsächlichsten Theilen verbessert, die Macht des Königs nach Thunlichkeit erweitert, und er dadurch in Stand gesetzt werden möchte, die allgemeine Wohlfahrt, Sicherheit und Ruhe desto würcksamer bewerkstelligen und befestigen zu können. Es ist solches nicht nur unserm eigenen Staats Interesse vollkommen gemäss, sondern auch für das eigene Wohlseyn der Republique das erwünschlichste, indem einestheils uns selbst vorzüglich daran gelegen ist, dass alle Veranlassung zu ferneren Verwirrungen und Unruhen so viel nur immer möglich vermieden werde, anderntheils aber dem Königreich selbst dasjenige Opfer, was es der gegenwärtigen Herstellung des allgemeinen Friedens, und der Aufrechterhaltung des Gleichgewichts bringen muss, auf keine ersprießliche Art ersetzt werden könnte, als wenn seine innerliche Verfassung von den radicalen Fehlern gereiniget, und auf einen soliden der wahrhaften allgemeinen Wohlfahrt angemessenen Fuss gesetzt würde.

Was nun die Angelegenheit der Nichtunirten und Dissidenten betrift, so wünschen wir zwar, dass ihnen in Absicht auf die Religion alle thunliche Freyheit und Ruhe eingestanden, jedoch die völlige Gleichhaltung mit den Katholischen in Ansehung der Reichs-Bedienstungen und anderen Civil-Praerogativen wieder entzogen werden möchte, weil widrigenfalls durch beyde Partheyen der Russische und Preussische Einfluss in Pohlen allzusehr verstärkt werden würde.

Wegen der Religions-Freyheit und der dahin einschlagenden Gegenstände dürfte man eben nicht die grössten Schwierigkeiten vorfinden, indem bereits im Jahre 1766 die sämmtlichen katholische Bischöfe, jene von Wilna, Ermeland und Samogitien ausgenommen, übereingekommen sind, den Disunirten und Dissidenten folgende Puncte zu bewilligen.

1° Dass sie in ruhiger Ausübung und Begehung ihrer Kirchengebräuche zu Folge der Dultung, die die Reichsgesetze bestimmt haben, an den Oertern, wo sie gesetzmässig ihre Griechischen und Protestantischen Kirchen haben, frey erhalten, und von niemanden gehindert werden sollen.

2do Dass ihnen freystehen soll, ihre Kirchen, die sie nicht verlassen haben oder welche bey Annehmung der katholischen Religion nicht abgegeben, oder ihnen nicht gerichtlich abgesprochen worden, sondern in deren Besitze sie nach den Gesetzen der Jahre 1632, 1660 und 1717 geblieben sind, mit der unentgeldlich zu ertheilenden Einwilligung der Ordinariorum des Orts zu verbessern, und zu erneueren, ohne jedoch über die Gränzen der vorigen Gebäude zu gehen, und die Kirchen zu erneuern.

3tio Dass ihnen an denjenigen Orten, wo sie Kirchen haben, von dem Ordinario Plätze angewiesen werden sollen, um solche gehörig zu umzeinen, und daselbst ihre Todten zu begraben, jedoch so, dass wo keine Leichen-Ceremonien vorhin rechtmässig im Gebrauch gewesen sind, sie sich derenselben auch künftig nicht bedienen sollen.

4to Dass ihnen gestattet werden soll, nach erhaltener Bewilligung der Ordinariorum des Orts, Wohnungen für ihre Priester bey ihren Kirchen nach Vorschrift der Gesetze auf eigenthümlichen Pläzen zu bauen, nicht weniger an den Orten, wo sie keine Kirchen haben, die Privat-Andacht in ihren Häusern zu Folge der Constitution von 1717 zu halten.

5to Dass die Griechischen Priester, wie auch alle die in ihrer Kirche Bedienung haben, in Rechts-Sachen im Königreiche so, wie es die Gesetze bestimmen gerichtet, die Prediger der Dissidenten hingegen bey ihrem foro, so wie die Constitution von 1632 ihnen gestattet, erhalten werden.

6to Dass die Strittigkeiten wegen aller Kirchengründe sowohl der Disunirten als der Dissidenten zur Gerichtsbarkeit gehören, welche von dem Reichs-Gesetze vorgeschrieben und bestimmt ist.

7o Dass die Priester der Disunirten und die Prediger der Dissidenten, krafft der alten Verträge und Gesetze, sich zu allen Abgaben der Republik verstehen sollen.

8vo Dass die Erbherren, die das Jus praesentandi zu Griechischen Kirchen haben, von den Griechischen Priestern für deren Praesentation zu solchen Kirchen keine Bezahlung fordern, noch weniger diejenigen die Kirchspiele haben ohne Zuziehung der betreffenden Orts-Obrigkeit ihres Amtes entsezen.

9no Dass den Priestern der Disunirten freystehen solle in ihren Pfarren ohne Hinderniss zu taufen, zu trauen, und zu begraben, so wie es die Praxis einer geduldeten Religion mit sich bringt, dass den Predigern der Dissidenten das nämliche erlaubt seyn soll, jedoch mit Beybehaltung der Kirchengebühren, die dem Pfarrer des Kirchenspiels nach Verhältniss, müssen erleget werden; dass aber inskünftige, unter dem Titul der Kirchengebühren, nichts mehr von den Dissidenten gefordert werden solle, als von den Catholiken, nach denen in allen Dioecesen bestimmten und festgelegten Taxen.

Ob nun gleich in diesen Artikeln noch lange nicht alles enthalten ist, was von den Disunirten und Dissidenten angesprochen wird, und dahero auch von dem Bischofe zu Wilna die Unterschrift derenselben aus der Ursache verweigeret werden, weil die Dissidenten in Lithauen als privilegirte Religions-Verwandte schon vorhin mehr Freyheit gehabt hätten, als ihnen in gedachten Artikeln zugestanden worden, so können sie doch bey der diessfälligen Behandlung zum Grund gelegt, und sodann die Begünstigungen der Disunirten und Dissidenten allemal nach Erforderniss der Umstände erweitert werden.

Was die Civil-Praerogativen der Dissidenten betrift, so haben verschiedene dereselben bereits vorhin Starosteyen besessen, mehrere Ehrenstellen bei dem Militari begleitet, und selbst ein und andere Regimenter innen gehabt, nur waren jene von den eigentlichen Staats-

Chargen und Würden ausgeschlossen. Es wird also darauf ankommen, ob und in wie weit sie desfalls in den vorhinnigen Statum possessorium zurück zusetzen, oder was ihnen etwa noch über diesen für Neben-Vorzüge zuzuwenden seyn dörften, um sie eines theils, so viel thunlich zu beruhigen, andern theils aber gleichwohl von einem decisiven Einflusse in die Staats- und andere wichtige Angelegenheiten zu entfernen.

Was in Ansehung der innerlichen Staats-Verfassung des Königreichs die allerschädlichsten Folgen hat, und zu beständigen Verwirrungen den grössten Anlass giebt, ist das *liberum veto*, welches so weit gehet, dass zu einem Reichstags-Schluss einhellige Stimmen und zwar vom Anfange bis zum Ende dergestalt erfordert werden, dass der Wiederspruch einer einzigen alles vorhero schon wirklich beschlossene gäntzlich vernichten kann. Bey einer so grossen Anzahl mitstimmender müssen weder Partheygeist, weder Leidenschaften noch Privat-Interesse und Absichten herrschen, sondern alle von einem und dem nemlichen Patriotischen Geist geleitet seyn, um irgend etwas für die allgemeine Wohlfahrt warhaft erspriessliches zu stand zu bringen, wie wenig aber dieses leztere anzuhoffen sey, zeiget die Erfahrung von mehreren Jahrhunderten, auf so unzähligen oft durch einige wenige zerrissenen Reichstagen.

Woraus denn nothwendig eine Art von Anarchie und die von ihr unzertrennliche und höchst nachtheilige Folgen entstehen müssen. Wir wünschten dahero, das dieses *liberum veto* so viel thunlich beschränkt, dafür die Mehrheit der Stimmen eingeführt oder wenigstens dem König in Besorgung derjenigen Gegenstände etwas freyere Hände gelassen würde, ohne welchen die innerliche Ruhe und Ordnung sowohl als die äusserliche Sicherheit unmöglich gegründet und besorget werden können

—————

Es wird also darauf ankommen die Russische Garantie dergestalt zu modificiren, dass die Beschwerden der Nation so viel möglich gehoben werden, wie wir dann auch in dem Falle, wenn wir hierwegen förmlich requiriret werden solten, nicht ungeneigt seyn würden, die nemliche Garantie mit zu übernehmen, und sie solchergestalt der Russischen in eine Gegenbalance zu setzen, so wie dieses bereits im Jahre 1768 nach Ausweiss der abschriftlichen Anlage sub No. 32 für nützlich angesehen, aber aus verschiedenen Hindernissen nicht bewerkstelliget worden ist.

Ob und in wie weit Russland und Preussen in unsere angeführte Ideen eingehen werden, lässt sich noch dermalen nicht vorsehen, und aus eben dieser Ursache können wir dem Freyh. Rewitzky über alle vorerwehnte Gegenstände noch mit keinen positiven und detaillirten Anweisungen versehen, indem solche erst künftighin nach den umständen abgemessen, und auf die vorkommende einzelne Fälle angewendet werden müssen. So viel ist jedoch inzwischen ausser allem Zweifel, dass gedachte 2 Höfe eben so sehr als wir selbst interessirt seyen, einen soliden und dauerhaften Ruhestand in Polen herzustellen, und eben dadurch die Gelegenheit zu gefährlichen Weiterungen unter sich und uns zu vermeiden, welche widrigenfalls aus der fortdauernden Pohlnischen Verwirrung sehr leicht, und bey den allerseitigen neuen Besitzungen in Polen künftighin noch viel leichter entstehen könnten.

Bis hiehin haben wir zwar zu Beylegung der gegenwärtigen Pohlnischen Unruhen nichts mitzuwirken gesucht, weil wir eines theils gleich anfangs den Entschluss gefast hatten, uns in den Gränzen einer vollkommenen Neutralität zu halten, anderntheils aber die wichtige Betrachtung vorwaltete, dass da Russland durch seine bisherige Siege verleitet, auf allzuhoch gespannte Friedensbedingnisse seine Absicht richtete, die sonst erwünschliche Herstellung des Ruhestandes in Polen gedachtem Hof freyere Hände und die Gelegenheit zur Verstärkung seiner gegen die Pforte bestimmten Armeen verschaffen, mithin das ganze Friedensgeschäfft eheder entfernen und erschweren, als befördern würde.

Diese doppelte Absicht war der Grund unseres ganzen bisherigen Benehmens, welches wir gegen beyde Partheyen in Polen immerhin beobachtet haben, und ungeachtet die Conföderation niemalen von uns anerkannt und aus eben dieser Ursache ein von ihr hieher zu schikender Minister schlechterdings versaget worden, so haben wir gleichwohl den Conföderirten nicht als solchen, sondern lediglich als flüchtigen Polen das freye Asylum in unsern Ländern, und überhaupt alles dasjenige gestattet, was ihnen ohne Verletzung unsrer Neutralität eingestanden und mit Beobachtung der nöthigen Contumaz-Praecautionen vereinbaret werden konnte. Worinn unsre Massnehmungen von jenen des französischen Hofes sehr verschieden sind, als welcher desfalls viel weiter, als wir gegangen ist, den Confoederirten auf alle Art verhilflich zu seyn sucht, sie mit einem monatl. Subside von 60000 livres versiehet, mittels verschiedener zu ihnen abgeschickter Officiers unter der Hand unterstützet, und einen Minister von Seite der Conföderation obwohl nicht förmlich angenommen, jedoch sich mit ihm in Ministerial-Oefnungen eingelassen hat. Wie dann gedachter Hof jederzeit viele Neigung bezeigte auf den Fall, wenn von einer legalen General-Conföderation der Thron für erlediget erklärt worden wäre, und es sonst die Umstände gestattet hätten, den Churfürsten von Sachsen zur Pohlnischen Crone unter der Bedingniss zu verhelfen, dass er sich von aller Verbindung mit Russland lossmache, welche Bedinguiss für so wesentlich angesehen wurde, dass man so gar auf den Antrag gefallen ist, dem Grafen Sacken als einen devoten Russischen Anhänger von dem Sächsischen Ministerio entfernen zu machen, desfalls die verwittibte Churfürstin die Haupttriebfeder von allem war und noch ist.

Gleichwie wir aber die Dethronisirung des gegenwärtigen Königs jederzeit für eine ganz und gar unthunliche und solche Sache angesehen haben, welche Russland niemals zugeben würde, und der König in Preussen, wegen seiner mit gedachtem Hofe eingegangenen Verbindlichkeiten ebensowenig jemals geschehen lassen könnte, so sind wir auch nie in die diesfälligen französischen Absichten eingegangen, sondern haben zwar jederzeit die Obliegenheit eines Alliirten gegen gedachten Hof auf das genaueste erfüllet, und solches unter anderen bey der Gelegenheit als von der Admittirung Engellands zur Mediation mit Ausschliessung des ernannten Hofs die Frage ware, werkthätig bestättiget, übrigens aber zugleich zum Grundsatz angenommen, selbst in unsern Oefnungen über dasjenige, was bishero zwischen uns, Russland und Preussen vorgefallen ist, gegen ihn nicht weiter zu gehen, als es gedachte Obliegenheit erfordert, weswegen wir auch mit keiner Billigkeit von mehrerwehnten Hofe bedacht werden können, da viele andere wichtige Betrachtungen zu geschweigen, schon die physicalische Laage allein, in der wir uns in Absicht auf die Kriegsführende Theile befinden, und die von jener des französ. Hofes weit unterschieden ist, uns in die Nothwendigkeit einer viel grösseren Vorsicht und einer ganz andere politique versetzet, wie wir dann hievon gegen niemand ein Geheimniss gemacht, und selbst den König in Pohlen auf die durch seinen Bruder gemachte Anfrage, ob die von dem französ. Hofe in Absicht auf die Pohlnischen Angelegenheiten äussernde Gesinnung und führende Sprache, wie es von gedachtem Hofe vorgegeben werden wolle, zugleich für die Gesinnung unseres Hofs anzusehen sey ganz deutlich dahin haben beantworten lassen, dass wir ansehnlich und mächtig genug seyen, um für uns selbst reden zu können, und auch bishero genugsam überzeigende Proben gegeben hätten, dass wir gantz und gar nicht gewohnt wären, uns gleichsam hinter einem dritten zu stecken, sondern vielmehr mit allen denjenigen frey und gerade selbst hervorzutreten, was wir äussern zu sollen uns verbunden oder berechtiget halten.

Nachdem jedoch unser bisheriges Neutralitäts-System nunmehro in eine wirkliche thätige Theilnehmung verwandelt wird, und unsere Einverständniss mit Russland und Preussen in Absicht auf die allerseitige proportionirte Acquisitionen in Polen bereits so viel als geschlossen ist, so werden nun auch von uns in Ansehung der Confoederirten bald gantz andere Maassregeln zu ergreiffen, und allem Ansehen nach mit der Einleitung der Anfang zu machen seyn, dass das Manifest wegen der Publication des Interregni von gedachten Confoederirten wiederruffen, und der König pro legitime electo anerkannt werde.

Gleichwie jedoch dieses sowohl, als alles weitere von der gemeinschaftlichen concertation zwischen uns und erwähnten 2 Höfen abhänget, so können wir dem Freyh. v. Rewitzky schon dermalen keine Vorschrift über seinen desfals zu haltenden Betrag ertheilen. Wie denn auch der ganze Plan der angetragenen Pohlnischen dismembration noch vor jetzo und in so lange zu seiner alleinigen Wissenschaft zu dienen hat, bis wir ihn zu seiner Zeit mit den erforderlichen Verhaltungsbefehlen versehen werden, wie und auf welche Art er sich hierwegen zu benehmen, und was er für eine sprache zu führen habe.

Geheime Anweisung
Wornach Freyherr v. Rewitzky sich zu achten hat.

Ich habe dem allerhöchsten Dienst gemäss befunden, der umständlichen Ihme Freyhl. v. Rewitzky bereits eingehändigten Instruction und deren Appendici noch einige vertraute Anmerk- und Anweisungen hiezu zu fügen.

Und zwar ist es nicht nur Ihrer Kayl. Königl. Maytt. dem König in Polen persönlich zu tragenden freundschaftlichen Gesinnung, sondern auch aus verschiedenen Staats-Ursachen dem eigenen Interesse des Durchlauchtigsten Erzhauses vollkommen gemäss, ein wahres gutes Vernehmen und vertrautes Einverständniss mit dem erwehnten König zu unterhalten.

So wichtig nun dieser Satz an und für sich selbsten ist, und dem Freyherrn v. Rewitzky zur Richtschnur seines künftigen Betrags zu dienen hat; so vorsichtig ist sich hiebey zu benehmen, damit die Gränzen der diesseitigen Willfährigkeit nicht allzu weit zum Schaden des Allerhöhsten Dienstes erstrecket, sondern hierinnen das Behörige Maass beobachtet werde.

Um hierüber eine deutliche Vorschrift zu geben, sind die vermuthlichen Absichten des Königs Stanislai vorauszusetzen. Und zwar wird Er:

1mo vorzüglich darauf antragen, dass Er wegen der Königlichen Gefälle, so nunmehro in den diesseitigen, wie auch Russischen und Preussischen Besitz gelangen, hinlänglich entschädiget;

2do In Ansehung der Dissidenten und der nicht nur von Russland, sondern auch von anderen Höfen, wegen der Polnischen Regierungs-Form zu übernehmenden Garantie, eine den Königlichen Absichten gemässe Entschliessung gefast werde. Hierzu kommt noch

3^{tio} das sehr wahrscheinliche geheime Verlangen des Königs, das Polnische Wahlreich in ein Erbliches zu verwandlen, und solchergestalt die Crone in seiner Familie zu erhalten; Worauf noch weiters:

4to die Absicht gebaut zu seyn scheinet, die Durchlauchtigste Erzherzogin Elisabeth zur Gemalin zu erhalten, und andurch seinem Hauss eine neue Zierde beyzulegen.

Ad 1^{mum} Das erste Königliche Verlangen finden Ihre Majestäten der Billigkeit vollkommen gemäss, und hat also auch Freyherr v. Rewitzky Sich desfalls in so weit mit Eifer und Nachdruck zu verwenden, als es die Gesinnung der Russischen und Preussischen Höfe, und die übrigen Umstände immer verstatten.

Ad 2^{dum} In Ansehung der Dissidenten Garantie und Polnischen Regierungs-Form, giebet die Haupt-Instruction nebst dem Appendice allschon hinlängliche Anleitung; Und wird in Ansehung der Garantie nur so vieles hinzugefüget, dass wegen derselben aller Anstand hinweg zu fallen scheine, da nunmehro nicht der Russische Hof allein, sondern auch der Unsrige und Preussische mit der Republik Polen sowohl wegen der Theilung, als wegen der Polnischen Regierungs-Form in Unterhandlung einzutretten, und eine Convention zu schliessen hat. Sollte jedoch Russland sich einer besonderen, und vorzüglichen Garantie anmassen, oder sonsten darauf angetragen werden, dass auch andere Mächte an der Convention und deren Garantie Theil zu nehmen hätten, so hat Freiherr v. Rewitzky ohne vorgängigen Allerhöchsten Befehl Sich in nichts verfängliches einzulassen, sondern fordersamst seine Berichte zu erstatten, und einstweilen allen widrigen Maassnehmungen, so gut es seyn kann, vorzubiegen.

Ad 3^{tium} Ob zwar überhaupt dem Staats Interesse aller Polnischen Nachbarn gemäss zu seyn scheinet, dass dieses Reich bey einer gewissen Schwäche verbleibe, und dahero die freye Wahl nicht in ein Erbrecht verwandelt werde; So würden doch Ihre Maytten, so wohl aus freundschaftlicher Zueignung, als auch aus der Staats-Betrachtung, dass die Macht eines zeitlichen Königs in Polen dem Durchlauchtigsten Erzhauss am wenigsten bedenklich fallen, sondern nach Zeit und Umständen zum weesentlichen Vortheil gereichen dörfte. Sich nicht dagegen setzen, sondern gern geschehen lassen, wenn der König diese Absicht mit guter Art, und Einverständnuss der Petersburger und Berliner Höfe erreichen könnte.

Dass aber ihre Maytten Sich desfalls für den König öffentlich am Laden legen, und dadurch zu Argwohn, Eifersucht und Missverständnüss Anlass geben sollen, ist weder mit Billigkeit anzuverlangen noch anzuhoffen; zumalen dem König Selbsten hiermit wenig oder gar nicht gedienet seyn dörfte.

Ad 4tem So bald auch das Erbreich nicht Statt findet; So fallet die Unthunlichkeit des Vorschlags einer mit der Durchlauchtigsten Erzherzogin Elisabeth und dem König zu stifftenden Ehe von selbsten in die Augen.

Es hat also Freyherr v. Rewitzky in Ansehung der vorstehenden vier Punkten sein Augenmerk dahin zu richten, dass bey dem ersten und zweyten aus der diesseitigen Willfährigkeit kein Geheimnüss gemacht, sondern solche als in der Billigkeit gegründet, nicht nur dem König, sondern auch den Russischen und Preussischen Ministris zu erkennen gegeben werde.

Was aber den Dritten anbetrifft; So sind zwar dem König in vertrauten Unterredungen die diesseitige aufrichtige Neigung und Willfährigkeit aber auch zugleich die von Seiten Russland und Preussen sicher zu erwartende unübersteigliche Hindernüsse vorstellig und in so weit geltend zu machen, dass der König von dem diesseitigen guten Willen überzeuget werde.

Hingegen ist in Ansehung des 4. könig. Verlangens sich dergestalt zu benehmen, dass der König hiermit nicht einstens zur Sprache komme, und Ihm solchergestalten die Unannehmlichkeit einer diesseitigen abschlägigen Antwort ersparet, jedoch derselbe zugleich in seiner dem Durchl. Erzhauss zutragenden Freundschaft gestärket werde.

Was sich nun in dieser Angelegenheit ergiebet, hierüber sind abgesonderte Berichte an mich zu erstatten.

Austerlitz den 11. Septbr. 1772.
(unterzeichnet)
L. S. Kaunitz Rittberg.

—

Wien den 22. März 1773.
P. P.

Da der Russische Courier mit den Depechen des H. Fürsten Lobkowitz vom 26. Febr. vor etlichen Tägen hier eingetroffen ist, so will es nunmehro darauf ankommen, Euer . . zu belehren, was in Ansehung des Russischen *Projet d'un Plan pour la Conduite des trois Ministres en Pologne etc.* zu beobachten sey [1]).

Ich bemerke also bey den *Points preparatifs* und zwar ad 3^{ium} dass die gemeinsame Einverständnis, den König in Polen in die Direction des künftigen Reichstags mit einzuziehen, wenn er nicht mit anderen Höfen verflochten wäre, Euer . . . die ganz natürliche Gelegenheit darbietet, sich für den König dahin zu verwenden, dass er in die gemeinsame Anstalten und Bearbeitungen mit eingeflochten, und andurch in Stand gesetzt werde, einen mehreren Einfluss zu gewinnen, die Convention mit den 3 Höfen zu befördern, und in

---

[1]) Dieses „Projet" oben S. 143 abgedruckt.

Ansehung der Regierungsform mehrere Vortheile zu erhalten, als ihm von den anderen zwey Höfen eingestanden werden wollen.

Euer . . . haben sich also zu bearbeiten, dass der König alle Willfährigkeit anhoffen mache, und vor allen Dingen Mithand in dem Spiele gewinne, wornächst sich leichter nach Zeit und Umständen gerichtet werden könnte, wie dann auch eine solche vertraute Anhandgebung nichts anders als einen guten Eindruck bey dem König verursachen kann.

Ad 4^{tum} Was wegen Abschickung der Acteurs zu den Diaetinen nicht bereits geschehen ist, solches wird wegen Kürze der Zeit nicht nachgeholet werden können, zudeme müsste die Abschickung so vieler Acteurs sehr schwer fallen, wenn sich nicht desfalls mit dem König einverstanden würde.

Ad 5^{tum} Wäre gegen den Satz, dass es mit den ernsthaften Mitteln allein nicht auszureichen sey, noch vieles zu sagen, zumalen da die Zeit schon so weit verstrichen ist. Um jedoch uns nicht von den übrigen zwey Höfen zu trennen, noch dem Vorwurf auszusetzen, als ob durch unsere Schuld etwas wesentliches wäre verabsäumet worden, so haben Euer . . . die positive Erklärung von sich zu stellen, dass unser Hof ohnfehlbar 150 m. Thaler in die gemeinschaftliche Cassa, wenn ein gleiches sowohl von Russland als von Preussen geschiehet, einfliessen lassen würde, jedoch ist das bey gemeinschaftliche Cassa nicht so zu verstehen, als wenn das Geld in eines einzigen gemeinschaftlichen Kassiers Händen sein müsste, dann jeder Minister könnte die quotam seines Hofes bey sich behalten, und seinen Quotienten denen Assignatariis selbst bezahlen lassen, oder wenigstens die Sache dergestalten eingerichtet werden, dass keine Bezahlung im Fall eines gemeinschaftlichen Cassiers geschehen solle, ohne dass der Assignatarius eine Assignation von einem jeden der 3 Minister empfange und demnächst dem Cassier praesentire, auf welche Art keiner von dem andern sich einen besonderen Verdienst zueignen könne.

Ad 6^{tum} Nebst deme müsste die gesetzte Bedingnis genau erfüllet, und auf diese Cassa nichts ohne die einmüthige Bewilligung dieser 3 Minister angewiesen und ausgezahlet werden. Es ist aber bey diesem Punkt mit desto grösserer Aufmerksamkeit und Prudenz zu Werk zu gehen, da es sich leicht fügen dörfte, das dero zwey Herrn Collegen vorzüglich ihre Vertrauten zu begünstigen suchen, und es gleichwolen für die gemeinsame Sache nachtheilig wäre, wenn dieselbe mit ihnen in Widerspruch und Missverständnis verfallen sollten. Wenn es also die Umstände erfordern, so wird sich zwar nach gemachten dienlichen Gegenvorstellungen endlichen zu fügen, jedoch die doppelte Modalität zu treffen seyn, dass die Pensionisten die Concurrenz unsers Hofes, und zwar in der nämlichen Maass, als es von den anderen zweyen geschiehet, in zuverlässige Erfahrung bringen, und dass auch Euer... zu Beobachtung der Gleichheit ein so andern dero Vertrauten zu begünstigen suchen.

Ad 9^{num} usque 11^{num} Was von einer Confoederation erwähnet wird, verdienet allerdings die reifeste Ueberlegung. Nachdem es aber hauptsächlich auf die Local-Umstände ankommet, und Wir mit der Sach selbsten verstanden sind, so bleibet auch die weitere Abrede, und das auszuwählende Mittel dero eigenen vernünftigen Beurtheilung anheimgestellet.

Ad 11^{num} Ohne den Inhalt dieses Paragraphi zu analysiren, werden Euer . . . von selbsten darauf bedacht seyn, solchen bey sich fügender Gelegenheit schicklich anzuwenden, und geltend zu machen.

Ad 12^{num} Da allerdings sehr vieles auf die Auswahl der Reichstags-Marschallen ankommt, und unser Hof für keinen eine vorzügliche Neigung hat, so wird zwar der Auswahl dero H. Collegen beyzutretten, jedoch sich allezeit zu bemühen seyn, dass dieselben die danknehmige Verbindlichkeit des erwählten mittheilen.

Was die *Conclusion du Traité* anbetrifft, so ist dasjenige so in den sieben Paragraphis an Hand gegeben wird, allerdings zu beobachten, und noch weiters darauf fürzudenken dass von der Republik Polen die Freyheit der Weichselfahrt, und des Commercii, wie es bishero gewesen, ausdrücklich anverlangt, stipulirt und garantiret werde.

Der Russische Hof hätte ebenfalls gegründete Ursach sich hierum zu bearbeiten, und wenn solches geschiehet, so haben Euer. . kein Bedenken zu tragen mit dem Freyh. von Stackelberg hierinnen gemeinschaftliche Sache zu machen, und zu gleichen Schritten zu Werke zu gehen, jedoch ist sich anfänglich nicht zu viel gegen ihn blos zu geben, sondern sich dahin zu bearbeiten, dass andere am ersten zur Sprache kommen, oder wenigstens die Preussische Unzufriedenheit mit uns theilen möchten.

Ob es rathsam sey, wegen dem künftigen Salzverschleiss eine förmliche Abrede zu treffen, und solche der künftigen Convention einzuverleiben lasset sich schon dermalen nicht wohl bestimmen, sondern es muss aus den eigentlichen Absichten und Anträgen des Königs entschieden werden, dahero auch dieselben seine vertröstete Vorschläge zu betreiben belieben wollen.

Sodann dörfte der Hr. Bischof von Krakau sich einfallen lassen, seine eigene Angelegenheiten mit in die Convention einzumischen, und auf solche Stipulation anzutragen, welche das allerhöchste Gutbefinden in Ansehung der Dioecese und Anderer geistlichen Einrichtungen beschränketen. Nachdem aber Ihro May. niemalen darein willigen würden, in ihrem Polnischen Antheile sich Gesätze vorschreiben zu lassen, so haben auch Euer . . . dero vorzügliche Aufmerksamkeit dahin zu richten, dass dergleichen Versuch gänzlich vereitelt, und gleich von der Hand abgewiesen werden.

Betreffend die *Fixation de l'Etat de la Republique* und zwar die ersten vier Paragraphos so sind selbige wie Euer . . . bekannt ist, schon vorher von unserm Hof begnehmet worden, jedoch würde es ihm keines Wegs zuwider, sondern vielmehr angenehm seyn, wenn die 2 andern Höfe und die Republik eine Abänderung für gut befinden sollten; welches auch dem König im engsten Vertrauen zu verstehen gegeben, und ihm anbey zu Gemüth geführet werden kann, dass ein mehrers von unserm Hof weder mit Billigkeit anzuverlangen noch zu erwarten sey.

Nachdem auch dem Kur-Sächsischen Hof die Ausschliessung aller Fremden von der Polnischen Krone nicht anders als sehr empfindlich fallen kann, so wäre dessen Partisans, wenn sie sich an Euer . . . wenden, die Betrachtung zu Gemüth zu führen, dass unser Hof einer solchen Stipulation sich, um so weniger widersetzen können, da man ihn der geheimen Absicht, einem Erzherzogen, oder dem Herrn Prinzen Albert den polnischen Thron zuzuwenden beargwohnen wollen. Nebst deme wären die Fälle nicht ohnmöglich, dass Russland oder Preussen bey künftigen Wahlen auf dergleichen Absichten verfielen, und hieraus die grössten Weiterungen entstünden, welchen also aber nicht besser, als durch erwähnte Stipulationen vorzubiegen wäre.

Was aber ad 5^{tum} das *Liberum veto* betrifft, so gedenket zwar unser Hof sich hierunter von den übrigen zwey Höfen nicht abzusondern, und bey seiner bereits geschehenen Erklärung zu beharren, jedoch betrachtet er diese Einrichtung als ein politisches Monstrum und als die Hauptquelle der Polnischen Unruhen, dahero er auch gar gern die Hände darzu bieten würde, wenn selbige noch mehrers, als bey der letzten Diaete geschehen beschränket werden sollte.

Betreffend das *Retablissement du Gouvernement dans ses vrais principes* so ist bereits in dem Plan die gegründete Anmerkung enthalten, dass hiebey das wesentliche Interesse der einverstandenen drey Höfe nicht ohnmittelbar unterlaufe, und dass es hauptsächlich auf die Neigung der Nation, und auf die Mehrheit der Stimmen ankommen wolle. Ich lasse es also bis ad § 13 bey der generalen Anmerkung bewenden, dass auch bey dieser Gelegenheit unser Hof den König, in so weit es ohne Trennung von den zwey andern Höfen, und ohne andere nachtheilige Folgen geschehen kann, zu begünstigen wünsche, und nicht wohl ermesse, wie das ideirte Equilibre so genau hergestellet werden könne, wobey auch abermal vieles auf dero vertrauliches Einverständniss mit dem König und auf eine geschickte Benehmungs-Art ankommen dörfte.

Ad 13^{ium} Diese geneigte Gesinnung unsers Hofes erstreckt sich auch auf den künftigen königl. Unterhalt, und es wäre keines Wegs zu viel, wann derselbe statt der 4 auf 500 m. Ducaten gesetzt, und dem König noch ein Vortheil bey Berechnung der Starostey-Einkünfte zugewendet wird. Auf was Art aber diese zu bestimmende Summe am besten anzubringen seye, wird sich an Ort und Stelle am besten beurtheilen lassen.

Ad 15^{tum} Ist man allerhöchsten Orts allerdings damit verstanden, dass dem König die Austheilung der Gnaden und königl. Beneficien fernerhin beygelassen werde, jedoch findet man zugleich die in diesem und in dem folgenden 16^t §° enthaltene Instruction für vernünftig und billig, dahero auch Euer . . . solche mit dero Beyfall zu unterstützen haben.

Ad 18um Wenn das Polnische militare auf einen completen Fuss gehalten würde, so dörfte eine Vermehrung überflüssig seyn. Wenn aber die alte Einrichtung beybehalten werden soll, so kann man auch diesseits eine Vermehrung von 6000 Mann geschehen lassen.

Ad 19^{num} Die Anstände, so sich wegen der Dissidenten ergeben werden, sind sonder Zweifel die schwereste und häcklichste. Ich habe also desfalls Euer . . . auf dero umständliche Instruction zu verweisen, und die generale Anmerkung hinzuzufügen, dass dieselbe dero sorgfältigstes Bemühen dahin zu richten haben, alles dasjenige, was zum Vortheil unserer heiligen Religion gereichen kann, so viel es immer die Umstände verstatten zu unterstützen und befördern zu helfen, zugleich aber allen Anschein zu vermeiden, als ob unser Hof einer unbilligen Religionsgehässigkeit Statt gebe. Was nun Herr Nuntius Garampi in dieser Angelegenheit an mich gelangen lassen, belieben Euer . . . aus den abschriftlichen Beylagen umständlich zu ersehen, und mir baldmöglichst gutächtlich an Hand zu geben, wie das Werk am besten eingeleitet, und gegriffen werden könne, auch was, und in wie weit ein vergnüglicher Ausschlag anzuhoffen sey. Inzwischen aber werden Dieselbe nicht verabsäumen, wegen den so sehr bedrückt seyn sollenden Unitis Graecis sich auf das ergiebigste bey Freih. von Stackelberg und sonsten zu verwenden, und überhaupt in Erwägung zu ziehen, mit wie vielem Eifer sich nicht nur die Russen, sondern auch die Türken ihrer Religion annehmen, und wie wenig das nämliche unserm Hof zu verargen, oder zu versagen sey.

Aus den vorstehenden Anmerkungen werden Euer . . . hinlänglich einsehen, in wie weit und in welchem Verstand unser Hof dem Inhalt des vorerwähnten Plans beystimme, und wohin dieselbe ihr vorzügliches Augenmerk zu richten haben. Nur muss ich noch bey der zu Ende gesetzten *Observation particuliere* erinnern, dass ich meines Orts nicht einsehe, wie in Anschung der Starosteyeinkünften

ein Unterschied zwischen den reichen und armen Besitzern Statt finden
könne, da hieraus nur Zweifel und Anstände entstehen müssten.

Zu Euer . . . desto vollständigerer Belehrung füge ich eine
Abschrift der vom Hr. v. Saldern über das *Projet d'un Plan* etc. gemachten Anmerkungen hier an, und da ich sehr zweifle, dass solche
dem Freyherrn von Stackelberg mitgetheilet worden, so wollen dieselbe sich gegen ihn und Mr. Benoit nichts merken lassen, dass diese
Observations zu dero Einsicht gelangt sind. Einige derselben scheinen
mir erheblich zu seyn, welches jedoch in der Entfernung nicht wohl
beurtheilet werden kann. Darinnen aber ist unser Urtheil von dem
seinigen sehr unterschieden, dass er am vorträglichsten ansieht, die
königliche Gewalt zu beschränken, und jene des Adels zu erheben,
mithin diesen vorzüglich zu gewinnen, da doch meine schon seit
einiger Zeit gemachte Anmerkung nicht ganz leer zu seyn scheinet,
dass die Entschädigung des Königs unumgänglich nöthig sey, und
auf Kosten des Adels gesucht werden müsse, dass also dieser sich
nicht zu seinen eigenen Schaden an Laden legen, und der König ebenfalls gegen die 3 Höfe arbeiten würde, wenn man ihm den Adel vorziehen, und nicht in gewisser Maass mit — in die diesseitige Bearbeitungen einflechten wollte, welches also Euer . . . bei Gelegenheit
gelten zu machen belieben werden.

Nunmehro schreite zur Beantwortung dero werthesten Zuschriften vom 3te 6^t u. 8^t dieses.

Was nun den Antrag des Frh. v. Stackelberg wegen Berufung
des Herrn Bischofen von Krakau in sein Bissthum anbetrift, so könnte
man zwar diesseits sich des erwähnten Antrages in die Länge nicht
entziehen, jedoch wäre sehr erwünschlich, wenn wir einen solchen
Schritt mit guter Art gänzlich vermeiden könnten, in allen Fällen
müsste, eine gemässigte, und sodann eine nachdrückliche Warnung
vorausgehen.

Was die diesseitige Veranstaltungen in den königl. Oeconomien
anbetrifft, so werden dieselbe bereits von dem Herrn Grafen v. Pergen
den unterloffenen Missverstand vernommen, und nicht verweilet haben,
desfalls sowohl den König, als Dero H. Collegen zu beruhigen.

Was Euer . . dem Herrn Grafen Oginsky wegen der Wahl
der Landbothen nachdrückliche Vorstellung gebracht haben, ist allerdings gegründet, und dienet zur neuen Probe, wie verträglich es wäre
mit dem König in engerer Einverständnis zu stehen.

Aus Eurer . . . letztern Zuschrift habe ich mit aufrichtigen
Beyleyd dero Unpässlichkeit ersehen, ich lebe aber der Hoffnung dass
solche bereits glüklich überstanden seyn werde.

Die mir zugeschickte Widerlegung unserer Deduction dörfte
keine Antwort verdienen. Inzwischen hat deren Mittheilung mir zur
schuldigen Danknehmigkeit gereichet.

Was übrigens dero angesuchte Zulage anbetrift, so beziehe mich auf meine mit letzterer Post abgegangene Zuschrift, von welcher zum Ueberfluss eine Abschrift hier anfüge, mit vollkommener Hochachtung stetshin verharrend.

Wien, den 18. April 1773.

P. P.

Die verschiedenen Gegenstände, so in Euer etc. letzteren werthesten Zuschriften enthalten sind, dienen Theils zu meiner Nachricht, und Theils erfordern sie eine nähere Anweisung.

Damit mich nun nicht an die Ordnung zu binden habe, so werde mich über ein so anderes Punctenweisz äuszeren, und zwar:

1mo Könnte sich der König in Pohlen zum voraus darauf versehen, dasz die Antwort der Rusz. Kaiserin auf sein Schreiben nichts weniger als vergnüglich ausfallen würde; da es jedoch dermalen auf den Bind-Riemen kommet, so dörfte der wesentliche Vortheil des Königs erfordern, seine bewegliche Vorstellungen ohnermüdet fortzusetzen; zumalen ich aus einigen Umständen wahrnehmen können, dasz gleichwohlen nicht alle Rücksicht auf den König bey der Kaiserin verschwunden sey.

2do Die Beschreibung, so Euer etc. von dem Hrn. Poninsky gemacht haben, ist darinnen vortheilhaft, dasz er zwar dem Rusz. Hof gänzlich ergeben sey, jedoch für den Berliner keine sonderliche Neigung verspühren lasze. Sollte nun in Ansehung der Marschall-Stelle mit dem Hrn. Grafen Podocky nicht auszureichen, wohl aber dem Hrn. Poninsky dazu zu verhelfen seyn, so werden dieselbe von selbsten in Erwegung ziehen, dasz vor dermalen Unser und das Rusz. Interesse einander nicht directe entgegen stehen, dasz aber in Ansehung des Königs in Preuszen, besonders was den Salz-Verschleiz, die freye Schiffahrt auf der Weichsel und das Commercium anbetrift, sich das gerade Gegentheil ergebe; und dasz dahero Dero vorzügliche Aufmerksamkeit dahin zu richten seye, den Diensteifer des Hrn. Poninsky vorzüglich auf unsere Seiten zu ziehen, und ihn bey den gemeinschaftlichen Geld-Bewilligungen dergestalten zu begünstigen, dasz er denenselben einen vorzüglichen Dank schuldig, und um so weniger nöthig seye, ihm geheime Verehrungen zu machen; welches jedoch in dem ärgsten Falle, und wenn sonsten wegen der oberwähnten Gegenstände ein widriger Ausschlag zu besorgen stünde, nicht ausser Acht zu lassen wäre, weilen der Reichstags-Marschall denen Geschäften den grösten Vorschub oder Hindernisz geben, und durch ihn an ersten eine hinlängliche Parthey verschaffet werden kann.

3tio Dasz ernannter Hr. Poninsky schon unter der Hand an einer Conföderation zu arbeiten angefangen, ist mir um so vergnüglicher zu vernehmen gewesen, da bey dem noch aufrechtstehenden *liberum veto* sich kein glücklicher Ausschlag von einem ordinari Reichstag versprochen werden kann. Es wäre aber um so überflüssziger wegen der Art der zustandbringenden Conföderation in nähere Erläuterung einzugehen, da in drey oder vier Tägen die Sache in Bewegung kommen musz, und ich dahero dem Ausschlag mit vielem Verlangen entgegen sehe.

4to Bin ich mit Euer etc. des Dafürhaltens, dasz der König sich nicht directe zu Zerschlagung der Diätinen verwendet habe, jedoch scheinet mir auch nicht glaublich, dasz er sich deren Beförderung, wie er leicht gekonnt hätte, angelegen seyn laszen, welches aber auch nicht befremdlich fallen kann, da man ihn bishero in der Ungewiszheit seines künftigen Schicksaals gelaszen hat, und ihm vielmehr die widrige Absichten des Rusz. und Berliner Hofes in die Augen fallen müszen.

5to Der Betrag des Bischofen von Krakau ist in der That recht ärgerlich, und wenn er wieder bey dem Reichstag erscheinen sollte, so könnte man sich nichts anders als die nachtheiligste Bearbeitungen von ihm versprechen; dahero auch Ew. etc. mit Hrn. Generalen Grafen Richecourt die Abrede zu pflegen belieben wollen, Unserm in dem Krakauischen befindlichen Militari die Anleitung zu geben, dasz der ernannte Bischof so lang es immer geschehen kann, mit guter Art, wenn aber auch diese nichts helfen will, mit Versagung des freyen Abzugs von seiner Ruckkehr nach Warschau abgehalten, jedoch sich desfalls auf keine von Unserm Hof ergangene Befehle, sondern nur auf die in Warschau erfolgte Abrede der HHrn. Ministers und der Generalität der drey einverstandenen Höfe bezogen werde.

Ueberhaupt ist es ein vergnüglicher Umstand, dasz dieser Bischof sich nicht nur bey den Rusz. und Preuszischen Ministern gehässig, sondern auch bey seiner Nation verächtlich machet, und seinen Einflusz auf dem Reichstag verlieret; weilen ihm leicht einfallen können, verschiedenes wegen seiner in Unserm Pohln. Antheil sich erstreckenden Diöces und Güter auf die Bahn zu bringen, und in die Reichstags-Handlungen mit einzuflechten.

Ob zwar nun Unser Hof nicht gemeinet ist, sich in seinem Antheil Gesätze vorschreiben zu laszen, so könnte doch dergleichen Anbringungen viele unangenehme Weitläufigkeiten nach sich ziehen, und werden also auch Ew. etc. sorgfältig darauf bedacht seyn, alle dergleichen Unserm Hof besonders betreffende Geschäften von dem Reichstag entfernt zu halten.

6to Was Ew. etc. wegen Entwerfung der Cessions-Ratifications- und Renunciations-Acten in Erinnerung bringen, ist allerdings noch in Zeiten zu besorgen; sobald ich aber wahrnehme, dasz auf dem Reichstag etwas zu Stand zu bringen seye, werde ich nicht verabsäumen, desfalls meine Vorschläge dem Petersburger und Berliner Hof freundschaftlich zu eröfnen und an einer gleichförmigen Entschliesszung zu arbeiten; wie dann auch nicht undienlich wäre, wenn Ew. etc. nebst Dero zwey HHrn. Collegen hierüber ihre Gedanken vorläufig eröfneten.

7mo Was Dero Beglaubigungs-Schreiben an den Primas und die Republick anbetrifft, so scheinen zwar solche in so lang überflüszig zu seyn, als der Primas sich von Warschau entfernt haltet; da jedoch der von diesen Schreiben zu machende Gebrauch nicht ohnmöglich ist, so nehme auch keinen weiteren Anstand solche in originali et copia hier anzufügen.

8vo Der Politik des Königs ist hauptsächlich auszustellen, dasz sich nicht allerdings auf seine Aeuszerungen zu verlaszen, dasz er das Geheimnisz nicht genau beobachte, und dasz er als zu fein zu Werke gehen wolle. Es ist also von Euer etc. sehr wohl geschehen, dasz Dieselbe zwar dem König Dero Dienstfertigkeit und den guten Willen Unsers Hofs zu erkennen, jedoch sich selbsten nicht zu viel blosz gegeben, sondern ihm vertraulich eröfnet haben, wie Er auf Unsern Hof nur alsdann sicher zehlen könne, wenn von den zwey übrigen wenigstens einer zu seinem Beyfall vermöget würde; dahingegen weder Unserm Hof zuzumuthen, noch von ihm zu erwarten wäre, dasz er sich allein vor dem König an Laden legen, und mit den zwey andern Höfen überwerfen sollte.

Nach diesem Satz haben auch Ew. etc. Dero künftige Aeuszerungen und Betrag einzurichten, und da zugleich die Anmerkung ganz gegründet ist, dasz die Feinde des Königs, wenn sie eine vorwiegende Neigung gegen ihm wahrnehmen sollten, die widrigsten Entschlieszungen ergreiffen und eine Einverständnisz ohnmöglich machen würden; so dörfte die Abrede mit Dero zwey HHrn. Collegen zu pflegen seyn, dasz einer vorzüglich mit dem König, der zweyte mit den gewosten Conföderirten und der Sächsichen Parthey, und der dritte mit den wahren Patrioten einen vertrauten Umgang zu pflegen, und sie bey guten Willen zu erhalten, sich angelegen seyn lasze; und überhaupt alle Eifersucht in solang sorgfältigst vermieden werde, bis einmal die Einverständnisz und Cession der Republik wegen der abgesonderten Landen zu Stand gebracht worden; wie es dann allerdings zu wünschen wäre, dasz diese Angelegenheit fordersamst beendiget, und bis dahin wegen allen übrigen Gegenständen die Hofnung der unterschiedenen Partheyen sich recht zu Nutzen gemacht werden könnte.

Jedoch sind dieses nur rohe Gedanken, und kann nur an Ort und Stelle gründlich beurtheilt werden, ob und in wie weit sie praktisch zu machen seyen.

9no Wegen der von den 3 Höfen zusammen zu schiessenden und gemeinschaftlich zu verwendenden Geld Summen beziehe ich mich auf die bereits an dieselbe ergangene Anweisung, insbesondere aber widerhole ich den Auftrag, dasz eine vollkommene Gleichheit durchaus zu beobachten, und sich nachdeme zu richten seye, was der König in Preuszen hierunter verfüget. Wenn er also seine Quotam in schlechten Geld entrichtete, so ist nichts billiger als dasz die diesseitigen und Ruszischen nach dem nämlichen Geldwerth berechnet, und desfalls eine Einverständnisz verabredet werde.

Nachdem aber nicht wohl zu zweiflen ist, dasz Mr. Benoit solche Anweisungen von seinem König erhalten werde, welche alle thunliche Erspahrungen vorschreiben; so kann solches Euer etc. die natürlichste Gelegenheit geben, zwischen der verschwenderischen Freygebigkeit, worzu die Rusz. Minister gewohnt sind, und zwischen der allzu groszen Preuszischen Sparsamkeit das rechte Mittel dergestallt zu treffen, dasz die gemeinschaftliche Gelder nur zu gemeinschaftlichen und proportionirten Vortheilen verwendet werden.

10mo Wäre mir, wie auch dem ernannten Hrn. Gubernator eine nähere Auskunft von den Erbgütern des Königs und Ihrer Lage mitzutheilen, welche in Unserm Antheil begriffen seyn sollen; da sodann fordersamst zu untersuchen ist, ob auch deren Absonderung ohne groszer Inconvenienz geschehen könne. Bei welcher Gelegenheit zu erinnern habe, dasz bey der Ausgleichung Unserer Gränzen einige Uns vortheilhafte Austauschungen zu treffen, und es dahero bei dem künftigen Reichstag in die Weege zu richten seyn dörfte, dasz zu diesem Geschäft wohl gesinnte Commissarien ernennet und bevollmächtiget, oder auch nach Beschaffenheit der Umstände das Hauptwerk auf dem Reichstag regulirt würde, alsdann es auch nöthig wäre Euer etc. eine von dem ganzen Gränz-Geschäft wohl unterrichtete Person nach Warschau zuzusenden. Indeszen belieben dieselbe über diesen Gegenstand mir Dero vorläufiges Gutachten zu eröfnen.

11mo Was aber Dero vorzügliche Aufmerksamkeit verdienet, ist Unser künftiger Salz-Verschleisz in Pohlen, die freye Schiffarth auf der Weichsel, und die Einleitung unsers Comercii mit der Republik.

Betreffend den Salz-Verschleisz, so füge ich zu Dero geheimen Nachricht die Abschrift meines desfalls an Freyherrn v. Swieten erlaszenen Schreibens hier an, woraus Euer etc. des mehrern ersehen werden, was unserm Hof von dem Berliner für ein bedenklicher Vorschlag gemacht, und wie sich hierauf ganz deutlich und abschlägig geäuszert worden.

Da nun dieser Versuch fehlgeschlagen, so wird zwar der ernannte Hof es an anderen nicht ermangeln laszen, jedoch dörfte es Uns nicht gar schwer fallen, durch einen vorsichtigen und billigen Betrag alle widrige Bearbeitungen bey dem König und der Republick zu unterbrechen. Dann es will hiebey hauptsächlich auf den Unterscheid der Güte und des Preiszes zwischen Unserm Stein- und des Preuszischen See-Salzes ankommen. Und da man sich Preuszischer Seits nicht mit einem mässigen Gewünst begnüget; so wird es ihm nicht so leicht fallen, den König und die Republik Pohlen zu Begünstigung seines See-Salzes zu vermögen. Ob wir auch den Verschleisz Unsers im Zambor und anderen Orten erzeugten Koch-Salzes vorzüglich vor dem Meer-Salz in Pohlen behaupten werden, ist eine Frage, welche wegen ihrer Wichtigkeit Unsere vorzügliche Aufmerksamkeit verdienet, und werden dahero Ew. etc. darauf fürdenken, den König in Pohlen wegen dem Salz am ersten zur Sprache zu bringen, und zur versprochenen Mittheilung seiner Vorschläge zu vermögen; wornächst das ganze Werk um so besser zu übersehen und das diensame an Hand zu geben wäre.

12mo In Ansehung der freyen Schiffarth der Weichsel wird es hauptsächlich darauf ankommen, dasz alles in dem Stand der Freyheit erhalten, die bisherige vergnügliche Preuszische Versicherungen förmlich ertheilet, und solches von allen Paciscenten garantirt werde.

Nachdem auch der Republick hieran so vieles gelegen ist, so werden Wir verhoffentlich nicht nöthig haben, Uns desfalls besonders an Laden zu legen, sondern nur die Aufmerksamkeit der Republick unter der Hand anzufrischen, und zu unterstützen, auch den Rusz. Kais. Minister durch die Vorstellung der eigenen Anständigkeit seines Hofes völlig auf unsere Seite zu ziehen. Nach welcher generalen Anleitung Euer etc. Dero fernere Schritte auszumessen belieben wollen.

13^{tio} Betrefend das wechselweise Commercium, so ist sich überhaupt an die Betrachtung zu halten, dasz Unser künftiger Handel nach Pohlen activ seyn, und ein groszes Uebergewicht behaupten könne; woraus sich also von selbsten ergiebt, dasz je kleiner die wechselseitige Mauthabgaben eingerichtet und je mehr alle Belästigungen des Commercii vermieden werden, um so mehr das wechselweise Verkehr Uns zum Vortheil gereichen müsse. Es ist also die Nutzbarkeit der geringen Mauth-Auflagen vorzüglich geltend zu machen, und die vorläufige Erkundigung einzuziehen, ob und auf was für einen Fusz die Republick einen Commercien-Traktat mit Uns zu errichten geneigt seye. Wobey ich jedoch zu Dero Nachricht erinnere, dasz alle Verabredungen wegen des Commercii sich keineswegs auf die übrige Erblande, sondern einzig und allein auf Galizien zu erstrecken hätten.

Sollten auch Euer etc. in zuverläsige Erfahrung bringen können, worauf königl. Preusz. Seits in Ansehung des Commercii angetragen werde, so würde solches darzu dienen, Uns desto eifriger zu Abwendung alles Nachtheils verwenden zu können.

14to Was die künftige Einrichtung der Pohln. Regierungs-Form insbesondere die Ausschliessung der Fremden von der Krone das Liberum veto, Verkauffung der Starosteyen, Commando der Kron-Truppen, Errichtung eines beständigen Conseils mit Theilnehmung des Ritterstandes, und die von Ew. etc. ganz wohl in Erinnerung gebrachte künftige Successions-Ordnung anbetrift; so habe dieselben wegen aller dieser Angelegenheiten mit keinen Special- sondern nur mit den generalen Anweisungen zu versehen, dasz soviel es die Umstände verstatten, und ohne Ueberwerfung mit den zwey anderen Höfen geschehen kann, der König begünstiget, und die übermässige Gewalt des grossen Adels beschränket werde. Da sonsten dessen Vorgang nicht nur in Unserm, sondern auch Rusz. und Preusz. Antheil zum nachtheiligen Beyspiel gereichen würde.

Nur ist auf Dero Erinnerung wegen der künftigen Succession eine vorzügliche Aufmerksamkeit zu richten, indeme es allerdings sehr erwünschlich wäre, wann denen hierauszubesorgenden grossen Weiterungen von nun an vorgebogen werden könnte. Es haben also dieselbe diese Betrachtungen anfänglich nur als Dero Privat-Gedanken dem Freyherrn v. Stackelberg und Mr. Benoit zu eröfnen, ihr Dafürhalten zu erforschen, und mit ihnen in Ueberlegung zu ziehen, was etwa desfalls für diensame Schritte gemacht werden könnten.

15to Dasz Herr General Lentulus gern sehen würde, wenn Wir mit Geld Erpressungen auf den Preusz. Fusz verführen, ist um so weniger zu zweiflen, da unsere Mäszigung seine Härte und Eigennutz beschämet, der Contrast allzu sehr in die Augen fallet, und alle Unsere Excessen Preuszischer Seits weit höher getrieben, aber dannoch zur eigenen Rechtfertigung angeführt werden dörften; es würde also so wenig mit der Allerhöchsten Gesinnung als mit unserm wesentlichen Vortheil übereinstimmen, wenn Unser Militare dem Beyspiel des ernannten Preuszischen Generalen folgete.

16to Wenn übrigens Euer etc. in zuverläsige Erfahrung bringen können, was für politische, oeconomische und militarische Veranstalltungen in dem Preuszischen Antheil vorgekehret werden und künftighin vorgekehrt werden dörften, so bitte mich hiervon zu Beförderung des allerhöchsten Dienstes beliebig zu benachrichtigen, auch anbey versichert zu seyn, dasz etc.

Postscriptum. — Mit vielem Vergnügen habe ich von Ew. etc. vernommen, dasz Freyh. v. Stackelberg und Mr. Benoit sich in Religions-Angelegenheiten billig und willfährig bezeigen. Ohne also in ein Detail einzugehen, beziehe mich auf meine bereits erlassene Anweisungen, und wiederhole überhaupt, dasz sich in allen Vorfallenheiten zum Besten Unsrer Religion eifrigst zu verwenden sey.

Wien, den 9. Augusti 1773.

Da zu Folge Euer etc. beliebten Zuschrift vom 28. vorigen Monats endlichen die königl. Preusz. Entschliessung dahin ausgefallen ist, dasz sich an die Worte der dreyfachen Convention zu binden, jedoch mittelst einer Clausul die nähere Erörterung der eigentlichen Gränzscheidung mit den Polnischen Gränz Commissarien an Ort und Stelle vorzubehalten sey; so kann auch nunmehro die Unterhandlung mit behörigen Eifer fortgesetzet werden, und stelle ich auszer Zweifel, dasz dieselbe hiebey mit aller Vorsicht zu Werke gehen, sich an die bereits erhaltene Vorschriften genau binden, bey neuen Vorfällen die nähere allerhöchste Verhaltungsbefehle abwarten, und mir von allem fleiszige Nachricht ertheilen werden.

Bis hiehin wäre das Hauptaugenmerk dahin zu richten, ob der König in Preuszen auf seinen ganz neuen Anforderungen bestehen und der Ruszische Hof sich ihm willfährig erzeigen werde, damit man auch unsrer Seits noch zu rechter Zeit gleichförmige Maszregeln einschlagen und auf dem Hauptgrundsatz der völligen Gleichheit ohnabänderlich bestehen könne. Wie aber Hr. Fürst Lobkowitz noch untern 16. vorigen Monats vorläufig und unter Vertröstung eines bald nach zu schickenden Couriers einberichtet hat, so beharret zwar der Ruszische Hof auf der Entschliessung, dasz keinen neuen Anforderungen Statt zu geben seye, jedoch ist der ernannte Hr. Fürst das Darfürhaltens, dasz der besagte Hof wegen unserer etwaigen Vorrückung über die in der Convention benannte Oerter keinen Anstand erregen, wohl aber die Erweiterung unsrer Gränzen in Podolien bis an den Flusz Sbrutze für unstatthaft ansehen dörfte.

Wenn ich nun hiermit die letztere Königl. Preuszische Entschliessung vereinige, so wird es in der Hauptsach auf die uns und dem ernannten Hof vortheilhafte Interpretation der dreyfachen Convention, und auf die Fragen ankommen, ob auch die weitere Verabredung bis zur Zusammenkunft mit den Gränz-Commissarien zu verschieben vorträglich oder ob nicht viel mehr sich dahin zu bearbeiten sey, dasz in dem mit der Republick zu verabredenden Traktat selbsten, wonicht die uns und Preuszen zu bewilligende vortheilhafte Interpretation ausdrücklich, jedoch virtualiter und mittelst diensamer Wendungen einzuverleiben sey.

Das letztere wäre aus verschiedenen, besonders aber aus folgenden Betrachtungen sehr erwünschlich, dasz nämlichen die Clausul wegen der Commissarien zu vielen Weiterungen und Unannehmlichkeiten Anlasz geben könnte, auch einen beständigen Zweifel, wie weit sich die Preuszische Verlangen und Bedingniszen erstrecken dürften, zurücklassen, und nicht anzuhoffen seyn dörfte, dasz die Republik ihren künftigen Gränz-Commissariis eine solche Gewalt wie zu wesentlichen Bewilligungen erfodert wird, einräumen sollte. Nebst deme könnte die Republick die Cession eines mäszigen Strich Landes gar wohl verschmerzen, wenn der König in Preuszen dagegen zu vermögen wäre von der angeblichen Befugnis der Werbung in Polen, der Aufhebung der Emigranten, und der Münzgleichheit für beständig zu entsagen, auch zu Abschaffung des *Liberum veto* einzustimmen. Dieses wäre nicht nur für die Republick, sondern überhaupt für die Nachbarn und den allgemeinen Ruhestand von unschätzbaren Werth. Es würde aber auf keine Weis zu erhalten seyn, wenn nicht der König modo reciproci einige Vortheile erhielte; wodurch zugleich der Weg geebnet würde, unsere bereits ausgesteckte Gränzen sowohl von der Weichsel bis an den Bug als in Podolien bis an den Flusz Sbrutze zu behaupten und die bereits anhand gegebene Billigkeitsgründe geltend zu machen.

Es werden also Euer etc. die erwähnten nur überhaupt berührte Betrachtungen nach Beschaffenheit der dortigen Umstände und Gesinnungen Dero zwey HHrn. Collegen, wie auch der Delegirten in nähere Erwegung ziehen, und wenn das Suppositum seine Richtigkeit hätte, dasz Ruszland zwar keinen offenbaren neuen Anfoderungen Statt zu geben gedenke, jedoch auf Vortheile, so aus einer billigen Interpretation uns und Preuszen zu Theil würden, nicht so genau zurücksehen, sondern sich hierunter willfährig bezeigen werde, so scheinet das rathsamste zu seyn, dasz Euer etc. damit den Anfang machen den Freyh. v. Stackelberg die wichtige Folgen, wenn Preuszen von seinen Werbungs- und übrigen oberwehnten Befugniszen abstünde, einsehen zu machen, und von der Nutzbarkeit zu überzeugen, wenn noch während dem Reichstag ein ganzes gemacht würde.

Sollte nun einige Hoffnung zum vergnüglichen Ausschlag anscheinen, so wäre auch mit Mr. Benoit näher zur Sprache zu kommen, und ihm eines Theils ganz deutlich zu erkennen zu geben, dasz wir uns den einseitigen Preussischen Vortheilen nach allen Kräften widersetzen würden, andern Theils aber unsere eigene Mitwürkung auf dem Fall zu versichern, wenn Preuszen mit gleicher Maasz sich zu unserm Vortheil verwenden welle. Bey welcher Gelegenheit auch Euer etc. ohne Bedenken fallen lassen könnten, dasz, wenn es dem König gefällig gewest wäre, wegen seiner abgezielten Vortheile vorher mit uns in ein vertrautes Concert einzugehen, und auch unsere Vortheile nicht auszer Augen zu setzen, alsdann es nicht unmöglich gewest wäre, die Sachen dergestalt einzuleiten, dasz Ruszland sich gefüget und die Unterhandlung mit dem Polischen delegirten eine ganz andere Gestalt gewonnen hätte; nachdem aber auf unsere willfährige Erklärung und dagegen angesuchte gleichmäszige Unterstützung nicht einstens eine Antwort erfolget ist, und der König sich einseitig, ohne von unsern Absichten einige Erwähnung zu machen, an Ruszland gewendet hat, so konnte auch hieraus nichts anders erfolgen, als dasz wir blosz auf der vollkommenen Gleichheit bestanden sind, und die beyderseitige Absichten nicht befördert, sondern erschweret worden, welcher Erfolg uns dermalen zur Lehre dienen sollte, wie sich in weitern Unterhandlungen mit den Polnischen Delegirten zu benehmen sey. — — — — — — — — — — —

Post Scriptum.

Vom 9. August 1773.

Da ich mir vorgesetzet habe die Religions-Sachen künftig jederzeit in besonderen Post-Scripten zu behandeln, so werde ich Euer Wohlgebohrn in gegenwärtigen Post-Scripto über den vermittelst Dero schätzbarsten Schreibens vom 17. July eingeschickten, von dem päbstlichen Hrn. Nuntio verfasten Aufsatz des dem diesseitigen Tractate zu inserirenden Artickels wegen der Religions-Freyheit der Dissidenten und Disunirten die nöthige Weisung zu dero Nachverhalte ertheilen.

Dieser Artikel enthält zwey Punkte, wovon der erste die der Römisch Katholischen Geistlichkeit der zweite die denen Dissidenten und Disunirten in denen revindicirten Provinzen beyzubehaltende Güter, Rechte, Freyheiten, Immunitäten und Privilegien anbetrift.

Der erste Punkt ist so beschaffen, dass ich Euer etc. meine Verwunderung und Befremdung nicht bergen kann, wie der päbstliche Hr. Nuntius sich habe beygehen lassen können, einen so unanständigen, unschicksamen und in der That ungereimten Antrag zu machen, dass Ihro Majt. die Kaiserin als eine Katholische Fürstin sich gegen zwey Acatholische Souverains durch einen förmlichen Traktat verbindlich machen sollten, wie allerhöchst dieselben mit ihrer eigenen Catholischen Geistlichkeit in ihren eigenen Staaten verfahren wollen.

Das Reciprocum hievon würde seyn, dass man von dem Russischen und Preussischen Hofe begehren müsste, ein gleiches denen nicht unirten Griechen und denen Reformirten in ihren neu acquirirten Staaten einzugestehen. Wie aber ein solcher Antrag von Seiten dieser Höfen aufgenommen werden würde, leuchtet von selbst in die Augen.

Es ist mithin dieser Punkt, da solcher beydes dem allerhöchsten Decor, und den Gerechtsamen Ihro Majt. zuwieder läuft, zugleich aber keines Reciproci fähig ist, aus dem Tractate gänzlich auszulassen.

Uebrigens muss der Hr. Nuntius Garampi sich von der Einsicht des hiesigen Hofes einen sehr verkleinerlichen Begrif machen, wenn er glaubt, dass man seine hierunter verborgene listige und gefährliche Absicht misskennen sollte. Ihro Majt. die Hände binden zu wollen, in Ansehung der Güter, Freyheiten, Rechte, Immunitaeten und Privilegien der Katholischen Geistlichkeit in denen revindicirten Provinzen nichts von allen demjenigen vornehmen zu können, was einem jeden Katholischen Souverain in seinen Landen mit vollem Rechte zustehet, und was Ihro Majt. in Dero gesamten übrigen Erbkönigreichen und Ländern seit Dero ganzen Regierung von Zeit zu Zeit würklich verfüget haben.

Es kommt hiemit lediglich auf den zweyten Theil des Garampischen Aufsatzes an, welcher die Dissidenten und Disunirten zum Gegenstande hat. Dieser ist es, welcher den wahren Grund des anzuverlangenden Reciproci ausmacht. Diesfalls nun kann so viel freye Religions-Uebung, und die dessfalls in Ansehung der katholischen Religion von denen beyden anderen Mächten anzubegehrende Gleichheit anbetrift, kein Anstand seyn. Was hingegen die geistlichen Güter, Rechte, Freyheiten und Privilegien anbelangt, so ist zwar einem jeden Souverain in Ansehung der fremden Religions-Verwandten, das nemliche Recht welches ihm in Ansehung seiner eigenen Glaubens-Genossen zustehet, in seinen Staaten an sich selbst nicht abzusprechen, jedoch pfleget diesfalls gemeiniglich in denen Cessions-Tracktaten die Beybehaltung in statu quo stipulirt zu werden, wie solches auch unserer Seits in dem Cessions-Traktate von Schlesien geschehen ist, welche Stipulation sodann den acquirirenden Souverain allerdings verbindet, und seine sonst habende Rechte einschränket. Da also unser Hof sich in dem Falle befindet, diesfalls in Ansehung der Dissidenten und Disunirten leicht nachgeben zu können, weil in dem diesseitigen Antheile von ersteren fast gar keine, von letzteren hingegen nur mehr wenige vorhanden sind, so wäre dieser zweyte Punkt gänzlich nach dem Garampischen Aufsatze beyzubehalten, und denen Ministern der beyden anderen Mächten mitzutheilen, um zu versuchen, ob solche dadurch zu Eingestehung des Reciproci für die Catholische Geistlichkeit vermöget werden können.

Erst nach dieser geschehenen Mittheilung hätten Euer etc. sich gegen den Herrn Nuntium zu äussern und demselben zu eröfnen, aus was Ursachen man den ersten Theil seines Aufsatzes nicht beangnehmigen könne. Zugleich aber ihm Hrn. Nuntio auf eine anständige Art erkennen zu geben, wie man diesen Aufsatz von Seiten des hiesigen Hofes angesehen, und dass man die darunter verborgene Absicht entdecket habe.

15. September 1773.

(Im Auszuge.)

Um in das Hauptwerk einzugehen, und Euer etc. sowohl für das gegenwärtige als zukünftige eine gesicherte Richtschnur an Hand zu geben, finde für diensam einige in meinen bisherigen Berichtschreiben hin und wieder zerstreute Betrachtungen in wiederholte Erinnerung zu bringen, und andurch die eigentliche Art und dem Esprit näher zu erläutern, nach welchem in dem Lauf der gegenwärtigen Unterhandlungen zu Werke zu gehen seyn wird.

Und zwar äusserte sich gleich Anfangs das dreyfache Bedenken, ob auf neue Vortheile fürzugedenken, oder ob dem diesseitigen Manifest eine erweiterte Auslegung zu geben, oder aber sich stricte an die Convention der drey Höfen zu halten sey.

Das erstere wäre sonder Zweifel das vortheilhafteste gewesen, zumalen eine so beträchtliche Vergrösserungs-Gelegenheit sich nicht so bald wieder ereignen dörfte.

Man hat auch solches keineswegs ausser acht gelassen, aber zugleich in Erwegung ziehen müssen, dass es für unsern Hof allzugefährlich wäre sich desfalls zu viel bloss, und den andern zwey Höfen, besonders aber dem König in Preussen die erwünschte Gelegenheit in Handen zu geben, dass er sich den grössten Vortheil hätte zueignen, uns aber die Gehässigkeit und Gegenbearbeitungen aller übrigen Höfe zuziehen können.

Es würde ohnedem keiner der drey Höfen dem andern einen neuen Zuwachs, ohne in gleicher Maass eine Begünstigung zu erhalten, eingestanden haben, und solchergestalten wäre die Errichtung einer neuen dreyfachen Convention unvermeidlich gewesen, welche aber weit mehrere Anstände als die erste und eine neue allgemeine Fermentation in Europa verursachet, folglichen den Ausschlag des ganzen wichtigen Werks aus dem guten Anschein in den misslichsten versetzet haben würde.

Ohne also diesen Gegenstand ganz zur Unzeit zu betreiben, noch solchen aus den Augen zu verlieren, ist man hierorts auf das Zweite, nämlich auf die erweiterte Ausdeutung der dreyfachen Convention verfallen, und da der König in Preussen zum ersten sowohl mit neuen Forderungen, als mit einer erweiterten Interpretation der bereits stipulirten in Vorschein kame, so ware man diesseits bedacht, sich sowohl zu dem einen als zu dem andern den Weg offen zu erhalten, jedoch wegen der neuen Foderungen sich nicht blos zu geben, sondern nur mit einer vortheilhaften Interpretation einen Versuch zu machen, wie weit es überhaupt zu bringen seyn dürfte. Nachdem aber Russland weder von einem noch dem andern etwas hören wollte, Preussen bey dem ernannten Hof nur allein vor sich arbeitete, und nicht einstens auf die diesseitigen Verlangen eine entscheidende Antwort ertheilte, auch überhaupt die Bedenklichkeiten des längeren Verzugs sich vermehreten, so musste man die Absicht auf neue Acquisitionen fallen lassen, und nur darauf bedacht seyn, ob und wie eine vortheilhafte Interpretation durchzusetzen sey.

Aber auch hiebey äusserte sich der Umstand, dass Russland, welches ohnedem die Vergrösserung seiner Nachbarn nicht mit Gleichgültigkeit ansehen kann, denen preussischen Vorstellungen kein Gehör gab, und ohnabänderlich dabey beharrete, dass in der Cessions-Convention sich blosserdings an die Worte der Manifesten zu halten sey. In diese nicht abzuändernde und an sich billige Entschliessung ist man diesseits sogleich eingegangen, und hat zwar dem König in Preussen die Gehässigkeit, dass er die Fortsetzung der Traktaten so lange verzögert, allein zugeschoben, jedoch sich zugleich bemühet in unserm zweiten Artikel die genau beybehaltene Worte unsers Manifests mit solchen unverfänglichen Zusätzen zu begleiten, welche gleichwohlen den Weg zu erweiterten Interpretationen offen erhielten.

In dieser Situation befinden wir uns noch dermalen und es will darauf ankommen, wie aus unsern bisherigen Benehmen der rechte Vortheil zu ziehen sey. Hierinnen muss das Vergangene uns zum Leitfaden für das künftige dienen, und so wenig etwas, so zu unserm Endzweck erspriesslich seyn kann, zu vernachlässigen ist, so sehr erfordert der allerhöchste Dienst, unsere Schritte genau nach denen Umständen abzumessen und weder sich allzu nachgiebig zu erzeigen, noch unsere Sprache vor der Zeit zu viel zu erheben, weilen sonsten der König in Preussen, und vielleicht Russland selbsten sich der Gelegenheit bedienen dörfte, unsern Hof in nicht zu übersehende Verlegenheit zu versetzen.

Da die Beschwersame Reise des Kaisers Majt. von dem grossen Nutzen gewesen ist, uns eine ganz zuverlässige Kenntnis von der Beschaffenheit der Galizischen Gränzen, und insbesondere von dem grossen Werth des Striche Landes, welcher in Podolien zwischen den Flüssen Szereth und Sbruze lieget, zu verschaffen, so haben wir auch vor allen auf Mittel und Wege zu denken, wie dieser Strich Landes beybehalten, und die Cession bewirkt werden könne.

Die von des Kaisers Majt. entworfene so überzeugend als deutlich gefasste Rechtsgründe können und müssen uns bey allen Gelegenheiten zu Vertheidigung der diesseitigen Anfoderungen dienen, und es ist ein vergnüglicher Umstand, dass wir gleichwolen wo nicht ein unstrittiges jedoch wenigstens ein scheinbares Recht vor uns haben, auf der Acquisition des erwähnten Striche Landes zu bestehen; Nachdem aber weder das Recht allein, noch auch unsere ferme Sprache zureichen dörften, die Gegenbearbeitungen zu vereiteln, so sind alle diensame Ministerial-Mittel zu Hülfe zu nehmen, und vordersamst die nachfolgende Generale Annerkennung nicht ausser Acht zu lassen, dass wir es eigentlich mit Russland, Preussen und Polen zu thun haben, dass keiner dieser Höfen dem unsrigen einen wesentlichen Vortheil gönnen, und gestatten wird, wenn er nicht auch den seinigen dabey findet, dass sich weder eine Hofnung zu machen, noch es nur zu versuchen sey, unsere Absicht einseitig und ohne andere Mitwirkung durchzusetzen, dass es dahero erwünschlich und sich zu bearbeiten wäre, die ernannte drey Höfe zu ihrer Einwilligung zu vermögen, dass sich aber auch darum zu bewerben sey, einen oder den anderen dieser Höfen auf unsere Seite zu ziehen, und andurch auch die übrige zu gewinnen, und dass sich bei einem jeden der drey Höfen insbesondere derjenigen Vorstellungen zu bedienen wäre, welche bey ihm einen vorzüglichen Eindruck verursachen dörften.

Zu Folge dieser Anmerkungen sind allerdings die erwähnte Rechtsgründe bey allen 3 Höfen vorstellig und rechtgeltend zu machen, aber dem Russischen wäre insbesondere zu Gemüth zu führen, dass des Kaisers Majt. selbsten die Gränzen Galiziens gegen die Moldau zu, in allerhöchsten Augenschein genommen, und die Nothwendigkeit eingesehen hätten, nicht nur Galizien, sondern auch die angränzende polnische Lande bey künftig entstehenden Türkenkrieg vor feindlichen Einfällen und Streifereyen mehrers sicher zu stellen, und insbesondere der türkischen Festung Chozim eine andere entgegen zu setzen; welche zu einem Pont d'apuis dienen könnte. Zu dieser grossen und allgemein erspriesslichen Absicht wäre der Strich Landes bis an den Sbruze um so vortheilhafter, da der ernannte Fluss zwar nicht gar breit und tief, aber mit solchen hohen Ufern versehen wäre, welche zur Defension sehr wohl zu Statten kommeten. Würde nun noch eine Vestung in dortigen Gegenden erbauet und mit allem erforderlichen in Zeiten versehen, so könnte von dieser Seiten nicht nur aller feindliche Einfall leicht abgewendet, sondern auch der Weg zu vortheilhaften Kriegs-Operationen eröffnet werden. So wenig nun diese und alle übrige zu machende Betrachtungen der erleuchteten Einsicht des ernannten Hofes entgehen würden, so gewiss versprecheten sich beyde kaiserl. Majtten von der Freundschaft der Russ. Kaiserinn, dass sie hierinnen unsere Absichten als gemein erspriesslich erkennen, bestens unterstützen, und desfalls den Freyh. von Stackelberg mit den erforderlichen Verhaltungs-Befehlen versehen würde.

Wenn nun noch zu gleicher Zeit das diesseitige Bemühen, den Frieden mit der Pforte thunlich befördern zu helfen, geltend gemacht wird, so ist die Hofnung nicht unwahrscheinlich, dass Russland wo nicht behülflich jedoch nicht sonderlich entgegen seyn werde, unsere Absicht wegen dem erwähnten Strich Landes in Erfüllung zu bringen.

Die Mittel den König in Preussen zu gleicher Gesinnung zu vermögen, können keine andere seyn als sich gleichfalls zu Beförderung seiner abzielenden Vortheile willfährig zu bezeigen. Da ich nun unter der Hand vernehme, dass der ernannte König die Stadt Elbingen mit ihrem Territorio und den beyden Ufern der Weichsel dem Cessions-Instrument einverleiben wolle, und Mr. Benoit desfalls schon einen Versuch gemacht habe; So könnte hierunter alsdann ohne Anstand willfahret, und überhaupt eine vertraute Abrede wegen der wechselseitigen Begünstigung alsdann gepflogen werden, wenn einmahl der ernannte König sich deutlich erkläret hat, dass er einer vollkommenen Reciprocität Statt geben wolle.

Die Republick zu Bewilligung der Cession der Striche Landes bis an den Sbruze zu vermögen, kann alsdann nicht schwer fallen, wenn Russland und Preussen unser Verlangen begnehmeten und unterstützten. Im Falle aber einer oder keiner dieser Höfen sich hierzu entschliessete, und uns allein die Sorge überliesse, mit der Republick fertig zu werden, so müssten auch mehrere Hülfsmittel angewendet werden, und zwar wäre alles was wir wegen der Garantie-Uebernahm, freyen Commerce, Salz-Preiss etc. etc. ohnehin zu bewilligen entschliessen werden, mit in Anschlag zu bringen, und zugleich zu Dubienka und in anderen Gegenden, wo es nach des Kaisers Majt. erläuchtesten Anmerkungen am wenigsten bedenklich fallet, die Zurücksetzung der ausgesteckten Gränzen zu bewilligen. Ob aber auch die Vorstadt Casimir, wenn es die Umstände unumgänglich erfoderten, als ein Theil des Acquivalent's der Republick wieder abzutretten seye, kann alsdann erst näher beurtheilet und an Hand gegeben werden, wenn des Kaisers Majt. sich über den Werth und eigentliche Beschaffenheit dieser Vorstadt allergnädigst zu äusseren geruhet haben.

Ob auch über alles dieses zu Gewinnung der mehrsten Stimmen proportionirte Geldversprechen zu machen seyen, kann nur allein nach reifer Erwegung aller Local-Umstände entschieden werden; indeme es auf die mehrere oder wenigere Wahrscheinlichkeit ankommet, ob von den Russischen und Preussischen Hof zugleich oder nur von einem — oder auch von keinem eine Unterstützung anzuhoffen sey, da es sich dann in dem letzten Fall von selbsten verstünde, dass zu Gewinnung der Republick sich zu mehreren Bewilligungen, als in dem ersten Fall einverstanden werden müsste.

Wien den 9. October 1773.

P. P.

Aus der abschriftlichen Anlage werden Euer etc. des mehreren ersehen, wie der Königl. Preussische Ministre Herr Graf Solms sich gegen Herrn Fürsten Lobkowitz wegen der Stadt Brodi geäussert, und was Hr. Graf Panin dem ernannten Herrn Fürsten gleichsam im Vertrauen eröfnet hat.

Ich habe schon seit einiger Zeit wahrgenommen, dass man Königl. Preuss. Seits mit Unserem Betrag nicht allerdings zufrieden seyn müsse; Theils weilen wir bey einigen Geheimen Anwürfen keine Blösse gegeben, und Uns ausser aller Verlegenheit gehalten, Theils aber weilen Wir zu dem pohlnischen Salz Monopolio die Hände nicht biethen wollen. Wormit sich unter anderen noch der Umstand vereinbahren dörfte, dass von des Kaisers Majt. nicht auf eine abermalige Entrevue, wovon sich gleichwohlen ein allgemeiner falscher Ruf verbreitet hat, angetragen worden.

Ob nun zwar Unser Hof sich aufrichtig bestrebet, mit dem Berlinischen ein gutes Einverständniss zu unterhalten, in den Pohlnischen Angelegenheiten zu gleichen Schritten mit ihm zu Werke zu gehen, und anderch das beyderseitige Staats-Interesse am sichersten und ergiebigsten zu befördern; So erstrecket sich doch diese Gesinnung keineswegs so weit, dass Wir von der einmahl beliebten Grund-Regel der vollkommenen Gleichheit und Reciprocitaet abgehen, und Unsere eigene wesentliche Vortheile aufopfern sollten.

Ueber dieses ist die Vermuthung nicht ganz unwahrscheinlich, dass die Königl. Preussische Absicht dahin gerichtet sey, einen Versuch zu machen, was seine äussernde Unzufriedenheit für einen Eindruck bey Uns verursache, ob von Unserer Beysorge, oder aber von unserem allzugrossen Verlangen nach den geäusserten Gränz-Vortheilen nützlicher Gebrauch zu machen, Und ob die weitere Unterhandlung mit Pohlen in solche Wege einzuleiten sey, dass der König seinen Haupt-Endzweck erreiche, ohne Unsere Mitwürkung, und ohne ein vorgängiges Concert wegen der reciproquen Begnehm- und Unterstützung Unserer Verlangen nöthig zu haben.

Es dürfte also der Anstand wegen Brodi in der Absicht seyn erregt worden, um Uns unerwartete Schwierigkeiten in den Weg zu legen, und bey deren Ausgleichung Unsern Verzicht auf andere Anforderungen zu erwürken, ohne dass deswegen auch Preussen seinen Verlangen zum Theil entsagen müsse.

Es ist auch nicht weniger, als unmöglich, dass bereits eine solche geheime Verabredung zwischen den Hr. Grafen Panin und Solms erfolget sey, und dass der erstere sich in Ansehung Brodi so billig und unpartheyisch geäusseret habe, um sich nachhero desto härter in Ansehung Unserer übrigen Gränz-Anstände besonders wegen deren Erstreckung bis an den Sbruze bezeigen, und gleichwohlen die Preussische Absichten, wenigstens zum Theil begünstigen zu können. Wie dann seine Aeusserung wegen der bey der projectirten Theilung gebrauchten Land-Charte dahin gerichtet seyn dörfte.

Es mögen aber diese Vermuthungen gegründet seyn oder nicht, So ist doch keineswegs ausser acht zu lassen dem möglichen Vorurtheil noch in Zeiten auf eine zwar gemässigte, jedoch standhafte Arth zu begegnen, und mit der That zu zeigen, dass Wir uns keineswegs in einiger Verlegenheit befinden, noch mehrere Rücksicht tragen wollen, als es die Billigkeit erforderet.

Es ergehet dahero hiermit der gemessene Auftrag an Euer etc. sich gegen dem Mr. Benoit dahin zu äussern, Unserem Hof seye durch Herrn Fürsten Lobkowitz die ganz unerwartete Nachricht zugekommen, dass Herr Graf Solms hätte behaupten wollen, als ob der Besitz der Stadt Brodi, welche Wir in unsre Gränzen einschliesseten, dem Inhalt der dreyfachen Convention nicht gemäss wäre. Da nun dieses Vorgeben nicht etwa einem scheinbaren Anstand und Zweifel unterworffen, sondern durch die eigenen Worte der Convention, und durch die Lage der Stadt wiederlegt und zernichtet wird, so könnte Unser Hof sich um so weniger vorstellen, dass die erwehnte Aeusserung auf Befehl, oder nur mit Vorwissen des Königs erfolget sey, nachdem selbsten die Pohlnische Deputirte desfalls noch nichts geregt haben, und nachdem Unserer Seits in Ansehung der Preussischen Unternehmungen gegen die Städte Danzig und Thorn so viele Gelassenheit und Mässigung bis hiehin bezeiget worden, ohngeachtet Unser eigenes Interesse hiermit verflochten, und bey den Worten der dreyfachen Convention verschiedenes nicht ohne allen Grund zu erinnern wäre. Um jedoch sicher zu gehen hätten Euer etc. den gemessenen Auftrag von mir erhalten, ihm Mr. Benoit zu befragen, ob ihm etwa ein solcher Auftrag geschehen sey. In welchem Fall der König sein Herr allzubillig dächte, als Unserem Hof zu verargen, wenn Er sich in gleicher Maass für die ernannte Städte öffentlich an Laden legete.

Ueber das können sich Euer etc. wenn sich eine fügliche Gelegenheit hierzu ereignet, ohne das mindeste Bedenken gegen Mr. Benoit noch weiters und ganz deutlich dahin äussern, dass Unser Hof sich nimmer mehr etwas, so gegen die Reciprocitaet und Billigkeit laufet aufdringen lassen würde.

Bey welcher Erklärung Wir um so weniger etwas wagen, da die anderseitige Begierde zu Vortheilen nicht leicht durch andere Betrachtungen überwunden wird.

Nachtrag zu den Denkschriften.

Vortrag des Fürsten Kaunitz.

Allergnädigster Kayser und Herr! auch
Allergnädigste Kayserin, Apostolische Königin und Frau!
Ewer Mayestäten kann ich nicht länger etwas verhalten, so mir schon seit geraumer Zeit auf dem Hertzen lieget.

Seit etlichen Jahren waren die Welt-Umstände so beschaffen, dasz es die Politique erfordert hat, Uns ganz ruhig zu halten, in nichts einzumischen, und auf eine Art zu betragen, als ob der Hof in eine vollkommene Indolenz verfallen wäre. Dieses war das einzige Mittel, die Augen der Neider von Uns ab- auf andere wenden zu machen, und Uns den Weeg zu künftigen vortheilhaften Operationen vorzubereiten.

Aber vor dermahlen wäre die Indolenz ein unverantwortlicher Fehler, weilen die verworrene Händel in Pohlen, der Krieg zwischen den Russen und Türken, und die verwickelte Umstände des Königs in Preuszen ganz natürliche Gelegenheiten darbieten, das allerhöchste Staats-Interesse auf ein oder die andere Arth, und zwar, wenn sich recht benommen wird, ohne Gefahr zu befördern.

Hiebey halte mich an meiner Grund-Regel, dasz sich zwar nach dem Besten zu bestreben, aber allenfalls, und wenn man wahrnimmt, dasz hiermit nicht ausgereicht werden könne, sich mit dem Guten, oder auch endlichen mit dem Mittelmässigen zu begnügen seye. Ich werde also auch Ewer Maytten. fordersamst die Endzwecke und Vortheile, auf welche zu arbeiten gedencke, Stuffen-weisz allerunterthänigst anzeigen; Wornächst erst von den zu gebrauchenden Mitteln die Rede seyn kann.

Ich halte aber

1mo Vor einen wesentlichen Staats-Vortheil, wenn der Russischen Uebermacht, und ihren Gewaltthaten in Pohlen nunmehro behörige Grenzen gesetzt werden. Man solte glauben, ich redete nicht Staatsmännisch; weilen Wir auf die frühere, oder spätere Aussöhnung mit den Russen vordencken solten, um sie als natürliche Alliirte gegen den König in Preussen dereinstens wieder gebrauchen zu können. Allein bey genauer Erwägung der Umstände liegt klar vor Augen, dasz Wir von den Russen wenig, oder nichts zu hoffen, und vor das künftige weit mehr als von Preussen selbsten zu beförchten haben.

Zu Bestärkung dieses Satzes musz ich Ewer Maytten. allerunterthänigst in Erinnerung bringen, dasz schon die gutgesinnte Kayserin Elisabeth Ewer Mayt. mehrmahlen hintergangen und das Wort nicht gehalten habe. Dann der 4. Geheime article Unsers Tractats von 1746 stipulirte ganz deutlich, dasz Ruszland uns wieder zu Schlesien verhelffen, und vor sich nichts anders, als einmahl vor all 2 Millionen Gulden verlangen solte.

Wie 1756 der Krieg angienge, musten wir jährlich eine Million Rubel versprechen, so auch 7 Jahrlang richtig bezahlt worden. Dagegen hätten die von Preuszen conquetirte Lande in Ewer Mayt. Nahmen beseszen werden sollen.

Allein die Ruszen zogen alle Revenuen, und wie sie von ganz Preussen Meister waren, so verlangten sie dieses ganze Königreich vor ihren Antheil, und vermögten den verstorbenen Grafen Esterhazy, dasz er ohne Instruction und Vollmacht den Tractat von 1757 umstiesz, und einen neuen errichtete, worinnen Preuszen vor Ruszland stipulirt war.

Damahlen muste man noch alles in der Hofnung dissimuliren, dasz Wir endlich mit dem König in Preuszen fertig werden, und sodann schon Mittel finden würden, den Ruszischen Eigennutz mit Geld oder auf andere Arth zu befriedigen.

Wie undankbar sich der Czar Peter III. gegen Ewer Mayt. benommen, desfalls will ich nicht einmal das gehäszige Angedencken erneueren.

Es hat es aber die jetzige Kayserin nicht viel besser gemacht; dann da ganz Preussen und Pommern noch in ihrem Besitz ware, so hatte Sie die Mittel in Handen, auch ohne Fortsetzung des Kriegs ihren Alliirten wenigstens zu einem honorablen Frieden zu verhelffen, und andurch sowohl sich als ihrem Reich die gröste Achtung in ganz Europa zuzuziehen. Allein alle Unsere noch so freundschaftliche Vorstellungen fanden nicht das geringste Gehör, und die Preuszische Lande wurden evacuiret, ohne ein Wort vor die Alliirte zu verlieren.

Dasz die Ruszen das Griechische Kayserthum im Kopf haben, ist schon von den Zeiten Petri I. her bekant; Und dasz die jezige Kayserin mit sehr weit aussehenden Projecten Schwanger gehe, und die Semiramis im Norden vorstellen wolle, bewähren ihre bisherige Unternehmungen. Wie Sie die Königin von Schweden hintergangen, und in dem dortigen Reich alles zu Vergrösserung ihres Einflusses eingerichtet, ist eben so bekant als ihr Einflusz in Dännemark. Noch besser waren die Sachen zur Ruszischen Vergröszerung in Pohlen angelegt, und in der That hat nicht Viel gefehlet, dasz dieses Königreich die Gestalt einer Ruszischen Provinz wie Curland bekommen hätte.

Eine solche Nachbarschaft wäre vor das Durchleuchtigste Ertzhaus um so gefährlicher, da selbiges auf die grosse Anzahl seiner der Griechischen Religion zugethanen Unterthanen sorgsame Rücksicht tragen musz, und da sich die Ruszische Eifersucht und wiedrigste Absichten bereits sattsam geäusseret haben. Zur Probe dienet die von dem Ruszischen Minister Simolin in Regenspurg würklich gemachte geheime Vorstellung, dasz seine Kayserin sich auf der Protestanten Seite schlagen, und sie gegen das durchleuchtigste Ertzhaus auf das kräftigste schützen helffen wolle. Zur Ausführung dieses vasten Projects wäre nur der glückliche Ausschlag der Ruszischen Unternehmungen in Pohlen erforderlich; Und was sodann für ungemein schädliche Folgen zu besorgen gewest wären, fallet von selbsten in die Augen.

Aber am meisten hat sich Ruszland mit der projectirten Nordischen Ligue verrathen, welche zwar einem süszen Traum und der Wirkung einer hochmütigen Einbildungs-Kraft gleich siehet, aber dannach gar wohl zu Stande kommen können, wenn Engeland sich in Friedens Zeiten zu etliche 100 m. Pfd. Subsidien hätte einverstehen wollen; und wenn wir nicht Mittel gefunden hätten, die Schädlichkeit eines Land-Kriegs sowohl in Paris als in London geltend zu machen.

Eine Macht so mit dergleichen Projecten einmahl beschäftiget ist, kann niemahlen einen guten und sicheren alliirten abgeben, und am wenigsten würde sie sich Vor Ewer Mayt. groszmütigste Denckens-Arth schicken. Wenn aber Ruszland wieder in seine alten Gränzen zuruckgetrieben würde, so dörften sich in Zukunft solche Umstände ereignen, welche die natürliche Allianz und eine wahre Freundschaft zwischen den zwey Kays. Höfen herstellen könnten. Allein vor dermahlen wäre es eine sehr vergnügliche Begebenheit, wenn der Ruszische Uebermuth gedemüthiget, und ihm der Verlust Unserer Freundschaft, wie der geringe Werth der Preuszischen Allianz recht empfinden gemacht werden solte. Dahero Wir auch nicht die mindeste Ursache haben, die Ruszische Unzufriedenheit, wohl aber einen solchen Ausschlag des Kriegs zu besorgen, welcher den Ruszischen Einflusz in Pohlen bevestigte.

2do Die Nachbarschaft, und das hieraus entspringende Staats-Interesse berechtigten Ewer Mayt. eben so gut, als Ruszland, sich in die Pohlnische Angelegenheiten mit einzumischen. Es ware also weder vortheilhaft, noch glorreich, dasz Wir Uns bis hiehin ganz unempfindlich gezeuget, und die Ruszen machen lassen, was sie gewolt haben. Allein um ein grösseres Uebel zu verhüten, muste man das kleinere verschmerzen, und auf Gelegenheiten warten, das versäumte einzubringen. Diese Gelegenheiten ergeben sich dermahlen, indem es nichts weniger als unmöglich ist, die Sachen dergestalten einzuleiten, dasz Ewer Mayt. die Uebernahm der Garantie über die künftige Pohlnische Pacification mit angesonnen, und andurch mehrerer Einflusz in die Pohlnische Angelegenheiten verschaft werde.

3^{tio} Um hierzu den Weeg zu bahnen, wird von nun an alles diensame vorzukehren seyn, dasz die Kriegende Theile Ewer Mayt. die Uebernehmung der Mediation förmlich ansinnen, worauf auch der König in Preuszen, der Englische Bothschafter in Constantinopel, und besonders die Protestantische Ministri ihr Absehen richten. Es äuszert sich aber bey Preuszen der Anstand, dasz es wirklich in einer defensiv-Allianz mit Ruszland stehet, folglich en keinen unpartheyischen Mediateur vorstellen könnte; Da hingegen der nemliche Anstand bey Ewer Mayt. nicht existiret, und die Pforte allem Vermuthen nach die diesseitige Mediation der Preuszischen weit vorziehen wird.

4to Ueberhaupt musz die Pforte über den dieszeitigen gelaszenen, von allen Intriguen entfernten und recht freundschaftlichen Betrag sehr gerühret seyn, und wenn man ihr noch näher einsehen macht, dasz die hiesige Absicht keineswegs dahin gehe, die Verlängerung des Kriegs, oder dessen vergnügten Ausschlag vor Ruszland, sondern vielmehr die Beschränkung dieser Macht zu befördern, so ist hieraus wenigstens der sichere Vortheil anzuhoffen, dasz Ihro Mayt. in vielen Jahren nichts wiedriges von den Türken zu besorgen haben werden, wenn gleich allerhöchst dieselbe mit anderen Mächten in schwere Kriege verwickelt werden solten. Welche moralische Sicherheit vor das Durchleuchtigste Ertzhausz allerdings unschätzbar ist, und die politische Maasznehmungen sehr erleichtern kann.

5to Zumahlen die dermalige Umstände des Königs in Preuszen so beschaffen sind, dasz er es vor viele Jahre bey der Pforten oder bey Ruszland, und vielleicht bey allen beyden verderben musz; Vor dermahlen hoft er noch, mit Zahlung der Subsidien an Ruszland darvon zu kommen, und sich noch eine Thür bey der Pforten offen zu behalten. Wenn es ihm aber auf eine schickliche Arth näher gelegt wird, so kann er nicht wohl länger vermeiden, sich auf eine oder die andere Arth vollkommen blosz zu geben, und vielleicht eine solche Entschlieszung zu ergreiffen, so mit Unseren Absichten übereinstimmet.

6to Ist alle Vermuthung vorhanden, dasz die Türken in den Kriegs-Operationen den Kürtzern ziehen werden. Solten sie sich nun gezwungen sehen, mit den Ruszen einen solchen Frieden zu machen, dasz diese fernerhin die Oberhand in Pohlen behalten, so wäre das nachfolgende Uebel ärger als das erstere, und vor das künftige gar kein Rettungs-Mittel abzusehen. Es scheinet also Unser mit Preuszen gemeinschaftliches Interesse wenigstens eine solche Einverständnisz zu erfordern, dasz beyde Mächten noch zu rechter Zeit in das Mittel treten, und durch Bereithaltung ihrer Kriegs-Macht die kriegende Theile zu einem allerseits anständigen Frieden vermögen könnten.

7mo Alle diese Absichten sind sonder Zweifel sehr wichtig, aber die wichtigste bestünde darinnen, Ewer Mayt. wieder zu Schlesien, wo nicht gantz, jedoch guten Theils, und wo nicht gleich, jedoch bey Erlöschung des Preuszischen Mann-Stammes ohne Krieg, und ohne andere grosze Beschwerden durch die Pforte zu verhelffen.

Der Gedanke, dasz der Türk unter Mitwürkung des Königs in Preussen Ewer Mayt. zu Schlesien verhelffen solle, ist an sich so ausserordentlich und chimerisch, dasz ich mit mir selbsten gestritten habe, ob ich die Freyheit nehmen solte, solchen Ewer Mayt. unterthänigst zu eröfnen, und mich der Gefahr des Auslachens auszusetzen. Allein aller Zeit-Verlust wäre höchst schädlich, und meine Beysorge ist durch die Betrachtung überwunden worden, dasz ich ein Project wegen Wiedereroberung Schlesiens, so an sich wenigstens nicht vor ohnmöglich, ja wohl vor wahrscheinlich und zugleich wegen des Ausschlags vor unschädlich zu halten ist, Ewer Maytten. ohne Verletzung meiner Pflichten nicht verhalten könnte.

Ich sage nicht ohnmöglich, ja wohl vor wahrscheinlich; dann wenn man alle Umstände recht betrachtet, so lasset sich mit diesem Project das Wesentlichste Staats-Interesse des Durchleuchtigsten Ertzhauses, der Türken und des Königs in Preussen mit einander vereinbahren. In Ansehung des Ertzhauses werde ich wohl keinen weiteren Beweisz anzuführen nöthig haben; Und wegen der Türken liegt nicht weniger klar vor Augen, dasz sie zu allem willigst die Hände zu bieten Ursache haben, was ihnen zu Erreichung des Endzwecks, warum der Krieg mit Ruszland angesponnen worden, behülfflich seyn kann.

Es bleibet also nur die Frage übrig, ob es möglich seye, dem König in Preussen so viele Convenienz zu verschaffen, dasz er bey der gutwilligen Abtrettung Schlesiens sein Interesse finden, mithin hierzu vermöget werden könne?

Bey Beantwortung dieser Frage setze ich zuforderst ausser Zweiffel, dasz wenn es mit Sicherheit geschehen kann, der König in Preussen gar kein Bedencken tragen würde, seinem mit Ruszland geschlossenem Tractat schnurgrade zuwieder zu handlen.

Sodann halte ich vor nichts weniger als vor ungerecht, dasz Pohlen, um selbiges aus der Ruszischen Sclaverey zu ziehen, und von dem ihm auf allen Seiten bevorstehenden Untergang zu retten, die Mittel zu Schadloszhaltung des Königs in Preuszen verschaffe, und gutwillig anbiete.

Das Herzogthum Curland, und wo nicht das ganze Pohlnische Preussen, jedoch dessen beträchtlicher Theil verschaften ein, Schlesien an der Grösze und Güte übertreffendes Aequivalent, und ein solches Arrondissement mit den übrigen Preuszischen Landen, dasz selbige ein grosses, zusammenhangendes und mächtiges Reich abgeben.

Dieses Arrondissement durch die Waffen, oder auf andere Arth zu erhalten, kann Preuszen bey den gegenwärtigen Umständen niemahlen anhoffen, da weder die Ruszen noch Wir eine solche Vergröszerung gleichgültig ansehen würden. Hingegen wäre selbiges allem menschlichen Ansehen nach zu einer Zeit ganz sicher, und unfehlbar, wo die Pforte denen Ruszen so viele Beschäftigung verursachet, dasz diese denen Preuszischen Acquisitionen sich zu wiedersetzen, nicht einstens wagen könnten, und wo Ewer Mayt. nicht nur auf keine Weisz hinderlich fallen, sondern vielmehr allen thunlichen Vorschub zu geben, durch das eigene Interesse angetrieben würden.

Der Einwurf, dasz solchergestalten Preuszen die Barriere von Pohlen gegen die Ruszen abgeben und selbige zu ewigen Feinden machen müste, fallet von selbsten hinweg, wenn man erweget, dasz Curland ohnedem schon von den Ruszen besezt, und so gut als ihre Provinz anzusehen seye, mithin Preuszen wirklich einen solchen gefährlichen Nachbarn habe, welcher wenn ihm nicht mit vereinigten Kräften Einhalt geschiehet, allen angränzenden, und besonders denen Preuszischen Landen einen höchst gefährlichen Dictator abgeben würde. Diese wichtige Betrachtung ist der tiefen Einsicht des Königs in Preuszen keines Weegs entgangen; da er aber noch kein anderes Mittel zu seiner Sicherstellung vor sich gesehen hat, so kann nicht befremdlich fallen, dasz er bishero einen solchen Betrag gehalten, welcher seinem wahren Staats-Interesse Schnurgrad zuwiederlauffet. Allein wenn man ihm einen thunlichen Weeg zeigte, sich vor beständig aus der Ruszischen Dependenz und Gefahr noch mit Vortheil zu ziehen, so dörfte Er selbigen um so ehender einschlagen, da Er vor dermahlen wegen zweyer mächtiger Nachbarn, nämlichen wegen Unserer und der Ruszen in beständiger Eyfersucht, Beysorge und Unsicherheit leben musz, aber wenn Schlesien sich ohne seinen Schaden wieder in Unseren Händen befände, der Zanck-Apfel aus dem Weeg geräumet wäre, und unter den beyderseitigen Staaten zu ihrem gemeinschaftlichen Besten das engeste gute Vernehmen gar wohl vorwalten, und sowohl gegen Ruszland, als gegen andere unruhige Mächte vereiniget werden könnte.

Diese Betrachtung vor sich allein musz dem König in Preuszen von sehr groszem Werth seyn, wenn Er auf die künftige Sicherheit seines Hauses nur einige Rücksicht tragen will. Nachdem aber verschiedene Nachrichten und Umstände vermuthen machen, dasz er wirklich an einem Plan arbeite, wie bey Erlöschung seines Mann-Stammes die ganze Chur-Brandenburgische Succession auf den Weibs-Stamm sicher zu bringen seye? so kann Er nicht miszkennen, dasz nach seinem Tod die personal Unterstützung hinwegfalle, dasz auf Garantien und Tractaten, so auf kein reciproques Interesse gebauet sind, nicht viel Staat gemachet werden könne; dasz ohne des Kaysers Mayt. und des Durchleuchtigsten Ertzhauses Einverständnisz und aufrichtige Mitwirkung die Veststellung einer neuen, gegen die Reichs-Gesätze, und gegen verschiedene Erbvereine streitenden Weiblichen Successions-Ordnung nicht leicht zu Stand zu bringen seye; dasz aber mittelst der allerhöchsten Kays. Unterstützung zu allem Rath zu schaffen, und bey Gelegenheit des künftigen Friedens zwischen den

Ruszen und Türken die Garantie der meisten Europäischen Mächten über die Pragmaticam der Preuszischen Succession auszuwirken seyn dörfte. Alles dieses erforderte zwar eine umständliche Erleuterung; ich musz aber solche aus Beysorge, durch Vereinbarung allzu vieler Idéen in eine Dunckelheit zu verfallen, auf andere Gelegenheit ausgestellt seyn lassen, und nur so vieles gehorsamst hinzufügen, dasz die Absicht, aus der Preuszischen Successions-Einrichtung allen möglichen Vortheil zu ziehen, mir schon seit einiger Zeit auf dem Herzen gelegen, und zum Antrieb gedienet habe, zuerst Ewer Kays. Mayt. Entrevue mit dem König in Preussen ohnmaszgebigst in Vorschlag zu bringen, und demnächst den Generalen Nugent mit solchen geheimen Anweisungen zu versehen, die bey genauer Erwegung satsam zu erkennen geben, dasz ich auf Mittel bedacht gewesen, meinen dermahligen gehorsamsten Vorschlag auf die thunlichste Arth vorzubereiten, und in Gang zu bringen.

Nun hat zwar der ernannte General eine zwey Stunden lange geheime Unterredung mit dem König gepflogen, und ich stehe stündlich in der Erwartung, die umständliche Auskunft von des Königs eigentlichen Absichten und Aeuszerungen zu erhalten.

Es mögen aber selbige beschaffen seyn, wie sie immer wollen, so bietet sich doch ganz unerwartet ein neues kräftiges Mittel dar, um den ganzen Vorschlag in lebhafte Bewegung zu bringen, ohne dasz andurch dem allerhöchsten Dienst der mindeste Schaden zugefüget werden könnte.

Dieses Mittel bestehet darinnen, dasz man sich der leztern aus Constantinopel erhaltenen Nachrichten recht zu Nutzen mache. Und zwar ist es allerdings ein sehr wichtiger und merkwürdiger Umstand, dasz der Grosz-Vezier aus eigener Bewegnisz dem von Brognard durch den Pforten Dollmetsch zu wissen thun lassen: Es seye nunmehro die beste Zeit und Gelegenheit, dem König in Preuszen Schlesien wieder abzunehmen, und wollte die Pforte ein solches Unternehmen auf das kräftigste und so geheim unterstützen, dasz kein anderer Hof etwas davon in Erfahrung bringen solte. Aus welcher positiven Aeuszerung die sichere Folge zu ziehen ist, dasz die Pforte Uns Schlesien keineswegs miszgönnen, noch es eine sonderliche Mühe kosten würde, ihr einsehen zu machen, wie zwar ihr Vorschlag, den König in Preuszen zu bekriegen, auf keine Weisz statt finde, wie aber die Sache auf eine weit bessere arth gegriffen, und dahin eingeleitet werden könne, dasz der ernante König selbsten mit behülflich seye, die Ruszen vor beständig aus Pohlen zu verdringen, und zu einem baldigen und beständigen Frieden zu vermögen.

Dieser aeuszerung wäre nicht nur überhaupt eine Erleuterung meines Vorschlags, sondern noch die weitere Betrachtung hinzuzufügen, dasz weilen alles auf die Frage ankomme: ob auch der König zum

Austausch Schlesiens zu vermögen seyn würde, die Pforte dasjenige, was Sie Ewer Mayt. an Geld-Aushülffe zugedacht hätte, erforderlichen Falls willfährigst verwenden solte, um den König in Unsere gemeinschaftliche absichten gegen die Ruszen mit einzuziehen. Eine solche Geld-Verwendung, wenn sie auch 20 und mehr Millionen ertrüge, würde der Pforten unendlich mehr durch die Abkürzung des Kriegs erspahren, und der ganzen Sache den Ausschlag geben; indeme die Geld-Versprechen, wenn sie sich mit anderen reellen und proportionirten Vortheilen vereinigen, in des Königs Gemüth einen grossen Eindruck verursachen, und viele Hindernisze auf einmahl aus dem Weeg räumen dörften.

Auf diesen Gedancken bin ich aus der Betrachtung verfallen, dasz wenn ein vernünftiger und billiger Vorschlag gemacht werden soll, NB. dem König nicht nur ein Aequivalent vor Schlesien und Glatz, sondern auch nach Maasz Unserer Vergröszerung, ein wesentlicher Vortheil zu verschaffen seye, und es bey der künftigen Unterhandlung allezeit zur diesseitigen Erleichterung gereiche, wenn andere und besonders die Türken die Last mit tragen helffen; Wobey noch auf eine gegen die Ruszen in Curland anzulegende Haupt-Vestung, und auf die beträchliche Kosten, so das Vorrucken der Preuszischen Trouppen erforderen würde, vorzudencken wäre.

Zu gleicher Zeit als die Pforte dem König in Preussen das angenehme Perspectiv verschiedener, seinem Hausz unschätzbarer Vortheile, vor das gegenwärtige darstellte, hätte Sie auch vor das künftige nicht nur die Garantie des zwischen Uns und Preuszen zu errichtenden Tractats, sondern auch gegen den Tractatenbrüchigen Theil eine Hülffe von 50^m Mann, oder auf Europäischen Fusz von 5 Millionen jährlicher Subsidien alternative und nach Auswahl des Hülff verlangenden Theils zu versprechen, und anbey ganz deutlich zu erkennen zu geben, dasz Sie eine zweydeutige und verzögernde Antwort, vor eine abschlägige aufnehmen, alsdann alle weitere Freundschaft mit Preuszen vor beständig abbrechen, und dasz Sie die Pforte auf keine Weisz zu vermögen seyn würde, sich zu etwas zu entschliessen, so Ewer Mayt. miszfällig seyn, und die zwischen allerhöchst Denenselben und der Pforte vorwaltende aufrichtige Freundschaft im mindesten verletzen könnte; Welche letztere Aeuszerung schicklich anzubringen, um so nöthiger seyn würde, weilen sonsten der König in Preuszen, statt in die diesseitige Idée einzugehen, nur auf Mittel gedencken dörfte, die Pforte in Ideen und Projecten, so gegen Ewer Mayt. giengen, zu vermögen, und einzuleiten.

Ewer Maytten. werden von selbsten erleuchtest ermessen, dasz alles, was ich wegen der Mittel, um Preussen herbey zu bringen, erwehnet habe, noch gantz roh und nur der erste Entwurf seye. Soviel aber glaube bereits gehorsamst dargethan zu haben, dasz mein Vorschlag zwar sehr schwer, jedoch keines Weegs vor eine blosze Chimera oder vor unmöglich, sondern ehender vor wahrscheinlich anzusehen seye.

Dasz aber mein erwehnter Vorschlag, in dem Fall wenn er von dem König in Preuszen gäntzlich verworffen würde, wenigstens zu keinem Schaden gereichen könne, erhellet aus dem weiteren Umstand, dasz der erste Anwurff bey dem König nach meiner Idée nicht von dem hiesigen Hof, sondern von der Pforte herkommen, und auf eine Arth eingerichtet seyn solle, als ob dem von Brognard und Zegelin die Oefnung zu gleicher Zeit gemacht, und von ihren Höfen, sowohl eine unter sich zu veranlassende nähere Einverständnisz, als auch eine der Pforten baldmöglichst zu gebende Antwort, wie auch die engeste Geheimhaltung anverlanget würde.

Es kann also von einem Vorschlag, so nicht von dem hiesigen Hof, sondern von dem allschon wegen seiner Einsicht und Erfahrung in Staats-Geschäften berühmten Grosz-Vezier ohnmittelbar herkommen würde, kein Miszbrauch gemacht, noch Ewer Mayt. etwas mit Grunde zur Last geleget werden, worüber erst eine gemeinschaftliche Einverständnisz gepflogen werden soll; Und werden inzwischen sowohl die geheime Nachrichten, als die Berichte des General Nugent näher zu erkennen geben: ob und in welcher Maasz auf die Ausführung des Vorschlags Staat zu machen, oder zu verzichen, auch wie sich auf eine Arth zu benehmen seye, dasz alle wiedrige Preuszische Einblasungen wenigstens bey gut gesinnten Höfen ohne Wirkung verbleiben, und ein Einverständnisz der Pforte mit Preuszen auf lange Jahre getrennet werde.

Damit ich aber Ewer Maytten. den Grund und Zusammenhang meines Vorschlags desto kürzer und deutlicher zur erleuchtesten Beurtheilung vorlegen mögte, habe ich vor nöthig gehalten, das erste geheime Anweisungs-Schreiben an Brognard eilfertig zu entwerffen; Welches ich also mit allergnädigster Erlaubnisz vorlegen, und die etwa dunkel scheinende Stellen erleuteren werde.

Solchergestalten bleibt nichts mehr übrig, als dasz Ewer Mayt. nach eigenem allerhöchsten Gutbefinden zu entscheiden geruhen: ob mein Vorschlag wo nicht völlig und vor beständig, jedoch noch vor dermahlen zu unterdrücken, oder aber ohngesäumt Hand an das Werk zu legen seye?

In dem ersteren Falle würde ich den Vorschlag dergestalt aus der Gedächtnisz verbannen, als wenn ich nimmermehr daran gedacht hätte. In dem andern Fall aber mit so vielem Eifer als Vorsicht zu Werke gehen. Jedoch hätte ich mir alsdann folgende allerhöchste Bewilligungen zu erbitten, und zwar:

1mo Dasz die Sache in engester Geheim gehalten, und mir allergnädigst erlaubet werde, solche vor allen Herren Conferenz-Ministern und meinem eigenen Departement, auszer was den Binder und den zur Abschrift nöthigen vertrauten Harrer anbetrift, gänzlich und in so lang als es die Umstände anrathen, zu verbergen.

Sogar halte ich vor nöthig, mich anfänglichen gegen den Fürsten von Starhemberg völlig verschlossen zu halten. Dann ob ich zwar in seine Verschwiegenheit nicht den geringsten Zweifel setze, so sehe ich doch nicht den geringsten Nutzen, wenn man ihn sogleich in das Geheimnisz ziehet, wohl aber das Bedenken, dasz die ganze Sache noch chimerisch aussiehet, und allezeit zu vermeiden seyn will, sich ohnnöthigen Critiquen, oder wenigstens einer innerlichen Miszbilligung auszusetzen; Sobald man aber versichert seyn könnte, dasz der König in Preuszen eingehen und der Vorschlag in Bewegung kommen würde, so gedächte ich, den Fürsten von Starhemberg nicht nur in das Geheimnisz zu ziehen, sondern den ganzen Zusammenhang des Vorschlags, und alle dabey vorgefallene Betrachtungen ihm zu erleuteren; damit solches zur Anleitung und Beyspiel für künftige Zeiten dienen könne. Wie dann die geschickteste und einsehenste Ministri nicht allezeit in gleicher Maasz die Gabe besitzen, verschiedene Idéen mit einander recht zu vereinbahren, und die Staats-Geschäfte mit aller Gelassenheit, wenn es aber Zeit und Umstände erfordern, mit behörigem Eifer und Courage d'Esprit zu behandlen.

2do Als ich die französische Allianz das erste mahl in Vorschlag brachte, habe ich nicht einstens an die Gefahr gedacht, dasz die ganze Sache gar leicht umschlagen, und ich nicht nur als Chimerique, sondern als ein Verräther des Ertzhauses angesehen, und tractiret werden könne.

Ich musz aber nach meiner gewohnten Freymüthigkeit allerunterthänigst bekennen, dasz ich vor dermahlen nicht mehr so viele Keckheit in mir verspühre, sondern solche als einen Excess des reinesten Dienst-Eifers ansehe.

Zudem ist der Nutzen oder Schaden nicht meine, sondern Ewer Mtyt. selbst eigene Sache, und dahero der Billigkeit nicht gemäszer, als dasz auch allerhöchst dieselbe die Folgen allein über Sich nehmen, und mich desfalls ausser allen Gemüths-Beunruhigungen, so in dergleichen Gelegenheiten von der schädlichsten Folge seyn könnte, zu setzen geruheten. Ich nehme also die Freyheit in aller Unterthänigkeit zu bitten, dasz Beeden Kays. Königl. Mayestäten allergnädigst gefällig seyn mögte, das Concept meines an den von Brognard zu erlassenden geheimen Schreibens, wenn es vollkommenen Beyfall fände, mit der allerhöchsten Namens-Unterschrift zu bezeichnen, und andurch die erleuchteste Willens-Meinung vor alle Zeiten und Fälle zu bestättigen.

3^{tio} Sobald auch die Sache selbst keinem weiteren Anstand unterworffen ist, hätte ich nur wegen der Arth, und wegen der zur glücklichen Ausführung einzuschlagenden Mitteln, das vollkommene allerhöchste Vertrauen nöthig, in so lang als keine neue Umstände vorfallen, und nähere allerhöchste Befehle erforderen, in dem eingeschlagenen Weeg ohne alle Weitläuftigkeit und vergebliche Conferential-Berathschlagungen fort zu operiren, auch mich derjenigen Personen zur Ausführung zu gebrauchen, die mir die dienlichste zu seyn scheinen. Wie dann in der Staats-Canzley selbsten einige Einrichtungen erforderlich wären, wegen welcher mir annoch vorbehalte, meine allerunterthänigste Vorschläge zu eröfnen.

Wien den 3. Decembris 1768.

(NB. Von diesem Vorschlage ist zu Folge allerhöchster Resolution kein Gebrauch gemacht worden.)

Note an S. M. l'Empereur 1768 [1]).

La negociation projetté est sans contredit vaste et vue dans le grand, la possibilité de sa reussite est hors de doute, son utilité est reconue; reste à voire, combien probable sa reussite est. Je vais detailler en peu de mots la progression d'evenemens qu'il faut pour la comencer et la mettre en train.

1mo Quelque claire et detaillé que soit le postscriptum à Brognard, cet homme point du tout stilé aux negociations et peu informé de la partie politique, pourra ne pas bien concevoir le grand de l'iddée, et par consequent la rendre à la porte de travers; la conçoit il, il pourra peut être s'efaroucher de son importance et mollir sur les remedes à employer pour la faire reussir; ou la saississant avec trop d'ardeur se demasquer et doner du soupçon aux Turques memes, que nous ne voulions les employer que pour nous faire avoir des avantages sans penser a eux. Mais suposons dans Brognard toute l'habilté et prudence necessaire; il reste alors,

2do la Porte qui doit embrasser cette idée come la sienne propre, et adoptant nos projets en plein les doner et les soutenir pour les siens. Pour qu'on prenne le projet d'autrui pour le sien et qu'on le fasse passer pour tel, il faut être peu fiere — le sont ils — ou il faut y voire un avantage bien reell le quel seroit ce que celui d'abreger la guerre avec la Russie. Dans ce moment je les crois si fort dans l'entousiasme qu'avant d'avoir recu quelque echeque considerable

---

[1]) In dorso: sur un Projet de nouveau systeme politique a entamer près de la Porte.

les fraix etant fait, ils se croyent seulls en etat de reprimer le despotisme Russe. Le Sultan en fait sa propre afaire, toute la nation est deja en combustion; je ne crois pas que quelque prudence politique que possede le Grand Vizir il lui soit possible ou par sa conservation conseillable de parler de pacification, et surtout d'une facon dont la Porte ne tireroit aucun avantage reell. Les vues dans le grand, qu'efectivement en abregeant la guerre, en humiliant la Russie et en s'etablissant garant pour l'avenir des arangemens qu'on prendroit, ne sont point des argumens propres à fraper un Sultan et à contenir un amas de Janissaires qui ne respire que la guerre et à acquerir des provinces. En outre le Grand Vizir croira-t-il notre agrandissement avantageux et est ce qu'il peut convenir aux Turques de nous voire acquerir la Silessie, et qui plus est, de nous tranquiliser une fois pour toujours du coté du Roi de Prusse; est ce que nous ne serions pas alors pour elle un enemi bien plus dangereux que la Russie meme, tant par nos forces que par les plus riches provinces Ottomanes, auxquelles nous confinons? Mais accordons encore, que le Sultan et son ministère entrent parfaitement dans nos vues, que reste-t-il encore? Le secret est essentiell, le pourront-ils garder? les Français et toutes les autres nations interessés et curieuses, en voyant prendre quelque audience à notre ministre, ne prendront il pas tous les moyens à la main pour en penetrer la raison et pour la contrecarer, si ils venoient à l'aprendre? Les Turcs mefiant et peux instruits consultent, comme l'on sait, ordinairement quelque ministre etrangé, qu'ils croyent indiferent, sur les propositions qu'on leur fait; n'aura-t-on pas à craindre la meme chose dans cette occasion et quell bruit cela ne fera-t-il pas tout de suite? Mais si meme ils s'engagent au secret, est ce que leur confiance en nous sera si aveugle pour se servir dans la declaration à doner de leur part à Zegelin des memes termes et de la meme tournure que nous leurs auront donés? Si ils y ajoutent ou retranchent quelque chose cela peut changer entièrement la face des choses. Mais accordons encore que tout se passe à Constantinopel aux grés de nos desirs; que faut il encore?

3^{tio} Le Roi de Prusse peut il acquiescer à ce projet qui lui fait comettre d'abord une action indigne en manquant à la Russie et en se privant par consequent pour l'avenir de tout allié, hors nous et la Porte? Nous, il aura bien de la peine à s'abandoner dans nos bras; les Turques, il conait, combien peu stable est leur gouvernement et ce que l'argent et l'intrigue y peuvent. Il se devroit priver de la meilleur de ses provinces pour en obtenir, à la verité, d'autres; celle qu'il quitte est arangé, est farcie de forteresses, est d'un abord très dificill, est comerçante, est peuplé, lui est conue et lui procure seulle les moyens d'entretenir une armée si formidable et de tenir nous et tout l'Empire en echeque: si il perd cet avantage, il perd tout, personne ne recherchera plus son alliance en Empire et il fera une tres triste figure. Que lui sert la nouvelle conquette de la Courlande qu' à le tenir toujours attentif à ne pas en etre rechassé par la Russie? En quell etat est cette province? de meme que la prusse polonaise hors Dantzig et Elbing. Au lieu de sa Silesie quell grands ports ou comerce y gagnera-t-il enfin? Dantzig entre ses mains, ne perdra-t-elle pas tout de suite les deux tiers de son credit? Les polonais, dont c'est le debouché et en meme temps l'endroit, d'où ils tirent toutes les choses qui vienent de l'etrangér, devant passer par les mains du Roi de Prusse, ne prendront ils pas une autre route? et Dantzig seroient bien tot reduit à peu de chose. Le Roi de Prusse perd tout en perdant son armée, et celle la ne peut exister sans la Silesie, et hors la Saxe rien ne pouroit jamais, à mon avis, l'en dedomager. Mais si meme il trouvoit un equivalent parfait, est ce qu'il ne perd pas beaucoup en nous agrandissant et en nous mettant à meme de n'avoir plus aucun menagement vis-à-vis de lui? car si nous possedons une fois la Silesie, ils nous en pourra chasser aussi peu, que nous le pouvons actuellement. Continuellement en echeque contre la Russie, si jamais elle et nous nous raprochions ensemble, il seroit englouti avant que les garants, qui seroient les Turques se mettroient seulement en campagne. Mais passons sur mille dificultés encore, que le Roi de Prusse peut avoire, et suposons, qu'il entre dans nos vues parfaitement: la guerre est donc sure, il faut agir en Pologne et vers les frontières de la Russie.

4to C'est un eloiguement si grand de nos provinces que je laisse juger, ce que cella coutera; le sort des armes est journalier, un Roi de Prusse à seu se defendre contre 100 m. autrichiens, autant de Russes et autant de Français; le vaste genie et l'imense puissance Russe ne fournira-t-elle pas des moyens, qui, apuyés du hazard et de peut etre quelques malheureux evenemens, fera echouer toute l'entreprise et nous rendra cette puisance eternellement enemie, sans avoir eu la Silesie, que le Roi de Prusse ne lachera surement pas avant d'etre plus que dedomagé. Mais suposons meme les Russes battu, la Courlande prise: somes nous sures que

5to d'autres puissances voient cet agrandissement avec indiference? Si la Russie parvient à interesser l'Angletterre, que celle la prenne des Hanovriens et Hessois à sa solde et marche en Boheme, pendant que nous serons avec l'armée à Smolensko; que ferons nous? Ou que la France meme nous manque, dans quelle situation pouvons nous nous trouver? Enfin il me paroit que ce projet, quelque dificile qu'il soit et peu probable, ne peut pourtant pas nuire, si il est proposé à la Porte avec circonspection et surtout du secrete. Je croirais, que Brognard devroient absolument arborer ce projet comme le sien propre et qu'on devroit coucher ici deja en Italien toute l'idée qui seroit à faire parvenir à la Porte, non par une audience, mais par un canall secret, qu'on pouroit dementir; comme par exemple le docteur Goby, qui est sujet et en meme temps, je crois, venale. Devroit il en nomer l'auteur, ils pouroient dire qu'il en avoit entendu parler notre ministre et qu'il l'avoit tout de suite noté pour le dire à Sa Hautesse. Ce Goby meme devroit etre dupe et croire que la coure ne sait rien de ce projet et que Brognard le lui a confié comme venant uniquement de lui, le priant beaucoup de ne pas le sacrifier: si cella venoit à etre conu de nous qu'il seroit peut etre perdu. Au reste cette idée est aussi bien travaillé que possible et digne du genie et du zele de l'auteur qui n'ont point de pareill.

Eigenhändige Resolution Maria Theresia's.

Je me conforme de bon coeur a cette decision, j'en ais des preuves reels depuis 20 ans. Au reste je preferre aussi la voye indiqué, pour voir combien on peut se fier au turcs. de donner l'idée comme de Brognard seul.

Der Kaiser an Kaunitz[1]).

S. M. l'Imperatrice vient de m'ecrire, un long billiet, par lequell elle decide, que le projet, que c'y point, je vous renvois mon Prince, soit enseveli dans l'oubli elle me marque, qu'elle vous a deja parlé, je me borne donc, a regreter, que cet projet, digne de vos talens, n'ait eu d'autre effet, que de me confirmer de plus en plus dans la parfaite estime que je vous ai voué.

Ce 17. Xber 1768.

Joseph.

[1]) Der Staatskanzler legte am 15. December eine neu ausgearbeitete Depesche in italienischer Sprache vor.

www.ingramcontent.com/pod-product-compliance
Lightning Source LLC
Chambersburg PA
CBHW052213240426
43670CB00037B/432